VERSAILLES

ANCIEN ET MODERNE,

UN VOLUME IN-8°

de 500 pages,

ORNÉ DE

plus de 800 gravures;

PAR

LE Cte ALEXANDRE DE LABORDE,
Membre de l'Institut.

PARIS,
CHEZ GAVARD, RUE DU MARCHÉ-SAINT-HONORÉ.

1841

VERSAILLES

ANCIEN ET MODERNE.

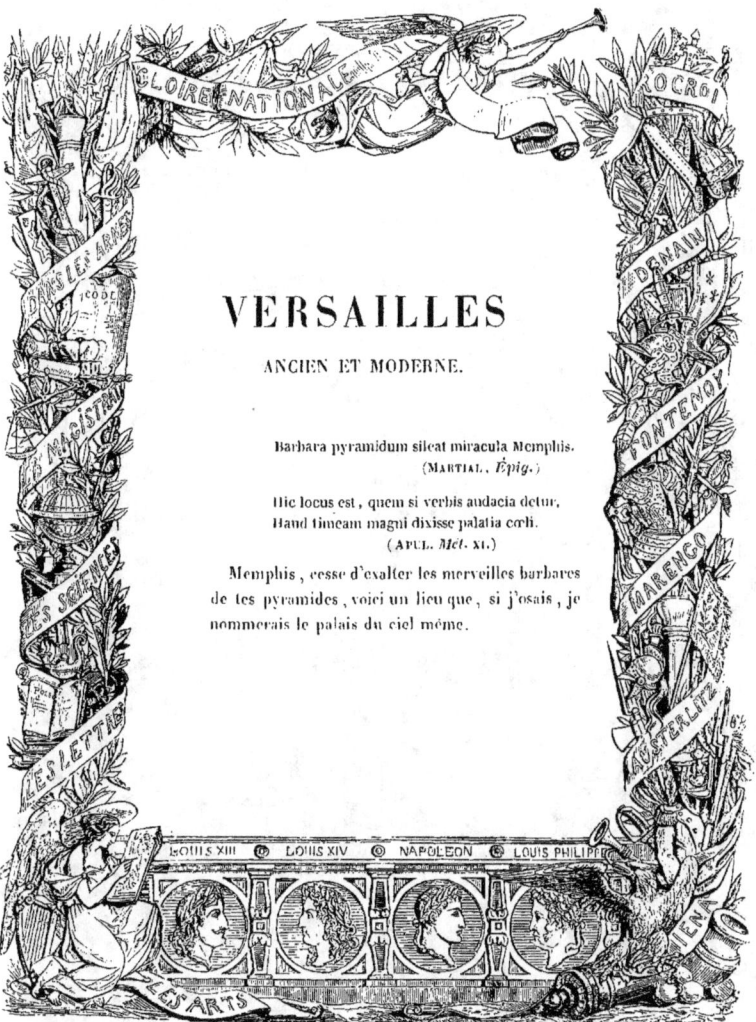

VERSAILLES
ANCIEN ET MODERNE.

Barbara pyramidum sileat miracula Memphis.
(MARTIAL, *Épig.*)

Hic locus est, quem si verbis audacia detur,
Haud timeam magni dixisse palatia cœli.
(APUL. *Met.* XI.)

Memphis, cesse d'exalter les merveilles barbares de tes pyramides, voici un lieu que, si j'osais, je nommerais le palais du ciel même.

Souvenirs qui ont créé ou embelli Versailles.

VERSAILLES

ANCIEN ET MODERNE,

PAR

LE COMTE ALEXANDRE DE LABORDE,

MEMBRE DE L'INSTITUT.

> Odit populus privatam luxuriam, publicam magnificentiam diligit.
> (CICER., *pro Mur.*)
>
> Le peuple déteste le luxe chez les particuliers, mais il aime avec passion la magnificence publique.

Médaille frappée sous Louis XIV.

PARIS.
IMPRIMERIE D'A. ÉVERAT ET COMPAGNIE,
RUE DU CADRAN, 45 ET 16.

1839.

Τὸ γὰρ τὰς τῶν ἐπ' ἀρετῇ δεδοξασμένων ἀνδρῶν εἰκόνας ἰδεῖν ὁμοῦ πάσας, οἱονεὶ ζώσας καὶ πεπνυμένας, τίν' οὐκ ἂν παρασ τήσαι; τί δ' ἂν κάλλιον θέαμα τούτου φανείη.

(POLYB. *Hist.*, lib. vi, cap. 53.—Ed. de Schweig.)

Qui ne se sentirait vivement entraîné vers la gloire lorsqu'il aperçoit les images de ces hommes que leurs vertus ont rendus à jamais célèbres, lorsque ces images paraissent à ses regards comme vivantes, comme respirantes? est-il au monde un plus beau spectacle !

PRÉFACE.

Ἄμμες πόχ' ἦμες ἄλκιμοι νεανίαι.
(PLUTARQUE, *Vie de Lycurgue.*)

Nous aussi nous fûmes autrefois jeunes
et vaillants.

Ils sont sortis de la poussière des archives et de la solitude des tombeaux, les souvenirs, les images des hommes qui ont illustré la France par leur courage, leurs vertus, leurs talents. Rois, magistrats, guerriers, ils se sont tous rangés dans un Élysée de gloire, dans un temple des arts élevé par la magnificence et le goût. Ils vont y recevoir le culte des générations, et les exciter elles-mêmes à la vertu par leur présence [1]. Bayard, appuie-toi sur cet arbre, tourne vers nous tes derniers regards. Duguesclin, Montmorency, Condé, Turenne, Masséna, vieux paladins, connétables de France, maréchaux de l'empire, reparaissez dans les champs de Bouvines, de Marignan, de Rocroy, de Wagram ; unissez à jamais vos palmes triomphales ; toi, surtout, Napoléon, phénomène des temps modernes, domine cet Olympe de guerriers, vois se dérouler à tes pieds ce passé glorieux ; homme prodige, héros fantastique, ton image est présente à la pensée de tous ceux qui t'ont connu, comme si tu vivais encore ; et cependant le temps marche si vite, l'oubli est si rapide, ta vie si merveilleuse, qu'on pourrait douter si tu as existé ; tu ressembles déjà à ces héros de la fable, à ces demi-dieux, qui précédèrent les temps historiques.

Mais, quoi ? la gloire militaire serait-elle pour nous la seule, ou devrait-elle effacer toutes les autres ? S'il est vrai que « *la France ne fut oncques si déconfite qu'on n'y trouvât toujours bien à qui combattre* [2], » fut-elle oncques si barbare qu'on n'y trouvât plus d'idées généreuses, de nobles pensées, un désir ardent de lumières et de progrès ? La magistrature, l'administration, les sciences, les lettres, les arts n'ont-ils pas au contraire brillé même aux époques les plus désastreuses ? N'est-ce point parmi nous qu'est née cette *Gaie Science*, cette poésie qui éleva notre langue à un si haut degré de supériorité ? Nos guerres civiles, féodales, religieuses, ont-elles empêché le génie de se faire jour et de préparer ce grand règne, ce grand siècle, où toutes les gloires se donnèrent rendez-vous ; où d'Aguesseau, Corneille, Racine, Molière, Lebrun, se pressaient autour de Condé et de Turenne ? Quelle province, quelle ville de France n'a pas produit un homme cher aux lettres ou à la patrie ! Que manquait-il à tous ces glorieux souvenirs, que de se voir réunis ; à ces ombres, errantes autour de leurs demeures, que de trouver enfin un asile, un temple digne d'elles !

Ce fut donc une grande, une glorieuse pensée, que de créer un Panthéon historique, où se développeraient aux regards comme à l'imagination l'histoire entière de la France, les portraits des hommes qui l'ont illustrée dans tous les temps et dans toutes les carrières. Mais pour exécuter cette noble entre-

---

[1] Magnorum virorum imagines incitamenta animi. SENEC., lib. IV.
[2] FROISSART, liv. I, chap. VI.

prise, que de libéralité, que de persévérance, que d'abnégation même il fallait dans celui qui l'avait conçue. Louis XIV avait dédaigné le souvenir de François Ier et d'Henri IV; Napoléon, celui de Louis XIV; la restauration, les hauts faits de Napoléon. On attendait un souverain qui eût le sentiment de la patrie assez vif, assez profond, pour confondre dans son cœur tout ce qu'elle avait produit de grand, et qui peut-être même avait le droit de réclamer personnellement une sorte de part à ces différents genres d'illustration. Ainsi, à ces anciens preux couverts d'armoiries, à ces hommes qui souvent ne savaient pas lire, mais qui taillaient *le fer et les rangs* [1], et qui s'arrangeaient, de père en fils, pour aller mourir près du tombeau de Jésus-Christ [2], il fallait quelqu'un qui pût dire : Il y a parmi vous, deux de mes ancêtres qui se conduisirent assez bien à cette époque; ils s'appelaient saint Louis et Philippe-Auguste. A ces autres guerriers, plus nouveaux, mais non moins illustres, qui ne blasonnent que des cicatrices, mais qui ont laissé leurs membres et leurs souvenirs dans le monde entier, il était heureux de pouvoir dire : J'ai affronté, comme vous, les premiers coups de canon tirés contre la liberté; et ces couleurs nationales, qui vous sont si chères, je n'ai jamais voulu en porter d'autres, et je mourrai pour les défendre. A ces hommes plus modestes et plus doux, dont les conquêtes sont cependant plus durables, et ne coûtent point de larmes à l'humanité, il fallait qu'il pût dire : Ces sciences, que vous cultivez avec tant d'ardeur, m'ont consolé dans l'exil et *nourri* dans l'adversité. Mais c'est à vous surtout qu'il devait s'adresser, hommes simples et grands des journées de juillet, vous qui avez combattu l'arbitraire dont vous n'aviez pas à souffrir, et remporté une victoire dont vous ne vouliez pas profiter; venez contempler la place glorieuse qui vous a été réservée dans cette histoire des siècles. La salle qui porte votre nom [3] termine ce Musée national; il faut traverser la galerie des batailles, la gloire de la France entière, pour arriver à la vôtre. Les reconnaissez-vous, ces bras nus, ces mains noircies par la poudre, qui écartent les pavés pour faire place au prince que vous avez élevé au trône. Le voilà cet Hôtel-de-Ville où vous avez reçu ses serments; levez les yeux et voyez la Charte sous l'emblème de la vérité; elle vous rappelle les premières paroles qu'il prononça, et il leur a élevé ce monument pour consacrer éternellement sa promesse.

Oui, sans doute, celui qui avait conçu cette grande pensée, pouvait mieux

---

[1] Talleffer, Talleyrand.
[2] Trois Guy de Laval périrent successivement à la Terre-Sainte. La salle des croisades renferme les armoiries de trois cents familles françaises qui s'y distinguèrent.
[3] Salle de 1830.

que personne l'exécuter dignement ; mais encore fallait-il qu'il en eût le moyen. Les républiques et les monarchies absolues ont seules la faculté de créer de grandes choses, parce qu'il n'est pas d'obstacles à leur volonté. Mais qui aurait osé, dans les temps modernes, proposer de ressusciter Périclès, ou de recommencer Louis XIV? Il fallait la magnificence, les profusions même d'un grand règne, pour élever un édifice proportionné à la gloire d'un grand peuple. Or, cet édifice heureusement existait : le grand, le magnifique Versailles était là, superbe encore dans son abandon, comme Louis XIV dans ses revers ; il semblait attendre une si noble destination. Un voyageur, qui l'avait vu en 1789 dans toute sa pompe, à l'ouverture des états-généraux, fut curieux d'y retourner après sept ans d'absence ; il s'avance à travers les ronces, les herbes qui croissaient dans les cours, les débris des escaliers et des perrons ; il pénètre dans cette antique demeure des rois, « *veterum penetralia regum* [1], » et il y trouve la solitude et la dévastation, des lits de malades dans les galeries dorées, des troupeaux paissants dans les jardins, les bassins desséchés, les statues renversées ou mutilées. Attristé de ce spectacle, il s'enfonce dans les bois voisins, gravit machinalement le coteau de Satory ; et là, retournant la tête, il aperçoit le majestueux édifice isolé au milieu des arbres, et brillant des derniers rayons du soleil, comme ces palais des contes arabes créés par enchantement dans la solitude. Ce voyageur avait lui-même éprouvé de grands malheurs, survécu à de grands dangers ; plongé dans la rêverie à la vue de ce lieu qui lui rappelait d'autres temps, il répéta ces tristes paroles de l'auteur des Ruines [2] : « Ici fut jadis le siége d'un empire puissant ; ces lieux « maintenant si déserts, jadis une multitude vivante animait leur enceinte ; « ces murs, où règne un morne silence, retentissaient des cris d'allégresse et « de fêtes, et maintenant voilà ce qui reste d'une vaste domination : un « lugubre squelette, un souvenir obscur et vain, une solitude de mort ; le « palais des rois est devenu le repaire des bêtes fauves ! Comment s'est « éclipsé tant de gloire ? »

Si ce voyageur vivait encore, quels ne seraient pas sa surprise et son ravissement de retrouver cette ancienne gloire brillante encore d'une gloire nouvelle, de voir ces solitudes ornées des souvenirs de tout ce qui fut grand, vénéré, illustre dans les siècles ; de parcourir ces galeries jadis abandonnées, maintenant couvertes de tableaux, peuplées de statues, éclatantes de marbres et de dorures ; archives en quelque sorte vivantes des plus glorieuses annales

---

[1] VIRGILE, lib. IV.
[2] VOLNEY, *Ruines*, chap. VI.

renfermées dans le plus magnifique des palais. Mais que serait-ce si ce voyageur avait assisté à l'inauguration de ce temple des arts, au milieu de quinze cents convives assis au banquet royal, comme une seule famille; et si, dans cette foule des notabilités d'un pays, il eût pu à peine distinguer à la dignité des manières ceux qui cherchent à effacer leur rang par la bienveillance : princes et souverain populaires au milieu d'un peuple souverain. Ah! qu'il eût admiré, qu'il eût vu avec orgueil ce palais national où le citoyen et le monarque sont entourés d'une gloire commune, où des ancêtres célèbres pris dans tous les rangs couvrent, honorent de leur parenté[1] les générations nouvelles, où l'on a pu voir enfin cette réunion si rare de la monarchie, dans sa plus grande magnificence, à côté de la liberté, dans sa plus grande extension.

C'est cet ensemble de gloire et de splendeur, ce musée de deux mille tableaux, ce peuple de statues, ces jardins de fées, que nous avons cherché à faire connaître dans un récit rapide, animé, qui, sans s'appesantir sur des détails, ne laisse omis rien d'important; qui retrace, à ceux qui l'auront vu, les aspects, les souvenirs qui les auront le plus frappés, et donne aux autres une idée fidèle de cette superbe demeure. Chaque salle y sera représentée dans son état actuel, mais animée par des scènes et des personnages d'un autre temps, suivant les événements qui s'y seront passés.

Il est inutile d'ajouter que si l'on pouvoit découvrir dans ce récit la moindre partialité, la moindre flatterie, pour un prince ou pour une époque qui pût sembler injurieuse pour d'autres, cet ouvrage serait indigne de son sujet. Celui-là qui ose se déclarer l'historien de Versailles doit avoir toujours devant les yeux l'inscription qui se lit à l'entrée du palais : « A toutes les gloires de « la France, » et penser qu'on ne rend hommage à aucune d'elles quand on prétend leur assigner arbitrairement des rangs.

L'ouvrage comprend une description de la route de Paris à Versailles, l'histoire du palais et des divers accroissements qu'il a reçus depuis le moulin qui abrita Louis XIII jusqu'aux travaux de l'époque actuelle; une notice sur la peinture historique en France et la sculpture iconographique pour servir à l'étude et à la connaissance de l'école française, la description du palais, ses vastes cours, les grands et petits appartements de Louis XIV, qui composent le premier étage du corps de logis. Les salles consacrées aux connétables, maréchaux et guerriers célèbres; l'aile du midi, où la vie de Napoléon occupe le rez-de-chaussée et la magnifique galerie des batailles le premier étage; l'aile

---

[1] Laudemus viros gloriosos et parentes nostros in generatione suâ. Ps. 10, v. 3.

PRÉFACE.

du nord, formant à elle seule un musée complet des arts et de l'histoire de France dans tous les siècles, enfin les jardins de Louis XIV, qui, semblables au Hiéron d'Olympie, entourent dignement le temple.

C'est dans cette dernière partie qu'on a cherché à retracer le souvenir de la cour de France dans tous les temps, les hommes célèbres qui la composaient, les mœurs, les habitudes de différentes époques, depuis l'existence fastueuse de Louis XIV à Versailles, jusqu'à la vie simple et élégante de Marie-Antoinette à Trianon.

Puissions-nous, en retraçant ainsi l'histoire nationale par les arts nationaux, ne pas nous être montré trop indigne de l'un et l'autre, trop au-dessous surtout de la pensée qui a présidé à cette noble création qui a su faire d'un palais abandonné un monument glorieux et du caprice d'un seul homme le charme de tout un peuple.

Deliciæ populi quæ fuerant domini.
MARTIAL, épig. 2.)

À la voix de la France et du souverain éclairé qui la gouverne, les arts accourent pour embellir Versailles, et en faire un monument national.

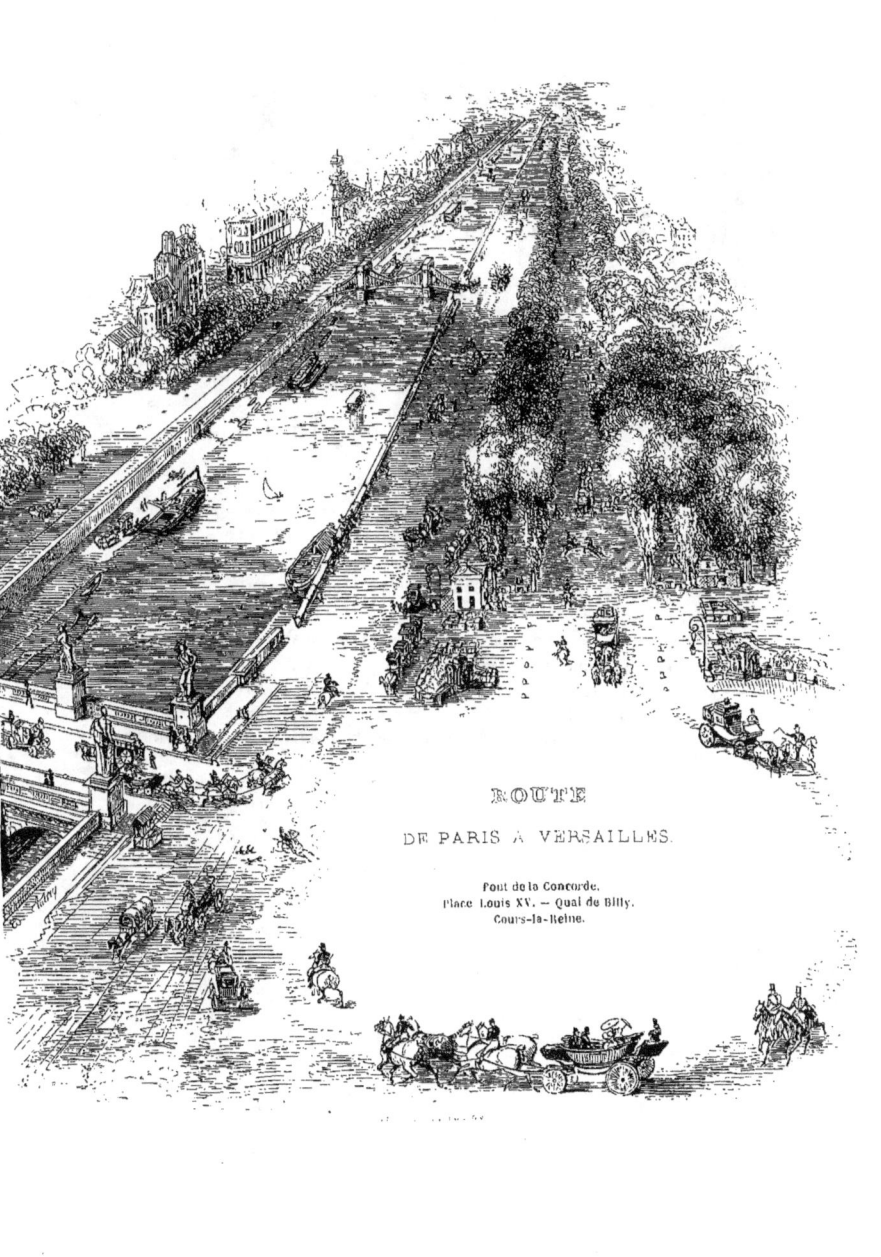

ROUTE
DE PARIS A VERSAILLES.

Pont de la Concorde.
Place Louis XV. — Quai de Billy.
Cours-la-Reine.

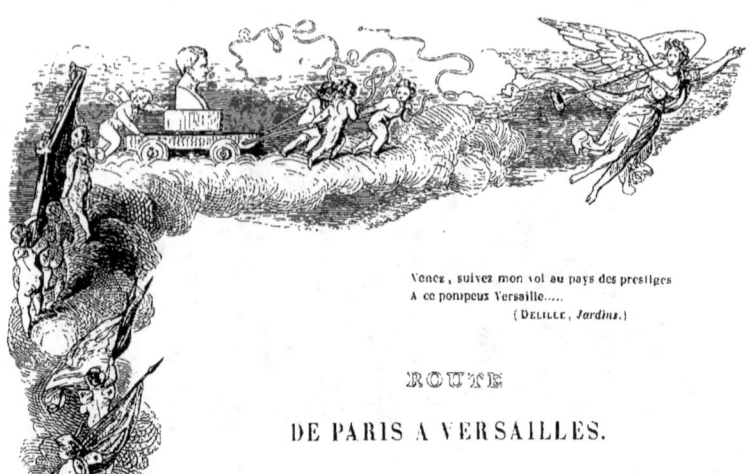

> Venez, suivez mon vol au pays des prestiges
> A ce pompeux Versaille.....
> (DELILLE, *Jardins*.)

ROUTE
DE PARIS A VERSAILLES.

Trois chemins principaux tracés sur cette carte conduisent de Paris à Versailles. Le plus important, et celui qu'une longue habitude a fait préférer, passe par Chaillot, Passy, Auteuil, Sèvres et Ville-d'Avray; les deux autres, qui, à droite et à gauche, semblent presque se réunir à la grande route au delà de Sèvres, sont les chemins de fer, nouveaux et magiques moyens de communications qui absorberont bientôt tous les autres. Ces trois chemins traversent des campagnes historiques, des lieux marqués par des événements intéressants que nous avons cru devoir indiquer comme préliminaire à la description du grand palais, afin que celui qui voudra prendre notre ouvrage pour guide ait, pendant ce court trajet, une lecture qui l'intéresse ou au moins le distraie.

> Usque minus via lœdet.
> (VIRG. *égl.* 9.)

Maison de François Ier aux Champs-Élysées.

ROUTE
DE PARIS A VERSAILLES
PAR SÈVRES.

> Coteaux riants y sont des deux côtés
> LA FONTAINE.

C'EST de la plus belle des places qu'on part pour se rendre au plus magnifique des palais, et par une route qui présente l'abrégé de ces souvenirs historiques qu'on va bientôt trouver réunis. La place de la Concorde ou de la Révolution, mieux connue sous le nom primitif de place Louis XV, a été successivement entourée de grands édifices, avant qu'on ait songé à l'orner, à l'embellir ; et peut-être eût-il mieux valu différer encore que d'adopter le système d'embellissements qu'on a cru devoir suivre en changeant les premières dispositions qui avaient été arrêtées[1]. Toutefois, telle qu'elle est, et surtout par les édifices qui l'entourent, cette place présente le plus admirable aspect : la colonnade du Garde-Meuble a ce goût d'architecture ornementale du règne de Louis XV, qui ne manque pas de beautés ; la Madeleine, qu'on aperçoit dans le fond, est un des plus beaux édifices élevés dans les temps modernes : c'est à la fois un temple grec au-dehors, et une superbe basilique au-dedans. L'arc-de-triomphe de l'Étoile, qui domine la ville et tous les environs, est une de ces conceptions gigantesques d'une époque incommensurable : enfin, au point de centre, s'élève un monolithe géant, l'obélisque de Luxor, le plus ancien, le plus élégant ouvrage sorti de la main des hommes, qui rappelle à la fois le nom de Sésostris, la gloire de nos armes en Égypte et l'habileté de nos savants pour l'avoir ainsi transporté. Actuellement qu'on est habitué à sa vue, on ne trouve plus qu'il coupe désagréablement les édifices qui l'entourent ; on admire au contraire la légèreté de cette aiguille qui s'élance dans les airs, qui brille par sa couleur sur l'azur du ciel, mais c'est surtout lorsque la pensée se reporte sur les événements dont cette place a été le théâtre, qu'on se félicite d'y voir un monument qui ne retrace ni l'erreur, ni la récrimination, qui fait taire le souvenir des passions des hommes devant la majesté des siècles, et qui est en lui-même un ouvrage parfait, par la forme, la matière et la beauté du travail.

De la place Louis XV partent deux routes parallèles, l'une qui borde les quais, l'autre qui s'enfonce dans une allée de grands arbres plantés par Marie de Médicis, en 1628, et nommée le Cours-la-Reine : cette allée, qui se joint aux Champs-Élysées, formera un jour le commencement d'un nouveau Paris qui s'étendra dans tout le cercle que forme la Seine et réu-

---

[1] En effet, qu'est-ce que des fossés sur une place publique et des ponts à plein cintre jetés sur ces fossés comme sur des torrents ? pourquoi d'énormes pavillons pour supporter de simples statues, à côté de minces piédestaux qui soutiennent des groupes ? pourquoi laisser des compartiments vides et arides à l'œil, et placer les fontaines justement dans les communications ? etc., etc., etc.

nira les grands villages de Passy, d'Auteuil, de Neuilly, de tous côtés bordés par la rivière. Elle serait grande la surprise de Marie de Médicis, cette princesse pleine de goût, qui avait élevé le Luxembourg et honorait Rubens de son amitié, si elle revenait au monde aujourd'hui, et qu'en partant du Louvre elle traversât la place du Carrousel terminée, les jardins de Le Nôtre dans les Tuileries, la place Louis XV telle que nous l'avons décrite, et enfin, la magnifique promenade qu'elle avait plantée[1]. Eh bien! de toutes ces merveilles, celle qui l'étonnerait peut-être le plus, celle qu'elle ne pourrait pas comprendre, ce serait de se trouver en face d'une petite maison de peu d'apparence, mais dont elle reconnaîtrait tous les ornements, toutes les distributions : ici la vaste cheminée près de laquelle elle s'asseyait, la galerie ornée de fleurs qui lui rappellerait le beau temps de sa jeunesse. Seulement, elle n'entendrait plus le son du cor, le bruit des chiens; elle n'y verrait plus arriver à cheval cet essaim de jeunes beautés qui faisait que la cour n'était plus *une année sans printemps et un printemps sans roses;* elle demanderait qu'on lui expliquât ce mystère, qu'on lui dît si elle n'est pas transportée à Moret dans la forêt de Fontainebleau, ou plutôt si des fées, des génies n'ont pas transporté à Paris le joli rendez-vous de chasse où elle a été si souvent. On lui répondrait que ce ne sont ni les génies ni les fées, mais un Français ami des arts, M. le général Braque, qui, voyant qu'on allait détruire un des plus jolis édifices de Pierre Lescot et de Jean Goujon, en fit l'acquisition et le transporta en entier sur cette place, où il sera un jour l'objet de la curiosité et de l'admiration des voyageurs[2]. Mais revenons à la véritable route de Paris à Sèvres, celle que parcourait jadis la foule des courtisans qui allaient chercher à Versailles les honneurs, pour revenir bien vite à Paris retrouver le plaisir. — Cette route continue l'admirable système de quais qui distingue Paris de toutes les autres capitales, et la Seine de toutes les rivières. — A peine a-t-on fait quelques pas, qu'on découvre à gauche le grand édifice des Invalides et le dôme doré dont Louis XIV voulut

---

[1] Cette allée fut replantée par M. D'Antin, en 1757, avec des arbres assez forts; les ouvriers les tenaient couchés, et, à un roulement de tambour, ils furent tous placés dans les trous qui leur étaient destinés.

[2] Voyez la vignette en tête de cet article

couvrir, comme d'une couronne de gloire, les vieux guerriers qui avaient illustré son règne.

Hôtel des Invalides.

> Moins vous êtes entiers, et plus on vous admire.
> Semblables à ces bois, jadis si vénérés,
> Que la foudre en tombant avait rendus sacrés.
> LA MONNAYE, *Gloire des Armes.*

Où se retirera la vieillesse après les guerres; quelle sera la demeure des braves[1]*?* Cette demeure sera un palais. La vie qu'ils y mèneront sera la vie qu'ils ont menée, moins les dangers et les privations; ils seront encore soldats dans l'inaction, honorés dans le repos. Pour prix de leurs services, ils ne seront plus réduits[2] à l'humilia-

---

[1] Conferet exsanguis quò se post bella senectus?
 Quæ sedes erit emeritis?
 LUCAIN, *Ph.*, liv. v, v. 561.

[2] Sous Philippe-Auguste, les hommes de guerre blessés allaient mendier de château en château, quelquefois accueillis, trop souvent repoussés.

tion de l'aumône, ou à la communauté de l'hospice¹. Des chefs, à la voix desquels ils ont obéi sur vingt champs de bataille, des camarades qui ont affronté les mêmes dangers, leur composeront une nouvelle famille ; et en levant la tête, ils apercevront les drapeaux qu'ils ont enlevés à l'ennemi : enfin ils auront ce qui suffit à l'homme et surtout au vieux guerrier, *le vivre et le couvert*, de la gloire et un tombeau.

Le magnifique Hôtel des Invalides a cent huit toises de longueur, sur une profondeur de soixante-dix. Il est divisé en cinq corps de bâtiments, contenant une population de plus de quatre mille personnes. La façade principale, celle qui regarde la Seine, présente un avant-corps orné d'un fronton circulaire, dans lequel on a placé la statue équestre de Louis XIV. Le côté opposé offre le portail d'une magnifique église : c'est en petit *Saint-Pierre* de Rome. Même apparence dans l'ordonnance de la façade, même aspect du dôme ; et, si l'on avait terminé cette partie de l'édifice, comme on avait intention de le faire, par deux colonnades circulaires en avant, rien n'eût manqué à la ressemblance.

Cette grande et noble conception a sans doute de graves défauts : on n'aime point à voir ces piliers contournés en forme de volutes, ces consoles en enroulements et la surcharge d'ornements alors en vogue ; mais ces défauts se perdent dans la masse des beautés et surtout à la vue de ce dôme qui domine tout Paris et annonce de loin à l'étranger qu'il a existé un grand siècle et un grand roi.

L'intérieur de l'édifice est peut-être plus remarquable encore. Ses longues galeries, semblables aux cloîtres des couvents ou même des palais de l'Italie ; son pavé de marbre, ses grandes et commodes distributions ; tout cet ensemble frappe d'étonnement, et la pensée y place Louis XIV faisant une visite aux Invalides, ainsi que le représente le tableau de Van der Meulen que nous avons cherché à imiter sur cette vignette.

L'usage était alors qu'à l'instant où le roi entrait dans l'enceinte de l'édifice, sa garde cessait son service auprès de lui ; elle se rangeait en bataille dans les cours, et les invalides prenaient sa place. C'étaient eux qui tiraient le canon à l'approche du roi, qui l'escortaient dans sa marche,

---

¹ Sous Henri IV, ils furent réunis dans une maison de charité, rue de l'Oursine ; sous Louis XIII, au château de Bicêtre.

qui l'entouraient de leurs corps mutilés, de leurs cris de joie et de reconnaissance. Aussi, jusque dans ses derniers moments, Louis XIV montra sa sollicitude pour ce bel établissement[1] auquel les princes étrangers venaient rendre hommage, et qui seul peut-être, à travers tous les événements, n'a jamais changé de destination.

Intérieur de l'église des Invalides.

L'intérieur de l'église des Invalides, sa haute nef, son admirable coupole, rappellent le style qui prévalut en Italie à la fin du seizième siècle et

---

[1] Louis XIV s'exprime ainsi dans son testament : « Parmi les différents établissements que nous avons faits pendant le cours de notre règne, il n'en est point qui soit plus utile à l'état que celui de l'hôtel royal des Invalides..... Toutes sortes de motifs doivent engager le dauphin et tous nos successeurs à soutenir cet établissement et à lui accorder une protection particulière. Nous les y exhortons autant qu'il est en notre pouvoir. »

pendant toute la durée du dix-septième; on voulut conserver la forme des églises gothiques, mais leur appliquer les règles de l'architecture grecque et romaine. Telle fut la pensée des deux architectes Libéral-Bruant et Mansard, qui cherchèrent à élever un édifice qui ne cédât à aucun monument de l'Italie et de l'Espagne en grandeur et en beauté. Les ornements et les peintures sont dus aux meilleurs artistes du règne de Louis XIV, à Jouvenet, La Fosse, Coypel, aux deux Boullogne; les bas-reliefs et les statues au ciseau de Coustou, Coysevox, Girardon; mais un plus habile artiste a décoré ce magnifique temple, c'est celui qui couvrit sa voûte des drapeaux pris sur l'ennemi. On appelait autrefois le maréchal de Luxembourg le tapissier de Notre-Dame, parce que alors c'était dans cette basilique qu'on suspendait les trophées de la victoire; depuis, ce fut aux Invalides, et le nouveau décorateur y fit arriver le mobilier de toutes les puissances de l'Europe.

A côté de l'église est le réfectoire contenant la place de douze cents couverts et dont les murailles sont ornées de tableaux de batailles. Il présente aux heures des repas un aspect curieux. C'est là que le czar Pierre, pendant son séjour en France, vint s'asseoir et boire à la santé, disait-il, de ses vieux camarades.

Une des singularités de cet établissement, c'est que Louis XIV lui interdit, par une ordonnance formelle, expresse, toute donation, tout legs qui aurait pu lui être fait, revendiquant ainsi le droit exclusif de cette libéralité, de cette magnificence en quelque sorte orientale [1].

>   Te serais-tu flatté
>   D'égaler Orosman en générosité?

Cet édifice a vu ainsi les générations guerrières se succéder sous ses voûtes et y raconter, comme autant de hérauts d'armes, les hauts faits des temps passés. Lorsque mourut naguère un brave maréchal sorti du rang des soldats, on trouva toute sa biographie dans les souvenirs de ses anciens compagnons; comme jadis on recueillit les traditions fugitives

---

[1] Nous voulons, dit l'édit de 1674, qu'il ne puisse être reçu ou accepté pour ledit hôtel aucune fondation, dons et gratification qui pourraient lui être faits par quelques personnes et pour quelques causes que ce soit.

des poésies d'Homère et d'Ossian dans la mémoire des vieillards qui les avaient connus.

Intérieur de la grande cour.

Cette vaste cour, entourée de portiques, réunit la grandeur à la magnificence; la façade est ornée d'un portail majestueux, au milieu duquel on a placé la statue de Napoléon en costume moderne, qui convient parfaitement à cette place, tandis qu'elle est ridicule au haut de la colonne de la place Vendôme. Cette cour et les portiques servent de promenade aux invalides. Un jour les vieux guerriers virent arriver au milieu d'eux un immense convoi. Depuis la translation du maréchal Lannes, mort de sa vingtième blessure sur le champ d'Essling, ils n'avaient pas reçu de maréchaux de France. Mais, quoi! celui-ci arrive escorté de huit autres cercueils de simples citoyens, et parmi eux le corps d'une jeune fille. Le souverain, échappé comme par miracle au même danger, vient honorer et bénir ces illustres victimes. Vieux guerriers, laissez-leur prendre place sous votre toit; elles ont, comme vous, été mutilées par la mitraille; elles ont péri de la mort des braves; gardez leurs dépouilles sacrées, mais ne racontez pas l'événement qui vous les a confiées.

École Militaire.

A peine a-t-on dépassé le vénérable Hôtel des Invalides qu'on aperçoit un autre édifice sur la même ligne, offrant à peu près le même aspect. Le premier était un asile pour les vétérans, l'autre est une école militaire pour la jeunesse. Louis XV a complété la pensée de son aïeul.

Au bout d'une immense esplanade, sur laquelle vingt mille hommes peuvent facilement manœuvrer, s'élève un bâtiment élégant et régulier, destiné à l'éducation de cinq cents jeunes gens, qui viendront s'y former dans la science des combats, car il ne faudra plus dire le *Métier de la guerre*. Est-ce en effet un métier que cet art dont l'apprentissage est la gloire, et le résultat, la conquête? art difficile, qui ne s'acquiert pas seulement dans les combats, mais aussi par les leçons et les exemples. Ils aimaient à les donner ces leçons, les guerriers de l'antiquité, Xénophon, Marius, César, Pompée, à cette ardente jeunesse à laquelle ils racontaient leurs longs et pénibles travaux ; ils les donnaient aussi dans leurs châteaux, les chevaliers, revenus de la Terre-Sainte, lorsque le soir, dans la grande salle tapissée de nattes et ornée de riches armures, ils redisaient les combats où avaient brillé les Godefroi, les Renaud, les Tancrède. Mais c'était surtout sous les beaux ombrages de Chantilly qu'on aurait pu écouter et comprendre ces merveilleuses combinaisons qui, par la promptitude des mouvements, par la justesse du coup d'œil et de la pensée, font arriver sur le point décisif la plus grande masse de forces possible, principes mis en pratique par le vainqueur de Rocroi, et développés depuis sur une si grande échelle par Frédéric et Napoléon.

Mais ces préceptes fugitifs, isolés, ne convenaient plus aux générations qui devaient se consacrer aux combats des guerres modernes, à cette masse de connaissances de tout genre qu'on exige aujourd'hui; tout le temps de leur jeunesse suffisait à peine pour s'y préparer. Dans ce but fut élevé cet édifice, dont on a depuis fort mal à propos changé la destination. Là tout était consacré à une seule pensée, à l'étude de la guerre et à la profession des armes. On y trouvait une pièce renfermant les plans et reliefs des villes fortifiées ; plus loin, une galerie contenant les batailles célèbres; des salles d'armes; des manéges; et sur l'escalier même, les statues de Condé, de Turenne, de Luxembourg et du maréchal de Saxe accueillant le jeune homme qui venait se préparer à imiter ces grands modèles. Entourés ainsi de tout ce qui peut émouvoir le cœur et frapper l'imagination, les élèves sentaient naître dans leurs âmes une ardeur brûlante, une ambition sans bornes. Gloire, Honneur, Patrie, étaient des mots toujours présents à leur pensée. N'est-il pas vrai, jeune homme, qui êtes là près de cet arbre à rêver, pendant que vos camarades jouent autour de vous? dites-nous où se portent vos pensées, où tendent ces regards ardents qui semblent dévorer l'avenir?... Serait-ce par hasard à la conquête du monde? et pourquoi pas? Alexandre, à votre âge, craignait déjà que la terre ne fût trop petite [1].

Le poëme d'Ossian qui s'échappe de vos mains dit : Heureux ceux qui meurent jeunes et illustres!

Mais quel singulier caprice du sort! ici va commencer la carrière du génie le plus extraordinaire qu'ait produit l'histoire, et ici même se développera, s'anéantira sa fortune. En moins d'une demi-lieu carrée, doit s'accomplir ce grand drame. En effet, cinq ans se sont à peine écoulés, qu'à cent pas de là [2], un jeune officier, pâle, maigre, couvert d'un habit usé, promène ses sombres rêveries; ses cheveux plats, tombant sur des joues creuses, lui donnent l'air malade; un mouvement convulsif fait souvent tressaillir son corps; ses regards vagues et ardents dénoncent une âme ulcérée. Un vieillard l'observe[3], l'aborde, lui demande ce qui l'agite.—Ce qui m'agite, a-t-il répondu avec violence, c'est l'injustice des hommes, leur ingratitude, leur odieuse indifférence. J'arrive de Toulon. Ils étaient là depuis deux mois sans oser l'attaquer, sans savoir le prendre, je l'ai remis entre leurs mains, et pour prix de ce service, on m'envoie dans la Vendée, combattre des Français, m'ensevelir dans l'oubli; et cependant il y a là quelque chose..., ajoute-t-il en montrant son front.—Calmez-vous, dit le vieillard, et suivez-moi. Ils marchent quelque temps en silence; ils entrent dans une allée bordée de fleurs; dans une maison simple, mais élégante; enfin dans un salon, où le vieillard laisse son jeune compagnon.

Cette pièce semblait consacrée aux arts, aux Muses. Une harpe, un piano,

[1] Augusto limite mundi.
[2] Allée des Veuves.
[3] Le nommé Baptiste, valet de chambre de madame Tallien.

de la musique sur un pupitre, une palette, un chevalet, et sur ce chevalet un tableau commencé; des livres de poésie sur la table; partout je ne sais quelle grâce, quel abandon dans cette demeure. Celle qui l'habite paraît bientôt. C'est la plus belle, la plus élégante des femmes, et pour le jeune officier, la plus bienveillante [1]. Elle connaît déjà ses services et ses malheurs; elle l'accueille, le console, lui promet son appui, et l'invite à paraître dans sa société, et, pour qu'il y soit d'une manière plus convenable, elle coupe elle-même une partie d'une pièce de drap qui se trouvait là sur un fauteuil et qu'elle le prie d'accepter. Quelques jours après le jeune officier s'est montré dans ce cercle brillant, il a retrouvé son assurance, il a pu déployer ses talents, ses lumières; une femme distinguée [2] a attaché son sort à sa fortune; et cette fortune va devenir le destin et la gloire de la France.

Mais passons à la troisième partie de ce singulier roman. La scène est à quelques pas plus loin.

Couronné par la victoire, parvenu au plus haut degré de puissance que l'on ait vu dans les temps modernes, le même officier gravit les hauteurs de Chaillot, qui dominent la capitale, et là, entouré de tous les grands d'un empire, qui s'étend de la Baltique au Garigliano, d'Amsterdam à Cadix, près de la fille de trente Césars, qui est venue recevoir de lui en dot le monde entier, *toto dotabere mundo* [3], il trace les contours, désigne l'enceinte du plus magnifique palais. En effet, il n'est plus d'habitation en proportion avec tant de gloire; il faudra loger en ce lieu dix souverains, parents, alliés ou vaincus; il y faudra reproduire l'image de cinquante batailles gagnées, de toutes les capitales de l'Europe envahies; il y faudra placer neuf cent cinquante étendards pris sur l'ennemi,

[1] Madame Tallien. Elle habitait à Chaillot la maison n° 3.
[2] Joséphine de La Pagerie, veuve du général Beauharnais.
[3] CLAUDIEN, *de Nupt.*

Allée des Ventes — Les hauteurs de Chaillot

et les trésors des arts amassés dans tous les temps, et, au milieu de cette pompe nouvelle, le berceau de l'enfant qui doit naître pour hériter de tant de puissance, et donner son nom à ce palais.

Poëtes, cherchez un plus grand sujet d'épopée; écrivains orientaux, imaginez un conte plus merveilleux que cette histoire.

Pont d'Iéna et palais du roi de Rome.

S'il fut jamais pour un ami des arts et pour un Français une illusion, un rêve pénible à voir s'évanouir, au moment où il allait se réaliser, ce fut la création projetée, non-seulement du plus vaste, du plus beau palais du monde, aux portes mêmes de la capitale, mais une suite d'édifices non moins remarquables qui devaient en former le cadre, l'entourage, qui devaient composer une ville monumentale autour d'un palais gigantesque.

Retraçons ce tableau fantastique, ce souvenir douloureux, pour l'effacer bien vite après de la mémoire.

Les hauteurs de Chaillot qui dominent Paris et la campagne, cet espace si aride, si triste aujourd'hui, devait être couvert d'un long soubassement en rampes, du milieu duquel se serait élevé un palais dont la cour aurait été le Champ-de-Mars; les jardins, le bois de Boulogne; les fontaines, la rivière entière de l'Ourcq. Des fenêtres de cet édifice, et dans l'axe du pont d'Iéna, on aurait aperçu à droite et à gauche, bordant le quai, dix grands bâtiments réguliers affectés aux archives du royaume, à l'Université, à la demeure du Grand-Maître, à un école des arts, à des casernes d'infanterie et de cavalerie, enfin, à des arsenaux.

On serait arrivé au palais par trois rampes en pente douce, à droite et à gauche du pont d'Iéna, jusqu'au sol de la cour d'honneur, d'où, en suivant deux portiques circulaires à deux rangs de colonnes de chaque côté, les voitures seraient arrivées à couvert jusqu'au bas de deux grands escaliers.

Le corps principal du palais devait présenter un grand parallélogramme, dont le centre eût été occupé par un vaste salon pour donner des fêtes. Deux petites cours ornées de fontaines, à droite et à gauche de ce salon, auraient éclairé les grands escaliers.

L'appartement d'honneur ou de réception remplissait toute la façade du midi. Celle du nord, donnant sur les jardins et sur la campagne, aurait eu d'un côté l'appartement de l'empereur, de l'autre, celui de l'impératrice avec toutes leurs dépendances. Deux autres, avec un seul étage en prolongation de la façade du nord entre les terrasses et les parterres, étaient affectées à l'habitation des princes. Ces bâtiments auraient couvert tout l'espace depuis Chaillot jusqu'au mur d'enceinte de la barrière de Passy. Le jardin de ce palais aurait envahi le bois de Boulogne sur une telle échelle, que le château de la Muette n'eût plus été qu'une faisanderie, et Bagatelle une fabrique du parc. Quant aux cours, on considérait le Champ-de-Mars, ce théâtre de tant d'événements, comme servant aux abords, aux revues, aux députations.

Ceux qui peuvent se représenter, dit l'architecte célèbre auquel nous empruntons ces renseignements[1], un palais plus étendu que celui de Versailles, occupant tout le sommet de la montagne qui domine la plus belle partie de la capitale, avec les distributions les plus commodes pour l'habitation, peuvent penser que cet édifice aurait été l'ouvrage le plus extraordinaire de notre siècle. Les fondations en furent jetées, tous les vastes

[1] M. Fontaine.

soubassements étaient presque terminés; les pierres, les matériaux préparés pour le reste, lorsque la fortune de l'empereur commença à décliner. Chaque année de malheur apportait une réduction dans l'échelle du projet primitif; bientôt ce ne fut plus qu'un rêve. Les travaux mêmes commencés furent détruits; ce magnifique emplacement fut rendu à sa triste, à son aride solitude, et le silence n'y est plus interrompu que par la grande voix de Bossuet, qui semble répéter encore les paroles prophétiques qu'il prononça jadis dans ce lieu même :

« Rois de la terre, instruisez-vous; écoutez, vous qui jugez les peuples[1]. »

Barrière de Passy, autrefois de la Conférence.

Ce n'est pas seulement à cette entrée de Paris, mais à tout Chaillot et à une partie du faubourg du Roule, que l'on voulut donner au

[1] *Et nunc, reges, intelligite; erudimini, qui judicatis terram.* Tel fut le texte que prit Bossuet, en prononçant l'oraison funèbre d'une des princesses de la cour des Stuarts, morte au couvent de Chaillot, dont l'enceinte couvrait l'emplacement du palais que l'on vient de décrire.

commencement du règne de Louis XIV le nom de l'événement qui occupait alors tous les esprits.

Le voyage de Louis XIV, son alliance de famille et de politique avec la puissance qui avait si longtemps balancé ses destinées, avait alors en effet un immense intérêt. La conférence qui décida cet événement avait eu lieu à la grille du Cours-la-Reine. Mais ce souvenir s'effaça bientôt, et avec lui le nom qui devait le rappeler[1]. C'est aujourd'hui la barrière de Passy ou de Franklin. Elle fait partie de cet ensemble d'édifices, d'un goût plus ou moins bon, dus à l'imagination de Ledoux et à la prodigalité intéressée des fermiers généraux, qui firent enclore Paris en 1787.

Cette barrière, par laquelle on passe pour aller à Versailles, et que le roi Louis-Philippe franchit si souvent depuis quelques années[2], est une des plus remarquables; brûlée le 12 juillet 1789, elle fut rétablie l'année d'après dans le même style. Les deux statues colossales, assises sur de forts piédestaux, représentent la Bretagne et la Normandie, et c'est en effet la route de ces deux provinces.

PASSY.

Nous voici hors des barrières, et nous laissons derrière nous les palais, les monuments, la gloire, *pour respirer un air plus pur et goûter le repos*.

---

[1] François Ier aussi voulut appeler le Havre *Françoisville*, et Henri IV, Quillebeuf, *Henriqueville*; ils n'ont pu faire adopter ces noms par la postérité. Le seul homme qui ait réussi dans ce genre est un certain sire d'Arpajon, qui, ayant acheté la seigneurie de la Châtre, voulut lui donner son nom, et voici comment il s'y prit. Il fit placer à l'entrée de la ville trois ou quatre valets robustes qui demandaient le nom du lieu à tous ceux qui se présentaient pour entrer : s'ils répondaient *Arpajon*, ils étaient récompensés; mais s'ils avaient le malheur de répéter l'ancien nom, ils recevaient des coups de bâton. Le nom de *la Châtre* disparut.

[2] Nous avons représenté le roi allant à Versailles; on calcule qu'il y a été cent quatre-vingt fois, ce qui équivaut à six mois de séjour consécutif sans qu'aucune affaire ait eu à souffrir, sans qu'on se soit aperçu de cette longue absence; mais à la condition de ne se coucher qu'à deux heures après minuit. Il en est de même des sommes qui ont été dépensées pour ce palais et qui s'élèvent à plus de douze millions, sans qu'aucun service ait été négligé. Voilà ce qui n'excite pas beaucoup l'attention fugitive du moment, mais que la postérité admirera; elle appliquera à ce prince le passage d'Horace. *Virtutem incolumem odimus, sublatam ex oculis quærimus invidi* (l. III, od. 24), que Le Brun a si bien imité par ces vers :

La mémoire est reconnaissante;
Les yeux sont ingrats et jaloux.

Ainsi s'expriment les Parisiens, quand ils ont franchi le dimanche une barrière quelconque et qu'ils se croient à la campagne en entrant dans un faubourg plus sale et moins aéré que la ville. J'avoue cependant que je suis un peu parisien à cet égard; et je n'ai pas plus tôt aperçu un champ de blé ou le tuyau d'une usine, que mes idées se portent à l'instant sur l'agriculture et l'industrie, ces deux grandes sources de richesse et de prospérité. Je m'afflige alors en pensant que mon pays est inférieur sous ces deux rapports à des peuples qui sont loin de l'égaler en lumières. L'agriculture en France est encore dans l'enfance; elle n'a pas de bestiaux; elle est livrée à de vieilles routines, à une rotation vicieuse. L'industrie ne s'est développée que depuis la révolution. Elle est encore tout à fait nulle dans les deux productions les plus importantes : la fabrication du fer et l'exploitation de la houille. Enfin, le ressort principal de toute industrie, de toute agriculture, les communications sont dans l'état le plus imparfait. Peu de routes et de canaux; à peine un ou deux chemins de fer. De ces réflexions, par une transition naturelle, j'aime à me rappeler les hommes de génie qui ont éclairé et enrichi leur pays, qui l'ont sorti des liens de l'enfance ou de la barbarie; enfin les grands hommes de l'utilité[1] : car comme la gloire, elle a eu aussi les siens depuis Triptolème jusqu'à M. Parmentier, depuis Thésée et Pyrithoüs jusqu'à M. le duc de Liancourt. L'imagination cherche alors à se former un modèle de ces bienfaiteurs des hommes, de ces héros pacifiques; et voici à peu près comme elle le compose.

Il faudrait que l'homme qu'on voudrait prendre pour ce type naquît dans la condition la plus humble et qu'il dût ses moyens d'existence à un travail manuel, pénible, difficile, *improbus labor*. Parvenu par lui seul à l'aisance, il sentirait alors son génie se développer et s'élancer dans des découvertes scientifiques qui rendraient son nom immortel. A tant de supériorité, il joindrait l'esprit, la bonté, les vertus qui exciteraient pour lui une telle estime, une telle considération parmi ses concitoyens, qu'ils le chargeraient des missions les plus importantes, et en quelque sorte des destinées de leur pays. Eh bien! ce type idéal, ce modèle imaginaire de

---

[1] *Utilitas magnos hominesque deosque efficit* (OVIDE). Thésée se jetait sur les méchants sans qu'ils lui eussent fait du mal, mais uniquement parce qu'ils étaient méchants (PLUT., t. I, p. 37). Les anciens chevaliers parcouraient la terre, *non orbem concupiscendo sed vendicando* (SEN., *de Ben.*, l. I, c. 13).

la perfection sociale, n'est pas autre que ce petit vieillard représenté sur cette gravure, et qui monte lentement la butte des Bons-Hommes.

Franklin montant la butte des Bons-Hommes.

C'est le simple, le grand, l'immortel Franklin. Il se rend à sa maison de Passy, située dans la rue Basse, où il a passé les plus belles années de sa vie et complété ses savantes découvertes. Les gens âgés se rappellent avoir vu dans ses mains la corde du cerf-volant qui venait chercher la foudre au milieu des orages. Un illustre écrivain, prononçant l'oraison funèbre de Washington dans l'église des Invalides, disait, en parlant de Franklin : « Ce sage négociateur ne fut-il pas environné de nos hommages quand il vint montrer à Paris et jusque dans Versailles la noble simplicité des mœurs républicaines. Il habita sur les rives du fleuve voisin, en face des lieux où nous sommes réunis. Plusieurs d'entre vous ont vu, comme moi, la physionomie vénérable de ce vieillard, qui ressemblait à l'ancien législateur des Scythes voyageant dans Athènes. » Nous l'avons représenté s'appuyant sur ce bâton de pommier sauvage qu'il légua à Washington; Washington, comme lui immortel, comme lui héros de la civilisation et de la liberté. N'est-ce pas d'un bon augure pour cet ouvrage, qui doit renfermer tant de portraits, que de commencer par celui-ci, qui offre les traits de sagesse, de bonté, de génie, d'un homme que deux mondes se glorifièrent d'avoir possédé, et dont ils portèrent le deuil [1]? Au-dessus de sa tête s'élève le drapeau de l'Union, qui couvre aujourd'hui toutes les mers, qui pénètre dans les déserts pour y porter la lumière et la vie, qui s'adjoint tous les jours des provinces, des royaumes, et dominera bientôt tout ce vaste continent. Franklin est vêtu de l'habit modeste avec lequel il parut dans les salons de Versailles; il vient de recevoir les adieux de Voltaire. Il va quitter cette habitation de Passy qu'il aimait tant et où il laisse encore des regrets, pour entreprendre, malgré beaucoup d'infirmités, un long voyage; mais

Franklin.

[1] Le célèbre archevêque de Paris, M. de Beaumont, disait de Franklin qu'il ne lui manquait que d'être catholique. « Mais j'aime à croire, ajoutait-il, que Dieu ne repoussera pas cette belle âme, elle honorerait trop l'enfer. »

par les tendres soins de la reine[1] de France, son voyage sera moins pénible, et son départ de sa patrie adoptive moins douloureux.

Pont suspendu dans la propriété de M. Delessert.

Passons d'un homme utile à une famille utile, et jetons un regard sur la moitié environ du coteau de Passy, qui appartient à MM. Delessert[2]. Le premier édifice qu'on rencontre est une raffinerie de sucre, l'une des plus anciennes et des plus considérables du royaume[3].

[1] La reine fit faire une espèce de litière très-commode dont elle fit cadeau à Franklin. Elle lui servit à se rendre au Havre où il s'embarqua.
[2] Rue Basse, n. 3, 5, 7 et 9.
[3] Le mouvement des capitaux qu'elle emploie dépasse annuellement douze millions, et cependant les bénéfices sont très-faibles; mais les propriétaires font entrer dans leur *actif* le bien-être de cent familles qu'ils occupent, et la satisfaction de vivre au milieu de gens qui les bénissent et les aiment. Cette fabrique fut une des premières où l'on fit en France du sucre de betteraves. Napoléon la visita

Les bâtiments de la fabrique sont réunis par un pont en fil de fer, le premier qui ait été exécuté en France, et qui, sortant de massifs d'arbres des deux côtés, semble être suspendu dans les airs. On y jouit de la vue la plus étendue : sur le premier plan, le cours de la Seine ; Paris s'enfonçant dans l'horizon, et lançant dans les airs les dômes des Invalides, du Val-de-Grâce et du Panthéon.

Attenant à la raffinerie est un massif de grands arbres, un quinconce de marronniers, qui couvrent de leur ombre les sources jadis si célèbres des Eaux de Passy.

Les propriétés de ces eaux n'ont pas changé ; on a même découvert de nouvelles sources[1], mais la mode les a abandonnées au moment où la nature s'attachait à les embellir, et si la capricieuse déesse ne leur revient pas, elles conserveront en vain leur vertu, on leur demandera toujours leurs plaisirs.

A la suite de cette promenade est un jardin botanique, moins remarquable par la quantité des plantes que par la rareté de celles qu'on y cultive.

Le goût pour la botanique semble héréditaire chez MM. Delessert. Ce fut pour une jeune personne de cette famille que Rousseau composa son *herbier ;* ce fut à sa mère qu'il adressa ses *Lettres.*

L'aîné des quatre frères, M. Benjamin Delessert, possède la plus riche collection en ce genre, et il en a fait jouir le public. Cet établissement est à Paris, dans l'hôtel même de M. Delessert. On peut y travailler toute la matinée. Un jeune savant, qui en a la direction, s'empresse de fournir tous les objets, tous les renseignements nécessaires à l'étude de cette science, qui a fait, depuis quarante ans, de si grands et de si utiles

---

en 1812, et témoigna sa satisfaction à M. Benjamin Delessert en le créant baron et lui donnant la croix de la Légion-d'Honneur qu'il portait à sa boutonnière.

[1] L'abbé Le Ragois, ancien confesseur de madame de Maintenon et précepteur du duc du Maine, et après lui, en 1754, M. Bellami, avaient rendu ce lieu fort agréable ; ils y avaient ouvert des salons où les malades trouvaient une bibliothèque, une table bien servie, des bals, des concerts fréquentés par la bonne compagnie. J.-J. Rousseau, dans ses *Confessions* (livre xv), parle du temps qu'il y a passé avec son médecin Mussard, qu'il appelle un philosophe pratique. Ce fut là qu'il composa en partie *le Devin du village.* Voyez *Chronique de Passy,* par M. Quillet, ouvrage fort intéressant, 2 vol. in-8 ; *les Amusements de Passy,* par Lasalle, in-12 ; l'abbé Lebeuf, *Histoire de Paris,* tome III. L'analyse de ces eaux se trouve dans l'*Histoire de l'Académie des Sciences,* tome 1, p. 30.

progrès. Les serres de Passy en sont le complément; le jardin est entouré d'un vaste parc irrégulier planté avec goût, mais sans apprêt. On n'y est pas gêné par ces soins minutieux, cette propreté rigoureuse de plusieurs habitations de ce genre, où on craint de laisser dans les allées ou sur le gazon la trace de ses pas. Une seule fabrique en est l'ornement; c'est un chalet suisse, de proportions exactes, et renfermant dans l'intérieur tous les meubles du pays, et de plus un relief de la Suisse sur une grande échelle.

Cette fabrique semble être un hommage rendu par les propriétaires au pays qui les accueillit à la révocation de l'édit de Nantes[1], et qui fut longtemps pour eux une patrie adoptive.

Chalet dans le parc de M. Delessert (souvenirs de la Suisse).

Avez-vous connu ce pays si grand par la nature, si vénérable par les vertus de ses habitants, si cher à la li-

[1] Un célèbre orateur, d'origine française, sir Samuel Romilly, remerciait Louis XIV de l'avoir fait naître Anglais; MM. Delessert, au contraire, ont voulu redevenir Français, parce qu'ils n'avaient jamais cessé de l'être, sans toutefois se montrer ingrats envers leur seconde patrie.

berté? avez-vous parcouru ces vallées mystérieuses, ces lacs ombragés de montagnes, ces montagnes couvertes de neiges éternelles et de glaciers mouvants? êtes-vous entré dans les charmantes habitations qui peuplent ces solitudes? eh bien! vous en retrouverez ici le souvenir. Mais avant de pénétrer dans cette jolie fabrique, jetez un regard sur les peintures qui en décorent la façade ; elles représentent les armoiries des différents cantons, et deux sujets de leur mémorable histoire.

Guillaume Tell.

Ah! qu'un pays déjà favorisé par la nature acquiert encore de charmes lorsqu'il renferme un passé illustre, lorsqu'il fait naître à chaque pas des sentiments généreux! Oui, si même ils n'offraient point les plus beaux sites qu'on puisse imaginer, ces environs de Schwitz et d'Uri, ce lac des quatre cantons, on n'y pénétrerait encore qu'avec respect et émotion ; le voyageur irait y chercher la place où Guillaume Tell aborda et où il repoussa du pied la barque qui le portait ; et, de là, traversant le lac, il aborderait près de la plaine de Grutli ; mais alors il attendrait que la nuit vînt couvrir de ses ombres ce sanctuaire de la liberté. En montant à la fontaine du Sélisberg, il écouterait s'il n'entend pas les pas de ces hommes généreux qui scellèrent ici le pacte d'union contre la domination étrangère ; il puiserait de l'eau dans la fontaine, et, la tête découverte, à l'exemple des habitants du pays, il boirait à la mémoire des trois héros de la liberté. L'action de Guillaume Tell représentée sur cette vignette a été contestée; on a voulu douter de cette force inouïe de l'âme dans le trouble des sens; de ce triomphe du coup d'œil à travers les angoisses du cœur; elle a été contestée comme les mots de Cambronne et de d'Assas; mais qu'importent les preuves quand le temps a consacré une action glorieuse? On a prétendu que cet événement appartenait à l'histoire du Danemarck; mais que fait le lieu de la scène? il appartient au monde, il suffit pour la dignité de l'homme qu'il ait existé : ôtez-le à la Suisse; ôtez-le à Guillaume Tell, il reste à l'humanité!

Bataille de Sempach.

Au moins l'action représentée ici est-elle incontestable. Oui, il a bien existé un homme qui s'écria à Sempach : « Confédérés, prenez soin de ma femme et de mes enfants! » et qui, réunissant un faisceau de lances ennemies dans son corps, ouvrit ainsi la route, la brèche par où se fit jour la liberté de son pays.

Arnold Strutthan de Winkelried, je te salue! et les générations qui se suivront te salueront également, tant qu'il existera parmi elles les noms de patrie et de liberté.

Mais revenons au coteau de Passy. Après cette suite d'habitations appartenant aux différentes personnes de la famille Delessert, vient le domaine de la bienfaisance, qui leur est commun à toutes; mais celui-là s'aperçoit sans se découvrir, ou plutôt parce qu'il ne veut pas se montrer.

La commune dit bien quels sont ceux qui ont fondé le premier asile pour les enfants, qui ont construit et doté les deux écoles publiques; chaque pauvre famille trahit aussi quelque secret de ce genre; mais ce n'est point à nous à les révéler. Nous dirons seulement qu'on a tort de se plaindre qu'il n'y ait plus d'aristocratie en France; la voilà la véritable aristocratie, celle qui n'a pas besoin de priviléges ou de préjugés pour occuper un rang élevé, celle qui se fait pardonner d'être élégante, parce qu'elle est utile; celle enfin qui consiste dans le travail, la science et les bienfaits : le travail qui l'acquiert, la science qui l'honore, les bienfaits qui la font aimer.

Attenant au parc de M. Delessert est la propriété de M. Fulchiron, distinguée aussi par une collection de plantes rares, et par la vue la plus étendue, la plus variée, depuis les coteaux de Sèvres jusqu'à Vaugirard, ce qui l'a fait surnommer la *Vista*.

Plus loin, un château [1] enfoncé au milieu de vastes jardins a été habité par deux personnages célèbres, le duc de Lauzun et madame la princesse de Lamballe. Qui ne sait les aventures de l'un et les malheurs de l'autre?

Ne dirons-nous pas aussi quelques mots de l'ancien hôtel de Valentinois, lieu de volupté, de délices [2], avant qu'il eût été sanctifié par la présence d'un sage? de la maison [3] près de là, habitée par mademoiselle Contat, et par tout ce qui brillait à cette époque dans les lettres, les arts et l'élégance du monde? de l'ancien château seigneurial de Passy [4], aujourd'hui détruit pour faire place à un nombre considérable de petites habitations appropriées aux fortunes et aux mœurs du temps? enfin du château de la Muette, point intermédiaire entre Passy, le bois de Boulogne et Auteuil? Ce château n'a pas cessé d'être habité par des princes de la maison de France, depuis Marguerite de Valois jusqu'à Marie-Antoinette [5],

---

[1] Autrefois au duc d'Aumont. L'abbé LEBEUF, tome III, p. 21.

[2] Rue Basse, n. 40. Ce fut l'habitation de Franklin pendant son séjour à Passy.

[3] Rue Basse, n. 19. Collé y charmait par ses chansons, Parny par ses vers, Marmontel et Cailhava par leurs contes, Bièvre par ses calembours, mais surtout la maîtresse de la maison, mademoiselle Contat, par tous les agréments de la figure et de l'esprit.

[4] Possédé par le fameux Samuel Bernard, par le riche de la Popelinière, enfin par M. Boulainvilliers, dont il a porté le nom.

[5] Il fut donné, en 1616, au dauphin, depuis Louis XIII; la duchesse de Berri y mourut en 1719, à l'âge de vingt-quatre ans. Il fut augmenté et rétabli par Louis XV, et la reine y fut reçue en 1770.

qui y fut reçue à son arrivée en France, et y revint à différentes époques. Les jardins de la Muette font partie du bois de Boulogne, et contournent Passy jusqu'à l'avenue qui conduit à Auteuil. Une autre avenue en face du pont de Grenelle y conduit également, et c'est celle-là qu'on découvre de la route même de Versailles[1]

AUTEUIL.

Auteuil est un des lieux les plus agréables des environs de Paris, on le prendrait pour un village anglais transporté près de la capitale[2]. Il est surtout remarquable par les personnages célèbres qui l'ont habité. Rappelons d'abord ses souvenirs, nous parlerons après de ses agréments.

Maison du chancelier d'Aguesseau, à Auteuil.

Mon ami, allez oublier devant le roi femme et enfants, perdez tout, hors l'honneur! C'est ainsi que s'exprimait madame d'Aguesseau, lors-

---

[1] On peut ajouter au nom de tous ces habitants célèbres de Passy ceux de l'abbé Raynal, de l'abbé Giraud et de Piccini, qui y fut enterré en 1800.

[2] Auteuil, lieu favori, lieu fait pour les poëtes,
Que de rivaux de gloire unis sous tes berceaux!
CHÉNIER, *Promenade.*

que le chancelier partait de sa maison d'Auteuil pour aller à Versailles s'opposer à l'enregistrement de la bulle *Unigenitus*[1].

Paris fut presque toujours le lieu de sa résidence, mais, lorsque son opposition à des mesures injustes ou impolitiques lui valaient l'honneur de la disgrâce, c'était à sa maison de campagne d'Auteuil qu'il se retirait; ce fut là que mourut près de lui Anne d'Ormesson, sa femme, sa digne émule.

Elle fut enterrée dans le cimetière d'Auteuil; et d'Aguesseau mourant demanda que son corps fût placé près de celle dont la mort seule l'avait pu séparer. Leurs enfants et quelques amis obtinrent plus tard que leurs cendres fussent exhumées et transportées en face de la porte de l'église, sous un mausolée dont Louis XV voulut fournir le marbre. C'est le petit monument que représente cette vignette, il consiste dans un obélisque de marbre surmonté d'un globe et d'une croix dorée.

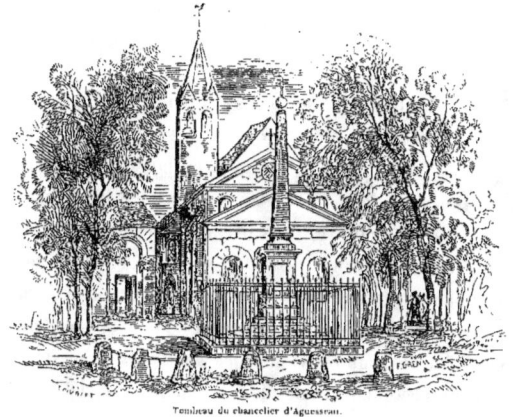

Tombeau du chancelier d'Aguesseau.

D'Aguesseau consacra toute sa vie à la défense de l'innocence et du malheur : il pensait en philosophe, disait-on, et parlait en orateur. Ses ouvrages sont la peinture de son âme et de son esprit, et l'histoire de

[1] C'est ici que l'on forge des armes contre Rome, disait à d'Aguesseau le nonce Quirini. Non, monsieur, répondit vivement le chancelier, ce ne sont point des armes, mais des boucliers. (PRÉS. HÉNAUT.)

sa vie doit servir éternellement de modèle à ceux qui embrassent sa noble profession.

Maison de Boileau à Auteuil.

La maisonnette[1] où Boileau mettait si bien à profit les *jours que lui filait la Parque*[2] est encore à peu près telle qu'il la possédait en 1685, mais moins considérable. Il ne reste plus aujourd'hui que la partie où se trouvait l'escalier, une petite salle basse et un premier étage de trois pièces[3]. Un nouvel et grand édifice a été construit au milieu du jardin dessiné à l'anglaise, et on n'a conservé de l'ancien verger qu'un groupe de vieux arbres que le propriétaire a laissé subsister. On y chercherait en vain le *jeu de quilles,* délassement favori du poëte, qui se reconnaissait le double talent de société de faire des vers et de jouer aux quilles[4]. Il en est de même du berceau qu'il affec-

[1] Rue de Boileau, n. 18.
[2] Épître II, vers 10.
[3] Cette maison, du temps même de Boileau, était fort petite et peu agréable. Voltaire, qui la vit à une époque reculée, en parle de la sorte ; et l'on ne conçoit pas que le poëte, qui jouissait d'une sorte d'aisance, n'y ait pas fait de changements.
[4] *Vie de Boileau*, par Racine le fils.

tionnait ; mais celui-ci fut détruit de son vivant : on sait le chagrin qu'il en éprouva [1].

Ils ont également disparu ces abricotiers et ces citernes qui *soupiraient après le président de Lamoignon*[2], et ces massifs silencieux de grands arbres où le poëte

> Rêveur, capricieux,
> Tantôt baissant le front, tantôt levant les yeux,
> De paroles dans l'air par élan envolées,
> Effrayait les oiseaux perchés dans ses allées [3].

Si l'on appelle la fidèle *Babet*, c'est un portier qui vous répond, et l'on peut faire impunément des fautes de français, sans que le poëme de Chapelain soit là pour vous punir [4].

Boileau passa dans cette chétive demeure la plus grande partie de sa vie et y composa ses admirables ouvrages. Il nous révèle lui-même sa manière d'y vivre.

> Tantôt, un livre en main, errant dans les prairies,
> J'occupe ma raison d'utiles rêveries ;
> Tantôt cherchant la fin d'un vers que je construi
> Je trouve au coin d'un bois le mot qui m'avait fui.

Mais le plus souvent plongé dans le travail, il élaborait avec peine ses vers si faciles ; et son épître à son jardinier prouve suffisamment combien il souffrait de sa tâche pénible, combien les fatigues de l'esprit, les tour-

---

[1] Le Verrier, à qui Boileau avait vendu cette maison sur la fin de sa vie, en avait laissé la jouissance au poëte, qui venait quelquefois s'y promener. S'apercevant un jour que le bosquet était abattu, il dit en soupirant : *Je ne suis plus le maître ici* ; et il n'y revint plus.

[2] *Ipsi te fontes, ipsa hæc arbuta vocabant.*
(Lettre de Boileau à Lamoignon.)

[3] Épître à son jardinier.

[4] On était condamné à lire un certain nombre de vers de *la Pucelle*, suivant la faute que l'on avait faite. « La faute était grande, dit Racine le fils, quand le coupable était condamné à lire vingt vers ; lire la page entière était considéré à l'égal de la peine de mort. » Racine, qui connaissait parfaitement son ami Boileau et l'horreur qu'il avait pour les fautes contre la langue, avait soin, lorsqu'il allait lui lire des lettres de son fils aîné, qui était en pays étranger, de corriger les fautes qui lui avaient échappé.

ments de l'imagination lui semblaient plus difficiles à supporter que les exercices violents du corps.

C'est dans cette situation que nous nous le sommes représenté, et au moment où il finit sa harangue à son jardinier par ces vers :

> ...Mais je vois sur ce début de prône
> Que ta bouche déjà s'ouvre longue d'une aune,
> Et que les yeux fermés tu baisses le menton ;
> Ma foi, le plus sûr est de finir mon sermon.
> Aussi bien j'aperçois ces melons qui t'attendent,
> Et ces fleurs qui là-bas entre elles se demandent
> S'il est fête au village, et pour quel saint nouveau
> On les laisse aujourd'hui si longtemps manquer d'eau[1].

Boileau et ses amis.

> C'est là qu'au milieu d'eux l'élégant Despréaux,
> Législateur du goût, au goût toujours fidèle,
> Enseignait le bel art dont il offre un modèle[2].

Les amis du grand poëte étaient Racine, Molière, La Fontaine, Chapelle, La Bruyère, Lulli ; tous de caractères et de talents différents,

[1] Epître à son jardinier.
[2] Chénier, *Promenade*.

mais composant ensemble la société la plus spirituelle. Là chacun donnait librement et recevait d'utiles conseils. Boileau critiquait *Bérénice* et louait *Athalie*, consolant ainsi Racine de ses revers sans trop exalter ses succès; Racine, plus sévère, fâchait souvent son ami qui lui disait : « Tu es pire pour moi que Patru[1]; » et cependant il lui apportait le lendemain le passage corrigé. La critique de Chapelle était plus mordante, mais faite avec cette gaieté qui désarme. Quant à La Fontaine, il portait là sa rêverie et ses distractions et semblait être l'objet de toutes les plaisanteries. Boileau était dans l'intimité un critique sévère; mais, en public, il se montrait le défenseur de ses amis; il n'en est pas un qu'il n'ait vengé des attaques de la malveillance : aussi sa maison était fréquentée par tout ce qu'il y avait de plus illustre, de plus considérable dans le monde politique et littéraire. C'étaient le vertueux d'Aguesseau, son voisin à Auteuil, Lamoignon, Maurepas, de Termes, de Pont-Chartrain, Cavois, M. le duc et le prince de Conti. Il leur lisait non-seulement ses vers, mais aussi les plus beaux morceaux de tout ce qui paraissait de nouveau, avec un tel art et un tel talent d'imitation de chacun des personnages qu'il contrefaisait, que Molière lui-même avouait sa supériorité dans ce genre.

Tel il était pour ses amis, et lorsqu'il les perdait, il continuait à leur famille la même affection. Sur la fin de son séjour à Auteuil, madame Racine venait souvent le voir avec tous ses enfants, qu'il menait promener dans le bois de Boulogne; il lui donnait quelquefois l'inquiétude de les avoir perdus et les faisait à l'instant reparaître[2].

Cette maison devint plus tard la propriété d'un ami de Boileau, le médecin Gendron, que Voltaire voulut consulter. Inspiré par le lieu, il y inscrivit le quatrain suivant :

> C'est ici le vrai Parnasse
> Des vrais enfants d'Apollon.
> Sous le nom de Boileau ces lieux virent Horace,
> Esculape y paraît sous celui de Gendron.

En quittant la maison de Boileau, on demande où est celle de Molière,

---

[1] *Tu es mihi Patruus Patruissimus.* Ce Patru est le célèbre avocat, ancien régent de collège, homme distingué et critique très-sévère.
[2] *Vie de Racine* par son fils.

et il serait difficile d'en retrouver même l'emplacement, car il n'en reste plus que le souvenir; à sa place on rencontre un pavillon fort élégant, mais qui ne donne aucune idée de l'habitation modeste d'où sont sortis tant de chefs-d'œuvre.

Maison de Molière à Auteuil.

A peine sait-on où le plus beau génie du plus beau siècle a reçu le jour. Quelques rues obscures, près des halles, se disputent l'honneur de l'avoir vu naître; et l'on ignorerait peut-être aussi où il a passé les plus belles années de sa vie, si un petit édifice élevé à sa mémoire n'indiquait le lieu où fut sa maison[1]. Enfin, ses cendres auraient été jetées au vent après sa mort, si l'on n'eût obtenu, avec beaucoup de peine, un coin de terre pour les y placer. Il fallut que sa veuve allât solliciter le roi et demander un chétif tombeau pour celui auquel l'antiquité aurait élevé des temples[2]. Il n'existe plus rien aujourd'hui de cette maison d'Auteuil où Molière composait et jouait lui-même ses admirables comédies. Quelques vieux murs au bout d'un jardin appartiennent seuls à son temps; mais le propriétaire actuel, M. le comte de Choiseul-Praslin, a voulu conserver au moins le

---

[1] Rue de Molière, n. 1.
[2] BOILEAU, épît. VII.

souvenir de ce beau génie, en construisant un petit temple sur le fronton duquel on lit :

ICI
FUT LA MAISON
DE MOLIÈRE.

Une simple et élégante rotonde, percée de cinq niches, contient les bustes de Molière dans le fond, de Boileau et de Corneille à gauche, de Racine et de La Fontaine à droite. Corneille figure mal ici ; il n'était pas de la société et à peine de l'époque de Molière. C'est Chapelle, le malin, le spirituel Chapelle, le camarade d'étude de Molière et son meilleur ami, qu'on aurait dû placer près de lui. Alors on aurait eu en effet sa société habituelle, cette réunion d'hommes qui lui composaient une famille et le rendaient heureux.

Racine le fils et l'abbé d'Olivet ont décrit ces soirées si gaies, ces conversations si animées qui lui inspiraient souvent d'excellents sujets de scènes comiques. N'est-ce pas à une saillie de Boileau qu'il dut le plus bel acte du *Misanthrope*[1] ; à Chapelle, *le Bourgeois gentilhomme*[2] ; à Lully, *la Comtesse d'Escarbagnas*[3] ? Les environs de cette habitation rappellent aussi plusieurs circonstances amusantes de cette bande joyeuse. Là est la prairie où Molière réconcilia Chapelle avec son vieux domestique[4] ; ici l'allée où tous ces fous à moitié ivres cheminaient lentement vers la Seine pour s'y noyer[5], lorsque heureusement Molière parvint à les ramener à la raison, en leur promettant de se noyer avec eux le lendemain.

C'est cependant au milieu de cette gaieté, de cette vie expansive de quelques hommes, que naquit le goût dans un temps d'ignorance, et la philo-

---

[1] « A moins, disait Boileau, que M. de Colbert ne me fasse arrêter et conduire en prison, je dirai toujours que celui qui a fait *la Pucelle* mérite d'être pendu. »

[2] Chapelle se moquait spirituellement de Gaudoin, fils d'un chapelier, qui avait la rage de dépenser sa fortune avec les grands seigneurs.

[3] Lully raconta que le précepteur du fils de madame de Villarceaux ayant demandé à son élève : *Quem habuit successorem Belus?* l'enfant répondit : *Ninum*. Madame de Villarceaux crut que son fils parlait de la fameuse Ninon à qui M. de Villarceaux faisait sa cour, et se fâcha sérieusement contre le précepteur.

[4] Godemer, qui se mettait toujours dans le carrosse de son maître, et que Chapelle eut le caprice de faire un jour monter derrière.

[5] Andrieux a fait une jolie comédie de cette anecdote, sous le titre de *Souper d'Auteuil*. Voltaire a contredit le fait ; mais il est suffisamment établi par le témoignage des contemporains.

sophie sous un prince arbitraire et superstitieux. Les vices bravaient la puissance, mais ils tremblaient devant le ridicule : une voix hardie s'élevant du milieu d'une modeste campagne fit plus que la foudre lancée du trône ou de la chaire.

Intérieur de la maison de Molière.

C'est principalement la vie privée des hommes distingués qu'on aime à retrouver aux lieux qu'ils ont habités ; ce sont leurs mœurs, leur caractère qu'on y recherche. Nous avons représenté Boileau au milieu de ses amis, de ses admirateurs ; Boileau indépendant, célibataire, éloigné, par diverses raisons, du commerce des femmes et des succès de société, tout entier aux jouissances et aux combinaisons de l'esprit. Il n'en était pas de même de Molière, du tendre et passionné Molière, en proie aux tourments de la jalousie, et cependant le critique si spirituel de la jalousie. Molière était doux, généreux, confiant, et surtout social. Il avait besoin d'être entouré ; il aimait à discourir. Une de ses plus tendres affections fut pour le jeune Baron, qu'il avait élevé, qu'il aimait comme son fils, et qui ne le quitta jamais. C'est lui qu'il consultait habituellement sur ses ouvrages ; il lui adjoignait sa servante, et c'est ainsi que nous l'avons représenté assis dans ce grand fauteuil qu'on a conservé. Ce petit public singulier jugeait en premier ressort les vers qui devaient bientôt produire l'enthousiasme et l'admiration.

Maison de madame Helvétius à Auteuil.

En voilà assez des grands hommes et des poëtes; n'est-il pas une étude et un genre de bonheur qui remplace la célébrité, ou qui console, au moins, de sa perte, la philosophie, et n'est-ce pas à Auteuil qu'elle a fixé longtemps son séjour près d'une femme jolie[1], aimable, bonne, qui combattait ses erreurs et encourageait ses bienfaits? Si vous étiez entré dans ce jardin, il y a quarante ans, vous y auriez trouvé, près d'une volière, celle que Franklin appelait la Notre-Dame d'Auteuil, que les philosophes nommaient leur

---

[1] Vous avez dernièrement passé sans me regarder, disait madame Helvétius à Fontenelle. — Madame, répondit-il, si je vous avais regardée, je n'aurais point passé.

Égérie, et qui rendait heureux tout ce qui l'entourait, même les oiseaux[1] et les chats[2]. C'est en sa présence que les hommes les plus distingués du dix-huitième siècle se livraient à ces luttes intellectuelles de l'esprit, du savoir et de l'imagination. Et sur quelles questions? sur celles qui embrassaient le système entier de la nature : l'homme, la pensée, l'entendement, la destinée enfin. Mais, hélas! le ciel s'obscurcit, le tonnerre gronde, cette foule savante se disperse, ces hommes chers aux sciences, à l'humanité, ont subi le joug d'une nouvelle tyrannie, celle de l'ignorance, la plus cruelle de toutes. Quelques-uns d'entre eux seulement viennent encore respirer l'air de la nuit et chercher un asile sous ces mystérieux ombrages. Leur amie, leur bienfaitrice cherche en vain à leur donner de la confiance et à les rassurer sur leur sort pour qu'ils ne craignent point de compromettre le sien ; elle n'y parviendra pas, ils périront plutôt que de lui faire partager leurs dangers : pauvre Roucher! généreux Condorcet!... Mais

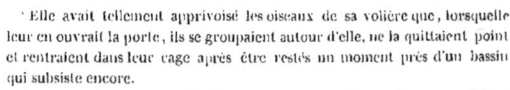
Madame Helvétius.

l'orage a cessé de gronder, le jour reparaît, et les savantes conversations d'Auteuil ont repris leur cours. La France n'a plus à souffrir que de la gloire, que de cette terrible passion de conquérir le monde, et c'est encore ici qu'on entend les belles paroles de madame Helvétius au jeune héros qui se lançait dans cette carrière aventu-

---

[1] Elle avait tellement apprivoisé les oiseaux de sa volière que, lorsqu'elle leur en ouvrait la porte, ils se groupaient autour d'elle, ne la quittaient point et rentraient dans leur cage après être restés un moment près d'un bassin qui subsiste encore.
[2] Son grenier était plein de chats qu'elle nourrissait et qui ne se souciaient plus de prendre des souris ; enfin lorsqu'il y en eut une trentaine, on fut obligé de les chasser et on eut bien de la peine à l'obtenir de madame Helvétius.

reuse : « Vous ne savez pas, général, combien on peut trouver de bonheur dans quatre arpents de terre [1]. »

Allée de tilleuls dans le jardin de madame Helvétius.

ELLE est encore debout, cette allée d'arbres qui jadis ombrageait les assemblées des sages. Quels sont ceux que nous apercevons ici, qui discutent, les uns avec tant de chaleur, d'autres avec tant de logique? C'est le fougueux Diderot, le spirituel baron d'Holbach, Morellet, Cabanis, ou Helvétius lui-même. Dans le fond de l'allée, un personnage grave [2] joue au volant avec une jeune personne : c'est Turgot, l'ami du peuple. Des vieillards assis écoutent, en souriant, la discussion : car c'est à leur

---

[1] Napoléon visitait souvent madame Helvétius et ambitionnait les suffrages de la société d'Auteuil : ce ne fut qu'après être monté sur le trône qu'il en appela les membres des idéologues.
[2] *Mémoires de Morellet et de Marmontel.*

école qu'elle a pris naissance; Fontenelle, Thomas, d'Alembert, Franklin, etc.; ce sont les fondateurs de l'encyclopédie, les héritiers du génie de Bacon. Que de tristes méditations n'inspirent pas aujourd'hui la solitude de ce lieu, les bancs déserts de cet aréopage, le souvenir de ces doctes entretiens! Et pourquoi les regretter, s'écrie tout à coup une voix morose! Quel bien ont-ils fait au monde? Ils l'ont incendié! Quels services ont-ils rendus à la science? Ils n'ont fait qu'élargir l'abîme du néant! C'était bien la peine de renverser la scolastique par le cartésianisme pour tomber après dans la doctrine des sens, et bientôt dans l'éclectisme, sorte de mélange de tous ces rêves, mosaïque de petits morceaux d'erreurs. Que me font vos nouvelles formules, vos méthodes d'examen, si elles ne me tirent point du doute, si elles ne mettent rien à la place de la foi aveugle ou de l'incrédulité? Vertu, disait Brutus, n'es-tu donc qu'un vain nom? Philosophie, peut-on dire, n'es-tu donc qu'une vaine science? A peine la voix avait-elle prononcé ces amères paroles, qu'il me sembla être entouré d'une vive clarté, les arbres paraissaient s'élever dans les airs et se recourber comme un dôme. Sous leur voûte, s'avançait une femme majestueuse; elle tenait d'une main des livres, de l'autre un sceptre. Je reconnus la philosophie telle qu'elle apparut au vénérable Boëce dans sa prison, la *Divine Philosophy* de Milton. — « Qui ose, s'écria-t-elle, appeler vaine science le culte des plus beaux génies de tous les âges; l'étude à laquelle le monde doit ses lumières, les peuples leurs institutions, les malheureux leur appui! Hommes ingrats, voulez-vous qu'on vous rende les instruments de la torture, les fouets de l'esclavage, les sueurs de la corvée! Voulez-vous ôter à l'enfant abandonné son berceau, au vieillard son asile, au malade ses secours! Alors, insultez la philosophie, et surtout celle du dix-huitième siècle; car c'est elle qui a produit en grande partie ces merveilles; c'est elle qui a voulu rivaliser avec la religion dans ses bienfaits. Hommes injustes ou aveugles, vous révérez les martyrs de la foi, c'est bien; mais ne sentez-vous rien pour les martyrs des améliorations sociales, pour les victimes de l'ignorance, pour Socrate buvant la ciguë, Galilée se traînant sur les genoux, les solitaires de Port-Royal errant autour de leur maison démolie, le cercueil de Liancourt renversé dans la fange, et ces milliers d'hommes morts ou persécutés, pour le seul tort d'avoir voulu se connaître, d'avoir interrogé leur raison, le plus beau présent de la divinité? et l'ont-ils méconnue cette divinité dans leur examen? Non, sans doute, du moins pour la plupart[1]; ils l'ont seulement séparée de leurs méditations; ils l'ont placée dans une sphère plus élevée; et si, dans ce trouble de l'imagination, à travers ces faits contradictoires, il s'est élevé des doutes, si de faux systèmes sont nés, le raisonnement, la logique se sont perfectionnés pour les combattre, et de ce frottement, de ce choc même devait jaillir la vérité. Oui, je le déclare, tous ceux qui, dans la fougue de leur esprit, mais dans l'innocence de leur cœur, se sont égarés, ceux-là ne me sont pas moins chers que ceux qui, plus heureux, ont approché plus près de la vérité, car tous ont avancé la perfectibilité humaine, l'amélioration du sort de l'homme, la dignité de son être, principal but de mes efforts, principal objet de mes vœux. »

Pendant qu'elle prononçait ces paroles, des images d'hommes vénérés semblaient s'élever de tous côtés, près d'elle, et l'entourer comme d'une phalange mystique. Les sages de l'antiquité, ces premiers bienfaiteurs du monde, Platon, Anaxagore, Thalès, Solon, Aristote, Pythagore; bientôt après les philosophes romains, Cicéron, Varron, Sénèque; les pères de l'Église, continuateurs de la pensée philosophique, armés de plus de l'autorité de la foi, lumières du moyen âge, éclairant huit siècles de ténèbres jusqu'à la venue des nouveaux apôtres de la raison, Louis Vivès, Bacon, Leibnitz, Galilée, Montaigne, Newton, etc., et ceux de la charité et de la bienfaisance, François de Salles, Vincent de Paule, Fénelon. Vous auriez pu y figurer aussi, écrivains éloquents de la philosophie chrétienne, poëtes du spiritualisme, Rousseau, Bernardin de Saint-Pierre, Chateaubriand, Lamartine, et vous tous qui consacrez votre vie

---

[1] CABANIS, Lettre sur les causes premières; CONDILLAC, introduction. Voltaire même n'était pas matérialiste, mais en quelque sorte éclectique.

à l'amour du bien, à la recherche de la vérité. Une douce mélodie semblait partir du milieu de cette troupe illustre. Semblable au concert des anges, le concert des sages faisait entendre ces paroles : Gloire à l'intelligence divine qui anime le monde, gloire à la lumière vue de loin, mais que le temps rapproche ; à la perfection voilée, mais que le génie découvre ; gloire... A ces mots, je me sentis serré par le bras, j'ouvris les yeux, tout avait disparu. La clarté s'était éteinte, les arbres s'étaient rabaissés ; il y avait bien encore une femme près de moi, mais c'était la portière de la maison qui, me supposant l'idée d'acquérir la propriété, venait m'offrir de la visiter. — Ma bonne dame, lui dis-je, si vous voulez me vendre cette partie du jardin, je l'achèterai ; mais comme cela ne conviendrait pas au propriétaire, faites-moi le plaisir de lui dire qu'il conserve précieusement cette allée de tilleuls : elle renferme les mystères de la nature, la science de l'esprit humain. Cette femme me regardait d'un air hébété, me prenant pour un fou ; je lui donnai une pièce de monnaie, elle reconnut alors que j'étais dans mon bon sens et me reconduisit poliment jusqu'à la porte de la rue.

Vis-à-vis de l'habitation de Mme Helvétius était celle de l'aimable marquise de Boufflers, dont la société se distinguait par la grâce de l'esprit, comme l'autre par sa profondeur. Madame de Boufflers avait brillé longtemps à la cour de Stanislas, à Lunéville, qu'elle quitta en 1766. C'était chez elle que se continuait l'école de Voltaire, et peut-être même un genre de conversation supérieur au sien par la promptitude du trait, le brillant des saillies, et je ne sais quelle folle gaieté qui consistait à traiter légèrement les choses sérieuses et sérieusement les frivoles, à leur appliquer à toutes des comparaisons, des images prises des habitudes communes de la vie. C'est dans ce genre que les Anglais appellent *humour*, les Allemands, *laune*, et nous, *esprit naturel*, que brillaient si bien le chevalier de Boufflers, l'âme de cette société, le duc de Lauzun, le prince de Ligne, Caraccioli, l'abbé Galiani, le comte de Tressan, le duc de Nivernais, et plus tard Rivarol, Champcenetz, les deux Ségur. Sans doute ce genre d'esprit, de gaieté, de hardiesse, ne s'éteindra jamais en France ; mais il n'a plus ces lieux de réunion, de frottement, où il se transmettait. On prend aujourd'hui l'esprit au passage, on le cahote, on ne lui laisse pas le temps de se fixer, de s'établir à demeure comme à cette époque.

Aspect des bords de la Seine.

Au sortir d'Auteuil, on rejoint la grande route et le bord de la rivière, d'où l'on découvre, à gauche, les coteaux d'Issy, de Vanvres, de Meudon et de Bellevue. Tous les quarts d'heure, un bateau à vapeur remonte ou descend la rivière, et toutes les minutes, une diligence parcourt la route. Pour peu qu'on soit alors porté à la méditation, on a beau jeu en pensant au changement merveilleux que le génie a produit, depuis trente ans, dans les moyens de communication; une pensée confiée au télégraphe est apportée en un quart d'heure d'un bout à l'autre de l'Europe, et la vapeur va bientôt faire traverser, en peu de jours, cet immense continent dans toutes les directions; et cependant notre génération a vu pendant deux ans le bateau de Fulton, amarré au Pont-Royal, recevoir les regards dédaigneux des passants : *le temps viendra, disait Sénèque, où nos descendants ne concevront pas que nous ayons si longtemps ignoré les découvertes dont ils jouiront...* C'est ainsi qu'en pensant à Sénèque et aux machines à vapeur, on arrive à une petite élévation nommée le Point-du-Jour.

Le Point-du-Jour.

Il était trois heures après minuit, le jeu de la reine se ralentissait et n'était plus soutenu que par des paris considérables entre le prince de Dombes, fils du duc du Maine, et le marquis de Coigny. Ce dernier, perdant un coup d'une somme assez forte, s'écria : Il faut être bâtard pour avoir un tel bonheur! Le prince, se penchant à son oreille sans discontinuer son jeu, lui dit : Vous pensez bien que nous allons nous voir tout à l'heure, n'est-ce pas? — Où et quand? — Mais, sur la route, au point du jour. — Les voitures partent... le jour paraît... on s'arrête... le prince de Dombes est heureux à ce jeu comme à l'autre; il tue son adversaire, et le lieu où se passa cette scène en a conservé le nom de Point-du-Jour. — Il aurait mieux mérité celui de Point-de-Vue, car c'est de là que les regards se portent sur

---

[1] Sénèque. *Quest. nat.*, chap. v.

toute la plaine et qu'on arrive au pont de Sèvres à travers une campagne bien cultivée et d'un aspect agréable.

SÈVRES.

Le bourg de Sèvres n'a de remarquable qu'un très-beau pont et sa célèbre manufacture de porcelaine. Fondée vers la fin du dix-septième siècle, dans le parc de Saint-Cloud, par Louis-Philippe d'Orléans, frère de Louis XIV, cette manufacture fut acquise, vers 1738, par le marquis de Fulvy qui l'établit au château de Vincennes dont il était gouverneur. Douze ans plus tard, les fermiers généraux firent construire le vaste bâtiment de Sèvres et y transportèrent la manufacture, dont l'entretien avait englouti toute la fortune du marquis de Fulvy. Louis XV l'acheta en 1757, et depuis ce temps elle a toujours appartenu à la couronne.

Pont de Sèvres.

Le pont de Sèvres est un des plus beaux ouvrages du règne de Napoléon, et j'aime à le dire, parce que j'ai présidé à son exécution. La forme du plein cintre est en effet, pour les grandes communications, la seule qui convienne, la seule qui ait un aspect monumental et donne l'idée de la durée. Ce pont est d'axe avec le dôme des Invalides; nous l'avons représenté en avant de l'île Séguin et des coteaux de Bellevue.

Maison de M. Séguin à Sèvres.

C'est une idée bizarre que d'avoir construit un immense bâtiment sur le bout d'une île, ce qui ôte à cet édifice tout développement, toute commodité. Le voyageur demande si c'est un palais, une manufacture, ou une caserne, et il finit par apprendre que c'est un caprice.

Ancien pont de Sèvres.

L'ancien pont de Sèvres, construit en bois, et assez loin du pont de Saint-Cloud, a disparu; mais il a laissé quelques souvenirs dans les événements dont il a été le témoin. Quelle est par exemple cette voiture qui revient au galop de Versailles? n'est-ce pas le grand Condé qui quitte son camp, près de Sèvres, pour entrer en négociation avec l'armée de Mazarin? Non, car il serait entouré de cinquante ou soixante gentilshommes de sa maison, à cheval. C'est peut-être le confesseur Letellier, qui faisait cette route tous les jours? Non, car au contraire, celui-ci, par une fausse modestie, affectait de n'avoir que deux chevaux à sa voiture. Ah! je le vois, ce sera le grand écuyer Beringhem, qu'un parti de Hollandais osa venir arrêter, les uns disent sur le pont de Sèvres, d'autres, dans le bois de Boulogne, en le prenant pour le dauphin : singulière mystification qui ne cessa que près des frontières de France. Supposons plutôt que c'est la voiture de Colbert, et, avec lui, l'abbé Le Gallois, sire de Grimaret, qu'il emmenait tous les jours à Versailles, pour que, pendant la route, il lui apprît le latin. C'était ne pas perdre son temps.

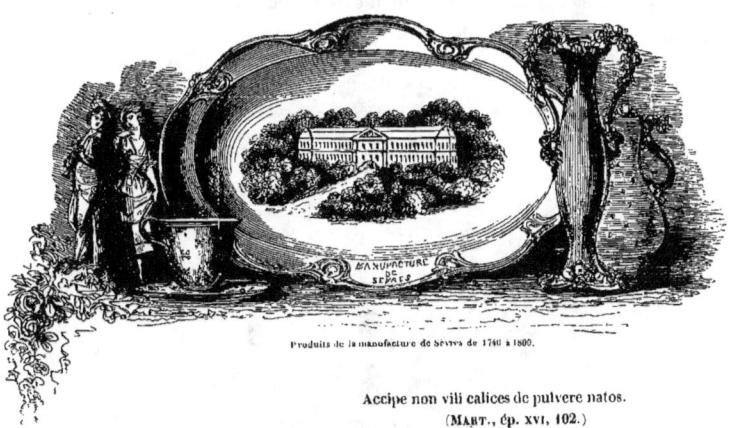

Produits de la manufacture de Sèvres de 1740 à 1800.

Accipe non vili calices de pulvere natos.
(Mart., ép. xvi, 102.)

Acceptez ces vases formés d'une terre précieuse.

Nous avons cherché à donner ici une idée de l'aspect des bâtiments consacrés à la manufacture de Sèvres, et, en même temps, de ses produits les plus recherchés tant anciens que nouveaux. La forme des premiers est maniérée, bizarre; mais la beauté de la pâte, la délicatesse et le fini des peintures, l'éclat du vernis, les feront toujours apprécier. Vers la fin du siècle dernier, le retour aux formes grecques s'étendit à la manufacture de Sèvres, et on y produisit des vases qui par leur élégance ne le cédaient en rien aux ouvrages des anciens. L'activité et le goût du directeur actuel, M. Brongniart, a donné à cette fabrique un nouvel essor, et à la peinture sur verre une sorte de renaissance. Une galerie de cet établissement renferme une collection singulière et unique de poteries de tous les temps et de tous les pays. On peut y suivre la variété des formes que la mode imposa successivement depuis l'année 1740 jusqu'à présent. L'histoire de cette collection serait presque celle des arts en France. Nous terminons cet article par un hommage à Bernard de Palissy, le créateur de ce genre d'industrie, de plus le modèle des artistes et des bons citoyens, à Bernard qui sacrifia toute sa fortune et brûla lui-même ses meubles pour parvenir à exécuter ses savantes et utiles découvertes.

Bernard de Palissy.

La pensée. La mise en œuvre. L'application.

CHEMINS DE FER
DE PARIS A VERSAILLES.

Ocior et jaculo et ventos æquante sagitta.
(VIRG., *Æneid.*, lib. x, v. 248.)
Plus rapide que le javelot et que la flèche qui égale le vent.

N'est-ce point un rêve, un effet du délire ou du sommeil, que ce mouvement qui entraîne, plus rapide que le vent, que la flèche, que le vol des oiseaux, qui fait fuir derrière soi les villes et les campagnes, qui fait franchir les précipices, les fleuves, les déserts, comme dans la ballade d'Éléonore? Il n'y a donc plus rien d'impossible à l'homme! Pourquoi, dans ce grand mouvement du genre humain, la France est-elle si fort en arrière des pays qui l'avoisinent? La Prusse arrive à Coblentz, à Strasbourg; la Belgique à Valenciennes, à Lille, à Maubeuge; l'Angleterre à Douvres, et nous demandent passage au nom de la science et de la civilisation; et nous répondrions : Nous voulons arrêter la science et la civilisation! Non, il n'en sera pas ainsi; le gouvernement, le pays tout entier ne consentiront pas à commettre un tel crime, ou au moins à supporter une telle honte ; il n'en sera pas ainsi, et les chemins de fer s'exécuteront dans toutes les directions, soit par des compagnies, soit aux frais de l'état. En voilà déjà deux de commencés aux portes de la capitale ; deux, et ce n'est pas trop pour combler la distance entre Paris et Versailles, pour réunir deux villes entre lesquelles se pressent déjà les populations, et qui, dans un temps qu'on peut presque calculer, ne formeront plus qu'une seule cité au centre de l'Europe, immense foyer des sciences, des lettres, des arts, capitale du monde civilisé.

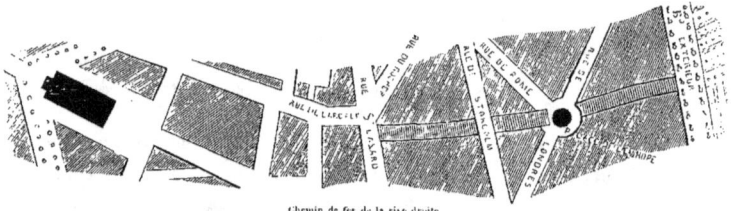

Chemin de fer de la rive droite.

Non loin de la Madeleine, de la place Louis XV, à la suite en quelque sorte des boulevards et de tous les riches quartiers de la capitale, s'élève un édifice élégant où se presse la foule, où tous ceux qui ont deux heures de loisir aiment à se rendre, pour faire dix lieues sans fatigue, et passer une heure à Versailles, au milieu de l'histoire de France. Mais écoutons : la cloche sonne, une sorte de gémissement se fait entendre, l'énorme machine, qu'on a très-bien comparée à un monstre, s'agite, les wagons attachés l'un à l'autre semblent autant d'anneaux de sa longue queue ; enfin elle se met en mouvement, d'abord avec lenteur, puis avec une progression rapide elle s'enfonce dans un souterrain obscur qui la débarrasse des Batignolles, pour sortir au milieu des jardins, des champs, et prendre alors son vol décisif qui ne se ralentira plus. Les distances s'évanouissent, les villages, les clochers se succèdent comme ces tableaux d'optique qu'on renouvelle.

Montmartre et Saint-Denis.

Montmartre s'aperçoit un moment et disparait avec sa coiffure de moulins et de télégraphe; il fait place aux tours de Saint-Denis, à cette flèche aérienne qui, semblable à une aiguille, marque dans l'atmosphère l'heure de la mort des rois et la fin des grandeurs humaines.

A gauche, c'est l'arc-de-triomphe de l'Étoile, monument gigantesque trop grand sans doute pour une seule victoire, mais proportionné à la conquête du monde entier et *à cette innombrable armée de tous les peuples de l'Europe*[1], qui aurait pu défiler un jour à travers sa vaste ouverture pour saluer le chef heureux d'une si puissante domination.

Au premier rang, on aurait vu les vain-

[1] Omne simul roburque decusque potentis Europæ.   STACE, *Ach.*, lib IV, v. 12.

queurs d'Austerlitz et de Marengo, les vieilles bandes des guerres de la révolution, dont plusieurs avaient salué les monuments de Thèbes, affronté les glaces du nord et le soleil des tropiques; après elles auraient paru les Italiens régénérés, les Allemands, les Bavarois, les Saxons, les Wurtembergeois, tous également fiers d'être devenus les rivaux, les vainqueurs de ceux qu'ils regardaient comme leurs maîtres; après eux les Portugais, reconnaissables à l'expression de leur figure, à la pâleur de leur teint, et qui, éloignés de leur pays, trouvent dans la vie des camps une patrie mobile[1]. Ah! que ce nom de patrie retentit plus vivement encore dans le cœur en apercevant les escadrons des Polonais qui cherchent à l'acquérir partout cette patrie chérie; qui ne regardent à aucune privation, à aucun danger, pour arriver un jour à ce but de tous leurs efforts; les yeux du monarque planent sur ces nombreux bataillons, et, ainsi que dans la description des poëtes, tous, en passant, le saluent de leurs armes et de leurs drapeaux[2].

Pont d'Asnières construit pour le chemin de fer.

De ce lieu, la vue se porte sur les détours de la Seine, les îles charmantes qu'elle baigne, et le pont de Neuilly, dont l'élégante structure semble une fabrique au milieu d'un grand parc.

[1] HOMÈRE.
[2] LE TASSE, chant XVII.

Bientôt on découvre la vaste plaine de Nanterre et de Ruel, théâtre des premiers événements de notre histoire et de l'établissement du christianisme dans les Gaules. C'est au milieu de cette campagne que la voix de saint Germain d'Auxerre se faisait entendre et pénétrait tous les cœurs.

Prédication dans les environs de Nanterre.

Un jour, c'était vers l'an 420, le saint évêque remarqua dans la foule une jeune fille de sept ans qui l'écoutait avec un mélange d'enthousiasme et de recueillement; il demanda son nom, se la fit conduire par son père, et lorsqu'il se fut assuré de sa vocation, lui passa au cou un médaillon portant le signe de la croix. Cet enfant était sainte Geneviève, qui suspendit la fureur d'Attila et que nos pères proclamèrent la patronne de Paris.

Il est pour les lieux des destinées auxquelles ils sont forcés de se soumettre, *sunt fata locorum*. Les siècles ont consacré le Mont-Valérien au culte religieux ; les martyrs, les ermites, les couvents, les missions l'ont successivement rendu célèbre, et les pèlerinages ont marqué la route qu'on suit encore pour s'y rendre.

Pèlerinage au Mont-Valérien

En 1580, un ermite y attirait de toute part la foule; il se nommait Jean de Housset, et vécut quarante ans au sommet de la montagne, dans une cellule ouverte à tous les vents. Les cultivateurs des environs lui apportaient sa nourriture, qui consistait en pain et en racines. Il récompensait leur zèle en leur donnant des conseils sur leurs travaux, et leur prédisait l'avenir de leur récolte : sa longue habitude de vivre en plein air et d'observer les températures faisait qu'il se trompait rarement. Un jour, trois gentilshommes, surpris par un orage au retour de la chasse, vinrent lui demander asile ; et, au milieu de la conversation, ils le prièrent

de leur dire leur bonne aventure. L'ermite les ayant regardés attentivement, refusa de s'expliquer; et comme ils le pressèrent vivement : « Jeunes seigneurs, leur dit-il, vous portez le même nom et vous mourrez de la même mort; prenez garde au poignard ! » En effet, peu de temps après, Henri de Guise expirait à Blois. Henri III, quelques années plus tard, tombait sous la main de Jacques Clément ; et, en 1610, le fer de Ravaillac enlevait à la France le plus grand des Henri et le meilleur des rois.

Passage du chemin de fer sous le parc de Saint-Cloud.

Avant d'arriver à l'entrée de ce souterrain, et en longeant la côte dominée par le Mont-Valérien, on aperçoit le palais de Saint-Cloud, et on est frappé de la destinée singulière de ce château, qui depuis l'origine de la monarchie semble avoir marqué les époques les plus importantes de son histoire. — Son nom fut celui d'un de ses premiers rois. C'est dans ses murs que finit la branche des Valois pour celle des Bourbons, la république pour l'empire, l'empire pour la restauration, et la restauration enfin pour l'ordre de choses actuel. Ce magnifique palais fut construit en 1660, par le duc d'Orléans, frère de Louis XIV, qui chargea Le Paute et Girard d'en tracer les plans; mais bientôt survinrent Mansard, Le Nôtre et Mignard qui rivalisèrent de talent pour en faire une résidence digne du frère du grand roi. Mignard y déploya toute la vivacité de son imagination dans une galerie qui existe encore. Le Nôtre sut vaincre les difficultés du terrain dans les jardins qui entourent le palais, et dans une profusion de belles eaux qui mérita d'être chantée par Delille[1]. On y donna de très-belles fêtes en 1752, à l'occasion de la convalescence du dauphin, père de Louis XVI. En 1782, Louis-Philippe, duc d'Orléans, vendit à la reine Marie-Antoinette Saint-Cloud et toutes ses dépendances. On y fit alors de nouveaux travaux. La reine y résidait souvent; elle y fonda un hospice. Tombé dans l'oubli pendant dix ans, Saint-Cloud se ranima le 10 novembre 1799 (19 brumaire an VIII), par une de ces révolutions qui établissent leur date parmi les époques célèbres. — Un général, couvert des lauriers de la victoire, entre armé au milieu de la représentation nationale; il en disperse les membres, comme jadis Cromwel dans le long parlement. Mais, différent de ce dernier, il ne soumet ainsi son pays que pour y rétablir l'ordre, la religion, et l'élever au plus haut point de gloire. Devenu empereur, Napoléon eut toujours de la prédilection pour ce lieu, qui avait été le berceau de sa puissance. L'impératrice l'habitat au moment de la révolte de Mallet, et l'habiterait peut-être encore si elle s'y était établie, et n'avait pas voulu le quitter en 1814.

Le souterrain par lequel passe le chemin de fer s'étend sous le parc de Saint-Cloud pendant la longueur de plus de cinq cents mètres. C'est un magnifique ouvrage, et qui, des deux côtés, présente l'aspect le plus pitto-

[1]
  Tel j'ai vu de Saint-Cloud le bocage enchanteur.
  L'œil de son jet hardi mesure la hauteur ;
  Aux eaux qui sur les eaux retombent et bondissent,
  Les bassins, les bosquets, les grottes applaudissent ;
  Le gazon est plus vert, l'air plus pur ; des oiseaux
  Le chant s'anime au bruit de la chute des eaux.
  Et les bois inclinant leurs tiges arrosées
  Semblent s'épanouir à ces douces rosées.
      DELILLE, *Jardins*, chant III.

resque. En en sortant, le chemin va rejoindre la grande route et presque toucher à l'autre chemin de fer que nous allons examiner.

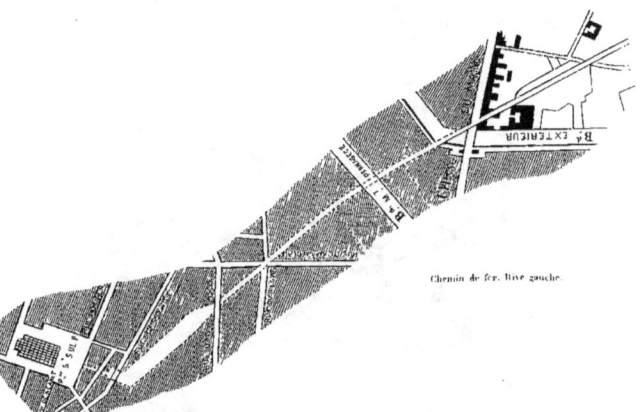

Chemin de fer. Rive gauche.

Ce chemin plus court que l'autre, partant de quartiers entièrement différents, apporte à Versailles tout le pays latin, les écoles, les employés des ministères et les riches habitants du faubourg Saint-Germain. Son point de départ est de la place même de Saint-Sulpice, à laquelle il arrive par un plan incliné, qui rachète la hauteur des collines environnant Paris. A peine a-t-il dépassé la barrière du Maine, qu'il entre dans la plaine célèbre de Grenelle, champ de bataille des Gaulois et des lieutenants de César; depuis le foyer des conspirations; enfin le lieu des exécutions militaires. Autrefois déserte, la plaine de Grenelle forme aujourd'hui avec Vaugirard une petite ville d'environ six mille habitants, composée en grande partie de cabarets où les ouvriers de la rive gauche de la Seine vont chercher, tous les dimanches, le plaisir plus que le repos. Le chemin, en sortant de Grenelle, coupe le village de Vanvres, qui n'a de remarquable que le titre que prenait François Ier pour rabaisser l'orgueil de quelques princes de son temps: il se faisait nommer seigneur de Vanvres et de Gonesse. Du chemin, on distingue derrière Vanvres le château et les agréables maisons du village d'Issy, dont on aime à se rappeler la chronique.

Escalier de Marguerite de Valois.

La première habitation, à l'entrée du village, est connue par le séjour qu'y fit[1] le prince de Conti, l'un des hommes les plus aimables de la cour de Louis XIV. Elle appartint plus tard à Mlle Clairon, qui y fit construire un théâtre, afin de ne pas renoncer tout à fait aux succès de la scène.

Plus loin est la maison de retraite ou de loisir des jeunes séminaristes de Saint-Sulpice; les bâtiments sont de plusieurs époques; les plus anciens conservent le souvenir d'une aimable princesse, Marguerite de Valois, qui *parlait mieux que femme de son temps*, de Brantome, du président Jeanin, l'ami d'Henri IV, du poëte Malherbe, du savant Pasquier : c'est dans cette maison que, plusieurs années après, fut joué le premier opéra qui charma Louis XIV, quoique bien imparfait, et dont il encouragea les succès, malgré les sarcasmes de La Fontaine[2].

[1] En 1659.

[2]
Souvent au plus beau char le contre-poids résiste,
Un dieu pend à la corde et crie au machiniste.
Un reste de forêt demeure dans la mer,
Ou la moitié des cieux au milieu de l'enfer.
   LA FONTAINE, Épître à M. de Niert.

Il est difficile d'établir à quel titre et dans quelle année la communauté de Saint-Sulpice devint propriétaire de cette maison ; mais il est certain qu'en 1664 le célèbre Le Nôtre y fut appelé par M. Tronçon, supérieur du séminaire, pour embellir les jardins, et que Fénelon, qui l'avait habité pendant plusieurs années de sa jeunesse, y parut devant ses juges [1].

Grotte où se tinrent les conférences d'Issy.

Un petit cabinet orné de rocailles, et qui existe encore, fut l'espèce de tribunal d'inquisition où Bossuet, l'évêque de Châlons et M. Tronçon interrogèrent l'auteur de *Télémaque* sur la doctrine du quiétisme et la définition de la charité. Fénelon se défendit avec l'éloquence de l'âme, avec le charme de l'imagination, plus qu'avec la lettre rigoureuse du dogme, aussi fut-il déclaré vaincu dans les vingt-quatre articles de ce qu'on appelle la conférence d'Issy ;

[1] En 1695.

mais il aurait pu dire comme Boileau : J'ai tort, et cependant j'aime mieux avoir tort de cette manière que raison autrement [1].

Le cardinal Fleury, qui affectionnait la communauté des prêtres de Saint-Sulpice, allait souvent au milieu d'eux goûter les douceurs du repos et de l'amitié. Le séminaire lui doit la construction d'une aile, qui s'avance jusque sur la grande rue et où il s'était réservé un logement.

Bibliothèque du cardinal de Fleury.

 La chambre qu'il habitait, et qui a été conservée religieusement, est une preuve de sa modestie et de sa simplicité ; c'est là qu'il mourut le 21 janvier 1743, à l'âge de quatre-vingt-neuf ans, et après avoir régné, on peut s'exprimer ainsi, environ quarante ans. La douce sérénité qu'il conserva jusqu'à ses derniers moments étonnait Fontenelle, qui lui dit un jour : Mais est-il bien vrai,

[1] Vie de Racine, par Louis Racine.

monseigneur, que vous soyez encore heureux? Il est peu de ministres en retraite aujourd'hui qui répondissent favorablement à cette demande, et cependant il en est peu qui aient seulement la dixième partie de ce temps de bonheur à regretter.

Près de cette maison est celle du maréchal d'Estrées, que le czar Pierre visita dans sa retraite. Mais de toutes ces habitations, la plus belle et la mieux située est, sans comparaison, celle de Mme de Lépine, appartenant jadis à la belle princesse de Conti, mademoiselle de Blois, qui aux grâces de mademoiselle de La Vallière, sa mère, unissait le port et l'air de Louis XIV, son père. Elle donna, à Issy, des fêtes brillantes au dauphin. Les jeunes gens de la cour *les plus éveillés et les mieux faits*, mademoiselle de Nantes, madame de Simiane, mademoiselle de Grignan et les beautés célèbres de ce temps en faisaient le charme. La Fontaine, errant sous l'ombrage de la magnifique allée plantée par Le Nôtre, sentit souvent ses méditations troublées par le souvenir de sa belle hôtesse : il la voyait

> Mille fois plus légère
> Que ne dansent aux bois la nymphe et la bergère ;
> L'herbe l'aurait portée, une fleur n'aurait pas
> Reçu l'empreinte de ses pas.

Aqueduc de Fleury.

Au sortir de Vanvres, le chemin parcourt à mi-côte des champs, des vergers, d'où la vue se porte alternativement sur les deux rives de la Seine jusqu'au vallon pittoresque de Fleury. A gauche, on distingue les campagnes de Sceaux, de Fontenay-aux-Roses, le château de Plessis-

Piquet, appartenant à la respectable famille Odier, et un coteau d'où l'on descend à un aqueduc colossal, qui traverse la vallée. Cet ouvrage, digne des Romains, a trente mètres de haut et porte, comme sur un arc de triomphe, le chemin de fer qui passe à la vue du château de Meudon qu'on voudrait contempler plus longtemps.

Il ne faudrait pas cependant y chercher le castel flanqué de tours et ceint de larges fossés où le seigneur de Vanvres et de Gonesse, François Ier, soupirait aux pieds de la belle duchesse d'Étampes. Ne demandez pas non plus le magnifique édifice construit, par Philibert Delorme, pour le cardinal de Lorraine, dans lequel on voyait représentées les séances du concile de Trente, dans lequel l'ambitieux Henri de Guise rêvait ses illusions de grandeur, et où se trouvait Henri IV lorsqu'il apprit la mort d'Henri III, et enfin le séjour de Louvois au moment de sa disgrâce, et lorsqu'il pressentit la mort qu'elle devait lui causer. Ce château, devenu dans nos temps modernes un atelier de machines de guerre, fut bientôt détruit par le feu, la négligence et la cupidité; il n'en reste plus que la magnifique terrasse et un petit château que le dauphin avait élevé sur l'emplacement d'une grotte, et que Louis XIV appelait une maison de financier peu digne de le recevoir. C'est là que se réunissait la société qu'on nomma la cabale de Meudon, occupée à placer sur le trône un prince qui ne s'en souciait pas; qui, lorsqu'on lui parlait de son sacre prochain, se bouchait les oreilles en riant et frappait sur ses souliers avec sa canne. C'est là que Marie-Louise reçut le terrible vingt-neuvième bulletin qui put lui faire présager la chute de son pouvoir, et qu'une autre princesse attendit tranquillement que le sort plaçât sur son front de quatorze ans la couronne de Bragance. Mais il est un souvenir de Meudon autrement cher aux amis de la franche, de la spirituelle gaieté; c'est celui d'un certain curé original, qui n'y exerça que deux ans son ministère, qui, je crois, ne l'exerça que là, et dont toute la vie comme les écrits furent consacrés à une sorte de philosophie railleuse, érudite, piquante, souvent profonde, toujours gaie; on reconnaît ici le facétieux Rabelais, le plus enfant des hommes, ou le plus malin des enfants. Rabelais, qu'on n'aime point à demi, dont la hardiesse habile sut tout dire sans offenser! Il fut un temps où j'avais toujours un petit volume de ses œuvres dans ma poche à côté d'un Horace ; ils m'apprenaient tous deux à jouir de la vie. Hélas ! je n'ai plus besoin que de celui qui apprend à la quitter, à se séparer de tout ce qui est cher ; *Linquenda tellus, et domus, et uxor placens ;* et même à renoncer à la lecture de Rabelais, à la conversation d'un spirituel ami.

Portrait de Rabelais.

Oui, te voilà bien, mon bon petit Panurge ; te voilà bien, maître François, *méditant dans ce moment je ne sais quelle scène bouffonne*[1] ; te voilà, *admirable père des facéties*[2]. Je voudrais bien *pantagruéliser* quelques instants avec toi, mais j'ai peur que cela ne convienne pas à celui qui consent à me lire : il trouvera peut-être, comme La Bruyère, que tu es sublime quand tu es bon ; mais il n'ira pas aussi loin que moi, qui te trouve encore très-bon quand tu es mauvais. Contente-toi, mon vieux

---

[1] Nescio quid meditans nugarum, totus in illis.
   Hor., *Sat.* ix.

[2] Nugarum pater, artifexque mirus.
   Ét. Pasquier, *OEuv. div.*

compagnon, d'avoir été imité par Montaigne, Scarron, Molière, La Fontaine, et d'être resté encore inimitable.

Au sortir de Sèvres, et dès qu'on est parvenu à la hauteur de Ville-d'Avray, on voit, à droite et à gauche de la route, les deux chemins de fer s'approcher, tendre presque à se réunir, et on s'avance, pour ainsi dire, en trois colonnes jusqu'à Châville.

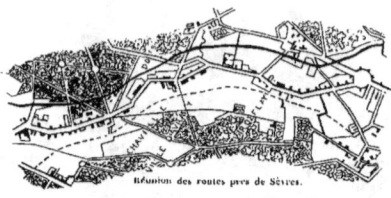
Réunion des routes pavé de Sèvres.

Le magnifique château de Louvois à Châville a été remplacé par plusieurs habitations, qui, se joignant au village de Ville-d'Avray, composent une des plus agréables situations des environs de Paris. Bientôt on arrive à Viroflay, et à une suite de coteaux en vergers et de prairies coupées de haies vives et de jolies barrières en bois : c'était naguère le haras de l'infortuné Rieussec. On se croirait ici transporté dans quelque comté de l'Angleterre, dans ces milliers de prairies couvertes de bestiaux, qui ornent et enrichissent ce pays. — C'est surtout lorsque le temps est orageux et que le soleil se fait jour à travers les nuages et frappe quelque point de ce paysage, que l'illusion est complète. — En effet, je ne sache point un homme qui, ayant habité quelque temps les campagnes de l'Angleterre, n'ait conservé un souvenir agréable de cette contrée, à la fois si positive et si romantique, si élevée en intelligence et cependant si pleine de doux sentiments, de tendres émotions, où la jeunesse et la beauté ont autant l'aspect de la candeur.

Le haras de M. Rieussec, à la porte de Paris, offre une de ces industries que les gens du monde et les propriétaires riches devraient multiplier à l'infini. Est-il rien en effet de plus beau au milieu d'une campagne, d'une prairie, d'un parc, que ce noble animal, compagnon de l'homme dans toutes les situations de sa vie, à la guerre, à la chasse, auprès de son habitation? Mais qu'il acquiert encore de prix lorsqu'il peut déployer en liberté son audace, sa grâce, les belles proportions qu'il a reçues de la nature et qui le rendent supérieur à tous les autres animaux [1]! Il est alors tel que l'Écriture, que l'antiquité nous le représentent, fier, noble, indompté, mais en même temps familier, doux, reconnaissant, suivant son maître comme un chien, se couchant au milieu des enfants et prenant garde de les blesser ; c'est ainsi que nous l'avons trouvé dans le désert, près de la tente des Arabes, faisant société avec eux [2], se laissant conduire par celui qui le monte avec une simple corde, et s'arrêtant si son guide tombe ou s'il descend.

Ce goût des belles races de chevaux devient souvent une passion ; on aime à la retrouver telle dans la vie du célèbre Alfiéri, qui voyageait avec ses chevaux, disait-il, comme avec des amis. On rit de son indignation lorsque, pour passer à Calais, il les voit suspendus par des cordes, ou serrés les uns contre les autres [3] et les matelots marchant sur leurs dos comme sur un parquet. Quand aurons-nous en France des étalons qui rapporteront à leur maître quatre ou cinq millions, qui joindront l'élégance à la beauté, qui nous délivreront de cet impôt que nous

---

[1] BUFFON.
[2] Un jour entre autres, voyageant avec une tribu des Anesés, nous entendîmes du bruit dans la tente des femmes, peu éloignée de la nôtre. Je m'informai du sujet, et le chef vint me dire que cela venait de ce que mon fils avait demandé à acheter une jeune jument que les femmes aimaient particulièrement et qu'elles craignaient de perdre. Le chef ajouta qu'il ne pouvait la vendre, mais qu'il offrait à mon fils de la lui donner et d'y joindre cinq chameaux s'il voulait rester avec lui et épouser une de ses filles. — Les belles races de chevaux sont peut-être aujourd'hui plus rares encore dans l'Orient qu'en Europe, et il est en Angleterre des milliers de juments qui, si elles étaient transportées dans le désert, feraient l'admiration des Arabes et seraient vendues très-cher.
[3] Come si non fossero vivi corpi, ma la continuazione del pavimento.
Vita de Alfiéri, cap. 12.

payons à l'étranger pour notre cavalerie, pour nos courses et pour nos plaisirs? C'est quand on imitera l'exemple du malheureux Rieussec.

De Viroflay on aperçoit déjà les abords de la ville royale; les routes s'élargissent; je ne sais quelle grandeur s'annonce de toute part. Bientôt on entre dans une des trois magnifiques avenues qui aboutissent au palais de Versailles et que nous indiquons sur la petite carte qui finit ce chapitre. Le palais ne laisse d'abord apercevoir que ses toits dominés par un drapeau; il se découvre bientôt successivement jusqu'à ce que la masse entière apparaisse aux regards. Embellissons ces abords assez arides, assez monotones, par le souvenir du grand roi qui les a si souvent parcourus; imaginons qu'il arrive environné de ses gardes, conduisant lui-même sa voiture, ainsi qu'il avait coutume de le faire, et se préparant à entrer dans ce palais qu'il a créé et où il a voulu que tout fût d'accord en élégance et en grandeur.

Plan des abords du palais de Versailles.

AVENUE de Versailles.

Hac iter est superis ad magni regna Tonantis
Regalemque domum.
OVID., *Met.*, lib. I, v. 170.

C'est ici la route qui conduit au royaume du maître du tonnerre et à sa demeure royale.

Le roi Louis-Philippe passe la revue de la garde nationale de Versailles.

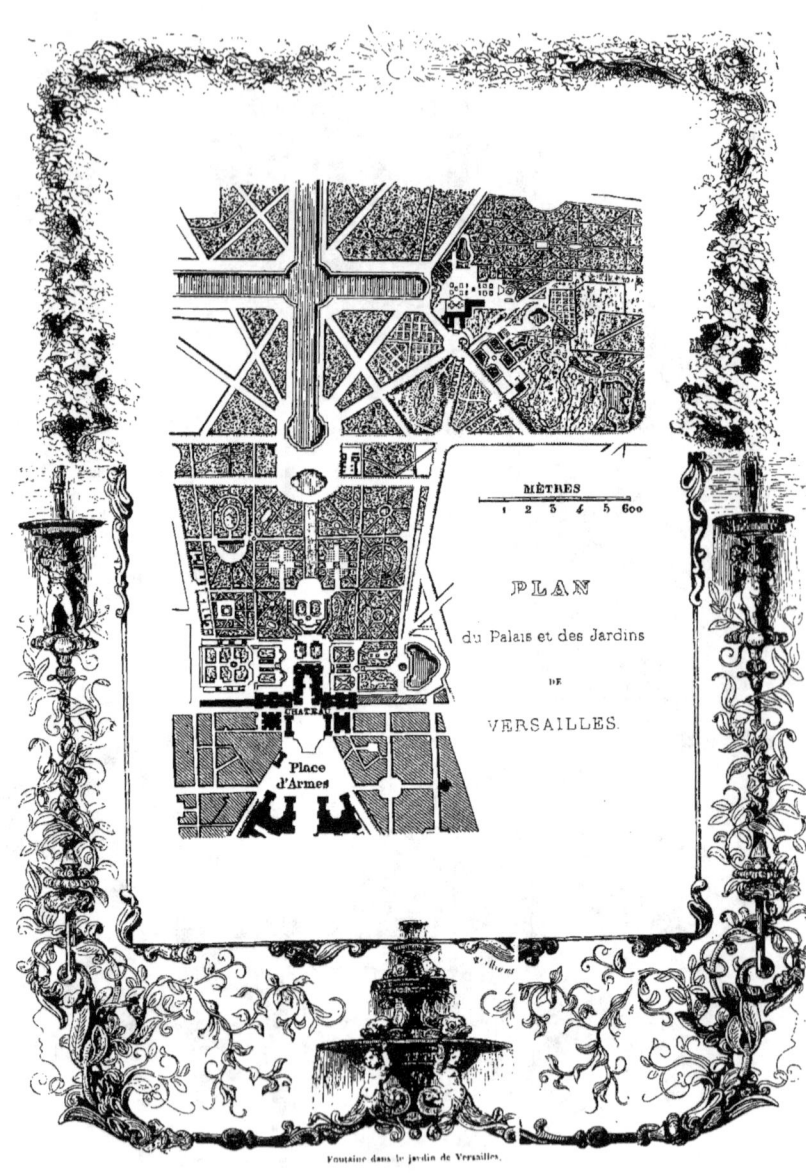

Fontaine dans le jardin de Versailles.

NOTICE
SUR LE PALAIS DE VERSAILLES,

Son origine, ses accroissements successifs,

SON ÉTAT ACTUEL

ET CE QUI RESTE ENCORE A Y FAIRE

> Magalia quondam.
> Virg., Æn., ch. III.
> Autrefois des cabanes.

Il y a loin du magnifique palais de Louis XIV, et de la vie fastueuse que ce monarque y menait, à l'existence de nos premiers rois, qui n'avaient pour toute demeure qu'une villette de petite affaire et aucun sergent pour leur administrer ce qu'il leur fallait[1]. Ces chefs de nations

[1] Chronique de Saint-Denys.

Emplacement de Versailles.

barbares, ces princes chevelus, en traînant leurs chariots dans les Gaules, y trouvèrent encore le luxe des Romains; mais l'habitude du pillage et de la dévastation détruisit bientôt ce reste de grandeur, qui ne devait plus se reproduire. En effet, où voit-on dans les temps modernes des maisons de campagne ornées de trois cents colonnes[1] de marbres étrangers[2], des appartements dont les plafonds, les murs et jusqu'au parquet[3] étaient couverts d'or et de pierres précieuses[4], où des eaux limpides arrivaient par des tuyaux dans toutes les salles[5]? où trouve-t-on des toits s'élevant dans les airs à plus de soixante-dix pieds[6] et supportant encore des bosquets et des bassins d'eau vive[7]?

Le moyen âge vit disparaître ces merveilles et se construire à leur place des enceintes de tours à l'imitation des camps; la demeure des chefs, sous le nom de Donjon, était au milieu comme la tente du préteur, ne se distinguant des autres que par un peu plus de luxe intérieur; l'entrée était également défendue par deux tours : ainsi la royauté se trouvait reportée après deux mille ans au sceptre pastoral du désert ou à la chaumière des rois d'Argos. Lady Macbeth, comme Andromaque, montait au haut de sa tour pour voir combattre son mari dans la plaine[8], et Frédégonde se plaignait qu'on lui volât ses jambons[9]; comme Pénélope, qu'on lui mangeât ses bœufs.

Charlemagne eut bien une sorte de luxe à Seltz et à Aix-la-Chapelle

---

[1] Ter centum stat porticus alta columnis. MART., lib. II.
Pendent innumeris fastigia nixa columnis. STACE, Ep.

[2] Longeque petitis
Marmoribus. JUV., sat. 14.

[3] Auro parietes, auro laquearia, auro fulgentia capita columnarum. HIERONYMUS ad Gaudentium.

[4] Super gemmas et monilia calcant APUL., lib. IV.
Et dignas digitis contendere gemmas. STAT. in Tibur.

[5] Per cuncta cubilia lymphas. STAT., de V. Gor.

[6] Sedesque ad sidera mittunt. CLAUDIEN.
La hauteur des maisons de soixante-dix pieds fut réduite, sous Auguste, à soixante. AUR., v, Ep.

[7] In culminibus nemora et navigia. VAL. MAX., lib. IX, cap. 1; SÉN., ép. 112.
Ces profusions singulières ne se trouvaient pas seulement dans les palais des empereurs et des citoyens riches, mais chez les consuls, comme Cicéron et Scaurus, et même chez le philosophe Sénèque,
Et docti Senecæ ter numeranda domus. MART., lib. IV, ep. 41.
Une maison passait pour être petite lorsqu'elle ne couvrait pas les quatre arpents, qui faisaient vivre Cincinnatus. Val. Max. lib. IV, c. 1.

[8] HOMÈRE, Iliade, ch. IX.

[9] Frédégonde accusait Nectaire d'avoir volé à Chilpéric plusieurs jambons, tergora multa.
GRÉGOIRE DE TOURS, lib. XIII, c. XV.

où il avait fait transporter les riches objets qu'il avait pu recueillir dans ses conquêtes ; mais les détails qu'il nous donne lui-même de ses métairies dont il faisait vendre les herbes, ce qu'on sait de la vie qu'il menait, de son costume, de la manière dont son fils voyageait, prouve la simplicité et la rudesse de ces temps. Un siècle plus tard, les princes et les grands vassaux étendirent leurs demeures et entourèrent leurs habitations de jardins, de métairies. Tel était le château de Vincennes, où le sage Charles V réglait l'ordre de son chevaucher; celui de Chinon ou de Meung-sur-Yèvres, où Charles VII perdait son royaume dans les fêtes, tandis que Louis XI défendait le sien au Plessis-les-Tours, en faisant pendre les curieux qui approchaient des fossés[1]. Ces manoirs n'avaient pas seulement les formes des forteresses, ils en avaient les moyens de défense ; on y soutenait de longs siéges[2]. Le retour des croisades, les souvenirs de l'Orient, du luxe des empereurs grecs et des sultans apportèrent quelques changements à la décoration intérieure de ces édifices, mais peu à l'architecture. Il fallait que l'Italie, cette terre éternellement classique des beaux-arts, eût développé aux regards français ses merveilles ; qu'elle fût devenue l'école de ses conquérants avant de devenir leur tombeau, et c'est ce qui eut lieu au retour de Charles VIII, de son aventureuse expédition. Alors naquit en France le goût de l'architecture grecque et romaine, mêlée d'abord aux formes gothiques, tel que dans le château de Gaillon, mais bientôt après, pure, élégante, majestueuse, tel que dans les châteaux de Blois, de Chaumont, de Chambord, de Chenonceaux, qui embellissaient les bords de la Loire, chef-lieu alors du gouvernement et de la nationalité.

Le règne de Paris sur la France n'était pas encore arrivé; cependant à mesure que cette ville acquérait de l'importance, les souverains semblaient vouloir s'en rapprocher et y établir le siége de leur empire. François 1er embellit Fontainebleau, et fit bâtir le château de Madrid, dans le

---

[1] Lesquels faisoient laides contorsions et grimaces, les bons bourgeois.   JEAN DE TROYES, 1455.
[2] «Tout à l'environ de la place du Plessi-le-Parc (qui étoit le lieu où il se tenoit), dit Philippe de Commines, il fit faire un treillis de barreaux de fer ayant plusieurs pointes, et aussi quatre moineaux, tous de fer bien espacés et par où l'on pouvoit bien tirer à son aise, et étoit chose bien triomphante, et coûta plus de vingt mille francs, et à la fin y mit quarante albalestriers, qui, jour et nuit, étoient en ces fossés avec commission de tirer à tout homme qui en approcheroit de jour ou de nuit jusqu'à ce que la porte fût ouverte le matin. »   PH. DE COMMINES, tome XII.

bois de Boulogne. Henri IV éleva Saint-Germain à l'entrée d'une forêt sauvage, où, dans sa jeunesse, dit la *Chronique*, on l'avait vu *courre le cerf* avec Martial de Loménie, seigneur du hameau de Versailles, situé au milieu des bois. C'est en galopant côte à côte de ce brave homme, tué depuis à la Saint-Barthélemy, qu'il devisait avec cette gaieté maligne, cette profondeur d'idées, cette simplicité qu'on n'a connues qu'à lui. Ses parties de chasse sont devenues célèbres au théâtre et dans l'histoire anecdotique du temps; elles ne le furent pas moins sous son timide et mélancolique successeur Louis XIII, qui ne trouvait que dans la solitude le remède à cet ennui, à cette tristesse qui le dévoraient. Un jour qu'il avait suivi le cerf plus tard que de coutume, il se trouva surpris par la nuit près d'une petite élévation, sur le chemin qui croise la route de Saint-Léger, il s'y arrêta et passa la nuit dans un moulin, et ses gens et sa meute s'abritèrent dans un cabaret de rouliers. La fraîcheur du matin, la solitude de ce lieu plurent à cette âme capricieuse et triste; il y revint, et trouvant ce gîte trop incommode, il y fit con-

Henri IV chassant dans les bois de Versailles.

struire un pavillon dont il reste encore quelques vestiges dans une rue de Versailles. Il attendait quelque occasion qui lui permît de faire une dépense plus considérable ; cette circonstance ne tarda pas à se présenter : le renouvellement de la ferme des tabacs lui valut un pot de vin de six cent mille francs, et c'est à peu près la somme que lui coûta l'acquisition d'une étendue de terrain assez considérable pour bâtir un château et dessiner à travers les bois un petit parc régulier[1]. Ces acquisitions comprirent d'abord le fief de Jean de Soisy[2], où se trouvait le moulin vers l'année 1623 ou 1624, et plus tard le domaine et le manoir seigneurial de Versailles, appartenant à Jean François de Gondi[3], en faveur duquel l'évêché de Paris avait été érigé en archevêché. Louis XIII choisit pour bâtir le château la petite élévation où se trouvait le mou-

[1] Les jardins de Louis XIII consistaient principalement en deux grands bosquets non plantés, mais pris dans l'intérieur du bois. Un de ces bosquets, percé vers l'année 1638, fut appelé Bosquet du Dauphin, en l'honneur du prince que la reine venait de mettre au monde après une si longue stérilité.

[2] On n'a pas la date de ce contrat, et c'est sans aucune preuve que l'abbé Lebeuf, et après lui les autres historiens, lui donnent la date de 1627. M. Eckard (p. 33) en adoptant ce chiffre, avoue cependant que tous les titres antérieurs à 1652 ont été détruits ou dispersés. Or, le maréchal Bassompierre, dans le discours qu'il prononça à l'assemblée des notables convoquée à la fin de 1626, parle déjà du château de Versailles comme d'un édifice alors terminé ; ce qui fait supposer à Blondel avec raison qu'il fut construit en 1624.

[3] Versailles possédait dès le dixième siècle un fief et un manoir seigneurial situé sur le penchant du coteau qui regarde le bois de Satory, sur l'emplacement affecté plus tard au labyrinthe, maintenant le Bosquet de la Reine, de grands travaux n'avaient pas encore rabaissé ce terrain alors aussi élevé que le parterre d'eau. Plusieurs grandes fermes acquises à diverses époques étendaient ce domaine jusqu'au village de Choisy-au-Bœuf, que Louis XIV enclava dans son grand parc. Le plus ancien titre, mentionnant Versailles, est de 1037. Le laborieux abbé Lebeuf a exhumé de la poussière des Chartes et des Cartulaires le nom de quelques-uns des seigneurs qui l'avaient possédé. On y voit un Hugue *de Versailles*, un Gui et un Jean de Soisy, un Pierre, qui répondit au fameux Petit dans le plaidoyer contre le duc de Bourgogne en 1408, ami de Gerson et envoyé aux deux conciles de Constance et de Basle ; le dernier fut Jehan de Versailles, capitaine des francs-archers sous le règne de Charles VII.

LISTE DES SEIGNEURS OU POSSESSEURS DE VERSAILLES DEPUIS 1037.

1037, Hugues.	1246, Jean II.	1402, Robert.	1600, J. de Soisy.
1100, Philippe.	1255, Jean III.	1435, Jean VII.	1602, J. F. de Gondi.
1189, Jean Ier.	1266, Jean IV.	1510, Jean Colas.	1632, Louis XIII.
1194, Gilles.	1270, Pierre.	1539, Philippe Colas.	1643, Louis XIV.
1212, Guy.	1327, Jean V.	1561, Martial de Loménie[*].	
1216, Milon.	1364, Jean VI.	1575, A. de Gondi.	

[*] L'Étoile, dans ses Mémoires, t. I, p. 26, dit que Catherine de Médicis fit étrangler le secrétaire d'état Loménie, pour faire avoir au comte de Retz le château de Versailles, mais ce fait n'a aucune probabilité. Antoine de Loménie, intimement lié avec Henri IV, aurait bien facilement obtenu du roi la restitution de ce domaine, s'il avait été ainsi usurpé ; tandis qu'il est au contraire bien connu que ce fut du tuteur des enfants de Martial qu'Albert de Gondi fit l'acquisition du château de Versailles, alors dans un état de dégradation.

lin qui l'avait abrité[1]; il en désigna lui-même la place à Lemercier, son architecte, le laissant libre du plan et de la décoration.

Louis XIII ordonne la construction du château de Versailles.

Le château que Lemercier construisit, à l'imitation de celui de Richelieu qu'il venait de bâtir, ne manquait pas d'une sorte d'élégance, mais, se trouvant dans une très-petite proportion, il parut à Saint-Simon *un château de cartes*[2], dont nul gentilhomme, ajoute Bassompierre, n'aurait pu tirer vanité[3]. C'est là qu'offensé de la hauteur de sa mère envers le

---

[1] M. Fontaine et plusieurs autres écrivains, commettent une grande erreur en établissant que le château fut bâti sur les ruines de l'ancien manoir seigneurial; ce manoir ne fut acquis que l'an 1632, huit ans après la construction du château, sur l'emplacement du moulin, à cinq cents pas de distance.

[2] *Mémoires de Saint-Simon*, tome XIII, p. 73 et 87, édit. de 1829. C'est lui qui donne sur la vie de Louis XIII tous les détails qu'il tenait de son père.

[3] *Mémoires de Bassompierre*, tome III. Dans un Essai historique publié dernièrement à Versailles, et fort bien fait, on suppose que le château dont parle Bassompierre pouvait être le pa-

cardinal, il se retira le 10 novembre 1630, pour n'être plus témoin de scènes affligeantes et cependant ne point manquer au respect filial ; c'est là qu'eût lieu cette réconciliation qu'on nomme la journée des dupes, et où Richelieu, au moment où on le croyait éloigné pour toujours, vint s'instaler dans le château même, pendant que Marie de Médicis quittait le magnifique palais qu'elle venait d'élever, pour aller mourir misérablement sur une terre étrangère.

Telle était cette simple, cette mesquine demeure au milieu des forêts, lorsque Louis XIV monta sur le trône, et l'idée ne vint à personne que ce lieu pût jamais fixer les regards d'un prince qui pouvait choisir entre Saint-Germain et Meudon, ou toute autre situation de ce genre rapprochée de la capitale. Saint-Germain surtout réunissait, à la vue la plus étendue, la proximité d'une forêt superbe et des bâtiments déjà élevés. C'était dans ce château d'ailleurs que le jeune roi était né; qu'il avait éprouvé les premières sensations de l'amour. Comment s'imaginer qu'il le quitterait pour un manoir obscur sur un sol ingrat, entouré d'étangs fangeux, sans aucune vue, et sans habitation, sur un terrain accidenté où il fallait tout vaincre et tout créer; aussi se perd-on en conjectures sur les raisons qui le déterminèrent; mais si au lieu d'en chercher une seule on réunit toutes celles qui ont pu avoir de l'influence sur son choix, on se trouvera peut-être en présence de la vérité, du moins de la vraisemblance. Ainsi, il faut se figurer un jeune prince élevé dans les tristes appartements de Saint-Germain, dans ce vieux château où il avait été transporté la nuit pendant les troubles, ayant sans cesse en vue de sa fenêtre cette capitale qui avait insulté son enfance, et les hautes flèches de Saint-Denis qui annonçaient son tombeau; était-il étonnant qu'il eût éprouvé un désir vague de s'établir ailleurs, et si même cette pensée ne lui était pas venue naturellement, ne devait-elle pas naître en lui à la vue des merveilles que lui offrit bientôt l'habitation d'un simple particulier et la fête magnifique que Fouquet lui donna à sa terre de Vaux. Ce fier surintendant des finances, aussi riche, mais faisant

---

villon royal construit par Louis XIII avant le château; mais on ne peut guère admettre cette supposition, car cette construction n'a jamais pu porter dans ce temps le nom de château, n'ayant aucun des caractères qui autorisent ce nom.

meilleur usage de sa fortune que Mazarin, avait appelé, pour embellir sa demeure, le concours des arts et des lettres; Mansard avait élevé le palais; Le Nôtre, dessiné les jardins; Lebrun, décoré les appartements; Molière et Torelli, composé les ballets, les intermèdes. Cette fête fut une sorte de magie, d'opéra en plein air, une suite de scènes, de tableaux variés de musique, de danse. Le jeune monarque, dont l'enfance s'était passée assez tristement, put se croire transporté dans un monde nouveau, dans un empire plus puissant[1] que le sien, à une cour plus brillante que la sienne. Un sentiment d'orgueil plutôt encore que d'envie dut alors agiter son cœur. Quoi, se disait-il, ces merveilles ont été créées près de moi, sans moi, pour un autre que moi! Il existe dans mon pays des hommes qui peuvent ainsi vaincre la nature, détourner le cours des fleuves, niveler les collines, et je n'aurai pas la puissance ou la volonté de les occuper, d'employer leur talent à la splendeur de mon habitation et de mon règne!

De ce moment, le lieu où devait être appliquée cette pensée devint indifférent, et le choix de Versailles tint sans doute à sa situation au milieu d'une forêt, à peu de distance de la capitale, à la possibilité de tout y créer sans rencontrer des obstacles insurmontables, et à n'avoir sous les yeux que les personnes qu'il était bien aise d'y rencontrer. On se tromperait du reste en supposant que Louis XIV eut sur-le-champ l'idée des immenses travaux qu'il devait y faire, il aurait reculé devant de tels sacrifices; mais pour Versailles comme pour Marly, comme pour Trianon[2], il fut successivement entraîné sans avoir eu de plan bien arrêté; et, en effet, longtemps avant les immenses constructions du palais de Versailles, les dépenses s'étaient bornées aux jardins; il n'habita même le palais qu'en 1682[3], jusque-là il le visitait et retournait à Saint-Germain. A l'époque des fêtes qu'il y donna en 1664, le château était encore dans l'état où Louis XIII l'avait laissé, les jardins seuls avaient éprouvé de grands changements, et Louis XIV semblait attendre

---

[1] Fouquet devait être arrêté au milieu de la fête, c'eût été un acte révoltant auquel le roi et surtout la reine mère refusèrent d'accéder.

[2] Il s'était fixé à Versailles pour échapper à Saint-Germain, à Trianon pour être moins entouré qu'à Versailles, à Marly pour être encore plus seul qu'à Trianon.

[3] La première déclaration, datée de Versailles, est de 1672, mais la cour ne s'y établit qu'en 1682.

l'effet qu'ils devaient produire avant de se décider aux sacrifices qu'il fallait faire pour s'y fixer ; le génie de Le Nôtre ne lui laissa pas le temps de l'indécision [1].

Louis XIV et Le Nôtre.

Un jour, il développa devant le roi le plan admirable de ces jardins ; cette allée percée au milieu du bois, ce grand canal qui offrait une perspective magique, ces bosquets des deux côtés, si nobles, si variés. A chaque explication, Louis XIV ne répondait que par ces mots : Le Nôtre, vingt mille francs. Lorsque ce chiffre eut été répété quatre ou cinq fois, Le Nôtre ordonna de replier le plan en disant : Sire, je vous ruinerais si je m'abandonnais à votre générosité ; veuillez vous abandonner à mon zèle. Pourquoi Mansard n'eut-il pas la même persévérance? Il aurait eu sans doute le même succès lorsque, consulté également sur les travaux à faire, il proposa d'abattre les mesquines constructions du château de cartes de Louis XIII, et d'élever un édifice

---

[1] En effet, Le Nôtre profita d'un moment d'enthousiasme, d'un demi-consentement pour abattre une partie des bosquets de Louis XIII, pour y faire en une nuit les changements qu'il avait proposés, et Louis XIV, charmé de l'effet qu'ils produisirent, ne se plaignit plus qu'on eût dépassé ses ordres.

d'accord avec l'éclat de sa couronne; mais là il trouva dans le roi une résistance qu'il ne sut pas vaincre. En vain représenta-t-il l'exemple du cardinal de Richelieu, qui avait gâté tout le plan de son château pour avoir voulu conserver la chambre où il était né; en vain cherchat-il à décider le roi en objectant le mauvais état des bâtiments[1] : tout fut inutile; il n'y eut plus d'autre moyen que d'entourer le vieux manoir d'une enveloppe immense qui le faisait presque disparaître, que de le couvrir d'un manteau royal pour en déguiser la petitesse, la nudité. Essayons de présenter avec ordre les accroissements successifs que cet édifice a éprouvés pour arriver à l'immense développement qu'on lui voit aujourd'hui.

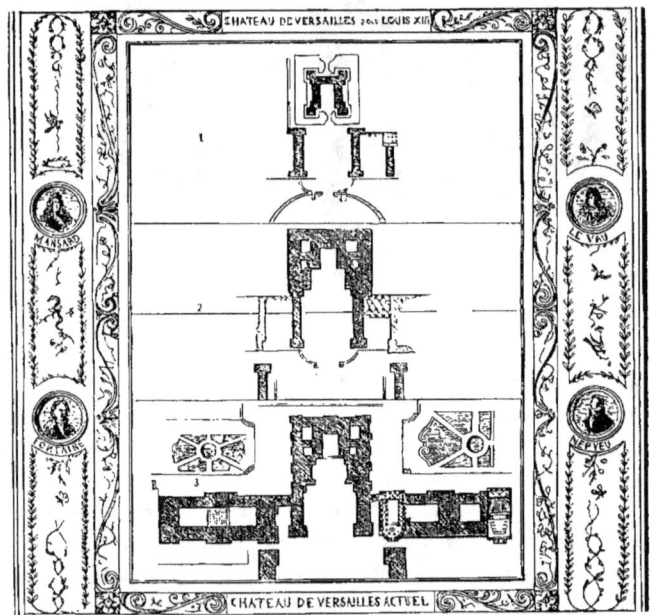

Cette planche nous montre, n° 1, le château primitif de Louis XIII, consistant en un corps de logis et deux ailes en retour terminées par

[1] Qu'on les détruise, dit le roi, mais pour les rebâtir exactement sur les mêmes bases.

quatre petits pavillons unis par un passage en arcades, le tout entouré de fossés et n'occupant qu'un espace de vingt ou vingt-deux toises sur chaque face. Déjà, vers la fin de son règne, Louis XIII avait fait construire en avant du fossé un grand bâtiment pour servir d'écurie. En 1661, Leveau, architecte de Louis XIV, décora cette aile et en éleva une autre parallèle pour loger les ministres et les autres personnes de la cour; mais en conservant la séparation et y ajoutant la magnifique grotte ou bâtiment latéral, qui mérita d'être chanté par La Fontaine[1]. Enfin, en 1674, Mansard joignit les deux pavillons, supprima les arcades qui fermaient la cour, combla les fossés, et, sur leur emplacement, bâtit la magnifique enveloppe qui présenta du côté des jardins un palais entièrement nouveau. La nécessité de laisser du jour aux anciennes constructions, qu'on s'obstinait à conserver, motiva ces quatre petites cours qui existent encore et qu'on remarque parfaitement sur le plan comparé et encore mieux sur la petite esquisse ci-contre, où l'ancien palais de Louis XIII est marqué par une teinte plus sombre; c'est par elle qu'on peut bien juger la nouvelle construction qui embrasse en quelque sorte le petit château; cette enveloppe le doubla, et alors les appartements n'eurent plus de jour que d'un seul côté, les anciens sur la cour, les autres sur les jardins. Ainsi disparut aux regards, sans cesser de subsister, ce premier, ce doyen des immenses bâtiments qui couvrent le sol; et aujourd'hui que Versailles n'est plus destiné à une habitation royale et que la beauté de l'entrée n'est plus une condition absolue, on est bien aise de suivre depuis son origine les traces de tous les travaux qui firent d'un château un palais, du palais une ville, et bientôt de cette ville un des plus beaux quartiers de la capitale. Pour se former une idée exacte de l'effet produit par ces nouvelles constructions, nous donnons ici la coupe du corps de logis pris dans l'axe de l'ancien palais. On y voit la chambre à coucher de Louis XIV, telle qu'elle était, telle qu'elle est encore, mais enfermée

---

[1] *Amours de Psyché*, t. I. Trois arcades, fermées par des portes de fer d'un beau travail, formaient l'ouverture de cette grotte. La porte du milieu, surtout remarquable, figurait un soleil dont les rayons dorés et à jour, exposés au soleil couchant, laissaient pénétrer dans la grotte une lumière magique. Au-dessus des arcades étaient trois bas-reliefs sculptés par Girard Vanopsal de Bruxelles.

du côté du jardin par la grande galerie et les autres pièces composant ce qu'on appelait les grands appartements de Louis XIV.

Coupe du palais de Versailles prise au milieu du palais et de la cour de marbre.

Cette coupe est faite pour indiquer les proportions entre les appartements de l'ancien château et les immenses constructions qui y ont été ajoutées. Le vestibule, au rez-de-chaussée, servait autrefois de passage pour communiquer de la cour de marbre avec le jardin ; il est aujourd'hui fermé.

En même temps que Mansard décorait ainsi le palais, il joignait aux premières constructions de Leveau différents corps de bâtiments pour loger la cour, qui devenait plus nombreuse tous les jours ; il élevait les grandes et les petites écuries ; enfin l'aile du midi, à laquelle il devait donner bientôt pour pendant l'aile du nord et sa magnifique chapelle.

Nous parlerons plus tard de ces différents travaux, de l'orangerie, des grilles qui fermaient les cours, des avenues qui y conduisent, et, enfin, de la ville de Versailles elle-même, alignée, régulière, grande, noble, ville conçue et bâtie pour être une dépendance du palais.

Les travaux successifs que nous venons d'indiquer par des plans se comprendront mieux par une suite d'élévations ou de vues perspectives, qui feront connaître en même temps le style de l'architecture.

Château de Versailles sous Louis XIII.

Après les édifices en marbre et en pierre, construits avec autant de goût que de luxe sous le règne des Valois, il naquit en France un style d'habitations mesquin, pauvre, conforme au malheur des temps, qui consistait dans des édifices de petites proportions en briques, avec des chaînes en pierres de taille; tels furent la Place-Royale, les châteaux de Vaux, de Meudon, de Saint-Germain, de Fontainebleau, et enfin le célèbre Versailles, élevé par Lemercier, en imitation du château de Richelieu, qu'il avait également construit. L'état des arts, des lettres, des sciences, à cette époque, était une image fidèle de la situation politique, de ce désordre qui régnait dans les esprits comme dans les affaires. Les règnes de Henri III, de Henri IV et de Louis XIII sont une sorte de lacune ou de transition entre les deux époques de François Ier et de Louis XIV. Le château de Versailles ne manquait cependant pas d'une sorte d'élégance, et il en acquit davantage lorsque Louis XIV fit décorer la cour par un péristyle et des ornements qui subsistent encore.

Château de Versailles dans les premières années du règne de Louis XIV

Bientôt Leveau, ainsi que nous l'avons dit plus haut, ajouta à l'ancien édifice, et dans le même style, deux ailes en avant, ornées de deux pavillons et d'un bâtiment carré qui renfermait la grotte dont nous avons déjà parlé. C'est ce que l'on observe sur la planche qui précède : on y aperçoit le château isolé et les jardins de Le Nôtre presque achevés ; les fossés subsistent encore, ainsi que cette espèce de galerie à jour qui forme la clôture de l'édifice et qui servait, comme à Fontainebleau, comme à Richelieu, comme au Luxembourg, de communication entre les deux ailes du palais, et, en avant, les deux pavillons pour le concierge et pour les corps-de-garde.

Cette vue est copiée d'un tableau conservé à Versailles, et peint vraisemblablement en 1664; on a cru qu'il indiquait un simple projet, mais il est bien la représentation exacte du palais à cette époque, et d'accord avec deux petites gravures d'Israël Silvestre, dont l'une le montre de face et l'autre de la partie latérale qui domine l'orangerie[1].

La modeste demeure de Louis XIII, presque perdue dans le vaste assemblage de bâtiments qui sont venus successivement s'y adjoindre, était encore alors telle qu'il l'avait construite. On y trouvait la chambre où il passa tant de nuits agitées par le désir de se soustraire à l'influence de son despotique ministre, l'appartement de ce même terrible et nécessaire Richelieu, celui de la douce et savante mademoiselle de Lafayette, qui seule apportait quelque charme dans ce triste séjour. Louis XIV laissa subsister longtemps ces dispositions, et, son affection lui faisant un devoir de les conserver, il se borna à les agrandir. Ainsi les fêtes magnifiques que donna ce prince, en 1664 et les années suivantes, eurent lieu dans le château tel qu'il est représenté ici.

Entrée du château de Louis XIII.

[1] Nous nous sommes bornés à donner la première qui indique mieux l'aspect total, et cet aspect n'est guère plus imposant que celui de tous les châteaux qu'on rencontre sur les routes de France.

Palais de Versailles dans tout son développement du côté des cours.

Cette vue générale du palais de Versailles, tel qu'il existe aujourd'hui, permet de juger de cette enveloppe dont nous avons parlé, des petites cours intérieures, enfin du magnifique développement que produisent à droite et à gauche les ailes du nord et du midi.

Ces deux ailes doublèrent de chaque côté le palais; deux antichambres précédèrent la chambre à coucher; près de cette chambre s'assembla le conseil des secrétaires d'état; quelques cabinets furent affectés aux réunions de famille; une petite galerie, confiée aux soins de Mignard, reçut les chefs-d'œuvre des diverses écoles; différentes salles furent destinées à la collection de médailles, de vases précieux et d'objets plus précieux encore. Ce ne fut pas tout : Louis XIV connaissait parfaitement l'effet de la magnificence, et une longue suite d'appartements enrichis des plus beaux marbres, ornés des plus belles peintures, précéda la vaste, la merveilleuse galerie dans laquelle il recevait, au milieu d'une cour brillante, les ambassadeurs extraordinaires. La reine et le dauphin eurent leur logement dans la partie disposée au midi et dominant l'orangerie et la pièce d'eau des Suisses. Le gouverneur du palais et le confesseur du roi logèrent dans l'aile qu'a reconstruite Gabriel; un des princes du sang occupa l'aile opposée; au delà de la chapelle étaient les appartements des enfants légitimés du roi, des princes de Condé, de Conti, du gouverneur des enfants de France et d'une foule de grands officiers et de chapelains; dans l'aile du midi, les enfants de France et la famille d'Orléans habitèrent sur les jardins; les premiers gentilshommes du roi, les dames d'honneur de la reine, occupèrent la partie qui donne sur la rue de la Surintendance. Vis-à-vis, dans le grand commun, logeaient plus de deux cents officiers attachés au service du roi, de la reine ou du dauphin. Les secrétaires d'état, ministres de la maison du roi, des relations extérieures, de la guerre ou de la marine, habitaient les deux corps de bâtiment devant lesquels s'élèvent aujourd'hui les statues d'hommes célèbres.

Sans doute l'aspect du palais, du côté de l'arrivée, tel que nous le représente cette planche, a de la grandeur par la masse des bâtiments; mais il est amoindri, par le renfoncement de la cour de marbre, par ce cul-de-four au milieu de la ligne. Ce grand ensemble est surtout admirable du côté des jardins, et on peut aisément supposer son développement, par la saillie seule des bâtiments; en effet, il n'y a pas de comparaison. Nous allons indiquer les changements qui ont eu lieu successivement de ce côté.

Château de Versailles du côté des jardins.

Le palais, du côté du jardin, était dans l'origine fort simple; Louis XIV en fit orner les murs et élever un petit avant-corps en saillie pour en décorer l'entrée; il resta ainsi à peu près jusqu'en 1670, et tel que le représente la vue ci-dessus, lorsque Mansard l'enveloppa des deux côtés par les grands appartements, en laissant subsister cependant une longue terrasse au premier étage qui conservait un double jour aux appartements, et leur procurait un lieu de promenade. C'est alors peut-être qu'il se trouvait le plus à son avantage. En effet, il a été longtemps agité si le palais, dans cet état, et tel qu'il subsista jusqu'à l'année 1678, n'était pas d'un meilleur style, d'un goût plus pur, d'un effet plus agréable qu'il n'a été depuis. A l'exemple de plusieurs palais d'Italie, l'élégante terrasse, au milieu, donnait, par les projections des ombres, du mouvement à tout l'édifice[1]. Versailles fut alors un palais régulier, élégant, mais qui ne pouvait contenir l'immense entourage du monarque et la multitude de princes que deux générations élevèrent autour du

[1] Il suffit, pour en juger, de se rappeler celle que produisait la terrasse de Philibert Delorme aux Tuileries, avant qu'elle eût été remplacée par la cage du nouvel escalier, et quand on connaît le bon goût du Roi, on aurait pu s'étonner qu'il eût consenti à la sacrifier, si l'on ne savait que son projet avait été et est encore d'entourer le palais par une autre terrasse extérieure, qui le dégagera de la même manière, et plus avantageusement encore.

trône. On commença par combler l'ouverture laissée par la terrasse en construisant la superbe galerie de Lebrun, destinée à retracer les hauts faits du roi ; bientôt après, à droite et à gauche, s'élevèrent les ailes

Palais de Versailles du côté des jardins avant la construction de la galerie.

latérales, telles qu'elles sont figurées dans l'admirable ensemble de la planche suivante.

C'est de ce point de vue qu'il faut se placer pour juger de la grandeur, de la majesté de ce singulier palais; il est là dans toute sa beauté, entouré d'un côté par de vastes cours où viennent aboutir des avenues vraiment royales; de l'autre, par des jardins, dont la magnificence comme l'agrément ont passé en proverbe. Son architecture est élégante et riche. Sous un soubassement percé de cent vingt-cinq ouvertures s'élève un ordre ionique formant le premier étage, supportant un attique corinthien et une balustrade ornée de trophées. Cette façade ou plutôt ces trois façades, d'une longueur de trois cents toises, ont ensemble cent vingt-cinq croisées au premier et au deuxième étage, ce qui forme trois cent soixante-quinze ouvertures sur le jardin.

Palais de Versailles vu de la terrasse

On voit ici l'effet du même corps de logis de la planche précédente avec la galerie construite et les deux ailes en retour, pris du parterre, à gauche du palais.

Dans les gravures précédentes, les deux ailes du midi et du nord sont unies au corps principal du palais; mais elles en furent d'abord séparées.

L'absence des pilastres aux deux parties qui communiquent à la cour des Princes et à celle de la Chapelle en est une preuve incontestable. Ces trois corps, d'abord détachés, une fois réunis composèrent la plus immense façade qu'on eût vue, mais en même temps la plus monotone. Il fallut donner un peu de jeu, un peu de mouvement à cette ligne continue; on crut en trouver le moyen en imaginant une suite de péristyles de distance en distance, supportant chacun autant de statues qu'ils avaient de colonnes. Cette suite de saillies ou loges, imitée du temple d'Érechthée à Athènes avait déjà été employée par le vieux Mansard, au château de Maison.

Palais de Versailles, vu du bois de Satory.

C'est de ce point qu'on peut encore juger de l'aspect dominateur du palais de Versailles; c'est ainsi qu'il s'aperçoit de tous les coteaux environnants, et surtout du bois de Satory, d'où cette vue est prise.

Pour compléter l'ensemble de tous ces bâtiments, il nous a paru nécessaire d'y joindre les deux magnifiques écuries que Louis XIV fit construire par Mansard de chaque côté de l'avenue de Paris. La place d'Armes les séparait seule du château, auquel elles servaient de perspective, et dont elles complétaient l'ensemble majestueux. Commencées en 1679, elles furent achevées en 1685. La régularité, la beauté des proportions et de bon goût des ornements en font des édifices très-remarquables. Égales en grandeur, malgré leur nom de petite et de grande

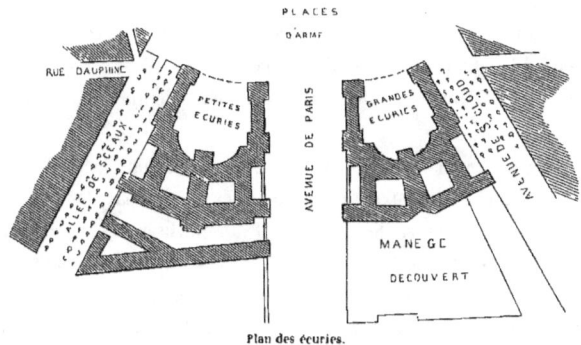

Plan des écuries.

écurie, qui s'appliquait à la destination et non à l'étendue ; elles sont composées de deux ailes, flanquées chacune de deux pavillons que deux

Vue des écuries, prise de la place d'Armes.

corps cintrés joignent au corps de logis construit dans l'enfoncement, et elles tirent une nouvelle grâce de cette forme arquée.

Tel fut Versailles dès l'année 1680, il n'y manquait plus qu'une chapelle et un théâtre, élevés depuis l'un et l'autre pour servir de modèle dans ce genre.

Ces immenses constructions, subdivisées à l'infini dans l'intérieur, servaient d'habitation à la famille royale, à ses gardes, à ses ministres, à près de trois mille familles, qui formaient comme l'entourage du souverain.

A la vue de ces prodigieux bâtiments, on n'était plus tenté d'en critiquer les défauts. Cette longue ligne, non interrompue par des pavillons, ou tout autre corps en saillie, qui en eût masqué la grandeur, présentait un aspect unique dans le monde, et dont on n'avait même aucun exemple dans l'antiquité. Quoique élevé à différentes époques, ce palais semblait avoir été conçu et exécuté d'un seul jet. On a pu dire que c'était un parvenu sans mérite; que c'était le corps d'un oiseau avec des ailes disproportionnées; mais une semblable pensée ne pouvait venir troubler dans personne l'effet que fait éprouver ce superbe et gigantesque monument.

La magnificence des appartements répondait au luxe extérieur, ou plutôt le surpassait encore; tout ce que les générations de rois avaient amassé en tableaux, en statues, en meubles précieux, renfermés aujourd'hui dans les galeries du Louvre, était distribué comme ameublements dans les différentes pièces : c'était un musée pour l'ornement d'un palais.

C'est dans cette superbe demeure que vécut, que régna quarante ans le monarque le plus puissant de cette époque, entouré des plus grands généraux et des orateurs les plus éloquents, d'artistes et de gens de lettres célèbres qui peuplaient cet immense palais. C'est là que Louis XIV donnait des fêtes dont le programme était imité dans toutes les autres cours.

A la mort de ce grand prince, une sorte d'effroi, de stupeur frappa le palais; il semblait que tout ce qu'il renfermait se fût évanoui. Un enfant de cinq ans, seul reste de toutes ces générations, qui étaient nées et s'étaient éteintes pendant le long règne, était là dans un coin de ce grand édifice, n'ayant plus l'entourage des grands, cette puissance de respect, qui remplissait la vaste enceinte. Il parut donc tout simple qu'il en partît ; qu'il allât passer son enfance, attendant l'âge de régner, dans une demeure moins vaste, moins disproportionnée.

Ennemi de la magnificence, le duc d'Orléans pouvait donc aisément satisfaire son goût pour les plaisirs de la capitale, en conduisant son pupille à Vincennes, que Louis XIV avait lui-même marqué pour son séjour. Ainsi le grand édifice fut condamné à sept ans de veuvage jusqu'à la majorité de Louis XV, qui ne parut monter sur le trône que le jour où il mit le pied dans le palais de son aïeul ; mais il y arriva avec des idées opposées à celles qui avaient toujours dominé. Aussi peu partisan de la représentation que Louis XIV en avait été avide, Louis XV se trouva trop exposé aux regards, trop gêné en quelque sorte dans l'espace, dans l'étendue ; il aspira à réduire toutes les proportions que son aïeul avait voulu étendre, et il n'y réussit que trop bien. Le magnifique escalier des ambassadeurs fut sacrifié à la construction de petits appartements ; la galerie de Mignard fut subdivisée en cabinets, en boudoirs et en petites et obscures communications ; les bergers de Boucher détrônèrent les héros de Lebrun, de Coypel et de Boulogne. Cependant quelques grands travaux furent exécutés, tels que le magnifique théâtre, le plafond du salon d'Hercule et le pavillon qui termine une des galeries de Leveau. Gabriel, auteur de ces constructions, avait fait un plan nouveau pour Versailles, qui aurait caché aux regards la cour de marbre et le petit château de Louis XIII. La mort de Louis XV empêcha qu'il ne fût entrepris. Louis XVI remit ce même projet à une sorte de concours où les plans que Peyre publia dans son œuvre parurent de beaucoup supérieurs à ceux de Gabriel. En effet, sans rien détruire, il entourait cette façade de constructions ornementales et d'immenses portiques en colonnes, qui en rendaient les abords aussi nobles qu'imposants. Ces travaux devaient coûter cinquante millions, et l'état des finances ne permit pas de songer à les exécuter.

Bientôt la révolution vint étendre son manteau de deuil sur le palais des rois ; la ruine, qui suit toujours l'abandon, commença ses ravages.

Quelques années encore de cette dévastation, il ne serait plus rien resté de l'immense palais. Mais que serait-il aussi resté de la France entière, de ses institutions, de ses mœurs, de ses monuments? si un homme de génie n'avait arrêté cet élan de la barbarie, n'avait rétabli la société sur ses véritables bases. Dans le mobilier de sa puissance, Napoléon trouva Versailles, et n'ayant aucune raison de le rétablir, il voulut au moins le conserver[1], et c'est à lui qu'on doit les réparations considérables, qui permirent par la suite d'assigner à ce palais une destination[2]. Napoléon, disent tous les historiens, recula devant l'idée d'habiter jamais Versailles; mais n'en fut-il pas ainsi d'une grande partie de ses projets, qui ne venaient à sa pensée que portés par les événements qui les rendaient possibles. Eh bien! contrairement aux historiens, contrairement aux paroles de Napoléon lui-même, je prétends que, s'il était resté sur le trône, il aurait habité Versailles; il l'aurait habité avec une pompe, un éclat différent des temps passés, mais peut-être plus brillant, plus militaire, plus oriental. Qu'on se figure en effet quelle existence aurait eu cet homme prodigieux, s'il avait fait la paix à Friedland ou même à Dresde. Si, de retour en France et souverain d'un empire plus étendu que celui de Charlemagne, possesseur d'un domaine extraordinaire de cent millions de revenu, il avait appliqué son génie aventureux aux choses utiles ou grandes de la paix, comme il l'avait fait aux conquêtes. Peut-on calculer quelles merveilles il aurait créées sur ce sol chéri de la France, que de routes, de canaux l'auraient sillonné de toutes parts; que de monuments se seraient élevés, et, dans cet ensemble de gloire, de grandeur nationale, croit-on que le palais de Louis XIV eût été oublié, et qu'il ne se fût pas présenté au contraire comme en proportion avec une souveraineté plus puissante que celle du grand roi.

Ce rêve, créé par la victoire, disparut avec elle, et Louis XVIII, remontant sur le trône de ses pères, aurait voulu pouvoir dater de Versailles l'an XVIII de son règne, afin de mieux effacer encore la trace de ce

---

[1] En 1812, les façades du château et les principales dépendances étaient rétablies, les dorures et ornements des grands appartements restaurés, et enfin, en 1818, le pavillon correspondant à l'aile de Gabriel élevé, et tous les abords du palais, ainsi que les jardins, restaurés.

[2] En attendant il donna à chaque bâtiment une destination. Le grand commun à la manufacture d'armes, le grand veneur au tribunal, le grand-maître à la mairie, les hôtels de la surintendance et des réservoirs, les menus plaisirs à différents services publics.

long intervalle. Il y fit pour six millions de dépenses, et tout était disposé pour qu'il pût l'habiter lorsqu'il mourut. Versailles, abandonné de nouveau par son successeur, redevint ce qu'il avait été dans sa première origine, un rendez-vous de chasse ; mais il devait être soumis bientôt à une plus rude épreuve ; il devait survivre à un événement bien autrement dangereux pour lui, à une révolution populaire, une révolution en opposition aux préjugés, au faste de l'ancien régime. La royauté renversée dans les barricades et renaissant des barricades ne pouvait plus conserver de la monarchie que l'emblème, du luxe de la restauration que le nécessaire, et ne voir enfin dans Versailles que le plus inutile des joyaux de la couronne ; c'était même, supposait-on, un fardeau pour elle, et, lorsqu'il s'agit de le comprendre dans ses attributions, quelques voix seulement de majorité le lui conservèrent[1]. Que serait-il devenu s'il était resté à l'État? Lafayette en voulait faire un hôpital militaire, d'autres un collége royal ; mais le plus grand nombre par économie et par haine voulait le détruire et en vendre les terrains. C'est à un seul homme et à une seule pensée qu'il dut sa conservation, disons même son apothéose[2].

La révolution de juillet, cette action des classes éclairées jointes au peuple contre une poignée d'hommes aveugles ; cette révolte de l'intelligence contre la déraison, de l'utilité contre l'orgueil frivole, devait placer à sa tête le prince qui avait le mieux compris son but, parce qu'il avait toute sa vie embrassé sa cause. Par un singulier et rare assemblage, ce prince unissait à des qualités solides, à la connaissance approfondie des hommes et des choses, un goût éclairé pour les arts, qualité très-rare et devenue

---

[1] Il a tenu à peu de choses que le roi Louis-Philippe fût privé de la possession des palais royaux, et alors aucun des admirables travaux qu'il a fait exécuter n'aurait eu lieu, aucune des immenses acquisitions qu'il a faites de ses deniers n'aurait appartenu à la couronne ; l'État, qui s'en serait trouvé chargé, les aurait négligés comme il le fait aujourd'hui de Rambouillet. Il est bon de rappeler ce qui se passa à la chambre des députés en 1831 : M. Salverte avait proposé en amendement, que le Louvre et les musées fussent la propriété de l'État. L'auteur de cet ouvrage s'y opposa en prouvant que les seuls grands travaux terminés dans Paris, tels que la colonne de la place Vendôme, l'arc du Carrousel ne l'avaient été que parce qu'ils étaient pris sur les fonds de la liste civile. L'amendement fut rejeté ; mais bientôt après, Versailles ne fut alloué à la couronne qu'à la majorité de cinq voix, et, enfin, Rambouillet lui fut enlevé.

[2] Il avait été proposé en 1830 de consacrer Versailles à renfermer tous les objets de curiosité de tous genres qui n'auraient pas pu être placés dans les musées royaux. Le roi Louis-Philippe eut seul l'idée d'y créer un panthéon national, et l'habileté de le bien exécuter.

nécessaire dans un pays qui possède les plus beaux palais, et dans ces palais même une sorte de nationalité. Pour preuve de ce goût, le roi Louis-Philippe pouvait montrer les immenses travaux qu'il avait exécutés pendant dix ans dans ses propres domaines[1]; mais ici l'épreuve était plus difficile; il fallait conserver comme palais un édifice immense qu'on ne voulait pas habiter et lui trouver cependant une autre destination qui n'en changeât pas la forme. Le mot heureux de cette énigme, la pensée de génie qui résolut ce problème naquit-elle spontanément, ou vint-elle successivement à l'esprit de celui qui la conçut? Peu importe, il est certain que ce fut une inspiration sublime qu'eut le roi Louis-Philippe de convertir le palais de Versailles en musée national, de verser dans cet abîme de trésors de nouveaux trésors; mais ceux-ci avec sagesse, avec goût. Une fois cette heureuse résolution prise, quelle satisfaction journalière ne dut pas éprouver son auteur en voyant se développer sous ses regards cette idée féconde; en voyant l'histoire de sa race, jointe à celle de son pays, se présenter avec un éclat et sous une forme qui n'avait pas d'exemple, et lui grand quartier-maître de cette armée de héros, de citoyens illustres dans tous les genres, assigner à chacun sa place en raison de son importance, et grâce au talent de MM. Fontaine et Nepveu, accompagner toutes ces nobles images, d'attributs, d'ornements qui leur étaient propres; mais si on fait compte de cette satisfaction, il faut aussi faire la part des difficultés, des obstacles qu'on rencontrait pour y parvenir.

Versailles, dans l'ancien régime et même depuis, était habité par un nombre considérable de familles, qui avaient divisé en deux ou trois étages la plupart des grandes salles; c'était une espèce de ruche avec un millier d'abeilles. Celle de 1830 contenait vingt-sept chambres : nous avons cherché à faire comprendre cette situation en donnant la coupe

---

[1] Ce prince avait prouvé par les admirables travaux qu'il avait faits au Palais-Royal, à la ville d'Eu, à Neuilly, son goût éclairé dans les arts et sa munificence dans ces sortes de dépenses. Il le prouva encore mieux depuis, lorsqu'il fut maître des palais de la couronne. Tous ont été par ses soins restaurés, embellis. Aujourd'hui, les Tuileries, par le nouvel escalier, sont devenues la plus belle résidence de l'Europe et surtout la plus vaste, la seule capable de servir à des fêtes de quatre à cinq mille convives. — Fontainebleau a été remanié dans son ensemble, dans ses moindres détails, les peintures effacées, détruites, des grands maîtres, fondateurs de l'École française, ont reparu aux regards étonnés; il en a été de même de Compiègne, de St-Cloud, des deux Trianons.

d'un pavillon qui a été détruit, et tel qu'il se présenta lorsqu'on en fit la démolition.

Coupe du pavillon démoli près de l'aile du midi.

Cette coupe indique les multitudes de soupentes, de planchers qu'il a fallu abattre pour retrouver les salles spacieuses qui existaient dans l'origine ; mais alors aussi le palais présenta le vide d'environ cent à cent vingt salles entourées de corridors, qui recevaient les immondices de tous les ménages et qui ressemblaient à la rue[1]. En peu d'années, ces salles ont été décorées avec magnificence ; elles renferment une suite de tableaux classés dans un ordre chronologique et rationel ; les corridors ont été changés en magnifiques galeries remplies de statues semblables aux loges du Vatican et aux longues salles du palais Pitti. Les dépenses énormes que coûtèrent ces changements[2] ne peuvent s'évaluer que lors-

---

[1] On se ferait difficilement l'idée de la saleté, du désordre qui régnait à Versailles, dans l'ancienne cour ; tous les corridors, tous les abords étaient couverts de boutiques, et des gens de toutes espèces parcouraient les salles.

[2] Les dépenses qu'on ne voit pas, qui sembleraient n'avoir jamais été faites parce qu'on n'a pas

qu'on a vu leur développement progressif [1] et qu'on sait la peine et le temps qu'il a fallu pour y parvenir. Sans doute il existait dans les magasins et dans les palais royaux un grand nombre de tableaux, de statues, et il était convenable de classer d'abord ces authentiques et précieux matériaux; mais il fallait les compléter, les unir par des compartiments, par des entourages ayant rapport aux différents événements qu'ils retraçaient, et voilà ce qui a été fait avec autant de goût que d'intelligence.

Sitôt que les premiers travaux eurent été exécutés, que ce projet d'un panthéon national eut été connu, de tous côtés vinrent s'y joindre des tableaux, des bustes, des statues historiques conservés dans les différents dépôts et jusque-là négligés. Les anciennes familles de France, même les plus opposées à l'ordre de choses actuel, envoyèrent les portraits des personnages célèbres qu'elles comptaient parmi leurs ancêtres. L'orgueil, la haine, l'esprit de parti se turent devant ce désir inné dans l'homme d'une juste renommée, *laudis immensa cupido*. Ce fut bientôt une faveur d'y être admis; quatre mille tableaux et cinq cents statues peuplèrent cette vaste enceinte; chacune des salles fut un chapitre de l'histoire nationale, un épisode d'un grand poëme épique; mais cette admirable collection de faits anciens placés dans un ancien monument ne parut pas suffisante à l'illustre auteur de cette conception. Là n'était rien qui marquât l'état des arts sous son règne et qui fût sa création personnelle; il imagina donc de placer au milieu de cet immense palais une salle unique, de proportion au delà de tout ce qui existe [2], comme, par exemple, de trois cent cinquante pieds de long sur quarante de large, et d'y renfermer

---

connu ce qui existait avant, sont ordinairement les plus considérables et celles dont on fait le moins de cas. Or, à Versailles, elles dominaient; il suffit de citer les deux grands escaliers dont un est tout nouveau, et l'autre transporté au bout de l'édifice.

[1] Nous en citerons un exemple : la cour de marbre, qui paraît avoir été toujours telle qu'elle est aujourd'hui, se trouvait de cinq pieds plus haut que le sol du rez-de-chaussée et de la terrasse du jardin : elle a été rabaissée de toute cette hauteur, et par suite la même opération a dû avoir lieu dans toute l'immense étendue des cours extérieures, afin que, de l'entrée de la grille sur la place d'armes, on pût monter par une pente douce jusqu'au vestibule du milieu et à la terrasse du jardin.

[2] Cette admirable galerie est la plus grande dans œuvre qu'on connaisse : elle a trois cent cinquante pieds de long sur quarante de large. Le roi fut longtemps à se déterminer à cette grande dépense, mais il jugea avec raison qu'au milieu du palais et d'une application heureuse des grandes idées, il fallait aussi, par une construction qui appartînt à son temps, à son règne, laisser le souvenir de l'éclat des arts à cette époque.

le sommaire, l'extrait de l'histoire entière de la France, les trente-trois faits d'armes les plus célèbres de nos annales, les bustes des guerriers morts sur les champs de bataille, et douze tables de bronze renfermant le nom de tous les généraux morts en combattant pour la France. Cette nomenclature illustre permettait de rendre honneur aux hommes qui, ayant succombé dans des batailles malheureuses, n'en avaient pas moins payé leur dette à la patrie. Leur gloire n'était point alors voilée par le deuil de leur défaite; Azincourt présentait avec orgueil ses huit princes du sang, ses quatre ou cinq mille gentilshommes expirant dans leur armure, dans leur cercueil de fer. Cette couronne jetée sur ces nobles tombes, cette salle magnifique coûta deux millions, et on vit alors les avantages pour un pays éclairé d'avoir à sa tête un souverain qui, en s'identifiant à ses destinées, confond sa gloire personnelle et celle de son peuple.

Telle est donc en aperçu l'histoire du palais de Versailles et des accroissements successifs qu'il a reçus; on a vu ce qu'il a été, ce qu'il est; il reste à dire un mot de ce qu'il pourra devenir. Tout importante, toute considérable qu'est cette collection, elle est encore incomplète; on n'y voit briller encore en grande partie que la gloire militaire, les batailles, les guerriers célèbres; il n'y a rien là pour le courage civil, pour les vertus modestes, pour tout ce qui a brillé dans la magistrature, les sciences, les lettres, les arts, la bienfaisance surtout; on y cherche en vain Lhôpital, Mathieu Molé, Malherbes, d'Aguesseau dans les circonstances importantes de leur vie; Vincent de Paul ramassant des enfants abandonnés; Belzunce luttant contre la peste de Marseille. On voudrait aussi que le temps actuel y montrât ses succès; que de grandes salles vides, sentinelles de l'avenir, fussent prêtes à recevoir les actions d'éclat, qui formeront le supplément de notre histoire[1]. Ce vœu a été prévenu; les bâtiments de la surintendance, du grand commun, les ailes des ministres sont destinés à ce second musée de tout ce qui pourra naître d'illustre et de grand; à ce nouveau récit de l'apothéose nationale. *Un tombeau à Westminster!*

---

[1] Les bâtiments destinés à ce complément de Versailles existent dans les deux ailes en avant de la cour de marbre, dans les deux corps de logis de la surintendance et des réservoirs; mais une dépense plus considérable doit avoir lieu un jour; c'est une façade monumentale du côté de la ville, qui enferme la cour de marbre et offre un aspect architectural, ainsi qu'on l'avait projeté à différentes époques.

s'écriait Nelson pendant le combat de Trafalgar; *un portrait, un buste à Versailles!* diront les générations qui vont se succéder : et ce culte de la gloire passée sera le plus puissant élément d'une gloire nouvelle.

Porte intérieure des écuries.

DE LA
PEINTURE HISTORIQUE
EN FRANCE.

Pictura loquens solet illa vocari.
(Dufresnoy, *Arte Graph.*)

C'est bien elle qu'on peut appeler
la *peinture parlante*.

Drapeau tricolore sur un manuscrit du XIVe siècle.

DE LA
PEINTURE HISTORIQUE
EN FRANCE.

Celebrare domestica facta
(Hor., *Art Poét.* v. 288.)
Célébrer les hauts faits de la patrie.

Dans la description de ce grand musée national où se trouvent l'un par l'autre illustrés nos arts et notre histoire, n'est-il pas à propos de rappeler brièvement quel a été, de tout temps, ce culte des héros presque assimilé à celui de la divinité, ce désir reconnaissant de transmettre à la postérité les services rendus au pays, enfin ce qu'on peut appeler *la peinture historique?* Ce n'est point ici qu'il faudra chercher la perfection, mais la vérité; le prestige de l'imagination, mais la satisfaction de l'esprit, et cependant tous les deux pourront s'y rencontrer; Zeuxis se trouvera digne de Périclès, Apelles d'Alexandre, Lebrun de Louis XIV, peut-être David de Napoléon.

Entrons donc hardiment dans cet examen qui comprend les vertus et le génie. L'Égypte se présente d'abord comme berceau des beaux-arts, et principalement de celui-ci ; c'est là qu'une double allée de monuments gigantesques sur la rive d'un fleuve raconte, pendant deux cents lieues, les usages, les cérémonies d'un grand peuple, et en même temps les exploits d'un héros inconnu, de Ramessès ou Sésostris, peu importe son nom, mais bien sa figure exacte, ressemblante, et les différentes actions de sa vie. Ici on le voit, dans toute l'énergie de la jeunesse, monté sur un char et attaquant des peuples de différents aspects, assiégeant des villes, traînant en triomphe des captifs ; là on lui offre un sacrifice, il préside aux moissons ; ailleurs il est assis dans l'enceinte de son palais ; enfin des cérémonies funèbres annoncent sa mort, et des montagnes de pierres, sous le nom de pyramides, défendent son corps de la destruction[1]. Allons plus loin : ce n'est plus l'histoire d'un homme que nous trouvons chez un peuple moins ancien, mais plus illustre ; c'est l'histoire de ce peuple tout entier et de ses guerres célèbres retracées sur les murs de ses temples. Les villes de la Grèce ont confié aux arts leurs glorieuses annales. D'abord les exploits de leurs héros : Hercule, Thésée, Pirithoüs[2], les expéditions des Argonautes[3], des Amazones ; bientôt après, les véritables guerres de l'indépendance qui fondèrent leur empire ; Athènes présente deux fois avec orgueil la bataille de Marathon, l'une par Mycon[4], dans le Pœnée, l'autre par Panænus, dans les Propylées[5]. Les personnages s'y reconnaissent ; voilà Miltiade, Darius, Artapherne[6]. Les combats de Platée, Mantinée, Salamine décorent le Parthénon, le Pœnée, les Propylées, les portiques d'Élis, d'Olympie ; les sages, les philosophes y paraissent à côté des guerriers[7], mais bientôt toutes ces gloires vont se confondre dans une seule : un nom qui retentit encore dans tout l'Orient, celui de Scander ou Alexandre, annonce un culte semblable à celui des dieux[8]. Qu'un des Ptolémées ait eu l'idée, après la mort de ce héros, de réunir en un même lieu tous les ouvrages de peinture ou de sculpture qui concernaient son règne ou reproduisaient ses traits, et un musée semblable à celui de Versailles[9], mais bien autrement remarquable sous le rapport des arts, aurait existé pour l'admiration des hommes, il aurait montré à la fois les événements les plus mémorables de l'histoire, retracés par les arts au moment de leur plus grande perfection.

A l'entrée de cet édifice, ainsi que dans les cours du palais de Versailles, on aurait contemplé les statues colossales en marbre des guerriers thébains qui avaient

---

[1] Rosellini, tom. III, partie historique.
[2] Temple de Thésée, v. Stuart, Ant. gr.
[3] Tableau de Cydias dans le portique de Neptune — Dion Cassius, lib. III ; Pline, xxxv.
[4] Pausanias, lib. vi ; Meursius, Ath. at., lib. I, c. 5. L'artiste fut blâmé d'avoir fait les Perses plus grands que les Grecs.
[5] Eschine contre Ctésiphon, 575 ; Pline, lib. xxxv.
[6] Les Perses de leur côté décoraient aussi leurs palais de peintures historiques de combats.
Ammien Marcellin, lib. xxiv.
[7] Pausanias, I, c. 20. Les fils de Thémistocle placèrent son portrait dans le Parthénon ; on voyait celui d'Alcibiade en pied dans l'édifice à gauche des Propylées (Plut., in Alc.), près de ceux de Sophocle et de Protogènes.
[8] Jusqu'au troisième siècle, le profil d'Alexandre, en camée ou en métal, se voyait aux ceintures des femmes, ou sur l'épaule des hommes, pour attacher la chlamyde (Trebelius Pollio). Saint Jean Chrysostôme reproche cette faiblesse aux chrétiens.
[9] Ptolémée-Philadelphe, suivant Athénée, fit de sa tente un musée. On y voyait cent statues de marbre adossées aux pilastres, et dans les entrecolonnements des tableaux de l'école de Sicyone, semblable au pinacothèque de Varron, où il avait rassemblé sept cents portraits. Callisthènes, op. Athen., lib. II, cap. 26.

péri au passage du Granique, ouvrage immortel de Lysippe[1]; bientôt à droite et à gauche de la porte, on aurait reconnu les quatre statues de bronze qui décoraient l'entrée de la tente d'Alexandre et qu'il portait avec lui dans ses conquêtes[2]. Admirez dans la première salle le groupe de Philippe et d'Alexandre dans un quadrige, par Euphanor[3]; Alexandre enfant placé depuis dans le portique d'Octavie[4]; le même domptant Bucéphale, que Métellus fit transporter à Rome lorsqu'il eut soumis la Macédoine; le même avec Philippe et Olympias, tiré du Philipéon d'Olympie. Voici sa statue qui était placée dans le temple d'Apollon, à Delphes[5], et que Néron fit dorer; celle d'Ephestion, de même grandeur; le tableau d'Alexandre tenant la foudre, qu'on voyait dans le temple de Diane et où on admirait les saillies de la main[6]. Plus loin c'est un cheval seul, en bronze, lancé à la course, c'est Léda[7], le plus rapide de ses coursiers, par Myron. Ici, Clytus, partant pour la guerre et préparant son casque[8]. Dans d'autres salles, on l'aurait vu placé sur le char de triomphe, suivi des guerriers qu'il a vaincus; son combat avec Darius tel que le représente la mosaïque trouvée à Pompéi; les deux tableaux d'Apelles dont parle Plutarque et qu'Auguste fit placer dans son Forum[9]. Le portrait du guerrier qui lui sauva la vie, par Lysicrate, élève d'Eutycrate; la statue d'Alexandre que Jules-César vit à Cadix et qui excita si vivement son ambition[10]; Alexandre et Éphestion, par Chœreas[11]; enfin, le célèbre tableau, si admirable, si admiré, des noces de Roxane, où les amours jouent avec les armes du héros[12], décrit par Lucien et reproduit par Raphaël. Au milieu de ces salles auraient été placés sur des piédestaux les bustes les plus ressemblants du héros, afin qu'on eût pu étudier mieux ses traits; l'un d'eux, qui a été retrouvé[13] et qui porte son nom, le montre calme, les cheveux relevés pour placer le diadème, et le menton légèrement avancé[14]. Un autre l'aurait représenté la tête penchée vers le côté gauche, dans une sorte de méditation et montrant tout l'éclat de ses yeux[15]; un troisième enfin exprimait par ses regards fixés vers le ciel et par l'expression de sa bouche toute

---

[1] Ces groupes de guerriers à cheval étaient si nombreux que Pline les distingue sous le nom d'*Alexandri turma*. PLINE, lib. XXXIV. On voyait les statues d'Alexandre jusque dans l'Inde, suivant Philostrate.
[2] VELL. PAT., lib. I, c. 2; APP., lib. I, *de Bel. l.*
[3] PLINE, lib. XXXIV.
[4] PLINE, lib. XXXIV.
[5] VARRON, *de Re r.*, lib. II, c. 2.
[6] HÉRODOTE, lib. VIII, c. 12.
[7] PLINE, lib. XXXV.
[8] Anthol. grec., lib. IV, c. 2.
[9] PLINE, lib. XXXV.
[10] Claude fit scier la tête d'Alexandre pour y placer celle d'Auguste.
[11] PLINE, lib. XXXV. Il ajoute que Chœreas était célèbre pour peindre les rois.
[12] Proxenides, homme riche du temps, fut si enchanté de cet ouvrage qu'il donna sa fille en mariage au peintre. LUCIEN, lib. I, et encore *Imaginibus*, lib. II, c. 8.
[13] Trouvé près de Rome dans la ville des Pisons.
[14] Comme l'indique Aristote.
[15] VAL. PAT., lib. I, c. 2; ARRIEN, lib. I.

sa puissance et son génie; il semble s'adresser à Jupiter et lui dire : « Mon père, donne-moi le monde et garde pour toi l'Olympe [1]. »

La Grèce mourante laissa son héritage et ses arts aux pâtres du Latium [2], et la louve allaitant deux enfants fut le premier monument de ce peuple grossier [3]; le second, la statue de son fondateur Romulus, placée depuis dans le temple de Vulcain, et celle d'un homme courageux qui défendit seul un pont [4]. Mais bientôt les triomphes amenèrent à la suite des vainqueurs les chefs-d'œuvre des arts et les hommes capables d'en créer de nouveaux. Athènes envoya le peintre et philosophe Métrodore pour représenter les exploits de Paul-Emile. Sempronius Gracchus, ayant conquis la Sardaigne, en produisit l'image dans le Forum. Marius couvrit les voûtes du temple de Mars des événements de sa vie.

Lucius Hostilius imita cet exemple en exposant dans le Forum un tableau où il était représenté montant le premier à l'assaut sur les murs de Carthage; il en donnait lui-même l'explication, en faisant remarquer les lieux où s'étaient donnés différents combats, acte de popularité qui lui valut le consulat aux comices suivants.

Le peuple apprenait ainsi, par les tableaux qui suivaient les triomphes, le nom, le costume des peuples du monde qu'il ajoutait à son immense empire [5]. L'Afrique parut personnifiée au triomphe de Balbus contre les Garamantes, les villes des Gaules à celui de César; mais l'orgueil romain céda à un sentiment de compassion au triomphe de Pompée, lorsqu'il aperçut l'image de Mithridate mourant, et qu'il vit ses malheureux enfants suivant le char du vainqueur. De combien de tristesse ces sortes de fêtes ne durent-elles pas s'accroître, lorsqu'à la suite des guerres civiles, au lieu de victoires remportées sur des peuples barbares, c'était de la perte de ses plus grands citoyens qu'on lui demandait de se féliciter [6]! A l'aspect de Scipion se perçant de son épée et se laissant tomber dans la mer, de Caton déchirant ses entrailles, de Pompée lui-même lâchement égorgé, un silence terrible, interrompu seulement par des gémissements, fut l'ovation de ce triste triomphe.

A ces tableaux historiques qui décoraient les temples, les Forums, les Romains joignaient les productions des arts qui représentaient les événements des autres pays, et lorsqu'ils méritaient par leur perfection cet honneur [7].

---

[1] Anthol., lib. IV, lib. VIII. PLUTARQUE, *in Al.*

[2]
Græcia capta ferum victorem cepit, et artes
Intulit agresti Latio.
HORACE.

[3] TITE-LIVE, lib. II.

[4] TITE-LIVE, XXIV-XXVI.

[5] *Simulacra montium*, Ov., *de Pont.*, XXI; APPIEN, *de Bel. Pun.*; PLINE, V, 5; *Oppidorum simulacra*, TITE-LIVE, XXXVII-L; VEL. PATER. I-IX; *Simulacra pugnarum picta*, TITE-LIVE, XII, 28.

[6] PLUTARQUE, *in Pomp.*

[7] Les portraits de vingt-sept rois de Sicile placés dans le temple de Minerve, à Syracuse, furent enlevés et transportés à Rome par Verrès. CICER., *in Ver.*, XIV. Deux de Sicyone furent enlevés par Aratus. PLUTARQUE, *in Arat.*

Un long intervalle sépare ces temps glorieux de ceux qu'on appelle avec raison la renaissance des arts, et cependant que d'actions courageuses ne durent point marquer les derniers temps du grand empire et la formation des états modernes ! Mais il est des siècles où les hommes manquent aux événements pour les retracer [1], et d'autres où les événements manquent au génie qui en aurait exalté les merveilles; c'est alors l'histoire seule, froide, exacte, qui comble ces lacunes. Tel fut le moyen-âge, qui commence dans les arts à la fin du règne des Antonin et se prolonge jusqu'au quinzième siècle. C'est alors que, pour la seconde fois, le flambeau des lumières sortit de la Grèce; des anges aux ailes dorées, des vierges chastes, les figures vénérées des apôtres, des prophètes apparurent en Italie et furent accueillis avec enthousiasme et reproduits avec perfection. Mais là rien n'était pour l'histoire, les arts semblaient ne pas exister pour elle, comme si elle n'eût pas existé pour eux. En vain l'Italie avait-elle déployé ses guerres sanglantes, ses expéditions aventureuses de Vénitiens, de Pisans, de Génois, et Rome la ville éternelle, Rome *veuve d'un peuple-Roi et reine encore du monde.*

En vain l'Espagne combattit pour le triomphe de la foi, l'Angleterre pour celui de la liberté, la France enfin présentant au monde des hommes tels que Charlemagne, saint Louis, Philippe-Auguste. Pas un tableau ne retraçait de si glorieux exploits; des portraits, qui sans doute appartiennent aussi à l'histoire, furent presque les seules traditions dont on fut redevable aux arts; les brillantes écoles italiennes, les artistes qu'elles formèrent en France sous François Ier et Henri II, les écoles allemande, flamande et espagnole, chacune si remarquable par des caractères différents, semblèrent s'être donné le mot pour ne laisser au monde que des compositions religieuses ou mythologiques[2]. Ce n'est qu'après François Ier que la peinture historique a cherché à renouer la chaîne du passé et a présenté aux regards les nobles figures qui avaient paru dans l'obscurité des âges[3]. Son

---

[1] La peinture historique ne se perdit point tout-à-fait dans le moyen-âge. On voit que l'empereur Maximinus, non-seulement écrivit au sénat le récit de la bataille qu'il avait livrée dans les marais de la Germanie, mais envoya un grand tableau de cette bataille pour être exposé aux regards dans la curie.

Henri, roi des Saxons, fit peindre dans un *cœnaculo superiori* la victoire de Mésesbon sur les Hongrois. LUITPRAND, lib. II, *Hist.*, cap. 9. Theudelinde, reine de Lombardie, bâtit un palais à douze milles de Milan où elle fit peindre les guerres des Lombards, dont on remarque les singuliers costumes. PAUL DIACRE, *de Gest. Long.*, lib. IV, c. 23.

Michel Paléologue, en 1205, fait représenter sur la muraille de son palais les victoires remportées pendant son règne.

[2] Quelquefois cependant il se trouve des traits d'histoire, et Léonard de Vinci fit pour le grand conseil de Florence un beau tableau du capitaine Nicolo Picciniuo qui enleva un drapeau.

[3] L'école vénitienne produisit quelques-uns des hauts faits de cette république, de ses combats sur mer, de ses cérémonies, mais sur une petite échelle. L'école romaine sembla craindre d'aborder de pareils sujets, de laisser pénétrer même l'allégorie. Ainsi dans le tableau de Raphaël représentant Héliodore battu de verges, qui veut signifier le triomphe de la religion sur l'impiété, le pape, dont cette allégorie devait retracer le zèle pour la foi, est relégué dans le fond, pour seulement l'indiquer. A Florence et à Sienne, on trouve quelques tableaux relatifs à l'histoire de ces républiques, mais sans une grande importance.

premier essai fut un chef-d'œuvre, c'est l'histoire de Henri IV, par Rubens, divisée en vingt superbes tableaux, où la ressemblance de Henri se retrouve fidèlement retracée, mais malheureusement mêlée, d'après le goût du temps, aux divinités de la fable, aux compositions allégoriques; c'est plutôt l'apothéose d'Henri IV et de Marie de Médicis que leur histoire. Louis XIII, ce prince faible et qui laissait les affaires de l'état entre les mains d'un homme de génie pour s'en épargner l'ennui, était cependant très sensible aux arts d'imagination; il écrivit lui-même au Poussin pour le rappeler en France; il prépara par ses encouragements le grand règne qui devait obscurcir le sien.

On attendait un artiste qui sortît de ce genre vague, toutefois sans tomber dans la sécheresse; il se rencontra dans le célèbre Callot, bien connu par ses esquisses grotesques, mais dont le crayon, le pinceau et le burin nous ont successivement retracé les principaux faits de ce temps. Les compositions de Callot faites à vol d'oiseau donnaient le détail des opérations militaires, de la marche des troupes, et sur le devant, dans une plus grande proportion, les principaux personnages qui en faisaient partie. C'était déjà plus qu'un plan, mais pas encore un tableau. Van der Meulen comprit ce qui manquait à Callot et ce que Rubens avait dépassé; évitant à la fois la sécheresse du plan et le vague de l'allégorie, il composa des tableaux stratégiques où les personnages principaux paraissent avec leur ressemblance, leur expression, et où on aperçoit cependant dans le fond tout le détail des opérations militaires et l'aspect exact des lieux. La peinture historique fut alors créée, et elle devait naître dans un temps où tant de victoires, tant d'actions célèbres pouvaient lui servir d'aliment.

On ne peut pas dire cependant qu'elle n'eût pas déjà existé en France sous d'autres formes; c'était bien de la peinture historique celle qui se développait aux regards sur les vitraux des églises, celle qui couvrait les manuscrits de compositions piquantes, celle surtout qui, de temps immémorial, paraissait sur les tapisseries des vieux châteaux. Dans ces trois genres, c'est la France qui eut à la fois les plus anciens et les plus brillants succès, et l'usage surtout des tapisseries était si établi, que les tableaux des plus grands maîtres ne furent longtemps que des toiles qu'on découpait pour être exécutées de la sorte; les morceaux en ont été retrouvés dernièrement. Il en fut ainsi jusqu'au moment où Louis XIV conçut l'idée de faire représenter sur le plafond de la galerie de Versailles les actions principales de sa vie, de 1661 à 1675, par Lebrun, qui s'était déjà fait connaître par les plus grands tableaux historiques connus, ceux des batailles d'Alexandre. Cet homme, d'un vaste génie, quoique manquant souvent de goût, sut comprendre et créer pour ce règne fastueux le véritable genre qui lui convenait, la peinture décorative jointe à la sculpture ornementale. Aux grandes et nobles compositions des batailles d'Alexandre, il joignit l'allégorie dont ses prédécesseurs avaient commencé à emprunter le prestige ; il avait été en Italie à l'époque des Carraches, et il s'était malheureusement trop adonné à cette école éclectique qui se formait alors de toutes les autres, sauf la supériorité de chacune d'elles, n'ayant ni le dessin de l'école romaine et toscane, ni le coloris vénitien, ni la grâce des peintres de Parme, sorte de genre ampoulé, blafard, souvent maniéré, toujours froid, conservant encore quelque vigueur dans ceux qui le créèrent, mais devant entraîner l'école dans une route funeste.

On vit bientôt le mauvais goût se manifester à un haut degré dans les ouvrages de Vanloo, Coypel, Doyen, de Troy, Boucher, etc. Encore si ces artistes, doués cependant de mouvement et d'imagination, eussent dirigé leurs études, employé leurs pinceaux à reproduire les faits de notre histoire, il en fût résulté des productions utiles ; mais leur dédain à cet égard égalait celui des poëtes, et des historiens. Voltaire est le premier qui ait rompu ce singulier silence. Lamothe, du Belloy, Lemière, suivirent ses traces, et les artistes commencèrent de leur côté à chercher dans nos annales des sujets de tableaux. Bayard, Duguesclin, Jeanne d'Arc, Henri IV, Louis XIV reparurent, et au moment de la révolution, ils avaient pris, sur la scène et dans les arts, le dessus sur les sujets religieux ou mythologiques ; il restait un pas à faire, et ce fut le plus difficile, c'était d'assujettir la nouvelle école, qui était revenue à l'étude et à la passion de l'antique, à composer des tableaux de scènes modernes, à passer du casque au chapeau à trois cornes, du cothurne aux bottes cirées. Cette conquête ne pouvait manquer au grand homme qui réussissait si bien dans toutes les autres. En effet, il ordonna, il exigea impérieusement que les arts qu'il protégeait fussent employés à sa gloire. Il imposa à David les sujets de son histoire, et celui-ci, avec son immense talent, composa des tableaux où il ne fit que changer le costume, mettre des habits d'uniforme à Léonidas, des pantalons à Brutus. Alors reparut la véritable peinture historique telle qu'elle fut sous Louis XIV, débarrassée toutefois des emblèmes allégoriques et d'un inutile mélange d'ornement. Lebrun avait peint des Français sous le costume grec, David représenta des Grecs sous l'habit français ; et les deux compositions du sacre et de la distribution des aigles sont deux grandes scènes que l'on prendra toujours pour modèles ; ses élèves, Gros, Gérard, Girodet, suivirent ses traces et le surpassèrent, les uns dans la couleur, d'autres dans l'expression. Les batailles d'Aboukir, d'Eylau, la peste de Jaffa, montrent jusqu'où on peut parvenir dans ce genre et ne laissent rien à regretter du style et des compositions des anciennes écoles. Versailles de nos jours vient d'ouvrir une nouvelle carrière, un magnifique avenir aux artistes qui voudront se consacrer aux compositions historiques et militaires ; et la réputation des Vernet, Laroche, Couder, Allaux, La Rivière, Pujol, etc., s'est accrue par cette consécration de la grandeur nationale.

C'est vers ce genre que les jeunes artistes doivent diriger leurs efforts, afin de pouvoir, un jour, trouver place dans ce musée national qui assurera leur réputation. Et de même que nous avons dit plus haut, que d'avoir un portrait, un buste à Versailles sera l'objet des plus grands sacrifices, des actions mémorables; de même, pour les artistes, être choisi pour les représenter, sera l'objet des plus ardentes ambitions. Heureux le pays qui peut produire à la fois des actions qui l'illustrent et des artistes capables de consacrer ces actions!

AU PLUS SAVANT PEINTRE
DE TOUTES LES ÉCOLES
A
NICOLAS POUSSIN.

DE LA

Sculpture Iconographique

EN FRANCE.

Mirum est in hac arte quod
nobiles viros nobiliores fecit.

PLINE, XXXIV.

Cet art rend plus
célèbres encore les
hommes célèbres.

Moyen Age.   E. Duverger, typ.

Jean Goujon.

DE LA

SCULPTURE ICONOGRAPHIQUE

EN FRANCE.

> Nullum est majus felicitatis specimen, quam semper omnes scire cupere qualis fuerit aliquis.
> PLINE, XXXV, 5.
>
> Il n'y a pas de signes plus certains du bonheur d'un homme, que lorsque chacun éprouve le désir de connaître ses traits.

Marco, perche non mi parli? disait Michel-Ange, à la statue de saint Marc par Donatello, et il donnait là les règles de la sculpture iconographique. La parole, l'expression, la ressemblance sont ses conditions, et, sous ce rapport au moins, les modernes ont pu rivaliser avec les anciens. Ceux-ci, absorbés par la recherche du beau, pour représenter les dieux comme ils les concevaient, négligèrent longtemps d'employer leur talent à la ressemblance des personnes. On ne trouve aucune statue ou buste d'hommes célèbres du premier style grec; il fallait même que dans la représentation des dieux ils eussent le bonheur de rencontrer la perfection pour se soumettre à la copier. Aussi Phryné servit bien à Praxitèle pour créer la Vénus Anadyomène, comme Campaspe à Apelles pour la Vénus de Cos ; mais ces exemples étaient rares. Des longues études, des essais multipliés parvinrent enfin à créer, pour chaque divinité, chaque héros, un type qui ne devait plus s'altérer et qu'on ne pouvait méconnaître ; alors seulement le goût, le talent se porta vers l'apothéose des guerriers, des sages, des bienfaiteurs de l'humanité. Lysippe et Lysicrate furent les premiers à chercher la ressemblance, à s'écarter d'un type d'idéalité qui se trouve encore dans les traits d'Homère. Les bustes de Socrate, Euripide, Démosthène, et surtout les statues romaines, sont des ressemblances fidèles. Le culte des aïeux l'exigeait ; leurs images devaient orner l'entrée des édifices, les bibliothèques, les galeries et la place qui leur était destinée d'avance sur les sarcophages. « Que j'aime, disait Cicéron, à contempler ces images illustres ! Que de gloire j'attache à leur possession ! »

Pendant le moyen-âge et la décadence des arts, on retrouve encore la tentative de reproduire les traits, soit sur les dyptiques, les médailles, les sceaux, soit sur les pierres des tombeaux. Différente de la peinture, qui sembla disparaître, s'anéantir entièrement pendant ce long sommeil de l'intelligence, la sculpture continua, quoique imparfaitement, ses travaux ; elle s'adjoignit à l'architecture dont elle fut l'ornement, la vie, l'élégance ; et cependant il ne faut pas chercher dans ces milliers de figures qui couvrent les portails des anciennes églises les ressemblances des princes ou des prélats qui les firent élever ; elles ont toutes le même type, ainsi que la plupart des figures couchées sur les tombeaux. Ce ne fut guère que sous le règne de saint Louis, qu'on chercha à retracer les traits des personnages qu'on voulait représenter, et la différence des traits, souvent même l'incrustation du visage en marbre dans des statues en pierre, prouvent qu'on attachait du prix à la ressemblance.

Les rapports qui s'établirent sous Louis XI avec les ducs de Bourgogne et les Pays-Bas, dans lesquels les arts étaient plus avancés, attirèrent à la cour de France des artistes qui perfectionnèrent le goût. La statue de Louis XI, les ouvrages de plusieurs artistes de ce règne servirent de prélude à l'époque si brillante, si spontanée de la Renaissance. On trouve dans les longues galeries de Versailles la suite chronologique des ouvrages de sculpture exécutés en France ; ils marquent l'époque où le soin de la ressemblance a commencé et s'est progressivement accru. Il est impossible que la belle figure d'Inès de Castro, qu'on voit sur son tombeau à Alcobaça, et qui s'exécutait sous les yeux mêmes du malheureux don Pèdre, ne fût une ressemblance ; il en est de même d'un grand nombre de statues conservées à Saint-Denis et à la ville d'Eu.

Les sculpteurs français Jean Cousin, Goujon, Bontemps, Germain Pilon, Bardon, Barthélemi Prieur, Juste, Francheville, Augier, etc., etc., égalèrent ce qu'il y avait de plus brillant en Italie ; ces hommes d'un goût pur, d'un sentiment naturel, exquis, reprirent la sculpture au point où l'avaient laissée les anciens; mais ils y ajoutèrent je ne sais quelle grâce, quelle volupté moderne qu'ils acquirent par la tradition de l'école de Parme, qui fut la première à s'établir en France à la suite du Primatice, d'André del Sarte, de maître Roux. Il est évident que les formes élancées des femmes, leur cou de cygne, leurs longs bras, leurs doigts effilés sont la copie du Parmesan, et les têtes admirables des enfants l'imitation exacte du Corrége; et lorsque, pour encourager cette manière élégante, il paraissait des femmes comme Diane de Poitiers, Catherine de Clèves, Gabrielle d'Estrée, il n'était plus besoin que de copier, et c'est à cette époque qu'on peut rapporter ce qui a été produit en sculpture à la fois de plus élégant et de plus fidèle; tel est le tombeau de François Ier à Saint-Denis, où la sculpture déploie toute sa grâce et sa perfection; les figures d'une parfaite ressemblance sont de Pierre Bontemps, les batailles et les ornements de Goujon et de ses élèves. Les châteaux d'Anet, d'Écouen et surtout la façade intérieure du Louvre et le tombeau de Henri II, sont des types admirables du goût de ce temps qui ne se bornait point à Paris, mais s'étendait aux villes de Toulouse, Nevers, Troyes, Rouen, Dijon surtout, où le tombeau des ducs de Bourgogne présente une suite singulière de figures dont on a évidemment cherché à établir la ressemblance.

C'est cependant sous le règne de Louis XIII et de Louis XIV qu'il faut chercher le développement de la sculpture iconographique; tout ce qui eut alors une célébrité quelconque trouva des talents prêts à les consacrer, et il est peu de personnages célèbres que les arts ne nous aient conservés. Il naquit alors une manière plus large, plus animée, tenant par la hardiesse au génie de Michel-Ange et à la profusion des Carraches, mais malheureusement s'écartant comme eux de la correction. La sculpture prétendit peindre et soumettre le marbre à tous les écarts du pinceau; elle s'empara des édifices, les couvrit d'emblèmes, de larges draperies flottantes en marbre, en bronze, en bois doré, d'ornements de tous genres, de divinités, de monstres, de cartouches, d'ornements de bas-relief; il n'y eut plus de différence entre le ciseau et la palette. Lebrun, cet homme d'une imagination féconde, mais souvent désordonnée, prétendit conduire les trois arts, les confondre souvent, les gouverner tous à la fois, depuis la toiture du palais jusqu'aux moindres serrures et ornements. Ce fut encore autre chose lorsque le cavalier Bernin osa tailler le marbre au premier coup et sans préparation pour le buste de Louis XIV. Quoi qu'il en soit, les jardins de Versailles, de Trianon, des Tuileries, se peuplèrent de statues, qui attestent la fécondité, sinon la correction des artistes de ce temps. Girardon, les deux Coustou, Coysevox, Marsy, les Keller, pour la beauté de la fonte; Desjardins, etc., etc., etc., nous transmirent la ressemblance fidèle des hommes célèbres de ce temps. Voilà le grand Condé, Turenne, Vendôme, Villars, les deux Corneille, Racine, les traits majestueux de Bossuet, de Fénélon, le regard incertain de Pascal, la bonhomie de La Fontaine. Il manquait cependant encore à ce bel art quelque chose; un homme simple, naturel, obscur, mais doué d'une âme ardente, le lui donna : c'est l'animation, le sentiment de la chair, de la vie, de la circulation du sang dans les veines, de la passion dans les traits, dans le regard, et Le Puget le trouva : il est le coloriste de la sculpture.

Le mauvais goût, le maniéré, qui s'étendit, sur la fin de Louis XIV et sous le règne de Louis XV, dans tous les arts, eut heureusement peu d'influence sur la sculpture iconographique; les bustes des personnages de ce temps sont sans doute, dans leur pose, dans leur costume, assez affectés, mais les traits sont exacts, sont fidèles, et honorent le talent des hommes comme Pigale, Houdon, Pajou, etc.

Bientôt la sculpture, sous l'inspiration de Moitte, de Bouchardon, revint, avant même l'école de Vien, à l'étude et l'imitation de l'antique.

Deux hommes de génie entreprirent de lui donner ce qui lui manquait encore : l'un, la hardiesse et la fécondité; l'autre, la grâce, la *morbidessa* et un sentiment exquis du beau dans les formes et le contour. On voit qu'il est question de Thorwaldsen et de Canova; ces deux rivaux contemporains ont établi dans les arts un nouveau point de départ destiné à inspirer les jeunes artistes qui pourraient désespérer d'atteindre les beautés des anciens. Non, ils ne doivent point en désespérer, lorsque l'art est dans la bonne voie, lorsque les études donnent tous les moyens matériels de bien faire. Le génie peut dès le principe créer des chefs-d'œuvre lorsqu'il n'a pas besoin de lutter avec de mauvaises pratiques, avec une manière fausse, il entre sur-le-champ dans la carrière. C'est encore à Versailles qu'on pourra juger de l'école moderne. Les travaux exécutés par les sculpteurs actuels, tels que Chaudet, Lemot, Cartellier, Bosio, Lemaire, David, Cortot, etc., sont supérieurs d'exécution aux artistes des règnes précédents. On peut en juger par quelques-uns des bustes déposés à l'Institut, qui ont une vérité, un naturel, qu'on ne peut guère surpasser.

Mais en rendant hommage au progrès fait dans ce bel art, quel sentiment pénible vient attrister notre pensée! En parcourant ces longues galeries de Versailles, où voit-on la foule étonnée, attendrie, s'arrêter de préférence, n'est-ce pas auprès de la statue d'une jeune fille dont on connaissait les exploits, mais dont on ignorait les traits? la voilà qui presse sur sa poitrine l'épée dont elle va se servir pour délivrer son pays. L'expression de son visage indique cette pudeur, cette crainte naturelle à son âge, à son sexe, à l'humble condition d'où le sort la tire. Oui, voilà bien l'héroïne de la gloire et de la liberté! voilà bien Jeanne d'Arc telle que chacun avait pu la concevoir! Mais à qui a-t-il été accordé de la créer? à qui ces traits divins ont-ils été révélés? A une autre jeune fille placée sur les marches du trône, et que le génie est venu chercher dans un palais. Ah! montrez-nous l'auteur de ce chef-d'œuvre! Où est cette nouvelle muse de la gloire nationale? Hélas! ne la cherchez plus sur la terre; elle s'est envolée au sein de ces anges dont sa main mourante cherchait encore à exprimer les traits. Vous tous que l'amour de la patrie enflamme, que le sentiment du beau exalte, aimez à rendre avec nous hommage

A CELLE
QUI CULTIVAIT LES ARTS
AVEC TANT DE SUCCÈS,
QUI LES PROTÉGEAIT
AVEC TANT DE BONTÉ;
A MARIE D'ORLÉANS, DUCHESSE DE WURTEMBERG,

Ostendent terris hanc tantum fata.
(Virg., Ænéid., lib. vi, v. 868.)

Elle n'a été que montrée à la terre.

Intérieur de l'atelier de la princesse Marie aux Tuileries. Les deux anges en marbre placés près des murs sont ses derniers ouvrages terminés; un autre couvert d'une toile est resté imparfait.

EXPLICATION

DU

FRONTISPICE.

Le palais de Versailles est un grand poëme national ; chaque salle représente un chant ou une strophe de cette glorieuse épopée, et avant d'en commencer le récit, nous avons cherché à indiquer quelques-uns des sujets qu'il renferme, des hauts faits qu'il retrace, tels que les galeries de statues, les portes de Rhodes, la prise de Constantine, le fronton orné de palmes et de couronnes. Enfin cette union qu'on admire partout de la richesse et de l'élégance, suivant l'expression d'un poëte national :

> . . . . Palais que les génies
> Ont doré comme un rêve et rempli d'harmonies.
> VICTOR HUGO. *Orient.*

LES GLOIRES DE LA FRANCE

DESCRIPTION
DU
PALAIS DE VERSAILLES

Perlege dispositas generoso per atria ceras.
(Ov. Fast., lib. i, v. 195.)

Si quid Apellei gaudent animasse colores
Aut Polycleteo jussum est quod vivere cœlo.
(Stat., lib. ii, Syl.)

Tot saxa imitantia vultus,
Æraque, tot scripto viventes limine ceras.
(Stat., lib. iii, v. 95.)

Contemplez les tableaux placés dans ces généreuses galeries; voyez-y tout ce que l'art d'Apelle et de Polyclète a su produire d'éclatant : tant de marbre et de bronze représentant les visages, tant de toiles animées et vivantes.

E. Duverger, typ.

VERSAILLES

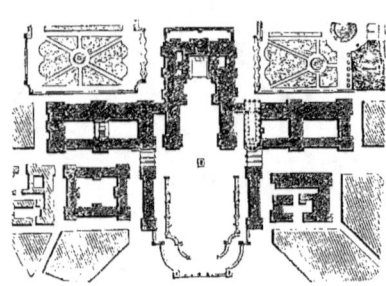

PLAN
Des Abords et des Cours
DU
PALAIS DE VERSAILLES.

CONDÉ, par *David*.   TURENNE, par *Gois*.

DUQUESNE, par *Roguier*.   DUGAY-TROUIN, par *Du Pasquier*.

SUFFREN, par *Lesueur*.   TOURVILLE, par *Marin Mallera*.

MORTIER, par *Calamata*.   MASSÉNA, par *Espercieux*.

LANNES, par *De Seine*.   JOURDAN, par *Espercieux*.

SUGER, par *Stouf*.   RICHELIEU, par *Ramey père*.

SULLY, par *Espercieux*.   COLBERT, par *Milhomme*.

DUGUESCLIN, par *Bridan*.   BAYARD, par *Montoni*.

Grille dorée de la Cour des Ministres.

Cette belle grille est l'ouvrage d'un artiste nommé Dufour. Elle est surmontée des armes de France, et des deux côtés ornée de quatre groupes. Celui de la Paix, par Coustou, de l'Abondance, par Coysevox, les deux autres de la France Victorieuse, par Marsy et Girardon.

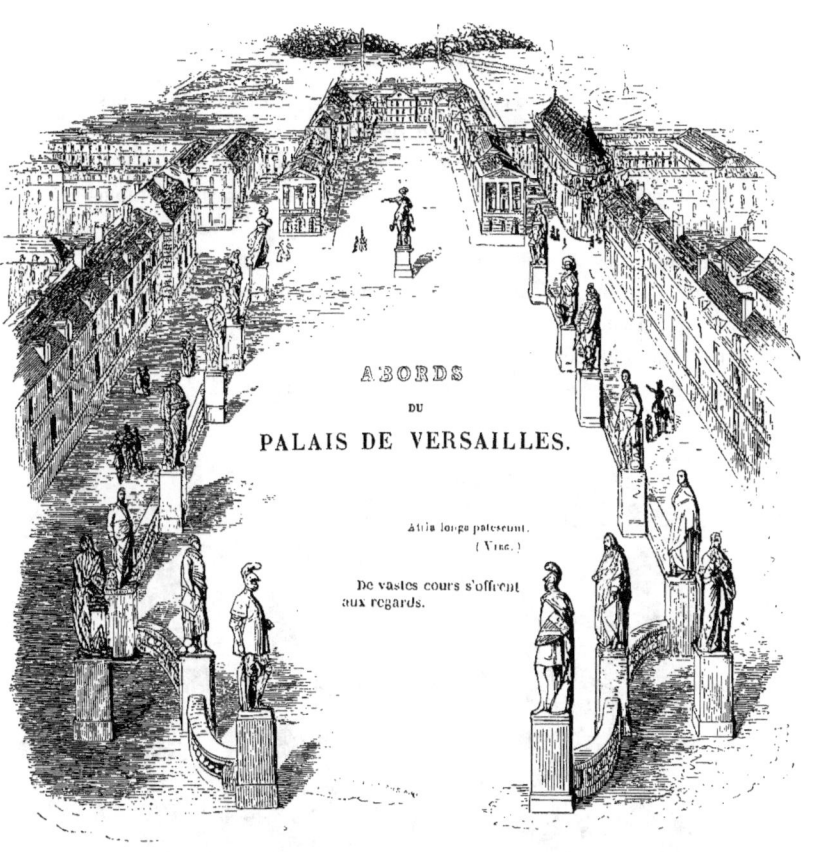

ABORDS
DU
PALAIS DE VERSAILLES.

Atria longa patescunt.
(Virg.)

De vastes cours s'offrent
aux regards.

Au sortir de la magnifique avenue de Paris, en laissant à droite et à gauche les deux écuries, on se trouve sur un emplacement étendu qui permet d'apercevoir l'ensemble des bâtiments de Versailles. Une double allée d'arbres plantés aux deux côtés de cette esplanade cachera bientôt les bâtiments irréguliers qui la bordent, et rien ne distraira plus les regards de l'aspect imposant du palais. La vaste cour des Ministres, précédée de la grille dorée, est comme défendue par une suite de statues colossales d'hommes célèbres, au milieu desquels Louis XIV, à cheval, semble régner encore.

Il faut se représenter cette vaste cour lorsque cinquante voitures à six chevaux caparaçonnés et deux ou trois cents valets en livrées attendaient la sortie de leurs maîtres; lorsqu'un corps-de-garde, construit en forme de tente, avec l'acrotère doré, semblait un pendant à la chapelle; lorsque les gardes-du-corps, mousquetaires, chevau-légers, avec leurs riches uniformes, peuplaient ces abords, et qu'on arrivait ainsi à la cour de Marbre, sorte d'appartement en plein air où les souvenirs de tous les règnes venaient se retracer.

COUR DE MARBRE sous Louis XIII. — Journée des dupes, le 11 novembre 1630.

Richelieu, étourdi du torrent de reproches, d'injures dont la reine-mère l'avait accablé, lui et sa nièce, madame de Comballet, avait dirigé tout son bagage vers le Havre, place dont il était gouverneur. Tout retentissait d'acclamations au Luxembourg; Anne d'Autriche et Gaston d'Orléans félicitaient déjà Marie de son triomphe ; un courrier était parti pour annoncer en Italie, au maréchal de Marillac, la disgrâce de Richelieu. Mais des amis fidèles du cardinal, le président Lejay, Châteauneuf et le cardinal de la Valette, conduisirent Richelieu à Versailles. Louis XIII, en le voyant, ressentit vivement l'ascendant de son génie supérieur ; il l'embrassa, lui donna dans son château un appartement voisin du sien, et dès lors le crédit du ministre fut plus affermi que jamais[1].

COUR DE MARBRE sous Louis XIV. — 1re Représentation d'Alceste, en 1674.

Cette planche permet de bien juger de la forme de la cour, de ses ornements et des changements que Louis XIV avait faits aux parois des murs et à la toiture. Il est vraisemblable que les petites tourelles en

---

[1] A cette époque, la cour n'était point encore pavée en marbre ; mais elle avait toujours la même hauteur. Au milieu était une fontaine d'eau jaillissante entretenue par un réservoir qui, depuis, servit à la grotte. Louis XIV conserva encore assez longtemps cette disposition. Dans les fêtes qu'il donna en 1664, la cour de Marbre servit de salle, de buffet et de théâtre ; le premier jour, la fontaine fut ornée de tables couvertes de toute sorte de mets ; le second, la fontaine fut couverte par des planches et formait un théâtre.

encorbellements que l'on aperçoit dans les angles furent imaginées, ou du moins ornées à cette époque. Cette planche est copiée d'après l'ouvrage des fêtes données, en 1674, par Louis XIV, et qui furent divisées en cinq journées[1].

Le roi est assis sur le devant avec les deux reines; à sa droite est l'orchestre, composé alors de vingt violons. La pièce qu'on représente est l'opéra d'*Alceste*, de Quinault et de Lully, sorte de tragédie en musique, ornée de ballets, et dans laquelle Quinault glissa des vers assez hardis sur la disgrâce de la belle La Valière [2].

Cette cour, jusque-là destinée aux fêtes, fut plus tard le théâtre d'un triste événement; c'est là que le peuple se porta, dans la nuit du 5 au 6 octobre, et menaça l'existence de la famille royale. Son

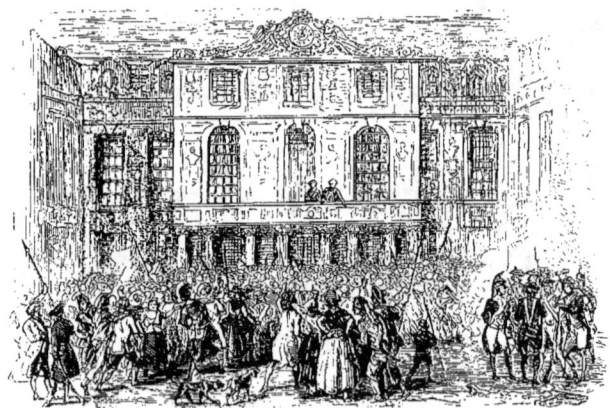

COUR DE MARBRE sous Louis XVI, le matin du 6 octobre.

---

[1] La cour de Marbre était ornée d'orangers et d'autres arbustes, et le château couvert de lampions depuis la toiture jusqu'au bas des colonnes du péristyle, et les volières des encoignures resplendissaient de feu. Le bassin et le jet d'eau étaient fermés; mais, le jour suivant, la même cour servit de salle de repas, et l'emplacement de la fontaine fut un grand buffet.

[2]   Alceste, si jeune et si belle,
 Court se précipiter dans la nuit éternelle.
. . . .

effervescence durait encore le matin lorsqu'il garnissait tous les abords du palais, et, pressé dans la cour de Marbre, demandait à grands cris le roi et la reine. Ils parurent ensemble sur le balcon ; le roi annonça au peuple qu'il allait habiter Paris, quitter pour toujours le palais de ses pères ; la reine s'avança, tenant le dauphin dans ses bras, lorsqu'une voix terrible cria : *La reine seule!* C'est alors que la fille de Marie-Thérèse, plus courageuse encore que sa mère (car c'était à des factieux qu'elle avait affaire), s'avança seule sur le balcon, elle parut si grande, si noble, si confiante à cette foule égarée, qu'elle fut accueillie avec des applaudissements.

Depuis ce triste événement, le château de Versailles, abandonné, ne devait plus renaître pour la famille royale, mais pour la France entière, à laquelle le roi Louis-Philippe le consacra. La cour de Marbre fut abaissée de manière à dégager le rez-de-chaussée du palais ; elle domine cependant les autres cours ainsi que l'esplanade, qu'on a également diminuée de hauteur, afin que de ce point la vue s'étendît sur les avenues et tous les abords du palais. La statue de Louis XIV s'élève seule au milieu de ce magnifique tableau, elle l'embellit et le domine[1].

[1] La statue est de Petitot, le cheval de Cartellier.

Cour de Marbre dans son état actuel.

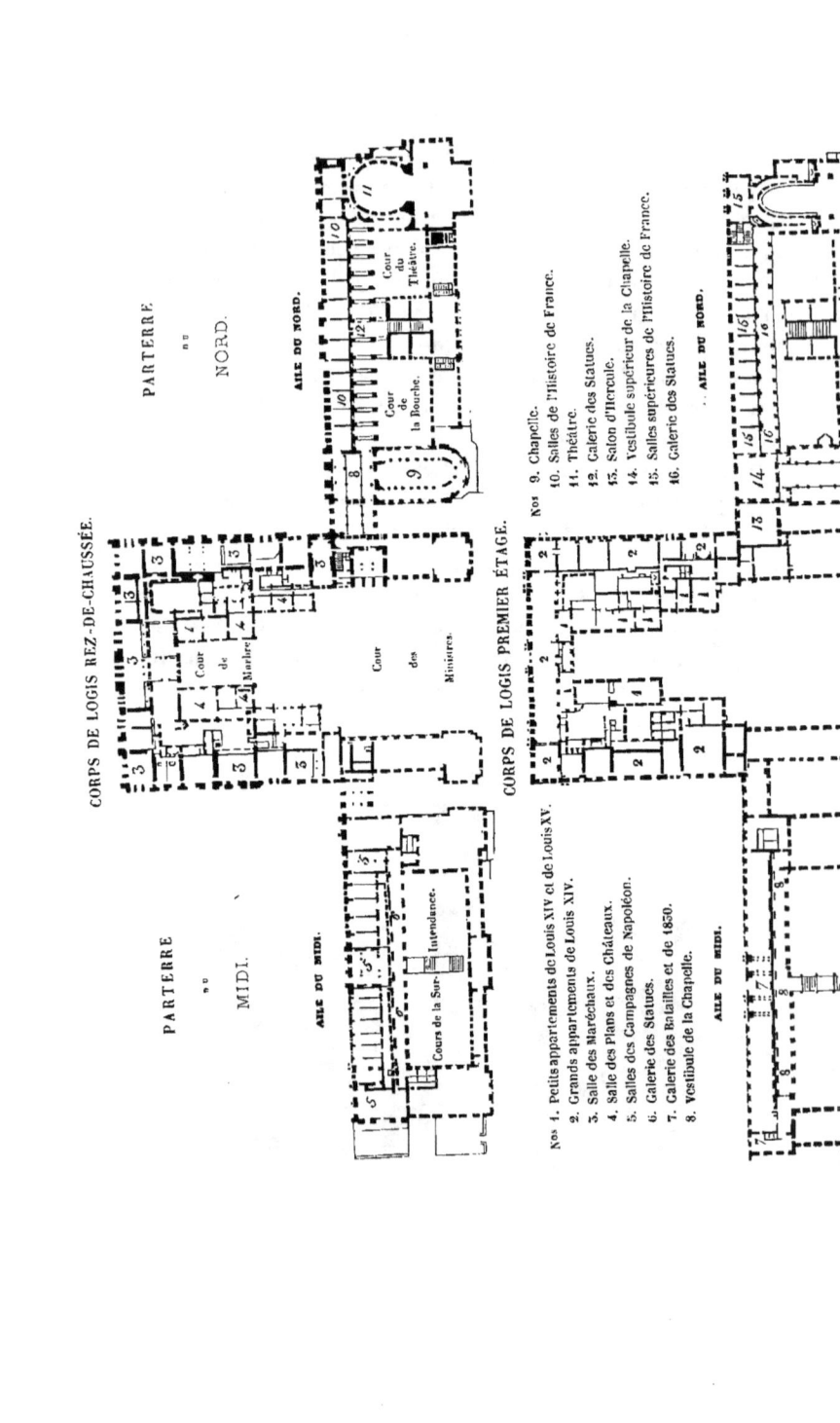

EXPLICATION

DES

PLANS DU PALAIS DE VERSAILLES,

POUR SERVIR A L'ITINÉRAIRE DESCRIPTIF

ADOPTÉ DANS CET OUVRAGE.

Ces deux plans nous présentent l'ensemble du palais de Versailles, les différentes salles qu'il comprend et en même temps l'ordre d'examen que nous avons suivi pour le décrire ; nous avons pour cela adopté tout un autre système que celui des historiens ou guides qui nous ont précédés, nous avons considéré qu'il fallait faire connaître d'abord l'habitation particulière du souverain contenue dans le corps de logis, c'est-à-dire le petit château de Louis XIII, puis la magnifique enveloppe dont Mansard l'a revêtu; viennent après les deux ailes converties en galeries historiques, de cette manière il y a méthode et ordre, et dans le récit et dans l'étude du lieu. Ainsi notre description se divise en trois parties : la première comprend tout le corps de logis, rez-de-chaussée et 1er étage; la deuxième l'aile du Sud ; la troisième l'aile du Midi, suivie des jardins qui forment un ensemble à part; chacune de ces parties aura son plan particulier, ce qui dispense d'entrer dans de grands détails sur les deux plans généraux. Ces plans indiquent seulement par les numéros l'itinéraire qu'on a cru devoir suivre, itinéraire qui passe souvent d'un étage à l'autre, mais qui ne fait pas revenir sur ses pas.

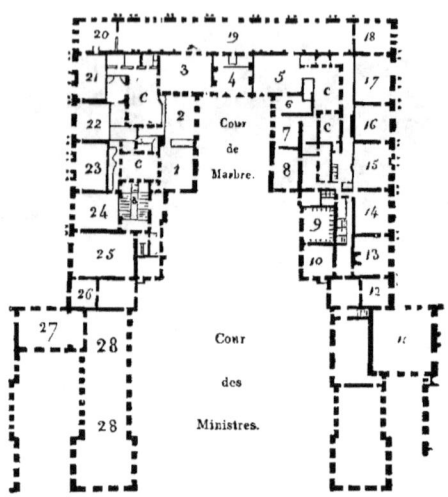

Ainsi qu'on a pu le remarquer sur les deux plans généraux qui précèdent, le corps de logis de Versailles renferme l'habitation des souverains, leurs petits et grands appartements, leur vie privée et publique, le château de cartes de Louis XIII et l'enveloppe de Mansard qui en a fait un palais. C'est ce corps de logis qui forme la partie la plus importante du palais que nous allons décrire d'abord.

- a. Vestibule de l'Escalier.
- b. Escalier de Marbre.
- c. Petites cours intérieures.
- 1. Salle des Gardes.
- 2. Salle des Valets de Pied.
- 3. Œil-de-Bœuf.
- 4. Chambre à coucher de Louis XIV.
- 5. Salle du Conseil.
- 6. Chambre à coucher de Louis XV.
- 7. Salle des Pendules.
- 8. Salle du Jeu.
- 9. Salle des Croisades.
- 10. Salle des États-Généraux.
- 11. Salon d'Hercule.
- 12. Salon de l'Abondance.
- 13. Salon de Vénus.
- 14. Salon de Diane.
- 15. Salon de Mars.
- 16. Salon de Mercure.
- 17. Salon d'Apollon.
- 18. Salon de la Guerre.
- 19. Grande Galerie.
- 20. Salon de la Paix.
- 21. Chambre à coucher de la Reine.
- 22. Salon de la Reine.
- 23. Salle du Grand Couvert.
- 24. Salle des Gardes de la Reine.
- 25. Salon de l'Empire.
- 26. Salle de 92 et 93.
- 27 et 28. Salles de 92 et 93.

VESTIBULE DE L'ESCALIER. (Lettre *A*, ou plan).

Apparet domus intus.
(VIRG., Æn.)

L'entrée du palais de Versailles a toujours été de ce côté, par le vestibule encore existant aujourd'hui et par l'escalier de marbre, mais ce vestibule ne consistait autrefois qu'en une seule pièce de petite dimension et adossée à d'autres salles aussi peu étendues, servant les unes de corps-de-gardes aux archers et cent-suisses, les autres à des concierges et gardes du château. Le roi Louis-Philippe imagina d'ouvrir toutes ces salles par de grandes arcades au lieu de portes, et de donner par là du jour, du mouvement à toutes ces pièces; d'en faire en quelque sorte une galerie circulaire à jour autour de l'escalier, et, en décorant chacun des piliers de statues ou bustes d'hommes célèbres, de donner par là un noble abord à l'escalier que l'on aperçoit de plusieurs côtés dans le fond. Le petit plan ci-joint donne l'idée de cette dispo-

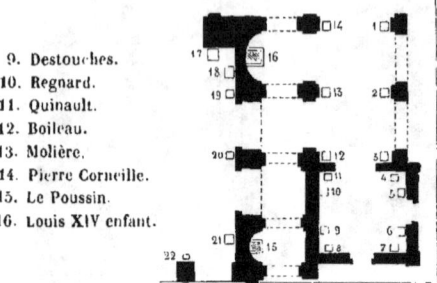

9. Destouches.
10. Regnard.
11. Quinault.
12. Boileau.
13. Molière.
14. Pierre Corneille.
15. Le Poussin.
16. Louis XIV enfant.

1. Rotrou.
2. Santeuil.
3. Corneille.
4. Quinault.
5. Lully.
6. Rousseau.
7. Crébillon.
8. Piron.

Plan du vestibule d'entrée.

sition et le nom des personnages qui y figurent. Au détour d'une de ces arcades et à travers une des voûtes on aperçoit l'ancien et magnifique escalier de marbre.

ENTRÉE DE L'ESCALIER DE MARBRE.
Anne d'Autriche et Louis XIV enfant visitent Versailles.

Cet escalier existait déjà sous Louis XIII, moins orné sans doute, et nous avons supposé qu'Anne d'Autriche y conduisit un jour Louis XIV, pour visiter l'habitation construite par son père. Le jeune prince porte déjà la canne de commandement qu'il eut toute sa vie, ainsi qu'on le voit sur plusieurs tapisseries de ce temps, entre autres, à l'époque du mariage, à Fontainebleau, de Marie de Gouragues, en 1645 ; il descend, entouré de grands seigneurs de ce temps, vêtus dans le beau costume du règne de Louis XIII.

PREMIER PALIER DE L'ESCALIER DE MARBRE.
Louis XIV jeune homme prend possession de Versailles.

Nous supposons Louis XIV jeune homme, conduit par Colbert, et prenant possession du château de Versailles ; il examine les travaux qu'il a ordonnés : le magnifique revêtement en marbre de tous les murs, la balustrade remplaçant une cloison qui obstruait le jour; la même décoration était répétée vis-à-vis et ornée de tableaux peints à fresque, l'architecture par Philippe Meunier, les fleurs par Blain de Fontenay, et les figures par Poisson.

DEUXIÈME PALIER DE L'ESCALIER DE MARBRE.
Louis XIV allant au-devant du grand Condé.

Cet escalier n'est pas seulement célèbre par sa beauté, mais aussi par ses souvenirs. C'est appuyé sur sa balustrade en marbre que Louis XIV attendit le Grand Condé qui, affaibli par l'âge et les blessures, ne montait que lentement, et à qui il adressa ces belles paroles : « Mon cousin, ne vous pressez pas; on ne peut pas monter très vite quand on est chargé comme vous de tant de lauriers. »

La dernière scène historique de cet escalier laissera un souvenir plus profond, plus durable encore que les autres, car elle marquera la nouvelle ère de Versailles, ce jour qu'il sera impossible d'oublier, où le roi Louis-Philippe, donnant le bras à sa fille, la reine des Belges, et à sa belle-fille, madame la duchesse d'Orléans, monte l'escalier de Versailles, et bientôt, entouré de douze cents personnes invitées et prises parmi toutes les notabilités du pays, inaugure le monument consacré à toutes les gloires de la France.

INAUGURATION DU PALAIS DE VERSAILLES.
Le 10 mai 1837.

Fête des arts et de l'imagination, a dit un historien[1], triomphe de l'honneur national, apothéose de tous nos grands hommes; gage d'al-

[1] Jules Janin.

liance entre des partis qu'un même culte peut désormais réunir dans un même temple; sublime leçon de magnanimité et de tolérance donnée par le roi d'une révolution à ses partisans et à ses adversaires, l'inauguration du palais de Versailles fut une merveilleuse réponse à ceux qui défiaient la liberté française d'être féconde et la royauté constitutionnelle d'être puissante.

L'escalier de marbre communique aux appartements du palais par quatre ouvertures : la première, à droite, sert d'entrée à la salle des gardes de la reine; la seconde, vis-à-vis, au salon de l'empire; la troisième, aux petits appartements de madame de Maintenon; la quatrième, aux appartements de Louis XIII et de Louis XIV. On jugera mieux de ces dispositions par le plan qui termine ce chapitre. Ainsi, en tournant à gauche, on se trouve dans un petit vestibule ou passage, marqué n° 2, qui donne, par une ouverture sur l'escalier et par ses fenêtres, sur la cour de marbre. C'est de cette pièce, comme point de partage, qu'on pénètre, à droite, dans quatre petites salles, jadis l'appartement de madame de Maintenon, consacrées aujourd'hui aux événements de 92 et 93; et à gauche, dans l'antichambre des appartements de Louis XIV, appelée salle des gardes et que nous allons décrire.

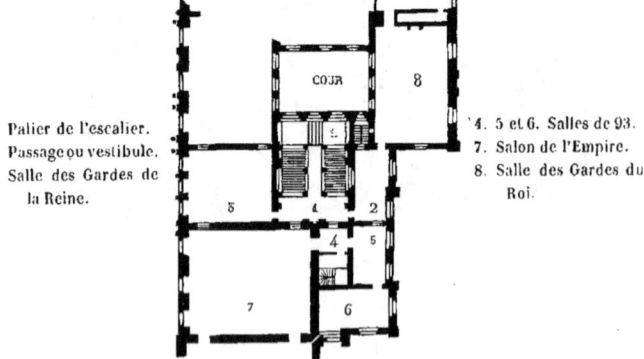

1. Palier de l'escalier.
2. Passage ou vestibule.
3. Salle des Gardes de la Reine.
4. 5 et 6. Salles de 93.
7. Salon de l'Empire.
8. Salle des Gardes du Roi.

Plan de l'escalier de marbre et des salles qui l'entourent

SALLE DES GARDES (N° 1 du plan, pag. 140).
Un mousquetaire lit l'ordre du roi de frapper une médaille en l'honneur de ses gardes.

Cette pièce, la première en sortant du grand escalier, était destinée aux gardes composant la maison du roi. Là étaient rangées les pertuisanes, les carabines sans baïonnettes, les hallebardes. On y rencontrait un jour les gardes de la Manche en hoquetons blancs, semés de papillons d'or ou d'argent, avec la devise du roi. Un autre jour c'étaient les gardes écossaises et françaises, avec le juste-au-corps bleu, la bandoulière d'argent plein. Dans un coin de la pièce on voyait des tables sur lesquelles chaque matin des valets déposaient le vin du guet, c'est-à-dire vingt-quatre bouteilles de vin et autant de pains. Vous ne trouvez plus rien de tout cela ; mais regardez les parois des murs : les onze tableaux qui les décorent rappellent le courage et le dévouement de ces soldats d'élite à qui nos rois confièrent en différents temps la garde de leurs personnes.

Là c'est Orsoy[1] dont ils s'emparèrent en vingt-quatre heures, sous le commandement de Monsieur frère du roi, pendant que d'autres compagnies sous Turenne et Condé emportaient Bunck et Wesel; ici ce sont les mousquetaires, avec leur habit d'écarlate et leur soubreveste bleue galonnée d'or, conduits par le marquis de Rochefort, et qui prenaient possession d'Utrecht; un bouclier décore leur étendard, avec cette devise : *Quo ruis, lethum*. Aussi braves, plus braves peut-être encore étaient les gendarmes et les chevau-légers, vêtus à peu près du même costume, et avec lesquels le maréchal de Luxembourg vainquit à Fleurus et à Nerwinden; mais c'est surtout à Lens, où la maison du roi culbute l'une après l'autre les trois lignes ennemies, renverse soixante-douze escadrons et leur prend quatre étendards, actions pour lesquelles une médaille fut frappée avec cette légende : *Virtus militum prætorianorum*. Ces prétoriens ne dégénérèrent point dans les temps plus modernes; ce sont eux qui gagnèrent la bataille de Fontenoi, et qui plus tard, sous le nom de garde impériale, furent la terreur de l'Europe et son admiration.

[1] Prise d'Orsoy (3 juin 1672). — Prise d'Utrecht (30 juin 1672). — Prise de Gray (28 février 1674). — Prise de Dôle (5 juin 1674). — Prise de Salins (16 juin 1674). — Prise du fort de Joux (juin 1674). — Siége de Limbourg. — Bataille de Cassel (11 avril 1677) — Bataille de Fleurus (1er juillet 1690). — Bataille de Nerwinden (29 juillet 1693).

Capitaines des gardes sous les différents règnes

SALLE DES VALETS DE PIED (N.º 2 du plan, pag. 140).
Un valet bleu raconte qu'il tenait le cheval du roi dans la tranchée à Douai.

Quand on se représente ce que fut Versailles depuis 1630, où Louis XIII vint s'y établir, jusqu'en 1681, sous le règne de Louis XIV, on n'est pas étonné que cette salle, aujourd'hui une simple antichambre, n'occupât autrefois un rang important dans la distribution des appartements. En effet, elle servait alors de salle de bal, de concert et de grand couvert. C'est là où Louis XIV, entouré déjà de sa nombreuse famille, accordait à quelques personnes distinguées la faveur de s'asseoir à ses côtés, car ses enfants ou petits-enfants avaient seuls ce droit.

150 VERSAILLES

Le lundi vers midi un grand mouvement avait lieu dans cette pièce. Une table couverte d'un tapis de velours vert y était placée, et, debout près d'un fauteuil, un secrétaire d'état recevait tous les placets adressés au roi et auxquels il était répondu exactement au bout d'un temps très court. C'est là également qu'on expédiait les brevets, les décorations, les places, les pensions; mais aussi les lettres de cachet, terrible instrument de police et trop souvent de vengeance et d'oppression[1].

Cette salle, sur la fin du règne de Louis XIV et sous les règnes suivants, fut destinée aux valets de pied chargés de reconnaître les personnes qui se présentaient pour entrer dans l'Œil-de-Bœuf[2].

Quelques tableaux de Parrocel et de Piètre de Cortone sont restés à la place qu'ils occupaient, mais au-dessous règne une suite d'esquisses de Van der Meulen très intéressantes. Ce sont les ébauches de tous les tableaux que ce grand peintre a faits pour Versailles et plusieurs autres qui n'ont point été exécutés en grand, tels que l'Intérieur de la chambre à coucher de Louis XIV, qui a servi à la restauration de cette pièce.

[1] C'est aussi dans cette salle que les courtisans venaient solliciter, après le repas du roi, de faire partie des voyages de Marly, en disant : « Sire, Marly ; » et le lendemain un valet bleu montrait la liste de ceux qui avaient obtenu cette préférence.

[2] Nous avons représenté un valet bleu racontant quelques événements de la guerre, car à cette époque ils suivaient, soit à pied, soit à cheval, les princes au milieu des combats.

L'OEIL DE BŒUF (N° 3 du plan).
L'architecte Gabriel présente à Louis XV le plan du théâtre de Versailles.

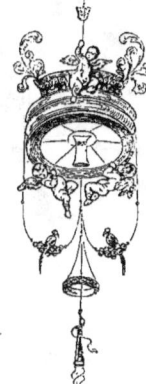

Il faut apercevoir les deux ouvertures ovales pratiquées au plafond de cette salle pour reconnaître dans sa solitude actuelle le fameux OEil-de-Bœuf autrefois rempli d'une foule de courtisans, l'OEil-de-Bœuf célèbre dans le monde entier ; il a conservé cependant sa même décoration, sa frise dorée, avec tous les amours ; mais on y a placé d'autres tableaux ; c'est Louis XIV couronné par la Victoire, Anne d'Autriche, le duc de Bourgogne, la grande Mademoiselle,

---

¹ Une partie de cette vaste pièce fut la chambre de Louis XIII ; ce fut celle de Louis XIV depuis 1672 jusqu'à 1700. Alors seulement Louis choisit pour sa chambre le grand salon voisin où il s'habillait aux jours de cérémonie ; dès lors la cloison qui existait au milieu fut abattue, et la salle, qui ne recevait le jour que par la croisée ovale pratiquée au plafond, devint plus grande et plus claire ; on reproduisit au-dessus de la cheminée, pour la symétrie, une ouverture semblable à celle du midi, et la salle prit de là le nom d'OEil-de-Bœuf. On la nommait sous Louis XIV la salle des Bassans, à cause de quatre tableaux de Jacques Bassan, placés au-dessus des portes. Sous Louis XV ce fut pendant quelque temps la chambre du sceau, ensuite celle des nobles, et plus généralement l'OEil-de-Bœuf.

et, au milieu, une singulière composition qu'on prendrait pour une réunion des dieux de l'Olympe, si les énormes perruques dont sont affublés les deux personnages principaux ne faisaient reconnaître, sous ces différents emblèmes de la fable, Louis XIV et toute sa famille.

Louis XIV et toute sa famille en dieux de l'Olympe.

Louis XIV est assis à droite, et, dominant tout le tableau, il représente Apollon; près de lui, un peu au-dessous, est Marie-Thérèse, comme Vénus et mère des Amours : ces Amours sont le grand dauphin et ses frères et sœurs dont plusieurs étaient morts. Derrière Louis XIV est mademoiselle de Montpensier en Diane, et, dans le fond, Marguerite d'Orléans, mariée au duc de Lorraine; Élisabeth, depuis duchesse de Guise, et Françoise d'Orléans, duchesse de Savoie; au-dessous est Anne d'Autriche en Cybèle ou Uranie; à côté d'elle madame Henriette, première femme de Monsieur en nymphe; Monsieur frère du roi en Neptune, dieu du commerce, son trident est entre les mains de sa belle-mère, Henriette, femme de Charles 1er, roi d'Angleterre.

Ce tableau, sans être très bon, avait beaucoup de réputation sous Louis XIV; il est de l'école de Mignard. Ce qui occupe cependant davantage dans toute cette pièce, c'est moins ce qu'on y voit que ce qu'on y suppose, ce sont les souvenirs qu'elle vous retrace, les intrigues, les aventures dont elle fut le théâtre. C'est ici que Lauzun, par son indiscrétion, perdit le haut rang où ses brillantes qualités allaient l'élever. La fenêtre rappelle un brave marin, peu fait aux usages des cours, Jean-Bart, qui s'y mit à fumer en attendant l'audience du roi. Mais voilà surtout cette porte autour de laquelle se pressait la foule des courtisans, attendant avec anxiété le moment de souper avec le roi, faveur qu'ils avaient souvent sollicitée pendant plusieurs années[1]. Voilà bien la place qu'occupait ce suisse carré et colossal que le caustique Mercier comparait à un gros oiseau dans une cage: « Il boit, il mange, il dort dans cette antichambre et n'en sort point, le reste du château lui est étranger; un simple paravent sépare son lit et sa table des puissances de ce monde, douze mots sonores remplissent sa mémoire

Frise de l'Œil-de-Bœuf.

[1] « Vous voyez bien cette salle de l'Œil-de-Bœuf, disait le vieux maréchal de Mailly à son petit-fils qu'il venait de présenter au roi; eh bien ! c'est là, monsieur, où vous devez passer votre vie, ainsi qu'au régiment, et point ailleurs. » Or, ce petit-fils, qui avait alors quinze ans, était déjà gouverneur de Vincennes et de la Touraine, avec 80,000 fr. de traitement. C'était M. le marquis d'Argenson, dernièrement Député.

et composent son service. — Passez, messieurs. — Le roi! — Retirez-vous. — On n'entre pas, monseigneur. — Et monseigneur file sans mot dire. Tout le monde le salue, personne ne le contredit; sa voix chasse des nuées de comtes, de marquis et de ducs, qui fuient devant sa parole. Il renvoie les princes et princesses; il ne leur parle que par monosyllabes. Aucune dignité subalterne ne lui en impose; il ouvre pour *le maître* la portière de glaces et la referme; le reste de la terre est égal à ses yeux. Quand sa voix retentit, les pelotons épars de courtisans s'amoncellent et se dispersent; tous fixent leur regard sur cette large main qui tourne le bouton. Immobile ou en action, elle a un effet surprenant sur ceux qui la regardent[1]. »

[1] *Tableau de Paris*, Tom. IV.

Établissement du suisse de l'Œil-de-Bœuf.

ANCIEN ET MODERNE.

CHAMBRE A COUCHER DE LOUIS XIV. (N° 4 du plan.)
Il reçoit le duc du Maine chevalier de Saint-Louis.

'EST ici la chambre où vécut et mourut un des plus grands
rois de la France. Elle a été rétablie telle à peu près qu'on
la voit dans un tableau dont nous avons parlé (pag. 151),
et nous avons conservé le sujet que Van der Meulen y
avait retracé. On a heureusement retrouvé presque tous
les meubles qui l'ornaient; le lit, brodé par les élèves de
Saint-Cyr, présente le mélange de scènes religieuses et
profanes, le Sacrifice d'Abraham près des jardins d'Armide; le prie-Dieu; la balustrade dorée et infranchissable près de laquelle se tenait le capitaine des gardes;
les quatre Évangélistes en dessus de porte, et enfin le buste

de la bonne reine Marie-Thérèse, dont la mort fut le premier chagrin qu'elle causa au roi.

C'est dans cette chambre que, sur la fin de ses jours, Louis XIV passait la plus grande partie de son temps, se voyant survivre à tout ce qu'il avait de plus cher et sentant ses forces l'abandonner. Il nous a paru intéressant de rechercher dans les écrits du temps comment se composait une des journées de ce monarque si puissant au dehors, si faible souvent dans son intérieur, de le suivre pas à pas depuis son lever jusqu'à son coucher, car connaître une des journées d'un roi, c'est les connaître toutes. L'étiquette, fixe et invariable, l'étiquette est un tyran auquel il faut qu'ils sachent les premiers obéir.

Ornement de la chambre à coucher
DE
LOUIS XIV.

UNE JOURNÉE DE LOUIS XIV.

Dès huit heures du matin, pendant qu'un officier de *fourière* remettait du bois au feu dans la chambre du roi qui dormait encore, des garçons de la chambre ouvraient doucement les fenêtres, enlevaient la *collation*[1], ainsi que le *mortier*[2] et la *bougie*[3] qui avaient brûlé toute la nuit et retiraient le lit *de veille*[4]. Bontemps, premier valet de chambre, qui avait été s'habiller dans l'antichambre, rentra bientôt et resta seul, silencieux, attendant que la pendule eût sonné la demie, car c'était l'heure fixée la veille par le roi pour son réveil. Elle sonna bientôt, et Bontemps, s'approchant du lit du roi, lui dit : Sire, voilà l'heure. Puis il alla dans l'antichambre prévenir que Sa Majesté était éveillée. Un garçon de chambre ouvrit aussitôt les deux battants de la porte; car le Dauphin et ses enfants, *Monsieur* et le duc de Chartres, attendaient le réveil du roi pour le venir saluer. A leur suite entrèrent tous ensemble et en un instant le duc du Maine, le comte de Toulouse, le duc de Beauvillers, premier gentilhomme de la chambre, le duc de La Rochefoucauld, grand-maître de la garderobe; puis le premier valet de garderobe, suivi de plusieurs officiers qui apportaient les habillements du roi. Le célèbre Fagon, premier médecin du roi, et Telier, son premier chirurgien, vinrent aussi par le droit de leur charge.

Alors Bontemps versa sur les mains du roi quelques gouttes d'esprit-de-vin, qu'il reçut dans une assiette de vermeil ; le duc de Beauvillers présenta de l'eau bénite au roi qui fit le signe de la croix. Le Dauphin et le duc du Maine s'approchèrent alors du lit de Sa Majesté et lui demandèrent comment elle avait reposé. Le roi, en leur répondant, s'informa auprès du duc du Maine de la santé d'une personne qui lui était bien chère ; puis, toujours dans son lit, il récita l'office très court du Saint-Esprit. Bientôt M. de Saint-Quentin présenta plusieurs perruques, Louis indiqua celle qu'il porterait ce jour.

Lorsque le roi fut sorti du lit, le duc de Beauvillers lui passa sa robe de chambre d'une riche étoffe, et Quentin lui présenta la perruque choisie que le roi mit lui-même ; Bontemps lui mit ses bas, lui présenta ses mules de velours brodé, et Louis se chaussa *avec grâce et adresse*[5].

Lorsque le roi fut chaussé, il prit de nouveau de l'eau bénite, sortit de la balustrade et alla se placer près de la cheminée, dans un autre grand fauteuil, et demanda la première entrée.

Le duc de Beauvillers répéta à haute voix : *La première entrée*, et un garçon de la chambre qui se tenait près de la porte fit entrer ceux à qui leurs charges ou un brevet accordaient le droit d'assister au *petit lever*.

[1] La collation ou l'*en-cas* de nuit était du pain, du vin, de l'eau, avec une tasse de vermeil et quelques serviettes et assiettes; quelquefois aussi un bol de bouillon, et un poulet rôti froid.
[2] Le mortier était un petit vaisseau d'argent de la forme d'un mortier à piler, rempli d'eau ; où surnageait un morceau de cire jaune, du poids d'une demi-livre, avec une mèche au milieu.
[3] La bougie qui brûlait aussi toute la nuit, était dans un flambeau d'argent, posé au milieu d'un bassin d'argent qui était à terre.
[4] Lit préparé tous les soirs pour le premier valet de chambre.
[5] Toute cette narration est tirée des mémoires de Dangeau, de Saint-Simon, et surtout d'un ouvrage contemporain, intitulé: *État de la France*.

Aussitôt se présentèrent le maréchal duc de Villeroy, le comte de Grammont, le marquis de Dangeau, M. de Beringhen, les quatre secrétaires, de Colin et de Baurepas, lecteurs de la chambre, Vergins, comte de Crécy, secrétaire du cabinet, et le baron de Breteuil, plusieurs valets de garderobe non de service, et les conservateurs de l'argenterie.

C'était ce jour-là jour de barbe [1], et pendant que Charles de Guisgne apprêtait les eaux et tenait le bassin, Quentin mit le linge de barbe au roi, le lava avec la savonnette, le rasa, le lava ensuite avec une éponge douce imbibée d'eau mêlée d'esprit-de-vin, puis d'eau pure. Le roi s'essuya lui-même le visage. Bontemps tenait toujours le miroir.

Au moment où Louis de Caillebat, marquis de la Salle, et Louis-Nicolas Letellier, marquis de Souvré, maître de la garderobe, s'approchèrent pour l'habiller, le roi demanda *sa chambre*, c'est-à-dire les *grandes entrées*. Les sieurs de Rassé, du Rois et Sauvegrain s'établirent alors à la porte avec plusieurs valets de chambre et huissiers du cabinet; car être admis aux grandes entrées était une faveur insigne après laquelle des princes même soupiraient longtemps en vain, et l'on prenait les plus grandes précautions pour que personne ne jouît de cet honneur sans l'avoir obtenu. Aussi chaque fois que quelqu'un se présentait le sieur de Rassé s'approchait du duc de Beauvillers et lui disait à l'oreille [2] le nom du personnage; le duc de Beauvillers le répétait au roi. Si le roi ne répondait rien, c'était un consentement, et le sieur de Rassé ordonnait à Dubois de laisser entrer; pour lui il s'alla placer auprès de la cheminée, car il était chargé de faire faire jour devant le roi et de faire ranger les nombreux assistants.

Entrèrent alors successivement, M. le Duc, fils du Grand-Condé, satisfait de cette faveur nouvellement acquise, et sans souvenir aucun des griefs qui l'aigrissaient encore quelques jours auparavant; le duc de Vendôme, tout fier de son juste-au-corps bleu, doublé de rouge, orné d'une magnifique broderie d'or et d'argent [3]; quelques maréchaux, plusieurs évêques, quelques gouverneurs de provinces et quelques présidents de parlement. Bientôt après on gratta doucement à la porte [4]; le duc de Beauvillers s'apprêtait déjà à apprendre de l'huissier le nom du nouveau visiteur et à demander pour lui l'introduction; mais l'huissier ouvrit la porte sans demander l'entrée, et cependant ce n'était point un prince de l'Eglise, ce n'était

---

[1] Le roi se faisait raser tous les deux jours.
[2] Il était défendu de parler haut dans la chambre du roi, ou d'avoir la tête couverte.
[3] « Ces sortes d'habits appelés juste-au-corps à brevet, avaient été imaginés pour ceux, en très petit « nombre, qui avaient la liberté de suivre le roi aux promenades de Saint-Germain à Versailles, « sans être nommés. Par la suite ces habits cessèrent d'avoir aucun privilége, mais ils furent toujours « recherchés parce que le nombre des brevets était limité. Jusqu'à la mort du roi, dès qu'il en vaquait « un, c'était à qui l'aurait entre les gens de la Cour les plus considérables. » SAINT-SIMON.
[4] Il était défendu de heurter.

point un guerrier célèbre... c'était plus que tout cela : c'était Jean Racine. Bientôt entrèrent de même Boileau et Mansard.

Cependant le roi s'habillait ; Grégoire de Ronquerolles, garçon de la garderobe, apporta à Gabriel Bachelier les chaussons et les jarretières ; celui-ci les présenta au roi qui mit lui-même les chaussons ; de Ronquerolles présenta ensuite au roi son haut-de-chausse où étaient attachés des bas de soie, et le sieur Pierre d'Orvalle chaussa au roi ses souliers, dont les boucles étaient de diamants. Deux pages, vêtus d'un habit de velours rouge, chamarré d'un large galon d'or entre deux plus petits galons d'argent, enlevèrent les mules pendant que le roi agrafa ses jarretières [1] à boucles de diamants.

LOUIS XIV ET MOLIÈRE.

Le roi demanda son déjeuner[2], et apercevant Molière qui couvrait le lit de concert avec le tapissier Delobel, ainsi que le voulaient ses fonctions, ordonna qu'on apportât son en-cas et fit asseoir Molière à ses côtés, afin d'apprendre à ceux qui méprisaient ce grand homme le cas qu'il faisait de lui.

Les sieurs Besnier, Chivéry, officiers du gobelet, apportèrent l'un un pain sur

---

[1] Le roi pouvait à la rigueur attacher ses jarretières ; mais au coucher le premier valet de chambre devait absolument défaire la jarretière du côté gauche, un valet de garderobe pouvait défaire l'autre.

[2] Un peu de pain et d'eau rougie composaient tout le déjeuner du roi ; il y ajoutait quelquefois un bouillon ; les jours de jeûne il retranchait le pain.

une assiette de vermeil, l'autre une serviette pliée entre deux assiettes semblables ; en même temps le sieur Rambourg de la Menissière, officier de l'échansonnerie-bouche, présenta au duc de Beauvillers un vase de vermeil doré dans lequel le duc versa du vin et de l'eau de deux carafes que portait le sieur François Roger, autre officier du gobelet, qui fit l'essai de cette boisson ; puis le duc présenta au roi sur une soucoupe d'or le vase rincé ; Louis versa lui-même l'eau et le vin qu'il devait boire. Le Dauphin, remettant alors son chapeau et ses gants au premier gentilhomme de la chambre, prit la serviette portée par Besnier et la présenta au roi qui s'essuya les lèvres.

Après avoir déjeuné Louis ôta sa robe de chambre, et le marquis de la Salle, maître de la garderobe, lui tira sa camisole de nuit par la manche gauche, tandis que Bontemps tirait la manche droite. Bontemps reçut des mains du roi la petite bourse aux reliques et la remit à François de Belloc qui l'alla porter dans le cabinet du roi et resta pour la garder. Cependant Bachelier apporta la chemise du roi qu'il venait de chauffer, et la présenta au duc de Beauvillers. Le Dauphin s'étant alors débarrassé de son chapeau et de ses gants s'approcha du roi et lui donna sa chemise. Daru et Petit étendirent devant le roi sa robe de chambre, et Bachelier reçut la chemise que le roi quittait. Le marquis de la Salle aida à Louis à relever son haut-de-chausse, et le duc de La Rochefoucauld lui mit une camisole.

Bachelier et de Saint-Michel, valets de la garderobe, apportèrent l'épée, la veste et le cordon bleu ; ce fut le duc de La Rochefoucauld qui agrafa l'épée, passa la veste et mit pardessus, en écharpe, le cordon auquel étaient attachées la croix du Saint-Esprit en diamants et la croix de Saint-Louis liée par un ruban rouge. Le roi mit ensuite son juste-au-corps, toujours aidé par le grand-maître de la garderobe ; puis le marquis de la Salle mit au roi une riche cravate de dentelle que le roi attacha lui-même. Ensuite il vida dans les poches de l'habit que lui présenta le maître de la garderobe ce que contenait celui qu'il avait porté la veille et que tenait Bachelier ; reçut du sieur de Saint-Michel deux mouchoirs de point offerts sur une soucoupe de vermeil ovale appelée *salve*.

Le roi alors passa dans la ruelle de son lit, s'agenouilla sur deux carreaux préparés, et fit sa prière. Tous les évêques et les cardinaux, entrant dans la balustrade du lit, se mirent à genoux et prièrent à voix basse.

Après la prière le roi dit à M. de Breteuil, introducteur des ambassadeurs, qu'il était prêt à recevoir l'ambassadeur d'Espagne.

Comme cette réception avait été prévue (car tout était ordonné et réglé d'avance), le sieur Simon de Lobel, tapissier, avait découvert le lit, le fauteuil et les siéges pliants qui étaient en dedans de la balustrade ; il avait jeté sur le lit une courtepointe et en avait ouvert les rideaux sur les pieds et sur le devant. Le roi s'alla asseoir sur un fauteuil en dedans des balustres ; derrière lui se tinrent debout les ducs de Beauvillers, de la Rochefoucauld, le marquis de la Salle ; les princes s'assirent à ses côtés. Le sieur de Rassé fit faire place devant l'ambassadeur qui salua trois fois le roi. Louis se leva [1], retira son chapeau pour saluer l'ambassadeur, s'assit bientôt et se couvrit. L'ambassadeur, qui avait dit la première phrase de sa harangue, se couvrit et à son exemple tous les princes. Il exposa au roi une réclamation pour un pavillon outragé ; Louis répondit avec noblesse et grandeur que la justice était son premier devoir, qu'il la devait à ses sujets et aux autres nations et promit de faire instruire l'affaire. L'ambassadeur satisfait fit en se retirant les trois révérences d'usage.

Lorsque le roi était incommodé ou prenait médecine, ce qui avait lieu régulièrement tous les mois, alors on introduisait près de son lit les personnes qu'il admettait à cet honneur. Des deux côtés étaient les plus distingués, les plus intimes ; il fallait une grande naissance, une grande illustration ou la désignation formelle du roi pour y être admis [2]. C'était une occasion qu'on aimait à saisir d'être connu du roi plus particulièrement.

Deux lieutenants généraux de province se présentèrent pour prêter serment ; ils remirent à un huissier leur chapeau, leur épée et leurs gants, et s'agenouillèrent sur un carreau placé devant Sa Majesté. Le secrétaire d'état du département de la guerre lut la formule, et les lieutenants, les mains dans celles du roi, répondirent de le faire. Ils se levèrent alors, firent une révérence à Sa Majesté, et n'oublièrent pas de donner aux officiers de la chambre la rétribution non limitée, mais due pour pareil acte. Le roi sortit de la balustrade de son lit, précédé par le sieur de Rassé et suivi du capitaine des gardes, il dit tout haut : *Au conseil*, et passa dans son cabinet.

Le roi entrant dans son cabinet y trouva plusieurs officiers auxquels il donna ses ordres pour la journée. A l'évêque d'Orléans, premier aumônier, il dit qu'il irait à la messe à midi au lieu de neuf heures et demie, heure annoncée la veille ; au marquis de Livry, son premier maître-d'hôtel, qu'il dînerait dans sa chambre et qu'il souperait au grand couvert ; à Bontemps, qui lui remit ses reliques et sa montre, qu'il irait au jeu de paume ; à ses officiers de garderobe, qu'il sortirait à deux heures et prendrait son surtout et son manchon.

Puis, après avoir pris sa perruque ordinaire, il s'assit dans un fauteuil au haut bout de la table couverte d'un tapis de velours vert ; autour de la table s'assirent, sur l'ordre du roi, le Dauphin, le duc de Beauvillers, MM. Le Pelletier, de Ponchar-

---

[1] Le roi ne se levait que pour un ambassadeur ou pour le nonce du pape, non pour un envoyé.

[2] En 1714 le premier président de Novion s'étant permis de s'avancer près du lit de Louis XIV qui était souffrant, le duc d'Aumont, premier gentilhomme de la chambre, le tira par sa robe et lui dit : « Où allez-vous ? Sortez ; des gens comme vous n'entrent pas dans la balustrade si le roi ne les appelle pour leur parler. »

train et de Pompone ; car ce jour-là c'était conseil d'état affecté aux affaires les plus importantes.

C'est dans un conseil tenu dans cette pièce que fut décidée l'acceptation du trône d'Espagne, le 16 novembre 1700 ; décision terrible prise contre l'avis du sage Beauvillers, et qui devait entraîner tant de guerres, de malheurs, et placer

LOUIS XIV ET LE DUC D'ANJOU.

Louis XIV au bord d'un abîme. Tous les courtisans attendaient avec anxiété dans la galerie et dans la chambre à coucher, lorsque les deux battants s'ouvrent, et que le roi dit à haute voix en montrant le duc d'Anjou : « Messieurs, voilà le roi d'Espagne ; sa naissance l'appelait à cette couronne et le feu roi aussi par son testament ; toute la nation la souhaite et me la demande instamment : c'était l'ordre du ciel, je l'ai accordée avec plaisir. »

Cependant, le conseil étant fini, Sa Majesté se rendit à la chapelle, et en passant donna l'ordre aux gendarmes, aux chevau-légers et aux mousquetaires. C'était ce jour-là *saint Anselme* et *Grenoble*, usage de joindre un nom de saint à un nom de ville sans chercher la consonnance.

Pendant la messe, qui fut courte, la musique du roi exécuta un très beau motet de l'abbé Robert ; François Couperin touchait l'orgue.

A une heure le marquis de Livry, son bâton à la main, alla avertir le roi que les viandes du dîner étaient sur la table.

Louis, toûjours suivi du capitaine des gardes, se rendit dans sa chambre ; deux chefs portèrent devant lui, chacun par un bout, la table toute préparée, et le sieur Bouillant du Plessis, qui était de jour, debout au coin de la table, remit aux mains du duc de Beauvilliers une serviette mouillée ; le Dauphin la présenta au roi. Toutes les viandes avaient été essayées d'avance, l'eau et le vin le furent comme le matin au déjeuner. Un écuyer tranchant découpait les pièces sur un signe du roi, et le gentilhomme servant changeait la serviette du roi presque après chaque mets.

Après son dîner, le roi s'étant fait couvrir de son manteau et ayant reçu du maître de la garderobe son manchon, descendit par le petit escalier et trouva au bas de la cour de Marbre sa voiture qui l'attendait. Une foule de seigneurs faisaient haie sur son passage.

Il resta assez longtemps à admirer l'adresse des ducs de Chartres, de Bourgogne et du Maine au jeu de paume ; il les laissa continuer cet exercice favori et rentra au château ; vers trois heures il se rendit chez madame de Maintenon.

LOUIS XIV CHEZ MADAME DE MAINTENON.

C'est là qu'étendu dans un fauteuil près de la cheminée, vis-à-vis de madame de Maintenon qui faisait de la tapisserie, Louis XIV passait régulièrement une ou deux heures par jour, se reposant de sa vie entière, qui survivait à sa gloire, à ses amours, à ses chagrins, écoutant quelquefois avec distraction Racine qui venait lui lire ses vers et demandant nonchalamment à madame de Maintenon : « Qu'en pense votre solidité, » et madame de Maintenon cherchait à amuser ce malheureux prince inamusable.

Un jour elle lui prépara une surprise agréable ; quand il entra dans sa chambre, il y trouva une douzaine de jeunes élèves de Saint-Cyr réunies pour représenter devant lui la tragédie d'Esther de Racine [1] ; deux ans après ce fut celle d'Athalie.

REPRÉSENTATION D'ESTHER
par les élèves de Saint-Cyr.

Le roi qui avait déjà entendu avec le plus grand plaisir ces jeunes élèves, belles de leur jeunesse et de leur innocence, soupirer les malheurs de Sion, devait être plus sensible encore à l'heureux triomphe de ce jeune Joas dont l'enfance lui rappelait la sienne, où il retrouvait dans Athalie, persécutrice acharnée d'un souverain légitime, et profondément humiliée, l'image de ces parlements et de ces puissants seigneurs qui avaient abreuvé son enfance de dégoûts et qu'il avait placés à ses pieds. La pièce fut jouée avec un ensemble merveilleux. Mademoiselle d'Abancourt exhala toute la rage d'Athalie ; la jeune madame de Caylus[2] para Abner d'un trop joli

[1] La répétition d'Esther eut lieu le 20 janvier 1689 ; celle d'Athalie deux ans après.
[2] Ce rôle fut dans la suite parfaitement représenté par Baron, Lekain et Talma.

visage, mais elle rendit parfaitement ses pensées[1]; mademoiselle de Glapion, dont la voix *allait droit au cœur*, et sur les épaules de laquelle Racine aurait voulu pouvoir mettre la tête de madame de Caylus, remplit en inspirée le beau rôle de Joad.

Quoique cette représentation n'eût pas l'éclat que l'on avait donné à celle d'Esther, où les jeunes élèves avaient les costumes de leur rôle, la pièce était si belle que l'action n'en parut pas refroidie. Elle produisit p'us d'effet que plus tard sur le théâtre où elle fut défigurée par une Josabeth fardée (la Duclos), par une Athalie outrée (la Démare), et par un grand-prêtre plus capable d'imiter les capucinades du petit père Honoré que la majesté d'un prophète divin (de Beaubourg).

Le roi avoua qu'il n'avait pas éprouvé depuis longtemps de plus agréable émotion. Cependant dix heures sonnèrent et le maître-d'hôtel, son bâton à la main, alla avertir le capitaine des gardes qui était dans l'antichambre de madame de Maintenon ; celui-ci prévint le roi que Sa Majesté était servie.

Louis resta encore quelques instants à s'entretenir avec madame de Maintenon qui s'était mise au lit, ferma ses rideaux et se rendit dans l'antichambre où il devait souper à *son grand couvert*.

Déjà les différents officiers de quartier avaient fait le *prêts*, c'est-à-dire essayé le pain, le sel, les assiettes, les serviettes, la cuiller, la fourchette, le couteau et le cure-dents du roi. Un gentilhomme servant avait dressé la table où le roi devait manger avec une partie de sa famille ; les viandes avaient été apportées suivant le cérémonial fixé par l'ordonnance du 7 janvier 1681, c'est-à-dire précédées de deux gardes, d'un huissier de salle, du gentilhomme servant panetier, du contrôleur général, du contrôleur dit d'office, de l'écuyer de cuisine, et suivies de deux gardes qui devaient empêcher d'approcher de la viande, et le premier service placé sur la table du roi.

Louis précédé du maître-d'hôtel et de deux huissiers portant des flambeaux, vint s'asseoir devant sa *nef* et son *cadenat*[2], reçut du dauphin sa serviette, et lui ordonna ainsi qu'aux princes et aux princesses de prendre place aux extrémités de la table. Six gentilshommes restèrent devant le roi pour le servir et renouveler l'essai des viandes. Quand le roi voulait boire, l'échanson disait à haute voix : « A boire pour le roi, » et les chefs d'échansonnerie-bouche, ayant fait la révérence, apportaient la coupe de vermeil et deux carafes, faisaient l'essai ; puis le roi se versait lui-même à boire, et les chefs d'échansonnerie, après une nouvelle révérence, reportaient les carafes sur le buffet.

[1] Souvenirs de madame de Caylus.
[2] On appelait la *Nef* du roi un grand vaisseau en or où l'on enfermait les serviettes, couvertes par un coussin et des senteurs, et *Cadenat* le porte-fourchette, couteau, cure-dents, etc.

Après chaque service, l'aumônier qui avait dit la prière avant le repas, et qui se tenait auprès du roi, découvrait la nef; un gentilhomme levait le coussinet de senteur et un autre prenait une serviette qu'il offrait à Sa Majesté; la nef était recouverte aussitôt.

Presque toujours une délicieuse musique se faisait entendre pendant ce repas, et une foule de grands personnages, debout ou assis sur des banquettes, décoraient les pourtours de la salle, et le capitaine des gardes, toujours placé derrière le roi, ne permettait pas que qui que ce fût s'approchât pour lui parler d'affaires.

Tout le monde se leva avec le roi. Des gardes et un huissier le précédèrent dans le grand salon, puis dans sa chambre, où les courtisans le suivirent. Il se tint quelques moments debout, le dos appuyé à la balustrade, causa avec quelques personnes; puis, après avoir salué les dames, il passa dans son cabinet.

Les grands alors se répandirent dans les différentes salles de jeu. Louis s'assit, entouré de sa famille; il s'amusait des espiègleries de la jeune duchesse de Bourgogne, de l'esprit du duc du Maine, et donna à son fils et à ses petits-fils quelques-uns de ces sages conseils qui nous ont été conservés dans ses mémoires.

Vers minuit le roi sortit de son cabinet pour venir se coucher. On avait apporté dans sa chambre sa collation de nuit ou *en cas de besoin*. Son fauteuil était près de la cheminée, ainsi que sa robe de chambre et ses pantoufles. Le barbier avait préparé la toilette et les peignes; les deux carreaux étaient placés dans l'alcôve et le bougeoir de vermeil à deux bougies sur une table près du fauteuil; sur une autre table était étendue une toilette

LE CÉLÈBRE BOUGEOIR.

de velours rouge devant recevoir les habits du jour.

Le roi en entrant trouva la cour réunie; il donna son chapeau, ses gants et sa canne au marquis de la Salle, qui les remit à de Saint-Michel; il détacha son ceinturon par devant pendant que de la Salle le détachait par-derrière; Saint-Michel le porta avec l'épée sur la toilette. Le roi alla faire sa prière dans l'alcôve. L'aumônier, qui tenait alors le bougeoir, prononça une prière pour le roi, et apprit de lui que la messe serait dite le lendemain à neuf heures. Le roi vint à son fauteuil, remit à un valet de chambre sa montre et ses reliques, et le duc de Beauvilliers ayant demandé à qui Sa Majesté voulait faire l'honneur du bougeoir, le roi le fit donner au duc de Chartres. Louis alors dégagea son cordon que le marquis de la Salle lui retira avec sa veste, ainsi que sa cravate. Lorsqu'il se fut assis, Bontemps et Bachelier lui détachèrent ses jarretières, Bontemps celle de gauche, pendant qu'un valet de chambre et un valet de garderobe retiraient, l'un à droite, l'autre à gauche, les souliers, les bas et les hauts-de-chausse, que Saint-Michel enveloppa dans la toilette et porta sur un fauteuil près du lit. Deux pages présentèrent les pantoufles.

COUCHER DE LOUIS XIV.

Comme le matin, le dauphin eut l'honneur de donner au roi sa chemise de nuit, chauffée par un valet de garderobe. Le roi prit ensuite ses reliques, mit une camisole de nuit, se leva pour passer sa robe de chambre, et, debout, fit une révérence pour donner le bonsoir aux courtisans. Bontemps prit alors des mains du duc de Chartres le bougeoir et le donna à tenir à un seigneur qui l'en avait sollicité. En même temps l'huissier cria : « Allons, messieurs, passez. » Le grand coucher était fini. Pendant que la cour se retirait, le roi donna pour mot du guet *abondance* aux capitaines des gardes-du-corps et des cent-suisses, aux colonels des gardes françaises et suisses, et au grand-écuyer.

Bientôt il ne resta plus dans la chambre que les princes et les personnes qui avaient assisté au petit lever.

Le roi s'assit sur un pliant près de la balustrade, et Quentin le peigna et lui accommoda les cheveux. Un valet de chambre tenait le miroir devant le roi, un autre éclairait avec un flambeau.

Le duc de La Rochefoucauld offrit ensuite au roi son bonnet de nuit et deux mouchoirs unis et sans dentelle, et le duc de Beauvillers offrit au dauphin la serviette qu'il devait présenter au roi.

Le roi déclara qu'il se leverait le lendemain à huit heures et demie, indiqua au duc de La Rochefoucauld l'habit qu'il prendrait, et l'huissier congédia tous les assistants. Fagon resta seul pour étudier la santé du roi.

Quelques minutes après, Louis, revenant dans son cabinet, alla quelque temps dans la chambre des chiens [1], s'amusa à les caresser et à leur donner à manger pour s'en faire mieux connaître et les rendre plus obéissants quand il allait tirer. C'était le bon quart d'heure de Saint-Antoine, porte-arquebuse, qui pouvait alors solliciter quelques gratifications ou quelques places pour ses amis.

Rentré dans sa chambre le roi but un verre d'eau et de vin ; son lit était bassiné, il se coucha.

Bontemps eut soin de faire allumer le *mortier* et la bougie.

Tous les valets étant sortis, Bontemps ferma les rideaux du roi, poussa tous les verrous, éteignit le bougeoir et se coucha sur le lit de veille dressé par lui dans la chambre.

Cette étiquette fut presque constamment observée. On n'y dérogeait que rarement et pour des circonstances graves ; seulement les occupations variaient suivant les jours ; les excursions à Marly, à Saint-Germain, à Fontainebleau, les parties de chasse, les grandes cérémonies y apportaient de légers changements, mais elle était reprise aussitôt que la cour se retrouvait à Versailles.

Telle fut la vie insipide, monotone, que menait depuis la mort de la duchesse de Bourgogne le monarque le plus avide de fêtes, de gloire, d'exercices brillants ; et encore ne parlons-nous point ici des chagrins qui venaient l'assiéger jusque sur la couche royale ; l'oreiller en sait plus sur ce point que l'histoire, et cette salle aurait plus d'un soupir à joindre à ceux qui sont le partage des rois, des rois surtout qui survivent à tout ce qui leur est cher et à l'admiration des hommes, lorsqu'elle prend comme pour celui-ci plus de place dans leur cœur que les affections. Depuis un an ses principaux soins étaient de se dissimuler et de dissimuler aux autres son changement [1] ; il peignait sa figure, re-

---

[1] Dans la dernière année de sa vie, le roi, dont les jambes étaient gonflées, et qui ne pouvait se lever qu'avec peine, faisait retirer tous les assistants d'avance. Il sut si bien dissimuler son mal qu'on n'en connut toute l'étendue que lorsqu'il dut garder le lit.

haussait sa taille, étudiait sa marche, combattait sa faiblesse, lorsqu'enfin, le jour même de la Saint-Louis, en 1715, il se sentit fortement indisposé, au milieu des hommages qu'il recevait. Le lendemain le chirurgien Maréchal, en visitant la plaie, découvrit la gangrène; son émotion frappa le monarque. « Soyez franc, dit-il à Maréchal; combien de jours ai-je encore à vivre? — Sire, répondit Maréchal, nous pouvons espérer jusqu'à mercredi. — Voilà donc mon arrêt pour mercredi, » reprit Louis sans témoigner la moindre émotion. Il s'entretint avec le duc d'Orléans, qui allait être appelé à présider le conseil de régence.

Mort de Louis XIV.

Le lendemain il se fit amener le duc d'Anjou, son arrière-petit-fils, âgé de cinq ans, et lui adressa ces paroles qui caractérisent bien ce monarque:

« Mon enfant, lui dit-il, vous allez être un grand roi. Ne m'imitez
« pas dans le goût que j'ai eu pour la guerre; tâchez d'avoir la paix avec
« vos voisins. Rendez à Dieu ce que vous lui devez; faites-le honorer par

« vos sujets. Suivez toujours les bons conseils ; tâchez de soulager vos
« peuples, ce que je suis assez malheureux de n'avoir pu faire. N'ou-
« bliez jamais la reconnaissance que vous devez à madame de Venta-
« dour. » Et se tournant vers elle : « Je ne puis assez vous témoigner la
« mienne. Mon enfant, je vous donne ma bénédiction de tout mon
« cœur. Madame, que je l'embrasse. » On approcha de ses bras cet enfant qui fondait en larmes, et il lui donna sa bénédiction. Il lui échappa
de dire : *Quand j'étais roi*. Il mourut à Versailles le 1er septembre 1715,
âgé de soixante-dix-sept ans ; il en avait régné soixante-douze.

Au moment où il rendait le dernier soupir un homme s'avança vers
la fenêtre qui donnait sur le grand balcon, la fit ouvrir : c'était le capitaine des gardes. Il brisa un bâton qu'il tenait à la main, et en prit un
autre en criant : *Le roi est mort ; Vive le roi !* Les assistants répétèrent
Vive le roi !

ANCIEN ET MODERNE. 171

SALLE DU CONSEIL (N° 5 du plan).
Louis XVI apprend de M. de Brézé la résistance des Députés du Tiers, le 10 juillet 1789.

ETTE salle, qui suit immédiatement la chambre à coucher de Louis XIV, n'était, du temps de ce prince, que le tiers de ce qu'elle est aujourd'hui ; il la fit agrandir vers la fin de sa vie, et Louis XV, en 1750, y réunit les cabinets des Perruques et des Thermes, dont il fit abattre les cloisons. C'est ici que le grand roi, assis seul près d'une table couverte de velours vert, écoutait les rapports qui lui étaient faits, non plus comme Mazarin en jouant avec sa fauvette ou sa guenon, mais avec le sérieux et la dignité dont il ne se départit jamais. Il ne prenait ses décisions qu'après avoir reçu et écouté l'avis des ministres et des princes debout autour de lui ou légèrement appuyés à la cheminée, lorsque le grand âge leur en faisait un besoin. C'est dans cette pièce qu'il proclama roi le duc d'Anjou, ainsi que nous l'avons indiqué plus haut, et c'est à cette même place que son arrière-petit-fils se vit pour la première fois disputer ses droits et sa puissance. Le malheureux Louis XVI y reçut M. de Brezé lorsqu'il vint lui apprendre la résistance des députés à ses ordres et la réponse hardie de Mirabeau. Un violent mouvement de colère se manifesta sur son visage; mais, prenant bientôt un air plus calme, il s'assit et se fit représenter la liste des députés, et à chacun des noms il répétait : « Mais celui-là n'est pourtant pas un factieux. » Il n'avait pas l'idée de la situation de la France et du mouvement des esprits.

Cette salle, décorée avec goût et magnificence, a de plus quelques meubles d'un travail précieux[1]; une porte ornée de glaces s'ouvre de cette pièce sur la grande galerie, et c'est par là que le roi se rendait à la chapelle.

[1] Entre autres, la pendule d'Adam Nerrac, faite en 1706. On y voit deux coqs chantant et battant des ailes à chaque heure, et deux esclaves frappent les heures sur des globes qui sonnent; puis une porte s'ouvre à deux battants, il en sort un nuage et la statue de Louis XIV couronnée par la victoire. Dans la révolution on avait substitué à cette statue celle de Brutus.

Louis XVI lit la liste des membres de l'Assemblée nationale.

CHAMBRE A COUCHER DE LOUIS XV. (N° 6 du plan).

amais, peut-être, souverain ne présenta autant que Louis XV de contraste dans le caractère et la vie privée ; paraissant avec noblesse et dignité devant les ambassadeurs, et livré aux goûts les plus communs dans son intérieur ; jaloux de son autorité vis-à-vis de sa femme, de ses enfants, et s'abandonnant aux caprices de ses maîtresses; appelant son peuple sa famille, et ne vivant que pour quelques favoris. Telle fut la longue carrière de ce souverain qui fut salué dans sa jeunesse du nom de Bien-Aimé, et qui eut à peine quelques serviteurs pour accompagner son cercueil.

Cette salle, dont il avait fait sa chambre, fut longtemps, et pendant les six ou sept premières années de son règne, la salle de billard ; il couchait alors dans la chambre à coucher de Louis XIV ; mais lorsque les scrupules de la reine, les séductions d'autres femmes l'entraînèrent dans des intrigues amoureuses, il changea sa manière de vivre et voulut au moins diminuer le scandale en s'exposant moins aux regards. Qui ne connaît la longue liste de ses maîtresses qui commence par quatre sœurs et finit par une créature dont on ignore le nom, mais qui lui donna la maladie dont il mourut ? Le 1er mai 1774 le roi revint malade de Trianon ; on le plaça dans l'alcôve ; mais pour avoir plus de facilité à le servir, on lui dressa un lit au milieu de la salle, et ses vertueuses filles vinrent lui prodiguer leurs soins au péril de leur vie ; car la maladie de leur père était la petite-vérole. Elle fit de rapides progrès, et ce prince, si brillant encore de santé quelques jours avant, était dans un tel état de décomposition que personne ne pouvait plus rester auprès de lui. « Au moment où il n'y eut plus d'espoir, dit madame Campan, toute la cour s'était rendue au château ; l'Œil-de-Bœuf était rempli de courtisans, le palais de curieux. Le dauphin avait décidé qu'il partirait avec la famille royale au moment où le roi rendrait le dernier soupir. Les chefs des écuries étaient donc convenus avec les gens qui se trouvaient dans la chambre du roi que ceux-ci placeraient une bougie allumée près d'une fenêtre, et qu'à l'instant où le mourant cesserait de vivre, l'un d'eux éteindrait la bougie. La bougie fut éteinte. A ce signal, les gardes-du-corps, les mousquetaires, les écuyers, les pages, montèrent à cheval. En un clin d'œil tout fut prêt pour le départ. » Le château resta désert ; tout le monde s'empressa d'éviter la contagion que personne n'avait plus intérêt à braver. Quelques vieux serviteurs des ouvriers restèrent seuls auprès du corps, qu'on jeta bientôt après dans une caisse de voiture préparée à la hâte en forme de corbillard, et des chevaux de poste entraînèrent à Saint-Denis le dernier des rois qui devait y trouver son tombeau.

LOUIS XV

Le portrait de Louis XV, jeune et revêtu du manteau royal, est placé dans l'alcôve, à côté d'un grand tableau du sacre de ce prince à Reims, en 1722; les autres sont ceux des excellentes princesses que nous voyons au chevet de son lit; à la vue de ce portrait fait au moment où Louis XV, rétabli de sa maladie à Metz, excitait dans la France

176   VERSAILLES

entière une sorte d'adoration, on se demande comment ces sentiments furent si rapidement changés, et on en trouve l'explication dans une petite porte de cette même alcôve qui conduit à l'appartement de madame Dubarry.

Cette salle a été agrandie par la réunion de deux petites pièces attenant à la cour des Cerfs; elle est ornée avec un soin minutieux par MM. Dangoulon et Delbet; c'est le type de la sculpture ornementale plus soignée encore et plus élégante sous le règne de Louis XV que sous Louis XIV.

Ornement de la Chambre à coucher de Louis XV.

SALLE DES PENDULES.
Louis XV assis avec madame de Pompadour. (N° 7 du Plan.)

UNE magnifique pendule indiquant les jours, les mois, les années, les phases de la lune et le cours des planètes, a donné le nom à cette salle, où les ministres tenaient ordinairement conseil.

Elle renferme un méridien fabriqué, dit-on, par Louis XVI; on y voit aussi plusieurs tables en mosaïque représentant le parc de Versailles en 1736. « C'est, dit la chronique, dans cette salle que Louis XV signa et remit à madame de Pompadour la confirmation de l'arrêt du Parlement de 1762, qui expulsait les jésuites du royaume[1]. » M. le duc

---

[1] Le Parlement, dans trois arrêts, avait 1° frappé la doctrine des jésuites du mot de régicide; 2° avait ordonné la destruction de leurs livres; 3° avait interdit aux pères l'enseignement. Les ministres hésitaient à prononcer leur dissolution, et les évêques consultés furent d'avis de leur conservation, à la majorité de 40 sur 51. Enfin le 6 août 1762, le Parlement, toutes les chambres réunies, ordonna la dissolution de la société, et le roi la signa.

de Choiseul entra chez le roi avec la réponse du père Remi, général des jésuites à Rome, au projet de ladite réformation qu'on lui avait adressé; cette réponse contenait la phrase laconique: *Sint ut sunt, aut non sint :* Qu'ils soient ce qu'ils sont ou qu'ils ne soient plus; et le 6 août 1762 le Parlement, toutes les chambres assemblées, décida qu'*ils ne seraient plus*.

En sortant de la salle que nous venons de décrire, on entre dans une petite pièce élégamment décorée, dont la fenêtre donne sur l'avenue de Versailles, et qui servait, sous Louis XVI, de salon d'attente aux ministres qui venaient travailler avec le roi.

SALLE DU JEU. (N° 8 du Plan.)

Cette salle faisait partie des petits appartements, sous le nom de Cabinet du Jeu [1]; on prétend que Louis XV y jouait lorsque le convoi de madame de Pompadour entra dans l'avenue, et qu'il s'assit près de la fenêtre pour le voir passer, en prononçant ces singulières paroles : « La marquise a mauvais temps pour son voyage. »

Au-dessus des trois salles que nous venons de décrire étaient les petits

---

[1] **Blondet** a tort d'indiquer ce cabinet comme une salle à manger du roi, en 1724 (*Lib.* vii, n° 1er Pl. 8.); elle a toujours été connue sous le nom de Cabinet du Jeu.

appartements de madame Dubarry, très bien conservés encore, et où on arrive par un petit escalier attenant au balcon de la cour des Cerfs, et communiquant à l'alcôve de la chambre à coucher du roi. Ils consistent en une suite de petites pièces très basses, éclairées par des fenêtres en voûte circulaire, mais décorées avec un luxe et un goût remarquables.

Il y a salon, chambre à coucher, boudoir, bibliothèque, antichambre et dépendances, mais tout cela de la plus petite dimension.

PETIT SALON DE MADAME DUBARRY.
Au-dessus des pièces n°s 7 et 8

Qui voudra renouveler ou qui osera seulement décrire les scènes qui eurent lieu dans ces lieux de délices où le souverain de trente millions d'hommes, après avoir passé presque tout son temps à la chasse ou à tourner des tabatières, ou même à faire la cuisine, venait terminer ses journées dans de petits soupers dont le nom a passé en proverbe! C'est là qu'au milieu de convives très spirituels sans doute, mais aussi quelquefois très corrompus, il aimait à oublier sa dignité de roi; et cependant cet oubli était si imprudemment partagé qu'il était quelquefois forcé de frapper sur la table en disant : *Chut, messieurs, le roi vient.* La réputation de Louis XV avait toujours été en déclinant, comme le choix de ses maîtresses ; la première, la duchesse de Châteauroux, en le conduisant à Fontenoi, lui disait : « Soyez grand, soyez victorieux. » La dernière, en le retenant près de son feu, lui disait en riant comme une folle : « La France, ton café s'en va. »

BOUDOIR DE MADAME DUBARRY

CABINET DES CHASSES.
Sur la cour des Cerfs, marqué C sur le plan

La chasse est l'exercice le plus sain pour le corps,
et le repos le plus agréable pour l'esprit.
BUFFON.

Il n'est point de nation qui puisse être comparée au
Français dans cet art.
EGIN., *Vit. Car.*

On donne a ce cabinet le nom de Cabinet des Chasses, à cause de la frise qui le décore et qui représente une suite de chasses au chien courant, et parce qu'en effet cette pièce servait d'habitation aux chiens favoris de Louis XV. Ce prince, passionné pour la chasse, ainsi que son aïeul Louis XIV, venait plusieurs fois par jour visiter ses chiens qui étaient rangés sur de larges banquettes autour des murs et faisaient grand bruit à son approche. Aujourd'hui ce cabinet a été consacré aux portraits des principaux personnages qui ont contribué à embellir Versailles : Colbert, Louvois, Lebrun, Mansart, Le Nôtre, Van der Meulen, et la fenêtre donne sur la cour des Cerfs, petit espace que Mansart enferma dans son enveloppe pour donner du jour aux appartements intérieurs. Un balcon doré règne autour de cette cour ; de là un petit escalier conduit à l'appartement de madame Dubarry dont nous avons parlé, et à plusieurs pièces que Louis XV et Louis XVI avaient fait arranger pour leur usage particulier ; ce même escalier communique à la cour de Marbre, et c'est par là que Louis XIV descendait ordinairement pour monter en voiture sans apparat. Ce fut près d'un petit vestibule qui lui sert d'entrée en bas que Damiens frappa Louis XV le 5 janvier 1757, et il est resté à l'escalier le nom d'escalier de Damiens.

Frise de la salle des Chasses.

CABINET DU DÉJEUNER, attenant à la salle précédente.
CHIENS FAVORIS DE LOUIS XV.

> Le chien est la plus raisonnable beste et la plus cognoissante que Dieu feit oncques et si nées ost homme ne aultre best en moult de cas.
> GASTON PHŒBUS, *Déd. de Chasse*.

« *Il y a dans les chiens*, dit Cicéron, *tant de fidélité, tant de douces caresses pour leur maître, tant de sagacité pour la chasse, qu'on ne peut assez les aimer.* » Et en effet tous nos rois semblèrent se transmettre une sorte de passion pour ces animaux. Il est peu de règnes qui n'aient laissé le nom de quelques chiens célèbres plus connu peut-être que nombre de braves guerriers qui sont morts obscurément à la défense de leur pays[1]. « M. d'Annebaut, fameux chasseur, fit présent à
« François Ier d'un grand chien fauve nommé *Miraud*, qui venait en
« droite ligne de l'ancienne race de chiens des ducs de Bretagne; la reine

---

[1] *Le Chasseur conteur*, par M. CASTIL BLAZE, p. 58.

« d'Écosse lui envoya un chien blanc nommé *Berand*, et l'un et l'autre
« servirent à fortifier encore la lignée du fameux *Souillard*, célèbre
« sous Louis XI. »

Les trois chiens favoris de Louis XV se nommaient Gredinet, Charlotte et Petite Fille. Ils sont représentés avec leur nom par Oudry dans des tableaux excellents conservés au musée du Louvre. C'est dans ce cabinet que Louis XIV et Louis XV avaient l'habitude de déjeuner avant de partir pour la chasse. Louis XIV y faisait entrer quelques chiens qu'il aimait tant que, de crainte de les fatiguer, les pages avaient ordre de les conduire en voiture à la chasse[1]; il en était de même de Louis XV, et madame Victoire, qui l'accompagnait quelquefois à la chasse, était ordinairement de ce déjeuner. Cette pièce est, comme la précédente, éclairée par la cour des Cerfs; elle renferme un très beau meuble orné de peintures sur porcelaine représentant les différents châteaux ou palais de France.

[1] Il y avait pour en avoir soin un *capitaine* et un *lieutenant des levrettes*, charge qui s'achetait comme toutes les autres, et qui dura jusqu'au moment de la Révolution. Le capitaine des levrettes, M. le comte de ***, se glissa dans la procession des États-Généraux à Versailles, et Louis XVI l'apercevant, se mit en colère et lui dit de s'en aller.

Chiens favoris de Louis XV.

COUR DES CERFS. — Lettre C du plan

Et de cinquante cerfs les cornes menaçantes
Ornent pompeusement ses portes triomphantes.

SAINT-LAMBERT, *les Saisons*.

Cette petite cour intérieure, obscure, étroite, telle qu'un particulier n'aurait pas voulu l'avoir devant les yeux, était cependant visitée presque tous les jours par la famille royale, qui venait avec sa suite assister à la curée du cerf sur le balcon doré dont nous avons parlé. Ce dernier acte du drame de la chasse avait comme les autres ses usages, son étiquette et ses priviléges. A l'arrivée du cerf, le roi ou le grand-veneur entonnait le premier la fanfare. « *Tous ceux qui assistaient à la curée devaient oster leurs gants, à moins que d'être confisqués aux valets des chiens*[1]. » Le cerf était étendu sur le dos et l'opération de le dépouiller était réglée comme une autopsie, et chacune des parties de l'animal avait sa destination; le pied droit était présenté au roi par le premier piqueur, un genou en terre; enfin, lorsqu'on était arrivé à disposer des chairs[2] : « Alors, dit un « auteur célèbre, le veneur doit demander du vin et boire le coup, « car aultrement s'il défaisait le cerf sans boire, la venerie se pour- « roit tourner et gaster; le roi ou seigneur doit faire apporter son « vin avec la chaufferette pleine de charbons vifs et la saulce en une « escuelle, et ainsi, comme ci verra desfaire le cerf au veneur, doit « prendre ses appétits et chercher les morceaux friands pour les « mettre sur la chaufferette et faire ses carbonnades[3], en beuvant, « riant et faisant grande chère, devisant des chiens qui ont le mieux « chassé, les faisant venir devant lui, car ainsi faisaient les bons et an- « ciens princes amateurs de la vénerie. » Les souverains depuis ont renoncé à ce singulier repas, mais ils ont continué d'assister à ce spectacle de la curée, qui a besoin du bruit des cors, de l'aboiement des chiens et de tout ce mouvement pour ne pas ressembler à une ignoble boucherie.

On remarque au-dessus du toit de la cour des Cerfs une mansarde; c'est la fenêtre du petit laboratoire de serrurerie de Louis XVI, dont nous aurons lieu de parler.

[1] Ven. royale, c. 61.
[2] Dutouilloux, pag. 54.
[3] Ce mot, si fréquemment mentionné dans Rabelais, a disparu de notre langue et a été chercher asile en Allemagne, où il représente sous le nom de *carbonaden* toute espèce de côtelette, bifteck ou autre viande rôtie.

Prise du cabinet des chasses.

Chasses royales

NOTICE
SUR LES CHASSES ROYALES
ET
PARTICULIÈREMENT CELLE DU CERF.

> Le même Dieu qui nous a donné des roys leur a justement réservé le cerf comme la plus parfaite et plus agréable de toutes les bestes, afin que le plaisir en fût autant précieux à ces monarques qu'ils ont sur nous un légitime ascendant.
>
> Messire SALNOVE, *Vénerie royale*, C. I.

VERSAILLES doit à la chasse et à la chasse seule sa création, son accroissement et la persévérance des souverains à y fixer leur séjour. Une suite de tapisseries et de tableaux des grands maîtres représentant des chasses où figurent nos rois appartenait certainement à l'histoire, et on est étonné qu'il ne leur ait pas été consacré une salle à Ver-

Louis XV en costume de valet de limier, fait le bois.

sailles¹. Nous avons cherché à réparer cet oubli ; et ceux qui comme nous *aiment au-dessus de tout les bois*² nous pardonneront cette digression ; ils auront aussi éprouvé le regret de ne plus rencontrer dans nos forêts, les plus belles du monde, ces animaux élégants, cerfs ou chevreuils, qui en faisaient l'ornement, de ne plus y entendre le bruit des cors, des chiens et des chevaux, qui animait si bien leur solitude.

La chasse a précédé l'agriculture ; elle fut une nécessité avant d'être un plaisir, elle fut la vie entière des peuples avant d'être le privilége exclusif des rois. C'est en France surtout qu'elle parvint presque au rang de science, qu'elle eut ses usages, ses préceptes, ses lois. A l'origine de la monarchie³, on voit les princes représentés le faucon sur le poing, en voyage, à la guerre⁴, même à l'église⁵. Malheur à qui aurait osé toucher cet oiseau royal⁶ ou seulement le gibier qui lui était destiné ! Il était alors, dit Claude Seyssel, plus dangereux de tuer un cerf qu'un homme⁷, et nos meilleurs rois furent les plus sévères à cet égard⁸. L'un d'eux, et pas précisément le meilleur, Louis XI, *pour tout plaisir aimait la chasse*⁹, *les oiseaux et les chiens, et en faisait coucher plusieurs dans sa chambre*¹⁰. François Iᵉʳ fut surnommé le père de la chasse française. L'un de ses successeurs, Charles IX, était occupé à composer son poëme sur la chasse lorsque sa mère vint le déranger pour lui faire faire la Saint-Barthelemy ; il ne s'en souciait pas, mais on arrangea pour lui une fenêtre d'où il pouvait tirer assez commodément sur les huguenots, mauvais

---

¹ Lucas de Leyde, pour les chasses de François Iᵉʳ ; Van der Meulen, pour celles de Louis XIV ; Oudry, pour celles de Louis XV.

² Nobis placeant ante omnia sylvæ. Virgil. Georg.

³ Vix ulla in terris natio quæ in hac arte Francis possit æquiparari. Eginhart, *Vit. Car.* On appelait la chasse au cerf la chasse françoise. Les rois de la première race, ceux de la seconde, y étaient passionnément adonnés. « *Charlemagne*, dit la Chronique de Saint-Denys, *chevauchait et chassait en bois, selon la coutume françoise.*

⁴ Les Capitulaires de Charlemagne et les lois lombardes et de Bourgogne défendaient de se dessaisir de son oiseau pour quelque cause que ce fût. Sous le règne d'Eudes, ceux qui défendaient le pont de Paris contre les Normands laissent envoler leurs oiseaux plutôt que de les exposer à être pris.

⁵ Les seigneurs les plaçaient sur des pieux enfoncés dans le mur, les prélats sur le bord même de l'autel (Ducange, *Glossaire*, au mot Acceptor ; Blaise, *Chronique de la chasse.*) Le trésorier de l'église d'Auxerre avait le droit d'assister à la messe un épervier sur le poing. — Histoire de l'Église d'Auxerre, par Le Boeuf, pag. 708.

⁶ Celui qui volait un faucon devait se soumettre à leur laisser manger six onces de sa chair ou de payer six *solidis*. Lex Burg., tom. I, col. xi.

⁷ Déjà, en 1272, suivant Froissart, le sire Enguerrand de Coucy fit pendre deux jeunes gentilshommes qui avaient chassé sur ses terres. Les lois de Philippe-le-Long sont toujours plus restrictives sur le droit de chasse, les verges, les galères, la mort ; car, dit maître Aug. Blondin, la chasse est pour les rois et les grands seigneurs ; l'affaire des autres hommes est de travailler. *V.* les différents ouvrages de M. Blaze.

⁸ Ordonnance de Henri IV de 1600 et 1601.

⁹ Philippe de Commines, Vie de Louis XI.

¹⁰ On lit dans un manuscrit : « Pour le paiement d'un petit lit de plumes garni de trois laies, lequel ledit seigneur a fait acheter pour mettre et coucher l'un des lévriers de la chambre. » Monteil, hist. des Français, p. 354.

gibier du reste et auquel il ne pouvait appliquer aucun terme de vénerie¹. Mais sans contredit le prince occupé le plus constamment et pendant la vie la plus longue à la chasse, fut Louis XV, tellement que les jours où il ne chassait pas on disait sérieusement à la cour : *Le roi ne fait rien aujourd'hui.* C'est sous son règne que l'art de la vénerie, mais la chasse au cerf surtout, a été porté à la plus grande perfection. Une suite de tableaux du célèbre Oudry, conservée à Fontainebleau, nous représente ce prince dans les différentes scènes de la chasse, et leur description suffit pour donner une idée de cet exercice noble et élégant à peu près perdu aujourd'hui.

Louis XV est d'abord représenté en valet de limier, mais avec l'habit galonné, le cordon bleu ; il suit les traces de son chien qu'il guide, car c'est de cette première opération que dépend le succès de la chasse, ce qu'on appelle la quête ou faire le bois². Deux valets de chiens partent pour cela dès la pointe du jour avec leurs limiers ; ils commencent à examiner les abords du bois où on a décidé de chasser, car c'est dans les champs voisins que les cerfs³ ont l'usage d'aller la nuit viander. Ils cherchent au dehors leurs traces, ils les suivent dans toutes les avenues en ayant soin de faire des brisées, c'est-à-dire de casser à mesure les branches qui doivent leur servir de reconnaissance. Sitôt qu'il tient une voie, il la suit en avant et à contre-pied, jusqu'au lieu où le cerf a dû se rembucher ; il connaît l'animal par les postes⁴, les fumées⁵, le pied⁶, les allures⁷, les foules⁸, la reposée, le raix et les abattures⁹. Quand il est bien assuré de sa quête et du lieu exact où le cerf est rembuché, il se rend au lieu d'assemblée où il doit retrouver son camarade et concerter le rapport qu'ils doivent faire au premier veneur. Pendant ce temps, le cerf fatigué de sa veille pendant la nuit, ayant besoin de sommeil, s'arrête et se repose dans le plus épais du bois. On sait par l'expérience et par la nature du pays la route qu'il prendra lorsque les chiens l'attaqueront, et on dispose les relais de manière à les lancer à propos pour opposer une activité toute nouvelle à la force

---

¹ Charles IX était passionné pour cet exercice. « Fut à courre le cerf, dit Brantôme, fut à beau pied à le détourner, et en perdoit le dormir. » (Vie de Charles IX.)

² « Le cerf, dit Buffon, est un de ces animaux innocents, doux et tranquilles, qui ne semblent être faits que pour embellir, animer la solitude des forêts et occuper loin de nous les retraites paisibles de ces jardins de la nature. Sa forme élégante et légère, sa tête parée plutôt qu'ornée d'un bois vivant et qui, semblable à la cime des arbres, se renouvelle tous les ans. Fidèle à ses habitudes, il ne sort que la nuit pour chercher sa nourriture ; il craint plus le chien que l'homme ; à celui-ci il ne fait jamais de mal que par accident ; il entend avec plaisir sa voix, ses chants, etc.

³ Voyez la seconde partie de la vignette.

⁴ L'endroit le plus haut du taillis où le cerf a passé.

⁵ Fiente du cerf.

⁶ Composé de la pince, du talon et des os.

⁷ Façon de marcher différente entre le cerf et les biches.

⁸ Empreinte du pied du cerf sur le gazon.

⁹ Le lieu où il s'est étendu sur le ventre.

déjà épuisée de l'animal, et c'est la seconde et importante opération[1]. Tout étant ainsi disposé, le roi arrive ordinairement dans une calèche de chasse[2] qui ne sert qu'à cet usage. Louis XIV la conduisait lui-même et y admettait les dames qu'il voulait distinguer. Arrivé au rendez-vous[3], le roi descend. Le tableau d'Oudry représente ici Louis XV au moment où, appuyé d'un côté sur le comte de Toulouse[4], son grand veneur, et son capitaine des gardes, il se fait passer ses bottes à chaudron et reçoit des lieutenants de chasses le rapport concernant le cerf qu'on doit attaquer, et se prépare à monter sur le cheval que lui présente le premier écuyer. Alors va commencer la chasse dont nous donnerons une courte description.

Gaston Phœbus partant de son château

Vers le milieu de septembre, le seigneur Gaston, surnommé Phœbus, comte de Foy, est parti de grand matin de son château d'Orthès, accompagné de ses gentilshommes, de ses pages, suivi de sa meute et de son cher lévrier, pour attaquer le cerf; *car c'est bonne chasse que de cerf, belle chose que de bien le quêter, le détourner, le laisser courir, belle chose aux abois soit en eau ou en terre.* Le seigneur Gaston porte la trompe recourbée comme Roland, il a près de lui son fidèle lévrier.

---

[1] Il y avait ordinairement trois relais, sans compter les meutes d'attaque; le dernier, nommé les six chiens, en avait ordinairement un plus grand nombre.
[2] C'est en 1722 que Louis XV revenu de Reims, fit sa première chasse en calèche dans la forêt de Villers-Cotteret.
[3] Le rendez-vous, ou autrement l'assemblée, était ordinairement près de Versailles, le pavillon du Breland, de fosse repos de Bièvres, du pavillon de Venières, etc.
[4] Le comte de Toulouse, grand chasseur, donna sa meute au roi, bien supérieure à celle qu'il avait.

Il fait marcher devant lui le limier jusqu'à ce qu'il soit arrivé au brûler; là on découvre la première meute qui suit le limier [1]. Bientôt dans le fourré du bois un animal bondit; au bruit qu'il fait on reconnaît que c'est un cerf; on crie de prendre garde à la route; le cerf en effet y passe; celui qui le voit se met dans la voie, sonne une fanfare, appelle les chiens de meute et chacun chevauchera sur la meute après les chiens. *Huera el cornera de la plus forte et grant Alaine ne pensant à nul autre péché ne mal.*

Le cerf est lancé, les chiens chassent à grand bruit, les veneurs les suivent le plus près qu'il leur est possible : ils ont reconnu la force, l'âge de l'animal, combien il porte; ils ne le quittent plus. S'il fait un retour ou suit une route, ils lâchent

Louis XIV dans la forêt de Fontainebleau, d'après Van der Meulen.

les chiens dans la voie; si ceux-ci changent ou hésitent, ils les rallient, ils se mettent avec eux dans le taillis et débouchent enfin dans la plaine. C'est là le plus beau moment de la chasse, et c'est celui que Van der Meulen a choisi pour représenter Louis XIV à cheval, entouré de toutes les dames de sa cour [2], chassant dans la forêt de Fontainebleau. Le cerf est dans sa plus grande vigueur; il franchit les

---

[1] La forme du petit cor recourbé, qui a succédé à la conque, durait encore sous Charles IX; elle acquit un grand développement sous Louis XIV; on le portait en sautoir et avec beaucoup de grâce; elle est actuellement dans une juste proportion.

[2] Dès le règne de François Iᵉʳ, les dames suivaient le roi à la chasse. Catherine de Médicis n'étant encore que dauphine y venait assidûment pour lui plaire; elle avait fait une réunion qu'on appela la petite *Bande des dames.* BRANTÔME.

fossés, les palissades ; les chiens ne le quittent plus ; l'air retentit des cris, des fanfares, du bruit des chevaux ; mais bientôt le cerf atteint un nouveau taillis et reprend une nouvelle force ; il se rembuche pour chercher du change ou se reposer. Les chiens sont encore quelque temps dans la voie, mais la distance les a brisés ; ils hésitent, ils cherchent, et c'est là que commence un nouvel et dernier épisode de cette chasse.

Le cerf a disparu ; les gens de la campagne ne l'ont point vu. Les veneurs prennent alors les devants, et sondent les routes au-dessus et au-dessous de l'enceinte où les chiens ont demeuré. Ils l'entourent. Tout le monde a rejoint au son du *réquetté ;* les veneurs entrent dans l'enceinte pour la fouler. Tout à coup quelques chiens se récrient ; l'animal bondit, prend un nouvel élan, les chiens le suivent ; il sort de l'enceinte. Les chiens se rallient ; les derniers relais sont découplés ; ils ont toute leur force. Le cerf n'a plus la sienne et fait un dernier effort. Il va la tête dans la terre et tire la langue. Le bruit des cors, des chiens, des chevaux redouble ; on se croirait à un choc de cavalerie. Enfin le malheureux animal, atteint par les chiens, se débat encore avec courage contre eux ; il prend un nouvel élan et se précipite dans un étang pour se rafraîchir et retrouver de nouvelles forces ; mais au contraire le froid vient le saisir ; les chiens le suivent, l'entourent, et un coup de carabine parti d'une main royale vient terminer ses souffrances.

Louis XV à la mort du cerf, d'après Oudry.

Salle du Confessionnal.

> Votre confesseur n'est point vicieux, mais
> il craint la solide vertu; il n'aime que les
> gens relâchés et il veut vous entretenir dans
> l'ignorance.
> *Lettre de Fénelon à Louis XIV.*

C'est ici la plus petite chambre du palais et celle qui pourrait cependant révéler le plus de mystères, celle peut-être où les plus grands événements ont pris naissance. Ce monarque fier, absolu, puissant, suivi de toute sa cour, traverse la superbe

Le Père La Chaise.

galerie de son palais, et arrive à cette étroite enceinte ; tout à coup il ploie le genou devant un pauvre prêtre, devant un homme obscur, mais qui est placé pour lui entre le ciel et la terre. Quels ont été dans tous les temps les dépositaires de ce terrible sacerdoce ? ce serait un examen qui nous entraînerait trop loin. Ce furent, en France, d'abord les Bénédictins, puis les Dominicains, et enfin les Jésuites, qui paraissent avoir été les seuls à songer au parti qu'ils pouvaient tirer de ces importantes fonctions, et à composer des instructions secrètes pour ceux de leur ordre qui parviendraient à en être chargés. L'abus qu'ils firent en Espagne, en Autriche, en France même, de ce saint ministère, contribua à leur ruine. Louis XIV n'eut que des jésuites pour confesseurs : le père Paulin Arnal Ferrier, le père La Chaise et le père Le Tellier. Ne parlons que des deux derniers.

Le père La Chaise, nommé confesseur, devint bientôt le chef de l'Église gallicane. Le cardinal de Noailles et madame de Maintenon firent de vains efforts pour le renverser; ils n'y parvinrent point. Ce jésuite fut pendant dix ans le persécuteur implacable de Port-Royal. Sur la fin de sa vie, il fut plus modéré et passait son temps à la maison de campagne qui porte encore son nom, et où il se rendait dans un carrosse à six chevaux. Peu de jours avant sa mort, il dit au roi : « Sire, de grâce, choisissez mon successeur dans notre compagnie. Elle est très-attachée à Votre Majesté, très-nombreuse, très-étendue. *Dans une disgrâce, un mauvais coup est bientôt fait*, et on n'en pourrait pas répondre. »

Effrayé, et dans l'alternative de se faire confesser par les jésuites ou de craindre un *mauvais coup*, le roi remplaça le père La Chaise par son confrère Michel Le Tellier. Cet homme, d'un caractère dur et opiniâtre, dit un des membres de son ordre (l'abbé Gorgette), fit regretter son prédécesseur et abusa de la vieillesse de Louis XIV pour l'entraîner dans les mesures les plus violentes. Il avait le monopole de la confession, et ne permettait pas qu'aucun des princes de la famille royale eût un confesseur de son choix.

Voyant sa fin approcher, le roi, agité par les remords, au sujet des persécutions qu'il avait exercées, manifestait le désir de prendre d'autres conseils; mais Le Tellier s'opposa à toute réparation, en lui disant que ce serait détruire en un seul moment l'ouvrage de toute sa vie.

Après la mort de Louis XIV, le régent rendit la liberté à tous les ennemis de la bulle que Le Tellier avait entassés dans les prisons d'État. Ce jésuite fut exilé à La Flèche, où il mourut en 1719.

Le caractère des confesseurs, dans les pays catholiques, est d'une grande importance pour les affaires de l'État : une nation est intéressée à ce que les hommes qui exercent une grande influence sur les décisions du monarque soient probes et éclairés.

Si Barthélemy de Las-Cases eût été confesseur de Charles-Quint, son intrépidité chrétienne eût obtenu peut-être des moyens plus efficaces pour protéger les

Indiens opprimés. Si un confesseur éclairé eût démontré à Louis XIII que le prétexte de convertir les Noirs en les réduisant à l'état de bêtes de somme déguisait les attentats de la cupidité contre l'humanité et le droit, ce prince eût-il consenti à la traite des nègres?

Si Louis XIV, au lieu des pères La Chaise et Le Tellier, eût eu pour directeurs des hommes tels que Bossuet, Fénelon, Arnault, ils lui eussent épargné bien des fautes, et à la fin de sa vie bien des chagrins.

Nous avons représenté ici Louis XIV se confessant, et, dans le cabinet attenant, le capitaine des gardes qui ne devait jamais perdre de vue le roi, attendant debout qu'il eût terminé sa confession.

La salle du Confessionnal n'a qu'un tableau, et on ne pouvait pas en chercher un plus d'accord avec le lieu : c'est le portrait de madame de Maintenon, par Rigaut, et un des plus ressemblants.

Madame de Maintenon.

Cabinet de Louis XV.

En sortant de la pièce du Confessionnal, on se trouve dans un charmant petit salon, décoré dans le style du temps de Louis XV, et qui servait autrefois à ce prince pour renfermer sa cassette, ses bijoux et plusieurs collections précieuses. Ce cabinet, ainsi que plusieurs pièces qui l'avoisinent, a été construit dans l'emplacement du grand escalier et de la galerie de Mignart. Mesdames, filles de Louis XV, habitèrent longtemps quelques-unes de ces pièces, et elles traversaient ce cabinet pour se rendre tous les jours auprès de leur père, au moment où il revenait de la chasse. Elles passaient un énorme panier; on prévenait madame Adélaïde, qui tirait un cordon qui avertissait madame Victoire; celle-ci sonnait madame Sophie, qui à son tour prévenait en passant sa douce sœur madame Louise. Louis XV baisait chacune de ses filles sur le front, et leur demandait de leurs nouvelles en les appelant par des sobriquets singuliers qu'il leur avait donnés; elles lui furent toujours très-attachées.

Ce cabinet est le véritable type de la manière dont étaient décorés les appartements du temps de Louis XV, et quoiqu'il soit possible de ne pas aimer ce genre, devenu de nouveau à la mode, on ne peut se refuser à trouver qu'il ne manque ni d'agrément ni de magnificence.

Bibliothèque de Louis XVI.

Si l'ombre errante du malheureux Louis XVI pouvait pénétrer dans le château de ses pères, c'est dans ce lieu qu'elle s'arrêterait de préférence. C'est ici que l'in-

Les frégates de La Peyrouse.

fortuné monarque passa presque la moitié de sa vie, la seule heureuse ; c'est là qu'il s'occupa de réformes utiles, d'améliorations importantes, et surtout de travaux de tous genres concernant la marine, pour laquelle il avait une prédilection marquée. Sous son règne, la France réunit quatre-vingts vaisseaux de ligne; la supériorité lui était acquise dans tous les combats partiels, et bientôt, si quelques hommes de génie eussent perfectionné le gréement et la tactique navale, elle aurait eu sans doute des succès plus marqués. Les études géographiques de Louis XVI, sa passion pour les lectures de voyages, lui firent concevoir l'idée d'illustrer son règne par une expédition de découvertes analogue à celle du capitaine Cook, dont on regrettait alors la perte récente.

Louis XVI mettait beaucoup d'importance à ce projet, il y rapportait toutes ses pensées. Il traça lui-même la route que devaient suivre les nouveaux explorateurs, et confia cette belle entreprise à l'un des hommes les plus capables, et par ses anciens services et par ses brillantes et bonnes qualités, de la bien conduire. Parmi les instructions qu'il lui donna et qu'il écrivit de sa main, il est une disposition qui fait trop d'honneur à la bonté de ce prince et au courage de deux officiers de marine, frères de l'auteur de cet écrit, pour qu'on ne lui pardonne pas d'en consacrer ici le récit. Au moment où le bruit de cette expédition se répandit, des demandes de presque tous les officiers de la marine royale arrivèrent au ministre pour en faire partie; dans le nombre se trouvait celle de deux frères de M. de Laborde qui s'étaient déjà distingués dans la guerre d'Amérique. Ils écrivaient de Brest à leur père qu'ils désiraient faire partie de cette expédition, n'importe à quel titre, comme employés ou comme volontaires. Leur père se rendit à Versailles et sollicita du roi cette faveur, qui ne fut accordée qu'à la condition, écrite de la main de ce prince, que les deux frères ne seraient jamais embarqués sur la même chaloupe dans toute expédition dangereuse; le sort déjoua cette bienveillante disposition, et, après deux ans de navigation, une dépêche de La Peyrouse portait ce triste récit :

« C'est avec la plus vive douleur, dit M. de La Peyrouse, que je vais tracer l'histoire d'un désastre mille fois plus cruel que les maladies et tous les autres événements des plus longues navigations. Je cède au devoir rigoureux que je me suis imposé d'écrire cette relation, et je ne crains pas de laisser connaître que mes regrets ont été, depuis cet événement, cent fois accompagnés de mes larmes, que le temps n'a pu calmer ma douleur : chaque objet, chaque instant me rappelle la perte que nous avons faite, et dans une circonstance où nous croyions si peu avoir à craindre un pareil événement.

« J'ai déjà dit que les sondes devaient être placées sur le plan de MM. de Monneron et Benizet par les officiers de la marine; en conséquence, la biscayenne de *l'Astrolabe*, aux ordres de M. de Laborde, fut commandée pour le lendemain, et je fis disposer celle de ma frégate, ainsi que le petit canot, dont je donnai le commandement à M. Boutin. M. d'Escures, mon premier lieutenant, chevalier de Saint-Louis, commandait la biscayenne de *la Boussole* et était le chef de cette petite expédition. Comme son zèle m'avait paru quelquefois un peu ardent, je crus devoir lui donner des instructions par écrit. Les détails dans lesquels j'étais entré sur la prudence que j'exigeais lui parurent si minutieux, qu'il me demanda si je le prenais pour un enfant, ajoutant qu'il avait déjà commandé des bâtiments. Je lui expliquai amicalement le motif de mes ordres ; je lui dis que M. de Langle et moi avions sondé la passe de la baie deux jours auparavant, et que j'avais trouvé que l'officier commandant le deuxième canot, qui était avec nous, avait passé trop près de la pointe sur laquelle même il avait touché : j'ajoutai que de jeunes officiers croient qu'il est du bon ton, pendant les siéges, de monter sur le parapet des tranchées, et que ce même esprit leur fait braver, dans les canots, les roches et les brisants : mais que cette audace peu réfléchie pourrait avoir les suites les plus funestes dans une campagne comme la nôtre, où ces sortes de périls se renouvelaient à chaque minute. Après cette conversation, je lui remis des instructions qui ne devaient me laisser aucune crainte. Elles étaient données à un homme de trente-trois ans, qui avait commandé des bâtiments de guerre : combien de motifs de sécurité !

« Nos canots partirent, comme je l'avais ordonné, à six heures du matin. C'était autant une partie de plaisir que d'instruction et d'utilité : on devait chasser et déjeuner sous les arbres. Je joignis M. d'Escures, M. de Pierrevert et M. de Montarnol, le seul parent que j'eusse dans la marine, et auquel j'étais aussi tendrement attaché que s'il eût été mon fils. Jamais jeune officier ne m'avait donné plus d'espérance, et M. de Pierrevert avait déjà acquis ce que j'attendais très-incessamment de l'autre.

« Les sept meilleurs soldats du détachement composaient l'ornement de cette biscayenne, dans laquelle le maître pilote de ma frégate s'était aussi embarqué pour sonder. M. Boutin avait pour second, dans son petit canot, M. Mouton, lieutenant de frégate : je savais que le canot de *l'Astrolabe* était commandé par M. de Laborde, mais j'ignorais s'il s'y trouvait d'autres officiers.

« A dix heures du matin, je vis revenir notre petit canot. Un peu surpris, parce que je ne l'attendais pas sitôt, je demandai à M. Boutin, avant qu'il fût monté à bord, s'il y avait quelque chose de nouveau. Je craignis dans ce premier instant quelque attaque de sauvages. L'air de M. Boutin n'était pas propre à me rassurer : la plus vive douleur était peinte sur son visage. Il m'apprit bientôt le naufrage affreux dont il venait d'être témoin, et auquel il n'avait échappé que parce que la fermeté de son caractère lui avait permis de voir toutes les ressources qui restaient dans un si extrême péril. Entraîné, en suivant son commandant, au milieu des brisants qui portaient dans la passe, pendant que la marée sortait avec une vitesse de trois ou quatre lieues par heure, il imagina de présenter à la lame l'arrière de son canot, qui, de cette manière, poussé par cette lame, et lui cédant, pouvait ne pas se remplir, mais devait cependant être entraîné au dehors à reculons par la marée. Bientôt il vit les brisants de l'avant de son canot, et il se trouva dans la grande mer. Plus occupé du salut de ses camarades que du sien propre, il parcourut le bord des brisants dans l'espoir de sauver quelqu'un ; il s'y rengagea même, mais il fut repoussé par la marée. Enfin, il monta sur les épaules de M. Mouton, afin de découvrir un plus grand espace ; vain espoir, tout avait été englouti !... et M. Boutin rentra à la marée haute. La mer était devenue belle. Cet officier avait conservé quelque espérance pour la biscayenne de *l'Astrolabe*; il n'avait vu périr que la nôtre. M. de Laborde était dans ce moment à un grand quart de lieue du danger, c'est-à-dire dans une mer aussi parfaitement tranquille que celle du port le mieux fermé ; mais ce jeune officier, poussé par une générosité sans doute imprudente, puisque tout secours était impossible dans ces circonstances, ayant l'âme trop élevée, le courage trop grand pour faire cette réflexion, lorsque ses amis étaient dans un si extrême danger, vole à leur secours, se jette dans les mêmes brisants, et, victime de sa générosité et de la désobéissance formelle de son chef, périt comme lui.

« Bientôt M. de Langle arriva à mon bord aussi accablé de douleur que moi-même, et m'apprit, en versant des larmes, que le malheur était encore infiniment plus grand que je ne croyais. Depuis notre départ de France, il s'était fait une loi inviolable de ne jamais détacher les deux frères ¹ pour une même corvée, et il avait

¹ M. Esmenard, auteur du poëme de la Navigation, a retracé cet épisode ; on y lit ces vers :

<pre>
Oh ! de l'honneur français modèles et victimes !
Frères infortunés, compagnons magnanimes !
. . . .
Trop généreux d'abord, ô vous dont la mémoire
Vit avec La Peyrouse et partage sa gloire !
Lescure vous appelle, ils ont volé tous deux ;
Le gouffre dévorant s'est refermé sur eux.
</pre>

Il a été élevé en l'honneur de ces jeunes gens une colonne rostrale en marbre blanc dans un jardin

Naufrage des canots de La Peyrouse au port des Français.

cédé, dans cette seule occasion, au désir qu'ils avaient témoigné d'aller se promener et chasser ensemble; car c'était presque sous ce point de vue que nous avions envisagé l'un et l'autre la course de nos canots, que nous croyions aussi peu exposés que dans la rade de Brest, lorsque le temps est très-beau.

« Les pirogues des sauvages vinrent dans ce même moment nous annoncer ce funeste événement : les signes de ces hommes grossiers exprimaient qu'ils avaient vu périr les deux canots, et que tous secours avaient été impossibles. Nous les comblâmes de présents, et nous tâchâmes de leur faire comprendre que toutes nos richesses appartiendraient à celui qui aurait sauvé un seul homme. »

Un jour de l'année 1787, le marquis de Roncherolles, page de la reine, étant de service auprès d'elle dans une promenade à la Muette, la vit tout à coup fondre en larmes à la lecture d'une lettre que lui adressait le roi : c'était le récit de cet événement, auquel elle se reprochait d'avoir contribué.

La bibliothèque de Louis XVI a été conservée telle qu'elle était sous ce prince, et on y a réuni tous les ouvrages descriptifs de Versailles et des maisons royales, ainsi que la collection des Mémoires sur l'histoire de France.

Cabinet de la forge de Louis XVI.

Au-dessus de la bibliothèque était la salle du tour, où Louis XVI s'occupait de petits ouvrages en menuiserie et en serrurerie. Cette petite pièce contenait une forge et deux enclumes qui existent encore. C'est là qu'un serrurier nommé Gamin lui donnait des leçons de sa profession, et Louis XVI forgea, dit-on, avec lui les

qu'avait planté leur père. Leurs noms s'y trouvent avec cette seule épigraphe, tirée de l'Écriture :
« Samuel et Jonathan, distingués et aimables pendant leur vie, n'ont pas été séparés par la mort. »

serrures et la clef de l'armoire qui renfermait le Livre rouge. Ce serrurier le trahit au moment de la révolution, et fit découvrir et saisir cette armoire.

Après ces utiles ou innocentes occupations, le seul plaisir de Louis XVI, lorsqu'il ne chassait pas, exercice nécessaire à sa santé, était de se promener sur la plate-forme des toits qui s'étendaient d'un bout à l'autre de Versailles, principalement du côté de la chapelle, et là il observait, avec une lunette d'approche ou un télescope, tout ce qui se passait dans les jardins, et lorsqu'il avait découvert quelque rencontre ou peut-être un rendez-vous, il en plaisantait dans son intimité. Un jour cependant il éprouva une petite mortification, dont au surplus il tira peu de vengeance. En s'approchant d'une mansarde il entendit déclamer violemment contre son gouvernement, contre lui-même; se penchant alors sur la mansarde, il cria : « Taisez-vous, insolents! » et un silence terrible succéda.

Promenade de Louis XVI sur les toits.

Ce prince était bon, confiant, vertueux, aimant le bien, voulant le faire, mais trop faible, trop peu éclairé pour y réussir. « Il n'y a que M. Turgot et moi qui aimions le peuple, » disait-il, et il renvoyait M. Turgot quand les événements se compliquaient; il ne put les dominer et pas même les comprendre

Malesherbes

Louis XVI

Turgot.

SALLE DES CROISADES.

N. 4 du plan.

Canto l'armi pietose, e 'l capitano.
Le Tasse.

Après avoir visité le tombeau qui seul n'aura rien à rendre à la fin des siècles, nous nous sommes assis sur la pierre qui couvre les cendres de Godefroy de Bouillon, et là se sont déroulées devant nous les merveilles de ce pèlerinage du monde entier, car c'est ainsi qu'il faut nommer les croisades qui, pendant deux cents ans, mirent en mouvement toute la chrétienté. A l'aspect de ces faits d'armes singuliers, de ces expéditions aventureuses, on n'est point tenté de rechercher quelle fut la cause, quel fut le résultat des croisades; on ne se demande pas si elles furent contraires ou avantageuses à la civilisation, au commerce, au bien-être des hommes ; on ne considère ces événements que dans ce qu'ils prêtent de charme à l'imagination ; dans la grandeur des sacrifices et des privations qu'ils imposèrent ; on admire cet enthousiasme religieux excité par la conquête ou la défense d'un tombeau. Que d'actions glorieuses, que de miracles de courage, d'abnégation, se manifestèrent et s'engloutirent dans ce long espace de temps et dans ces régions éloignées et barbares! Le voilà cet homme extraordinaire qui sut, par son éloquence, par son indomptable volonté, décider une passion dont il avait le germe dans son cœur. Pierre l'Hermite, né à Amiens, parcourut le monde pieds nus, un crucifix à la main, peignant avec des traits de flamme la souffrance des chrétiens, la profanation des lieux saints ; et bientôt un cri s'élève de toutes parts : « Dieu le veut ! » Les princes et les peuples, *principes totumque vulgus*, arborent la croix et vont se précipiter sur la terre d'Abraham et de Jésus-Christ. Dans ce mouvement général de l'esprit humain, la France joua un trop grand rôle pour n'avoir pas mérité une grande place dans un Musée historique, et deux salles ont été consacrées à Versailles à cette glorieuse époque. Nous allons indiquer sommairement les tableaux que contiennent celles-ci, trop petites malheureusement pour un si grand sujet.

Siège de Salerne. — En l'an 1000, la ville de Salerne fut assiégée par les Sarrasins. Les habitants, menacés de l'esclavage ou de la mort, durent leur salut au courage de quarante pèlerins, qui, après avoir obtenu du prince de Salerne des armes et des chevaux, chargèrent l'ennemi et le mirent en fuite malgré la supériorité de ses forces. Le prince récompensa généreusement le dévouement de ces guerriers.

Bataille de Civitella (1633). — Attirés par la générosité du prince de Salerne, d'autres pèlerins normands, sous le prétexte d'un pèlerinage au mont Gargano, pénétrèrent en Italie, s'enrôlèrent sous les drapeaux des petits princes de ce pays, et parvinrent à fonder le comté d'Aversa qui leur fut abandonné pour prix de leur courage. On vit les fils de Tancrède marcher à la conquête de la Pouille. Une armée de cinquante mille hommes levée par le pape Léon X, et commandée par lui, fut mise en déroute. Le pontife tombe au pouvoir de l'ennemi, qui, tout en se prosternant à ses pieds, lui impose d'onéreuses conditions en échange de sa liberté.

Combat de Cérano (1061). — Lorsque le comte Roger voulut s'emparer de la Sicile, ce ne fut qu'avec cinquante chevaliers qu'il se présenta devant l'armée des Sarrasins. La supériorité des forces ennemies l'obligea plusieurs fois à quitter cette île, qui ne tomba en son pouvoir qu'à la suite d'une longue guerre ; la bataille de Cérano fut décisive : cent trente-six chevaliers mirent en fuite trente-cinq mille Sarrasins.

Adoption de Godefroy de Bouillon par l'empereur Alexis Comnène (1097). — Sous les murs de Constantinople, avec une armée de quatre-vingt mille hommes, Godefroy de Bouillon n'obtint l'entrée de la ville que par les menaces que Bohémond adressa à l'empereur ; il envoya son fils en otage auprès de Godefroy, dont l'entrée au palais impérial frappa, par sa splendeur, l'empereur Comnène. Rassuré par la bonne foi de Godefroy, il l'adopta pour son fils ; le duc se déclara son vassal, ainsi que tous les seigneurs de sa suite.

Bataille de Nicée. — Réunis sous les murs de Constantinople, les Croisés passèrent le Bosphore et assiégèrent Nicée. Encouragés par les succès de ses armes contre les troupes indisciplinées de Pierre l'Hermite, le sultan des Turcs, fils de Soliman, crut que cette fois la fortune lui serait encore favorable ; mais grâce à la valeur des deux Robert, Baudoin et Tancrède, la victoire resta aux Croisés, qui envoyèrent à Constantinople mille têtes coupées, comme le trophée de leur gloire.

Prise de Jérusalem. — Malgré l'enthousiasme des Croisés, deux assauts avaient été donnés inutilement aux murs de la ville sainte, le troisième les menaçait d'une défaite complète, lorsque apparaît sur la montagne des Oliviers un cavalier revêtu d'une armure brillante. « C'est saint Georges qui nous vient en aide ! » s'écrie Godefroy ; à ce cri le soldat s'anime, tous s'élancent sur les murs de la ville, se précipitent dans la cité sainte, arborent la croix sur ses tours, et, après avoir impitoyablement égorgé les vaincus, viennent se prosterner près du tombeau de Jésus-Christ.

GODEFROY ÉLU ROI DE JÉRUSALEM. — Dix jours après la prise de Jérusalem, les suffrages unanimes des dix seigneurs choisis pour donner la couronne au plus digne la déposèrent sur la tête de Godefroy, qui n'accepta que le titre de roi, et refusa de porter le diadème par respect pour le supplice du Christ, dont ce lieu avait été le théâtre.

BATAILLE D'ASCALON. — Godefroy de Bouillon suspend les trophées aux voûtes du Sépulcre. A peine est-il sur son trône, que le calife d'Égypte, à la tête d'une armée formidable, vient disputer à Godefroy ses brillantes conquêtes. Les Croisés, au nombre de vingt mille, marchent au-devant du sultan, et le rencontrent dans les plaines d'Ascalon. La vaillance des chrétiens, l'habitude des combats, résistent aisément à la cavalerie indisciplinée du désert; le camp ennemi est envahi, leurs trésors et leurs bagages tombent au pouvoir des Croisés. Godefroy fait hommage au Sépulcre de l'étendard et de l'épée du visir.

INSTITUTION DE L'ORDRE DE SAINT-JEAN DE JÉRUSALEM (1013). — Sous le titre de religieux hospitaliers un certain nombre de pèlerins s'y étaient voués au soin des malades; plus tard, ils reprirent les armes et formèrent un ordre militaire. Ils eurent pour premier grand-maître Raymond Dupuis. Après leur expulsion de la Terre-Sainte, ils devinrent chevaliers de Rhodes, et après la prise de cette ville, ils prirent le titre de chevaliers de Malte. Leur dernier grand-maître fut le baron de Kompersch, dépossédé par Bonaparte.

PRÉDICATION DE LA DEUXIÈME CROISADE A VÉZELAI EN BOURGOGNE (1146). — Cette expédition fut prêchée par l'éloquent abbé de Cîteaux. Il entraîna Louis VII qui leva deux cent mille hommes; l'empereur Conrad se mit à la tête de cent mille guerriers. L'armée marche sur Constantinople. La victoire remportée par les Turcs sur Conrad dans la Lycaonie enleva tout espoir de succès aux Croisés; Conrad retourna à Constantinople, et Louis VII rentra dans ses États.

LOUIS VII. PASSAGE DU MÉANDRE (1148). — Louis ne put opérer sa retraite sans entraves. Les Turcs, sur les bords du Méandre, lui en disputèrent le passage. Le combat, dans lequel Louis fit preuve d'une grande valeur, fut un des plus sanglants de cette expédition; les Turcs cherchèrent à envelopper l'armée des Croisés, et furent mis en déroute complète.

PHILIPPE-AUGUSTE PREND L'ORIFLAMME A SAINT-DENIS (1190). — L'Europe s'ébranla à la nouvelle de la reprise de Jérusalem par Saladin : à cette occasion, on leva la *dîme saladine*. Richard Cœur-de-Lion se croisa avec Philippe-Auguste. Philippe se rendit à l'abbaye de Saint-Denis, où il reçut l'oriflamme des mains de son oncle, l'abbé Guillaume, légat du pape et archevêque de Reims.

SIÈGE DE PTOLÉMAIS (1191). — Ce siège dura deux ans. Les Sarrasins et l'armée chrétienne déployèrent une héroïque intrépidité; cependant la prise de Ptolémaïs ne fut décidée que par l'arrivée des monarques de France et d'Angleterre.

Les tableaux renfermés dans cette étroite enceinte donnent une idée des événements et des prouesses de ce temps; mais ils sont loin de retracer les mœurs chevaleresques, de peindre la singularité, l'élégance qui parut dans les édifices, les costumes, les usages de la vie. Pourquoi n'a-t-on pas cherché à retracer quelques-uns des vieux manoirs, où les élégantes châtelaines attendaient, en filant le lin, des nouvelles de ces pays lointains; l'émotion qu'elles éprouvaient lorsque le nain sonnait du cor, lorsque des menestrels, des pèlerins, venaient raconter près de leur foyer les aventures, les exploits, les malheurs de cette moitié de la France séparée de l'autre ? Qu'est devenu ce temps de la chevalerie; où sont ces joutes, ces tournois, où la beauté donnait le prix au courage, ces cours d'amour si sévères et si gracieuses ? Je les ai retrouvées dans ma jeunesse au milieu d'un cercle de personnes illustres, qui réunissaient au rang, à la richesse, à la beauté, les sentiments exquis de l'honneur et de la délicatesse. Il était difficile d'être admis dans leur société, et la moindre action équivoque vous en faisait exclure. On y sentait naître dans le cœur la passion de bien faire, le désir ardent de mériter l'approbation, le sourire de ces anges, dont les regards vous poursuivent dans l'absence, dans le sommeil, dans les combats surtout, et viennent vous consoler à vos derniers moments. Elle existe encore aujourd'hui, cette tradition de la chevalerie, dans un autre pays, parmi un certain nombre de jeunes personnes[1], dont l'esprit, la grâce, la bonté semblent appartenir à cette époque, la bonté, dit Sénèque, sans laquelle il n'est pas de vraie grandeur : *Bonitas sine quâ nulla est majestas.* SEN., *Quæst.*

[1] Lorsque le prince Charles de Ligne fut tué en 1792, en Champagne, le général français renvoya son corps au général autrichien ; sur le ceinturon de son épée était une plaque en or où les lettres initiales des dames de notre société étaient gravées, avec cette inscription allemande : *Dein Ruhm ist unser Stolz, deine Liebe unser Glück* : Ta renommée fait notre orgueil, ton amitié notre bonheur.

SALLE DES ÉTATS GÉNÉRAUX.

Le royaume de France a sa sûreté et sa force dans l'obligation qui soumet les roys à une infinité de loix où se trouve la dignité des peuples.
MACHIAVEL, du Prince, liv. IV, c. 16.

Les peuples soumis à la liberté et à se commander à eux-mêmes estiment toute autre forme de police monstrueuse et contre nature.
MONTAIGNE, liv. I, c. 22.

Cette salle, en présentant la suite de nos assemblées délibérantes, contient l'histoire de nos libertés, de nos institutions, et de cet équilibre social, qui, après tant de vicissitudes, a fixé enfin nos droits, nos devoirs et notre repos. Elle est une des plus importantes, et on voit qu'on n'a rien épargné pour qu'elle fût la plus instructive. Retraçons en peu de mots les sujets qu'elle contient :

Par états généraux on entend l'assemblée de la nation entière, soit par elle-même, soit par ses représentants. C'est une communication du souverain ou chef de l'État avec le peuple pour prendre ses avis sur ce qui touche à l'intérêt général, pour écouter ses réclamations, ses plaintes, et y faire droit ; car,

C'est en réalité et non en paroles, dit Cicéron, *qu'il faut donner au peuple la liberté : Re non verbo.*

Ces assemblées, telles que nous venons de les désigner, remontent aux premiers temps de la monarchie[1]; elles étaient connues sous les dénominations de plaids ou de parlements, qu'elles ont conservées en Écosse et en Angleterre.

Sous la première race, ces assemblées ne furent que des espèces de conseils de guerre qui se tenaient en plein champ, au mois de mai, ce qui les fit nommer Champ-de-Mai. Plus tard, les réunions des évêques leur donnèrent l'apparence d'un concile; enfin, sous Louis XI, l'adjonction des maires, échevins et prévôts en fit véritablement une assemblée des trois ordres. C'est ainsi que parurent les états de 1314, les premiers qui offrirent le caractère de tous ceux qui les suivirent.

Élection d'un député.

Les premières opérations concernant les états étaient la composition des cahiers de remontrance auxquels chaque citoyen pouvait prendre part[2], mais qui étaient ordinairement rédigés par les assemblées provinciales; la seconde, l'élection des députés, pour laquelle, ainsi que pour le droit d'élire, on ne demanda long-

---

[1] Nos ancêtres les Germains, dit Tacite, s'assemblaient en plein champ autour de leur chef, pour délibérer sur les choses importantes.

[2] Il appartenait également à lui de les convoquer, ou à eux de réclamer sa présence, et ce droit s'est manifesté dans le texte d'un édit de Louis XV, de 1717, où il est établi que la nation peut s'assembler sans convocation en certaines circonstances.

temps d'autres conditions que le domicile et une profession honorable quelconque, on appelait chaque individu par ordre. Le caractère de ces élections dans la capitale nous a été conservé par le mode d'élection des prévôts et échevins, absolument le même que pour les députés.

Cette scène de la vie de Charlemagne se passe à Aix-la-Chapelle où ce monarque, déjà vieux, s'associa solennellement Louis le Débonnaire, le dernier de ses trois fils que la mort lui eût laissé.

CHARLEMAGNE ASSOCIE A L'EMPIRE SON FILS LOUIS LE DÉBONNAIRE (AOÛT 813.)

Cette cérémonie, qui se renouvelle souvent à cette époque de notre histoire, avait lieu en présence des grands et des prélats du royaume qui, par cette adhésion anticipée, consacraient une légitimité royale encore mal établie.

Six mois après, Charlemagne cessait de vivre, dans cette même ville d'Aix-la-Chapelle, encore toute pleine de sa gloire et de son nom.

HUGUES CAPET PROCLAMÉ ROI DE FRANCE PAR LES GRANDS DU ROYAUME (MAI 987.)

Après la mort de Louis V, le trône des Carlovingiens se trouva à la merci du plus audacieux et du plus brave. Ce fut Hugues Capet qui l'emporta parmi tous les concurrents qui se disputaient les débris de la couronne. Il était déjà comte de Paris et d'Orléans, et depuis longtemps sa race brillait par l'éclat de sa puissance et de sa bravoure. Il se fit proclamer roi par une assemblée de seigneurs et d'évêques, avec l'aide de son frère Henri le Grand, duc de Bourgogne, et de son beau-frère Richard-sans-Peur, duc de Normandie.

LIT DE JUSTICE AU PARLEMENT A PARIS (1418.) (CHARLES VII.)

Pendant les désastres de nos armes, le parlement avait suivi la fortune du roi Charles VII, et siégeait à Poitiers, tandis que Paris obéissait

ÉTATS GÉNÉRAUX
DE TOURS
(15 JANVIER 1484)
CHARLES VIII

ÉTATS GÉNÉRAUX
DE BLOIS
16 OCTOBRE 1588
HENRI III

ASSEMBLÉE
DES NOTABLES
A ROUEN (1596)
(HENRI IV)

à une magistrature instituée par l'étranger. Ce tableau rappelle le moment heureux où, rentré dans Paris délivré du joug de l'Angleterre, le parlement reprend ses séances au Palais de Justice.

Convoqués à Tours le 15 janvier 1484, par Anne de Beaujeu, fille de Louis XI, et régente de France, les états généraux vinrent lui prêter leur appui contre les intrigues des princes du sang, et se rassemblèrent dans la grande salle de l'archevêché. Ils furent présidés par la régente.

La détresse du royaume et les embarras de la couronne décidèrent Henri III, après la journée des barricades, à convoquer les états généraux, qui ne se rassemblèrent qu'avec beaucoup de lenteur. Ce ne fut que le 16 octobre 1588 que Henri III put ouvrir solennellement l'assemblée. Il y parut en grand costume, portant son ordre au col. Dès qu'il entra, toute l'assemblée se leva et chacun demeura tête nue. Le roi, s'étant assis, prononça une très-longue et très-grave harangue.

Trente années de guerres civiles avaient épuisé la France, et le trésor était vide. Henri IV appela, dans son embarras, Rosny aux finances et les notables du royaume à son aide. Composée des représentants du clergé, de la noblesse et de la bourgeoisie, cette assemblée fut convoquée à Rouen, et s'ouvrit le 15 novembre 1596, dans la grand'salle de l'abbaye de Saint-Ouen.

AFFRANCHISSEMENT DES COMMUNES, 1115.

 orsque les Romains eurent été expulsés de la Gaule qu'ils avaient réduite à l'esclavage, les Francs exercèrent, à leur tour, sur le peuple les mêmes vexations. Devenus plus éclairés et plus riches, ils sentirent le besoin de l'indépendance. Les uns l'achetèrent à prix d'or, d'autres recoururent aux armes pour la conquérir. Naturellement les souverains, dans l'intérêt de leur puissance, épousèrent la cause des serfs qui secouèrent le joug des grands seigneurs. Jaloux de voir confirmer le privilége de leur affranchissement, ils en firent la demande à Louis VI. Ce monarque accorda aux principales villes de Picardie leurs chartes d'affranchissement.

ETATS GÉNÉRAUX DE 1789.

Depuis l'année 1614 il n'y a plus, à proprement parler, en France, d'états généraux, ni même de parlements considérés comme corps politiques. Richelieu et Mazarin, en garde contre l'influence des pouvoirs de l'État, éludèrent toujours les demandes qui furent faites de ces assemblées, et, ce qui est le plus singulier, ces assemblées populaires furent demandées par les étrangers, inquiets de l'ambition de Louis XIV et ne se croyant plus assurés de la paix que lorsque les traités auraient été ratifiés par les représentants de la nation. Les mêmes demandes, également infructueuses, eurent lieu pendant la minorité de Louis XV, et il fallut à la fois le désordre des finances qui suivit son règne, l'impéritie que l'on mit à y faire face, et la résistance du parlement à la répartition plus égale des impôts, pour rendre nécessaire une mesure qui avait eu autrefois des avantages et qui n'avait plus que des dangers. Après avoir essayé de deux assemblées de notables qui se tinrent à Versailles, l'une le 22 février 1787, l'autre le 6 novembre 1788, la convocation des états généraux fut décidée, et l'époque fixée au 5 mai 1789. Cette époque à jamais célèbre, de laquelle date une nouvelle ère pour la France, ère de sage liberté, de dignité personnelle, enfin de justice également répartie, mérite bien d'occuper dans cet ouvrage une place; puisqu'en effet c'est à Versailles que se tinrent les états généraux, c'est à Versailles que se passèrent les principales discussions qui déterminèrent le mouvement national.

Ils s'assemblèrent le 5 mai 1789; ils étaient composés de onze cent trente-neuf membres: six cents du tiers et un nombre de trois cents environ de chacun des deux ordres; ils se réunirent le 5 mai dans la grande galerie de Versailles, et passèrent successivement devant le roi, qui les reçut dans la pièce de parade, la chambre à coucher de Louis XIV. La nature et l'étendue de cet ouvrage ne permettent pas d'entrer dans tous les détails, bien connus du reste, des premières assemblées constituantes; nous nous bornerons à rappeler les trois circonstances qui ont laissé à Versailles même des souvenirs de cette importante époque: la procession, l'ouverture des états généraux et le serment dans le Jeu de Paume.

C'est la veille du jour de l'ouverture des états que fut dite la messe du Saint-Esprit. Les députés avaient été invités à y assister en habit de cérémonie, et ils se rendirent de bonne heure dans l'église de Notre-Dame, paroisse du château de Versailles. Le roi sortit à dix heures avec la reine, les princes et les princesses, et entouré de tout le cortége, de toute la pompe des rois de France dans une si grande occasion. Un peuple nombreux répandu dans les rues, les croisées garnies de spectateurs, et le beau temps concoururent à la magnificence de ce spectacle. Il était onze heures quand la procession se forma; elle était ouverte par les Récollets, seul corps de religieux qui fût à Versailles; le clergé des deux paroisses de Versailles, puis les députés des trois ordres composant les états généraux. Chacun d'eux portait un cierge; l'ordre de préséance était renversé suivant l'usage des processions, où les rangs inférieurs précèdent les rangs supérieurs; les députés du tiers état se trouvaient les premiers dans le costume simple de leur ordre; les députés de la noblesse suivaient ceux du tiers état, et ceux du clergé fermaient la marche; les évêques étaient placés immédiatement avant le dais du Saint-Sacrement, conduit par M. l'archevêque de Paris. Le dais était porté par les grands officiers et gentilshommes d'honneur des princes, frères du roi, qui se relevaient successivement; les cordons étaient tenus par Monsieur, M. le comte d'Artois, M. le duc d'Angoulême et M. le duc de Berry.

Procession des états généraux à Versailles, le 5 mai 1789.

Le roi, placé au centre des files, marchait immédiatement devant le dais, entouré des grands officiers de sa maison. La reine était à la tête de la file composée des princesses et des dames de leur maison. Le duc de Chartres, aujourd'hui le roi Louis-Philippe, marchait pareillement en tête de l'autre file, comme l'aîné des princes qui s'y trouvaient. Il était suivi de M. le prince de Condé, le duc de Bourbon; M. le duc d'Enghien, M. le prince de Conti, les ducs et pairs venaient ensuite. La reine fut froidement accueillie; quelques paroles même frappèrent son oreille, provoquèrent ses larmes ; elle put s'apercevoir de la faveur dont jouissait le duc d'Orléans, qui depuis longtemps s'était déclaré contre elle.

Salle des états généraux à Versailles.

On avait construit exprès une salle pour les états généraux dans l'emplacement des Menus-Plaisirs. Cette salle pouvait contenir plus de quinze cents personnes ; elle était soutenue par des colonnes et ornée de caissons. Les ordres de l'État étaient placés, la noblesse à droite, le clergé vis-à-vis, le tiers sur les deux côtés, et le trône, où se trouvait le roi, au milieu.

Vers une heure, les hérauts d'armes annoncèrent l'arrivée du roi. Aussitôt tous les députés se lèvent, et des cris de *vive le roi!* retentissent dans toute la salle. Bientôt le roi paraît, les applaudissements redoublent ; il porte ses regards satisfaits sur ce magnifique ensemble ; la reine s'assied à la gauche du roi sur un fauteuil inférieur au trône, et les princes et princesses sur des pliants, des deux côtés.

Le roi prononça, d'une voix ferme, un discours, après lequel le garde des sceaux prit la parole, et M. Necker lut un long mémoire sur l'état des finances. Quand il eut achevé, le roi leva la séance en laissant l'injonction aux députés de chaque ordre de se rendre le lendemain dans le local qui leur était destiné pour y commencer le cours de leurs délibérations.

Il ne reste plus rien de cette salle, bâtie avec des matériaux fragiles ; le lieu où elle fut construite est une caserne.

Serment du Jeu de Paume, le 20 juin 1789.

Le lendemain même de l'ouverture des états généraux une violente scission éclata entre les trois ordres. Blessés dans leur vanité par l'étiquette qu'on voulait leur imposer, les députés du tiers état manifestèrent immédiatement une opposition qui, d'hostile qu'elle était déjà, devait bientôt devenir menaçante. La vérification des pouvoirs fit naître les premières discussions sérieuses. Le tiers état voulait qu'elle se fît en commun, pour que chaque ordre pût s'assurer de la régularité des élections des membres des deux autres ; mais la noblesse et le clergé, qui tenaient avant tout à maintenir la division des trois ordres, demandaient que chacun d'eux se constituât séparément, avis qui prévalut, et jeta les premiers germes d'une division fatale. La noblesse et le clergé, retirés dans leurs salles respectives, ouvrirent leurs délibérations, tandis que le tiers état se réunissait dans la salle commune, qui lui avait été également assignée pour ses séances particulières, mais s'abstenait de prendre aucune mesure jusqu'à la réunion des trois ordres. Enfin, après un mois passé en vaines délibérations, le tiers état se constitua en *Assemblée nationale;* et, après de vains efforts de la cour pour lui interdire l'entrée de la salle, elle se rendit au Jeu de Paume, que le maître lui ouvrit. Il n'y avait pas de siéges ; le président Bailly monte sur une table, et reçoit de tous les députés le serment de ne jamais se séparer, jusqu'à ce que la constitution du royaume soit établie, et tous les députés signent ce serment.

La salle du Jeu de Paume existe encore telle qu'elle fut.

Nous ne pouvons reproduire dans cet ouvrage ni les événements qui se sont passés, ni les discours qui ont été prononcés dans nos différentes assemblées nationales ; nous avons voulu représenter au moins les deux orateurs qui ont le plus marqué, l'un dans l'Assemblée constituante, l'autre dans la convention : Mirabeau et Danton ; l'un sorti des rangs de cette noblesse dont le règne allait cesser ; l'autre né dans les rangs de cette bourgeoisie qui venait de marquer son avénement dans l'ordre politique. Après avoir précipité l'état sur la pente des révolutions, Mirabeau mourut au moment où il allait tenter un miracle du génie, au moment où il voulait enrayer le mouvement que lui-même avait provoqué avec tant d'énergie et d'audace. Danton, inébranlable dans son œuvre de nivellement et de destruction, scella de son propre sang sur l'échafaud ses farouches doctrines d'égalité sociale.

Une singulière circonstance qui établit entre ces deux hommes si éloquents, mais d'une éloquence si âpre, si violente, une sorte d'analogie, c'est le moment de leur mort : « Soutiens ma tête, disait Mirabeau à son valet de chambre, je voudrais pouvoir te la léguer. » — « Montre ma tête au peuple, disait Danton au bourreau ; elle en vaut bien une autre. »

Mirabeau.

Danton.

Grand escalier de Versailles.

GRANDS APPARTEMENTS DE LOUIS XIV.

Nous sommes arrivés par la salle précédente à la dernière pièce donnant sur la Cour de Marbre. Nous avons vu le corps de logis de Louis XIII et quelques salles qui lui ont été ajoutées. A présent nous allons entrer dans les *grands appartements* de Louis XIV, dont nous avons parlé ; mais avant de donner la description de cette suite de magnifiques salles ne convient-il pas de rappeler l'éclat qu'elles recevaient du grand escalier, ouvrage de Mansard, qui leur servait d'abord, et nommé *escalier des Ambassadeurs*. En effet, on n'aurait pas conçu comment une suite d'aussi belles salles n'aurait eu aucune entrée en proportion de leur magnificence. Cet escalier existait, couvert de marbre, de dorures, de peintures par Lebrun et Van der Meulen ; il occupait toute la partie à droite du palais, on y montait par deux rampes. « Je rêvais, dit madame de Maintenon, que madame de Montespan descendait une des rampes du grand escalier et que je montais l'autre avec le roi et toute sa cour. Mais laissons parler un historien du temps : Dans la grande cour du château, dit-il, et vis-à-vis le petit escalier de marbre, il y a trois arcades par où l'on passe à un vestibule qui est sous la petite galerie. De là, en montant trois marches, on se trouve au pied du grand escalier. Dans le milieu est un perron de onze marches coupées à pans. Une espèce de niche se présente en face dans le mur. Il en sort une source d'eau qui forme comme trois napes de cristal en tombant successivement dans quatre bassins ornés de coquillages, de festons et de masques ; à gauche du même pallier, il y a deux rampes, pour monter au petit et au grand appartement du roi.

Jusqu'à cette hauteur tout l'escalier est pavé et lambrissé de différents marbres, ingénieusement mis les uns dans les autres. Les bordures sont remplies d'ornements, et le milieu, peint par Van der Meulen, représente dans l'une la prise de Valenciennes, dans deux autres la réduction de Cambrai et de Saint-Omer, et dans la quatrième la Victoire remportée par l'armée du roi proche de Mont-Cassel.

Dans les intervalles des pilastres, plusieurs hommes de différentes nations sont peints, chacun avec les habits et les manières de son pays. Ils paraissent comme hors de l'escalier dans des loges d'où ils regardent par-dessus une balustrade couverte de tapis à fleurs d'or.

Au-dessus de l'entablement s'élève le plafond fait en forme de voûte, percé au milieu et décoré de peintures, représentant les quatre parties du monde, avec leurs attributs et plusieurs des traits de la vie de Louis XIV.

Ce magnifique escalier et la galerie de Mansart qui s'y trouvait annexée ont été détruits par Louis XV pour y établir des boudoirs et d'autres petites pièces attenant à ses appartements.

Plan de l'escalier.

Salle de Vénus.
Entrée de Louis XIV dans ses grands appartements.

C'était sous Louis XIV la grande salle de l'escalier du roi ; elle communiquait au grand vestibule des appartements de la reine, qui est devenu la salle du Sacre. Cette salle a trois croisées qui donnent sur le parterre du Nord, et d'où la vue s'étend sur les vastes plaines de Glatigny. Le plafond est de Houasse ; Vénus, soutenue par un cygne et couronnée par les Grâces, est sur un char d'or attelé de deux colombes ; les traits sont des guirlandes ; les dieux et les héros sur lesquels elle eut le plus d'empire honorent son triomphe. Dans les compartiments de la voûte, Alexandre et Roxane, Auguste dans le cirque, Cyrus passant son armée en revue.

Des lambris et des colonnes de marbres précieux, des corniches et des sculptures dorées contribuent encore à l'ornement de cette belle salle.

Dans la niche où était jadis la statue de Cincinnatus, remplacée plus tard par le buste de l'infortuné duc d'Enghien, sont maintenant les trois Grâces, de Pradier; sujet bien mieux en harmonie avec la peinture du plafond.

C'est par ce salon que Louis XIV entrait et paraissait au milieu de toute sa cour. Cette pièce n'a point de tableaux, son ordonnance ne le permettait pas, mais elle a deux perspectives peintes avec talent par Rousseau, artiste qui eut de la célébrité de son temps, et qui peignit le Musée britannique.

Lorsqu'il y avait à la cour ce qu'on appelait appartements, toute cette série de salles par lesquelles nous allons entrer était éclairée de bougies et garnie de tables de jeu.

Voici la description qu'en donne Saint-Simon :

L'*appartement*, dit-il, était le concours de toute la cour, depuis sept heures du soir jusqu'à dix, que le roi se mettait à table, dans le grand appartement, depuis un des salons du bout de la grande galerie jusque vers la tribune de la Chapelle. D'abord, il y avait une musique, puis des tables pour toutes les pièces, toutes prêtes pour toutes sortes de jeux; un lansquenet où Monseigneur et Monsieur jouaient toujours; un billard, en un mot, liberté entière de faire des parties avec qui on voulait, et de demander des tables si elles se trouvaient toutes remplies; au delà du billard, il y avait une pièce destinée aux rafraîchissements, et toutes parfaitement éclairées. Le roi y allait autrefois et y jouait, mais il y avait longtemps qu'il n'y allait plus, en désirant toutefois qu'on y fût assidu; et chacun s'empressait à lui plaire.

Philippe de France, duc d'Orléans.

Louis Dauphin, fils de Louis XIV.

Salle de l'Abondance.

Le plafond représentant l'Abondance, peint par Ho-nasse, avec tous les attributs qu'il a pu inventer, ont fait appeler cette pièce salle de l'Abondance. Ce qui distingue davantage ce plafond et cette salle, c'est une suite de figures en costumes de différentes nations, unies à de larges draperies, et des vases de diverses formes dont l'effet et les couleurs semblent être l'œuvre d'un peintre vénitien du meilleur temps.

Cette pièce et une autre qui lui est attenante et qui se joint à la salle des Croisades (*voyez* le plan), servaient sous Louis XIV à renfermer les antiques, les médailles et les curiosités, et tout le plafond fait allusion à la possession de ce genre de richesse consistant en vases, camées, pierres précieuses. Les médailles étaient rangées dans douze armoires; cette belle collection avait été formée par Gaston de France, duc d'Orléans, qui la légua, par son testament, l'an 1659, ainsi que sa bibliothèque, à Louis XIV. Madame de Pompadour choisit ce cabinet pour y jouer la comédie sur un théâtre mobile; elle y représenta l'*Enfant prodigue*, de Voltaire, qui assista un jour à la représentation, et le *Méchant*, de Gresset; les acteurs étaient le duc d'Orléans, le duc d'Ayen, le duc de Nivernois, le duc de Duras, le comte de Maillebois, le duc de Coigny et le marquis d'Entragues; les actrices, madame de Pompadour, la comtesse d'Estrades, la comtesse d'Angirvilliers; le directeur le duc de La Vallière.

Cette salle était décorée autrefois de tableaux anciens, et aujourd'hui, faisant partie de la suite des grands appartements, elle a, comme les autres, des tableaux relatifs au règne de Louis XIV, tels que la prise des villes de Fribourg, de Valenciennes, de Courtrai, et l'entrée de Louis XIV à Ypres, tous de Van der Meulen.

Plafond de la salle de l'Abondance.

Salle de Diane.
Le chevalier Bernin fait le buste de Louis XIV.

ette salle, aussi riche que la précédente de marbres, de sculpture et de dorures, a aussi trois fenêtres; elle servait de salle de billard.

Blanchard a représenté sur le plafond Diane ou Phœbé sous ses diverses attributions, elle est assise au milieu du disque de la lune sur un char tiré par deux biches; les heures du jour et de la nuit l'accompagnent, caractérisées par une horloge, par le sommeil ou par une lampe.

Au fond de la salle est le buste de Louis XIV, exécuté en marbre blanc par le célèbre chevalier Bernin; le roi posa avec tant de patience durant des heures entières devant ce sculpteur que, fier de cette insigne faveur, il s'écria un jour, après une longue séance : « Miracle ! un grand roi, jeune et Français, a pu rester une heure tranquille ! »

C'est ce qui nous a engagé à représenter ici Louis XIV donnant une séance au chevalier Bernin. La tradition veut qu'il ait exécuté ce buste sans avoir dégrossi le marbre, sans préparation et à coups de ciseau dans le bloc. Il y a en effet dans le jet des cheveux une sorte de hardiesse, de confusion, qui d'ailleurs s'accorde assez avec le caractère ardent et impétueux de l'artiste.

Louis XIV peint par Rigaud.

Quis proprior sceptris facies? quis dignior aula
vultus?
CLAUDIUS, *Ep. Hon.*, versus 261.

Peut-on imaginer un aspect plus imposant et un visage plus propre à orner une cour? En effet, Louis XIV posséda, pendant sa jeunesse, tout l'éclat que peut donner la beauté, la grâce, la dignité ; son visage réunissait toutes les conditions que les anciens demandent pour désigner la beauté, c'est-à-dire la tête élevée [1], le front ouvert et martial [2], les sourcils presque se joignant comme on peint Auguste [3], les doigts bien faits, le pied petit [4] et une immense chevelure qui paraissait être la sienne flottant sur ses deux épaules [5], les portraits de Louis XIV ont été très-multipliés ; Mariette les a réunis sur une seule planche à différents âges ; celui de Rigaut, le plus beau, le plus imposant de tous, a pourtant l'inconvénient d'avoir été fait lorsqu'il était déjà assez âgé, à peu près en 1700, mais il est d'une grande ressemblance et d'une parfaite conservation.

[1] Celsum caput. SENEC., *hist.* 656.
[2] Martia frons. Cl., lib. 8.
[3] Suéton. *Vit. Aug.*, 79.
[4] Exiguumque pedem. OVIDE *de Art.*, 623.
[5] Alternis crines humero jactantur utroque. OVIDE, *de Art.*

Portrait plus en grand d'après le même tableau.

Salon de Mars. — Jean Bart est présenté à Louis XIV.

Trois peintres ont concouru à l'ornement du plafond de cette salle qui servit autrefois de salle de bal.

Audran y a représenté le dieu de la guerre sur un char tiré par des loups; des génies s'arment pour le suivre; l'Histoire va écrire ses exploits sous la dictée de la renommée, tandis que d'autres génies renversent Saturne et lui enlèvent sa faux. Lemoine a plus heureusement, ce nous semble, exprimé la même idée dans le salon d'Hercule, en opposant l'Éternité au Temps.

Le premier tableau qui fixe les regards dans cette grande pièce est le sacre de Louis XIV, à Reims, en 1654. Nous sommes depuis trente ans si rebattus des cérémonies des sacres, que nous dirons peu de choses de celui-ci. Le peintre a choisi le moment où le roi, vêtu du manteau royal, après avoir prêté serment de gouverner avec justice, reçoit la couronne des mains de l'évêque de Soissons ; à droite et à gauche sont rangés les pairs ecclésiastiques et laïques suivant l'ordre établi pour représenter les douze pairs de Charlemagne. Le marquis de Villeroi, le comte de Vivonne, le duc de Joyeuse, le maréchal d'Estrées, ayant les premières charges à la cour, sont derrière. Dans la tribune on voit Anne d'Autriche, la reine d'Angleterre et ses fils, et au milieu des assistants on distingue le cardinal Mazarin.

Mariage de Louis XIV.

Le second tableau est le mariage de Louis XIV avec l'infante Marie-Thérèse, célébré à Saint-Jean-de-Luz le 9 juin 1660. L'évêque de Bayonne donne la bénédiction nuptiale ; le roi est vêtu de noir, sans aucune pierrerie ; la jeune reine, belle de ses quinze ou seize ans, petite mais bien faite, avec de grands yeux bleus pleins d'expression, est richement vêtue. Les deux époux sont sous un dais de velours violet, parsemé de fleurs de lis d'or. Monsieur porte l'offrande du roi, mademoiselle de Montpensier celle de la reine; mesdemoiselles d'Alençon et de Valois portent la queue du manteau de la reine. La reine-mère, placée sur une estrade couverte de velours noir et sous un dais de même étoffe, est environnée de ses principaux officiers; la joie la rend si belle que, malgré ses cinquante-neuf ans, elle disputerait presque de beauté avec sa nièce.

Ce tableau, ainsi que quelques autres, présente une singularité qu'il est bon d'expliquer; c'est que les figures sont en sens inverse, et que Louis XIV semble épouser Marie-Thérèse de la main gauche. Cette disposition avait lieu afin qu'on pût copier le tableau en tapisseries des Gobelins, qui passaient alors pour une décoration plus belle, plus noble que des tableaux.

1. Le duc de Vendôme.
2. Anne d'Autriche.
3. Monsieur.
4. Louis XIV.
5. L'évêque de Bayonne.
6. Marie-Thérèse.
7. L'évêque de Fréjus.
8. Mlle de Valois.
9. Mlle d'Alençon.
10. Mlle de Montpensier.

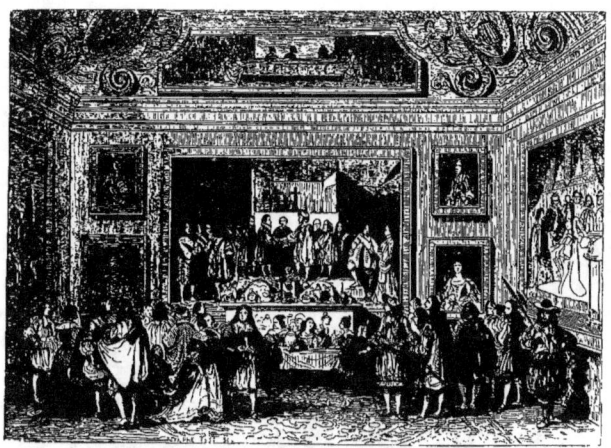

Salon de Mercure. — N. du plan.
Loterie de la duchesse de Bourgogne.

Cette salle, riche d'ornements dorés, de sculptures, de corniches et de reliefs, a deux croisées, et est désignée dans dans les différents ouvrages de P. Menant comme la chambre du lit, et la place de ce lit est indiquée dans le fond, vis-à-vis l'entre-deux des fenêtres. Ce fut là que coucha le duc d'Anjou lorsqu'il fut proclamé roi d'Espagne, et qu'il reçut les hommages de la cour. Elle servit souvent aux loteries que donnait la duchesse de Bourgogne, et que nous avons cherché à retracer.

Le plafond, peint par Philippe de Champagne, représente Mercure comme dieu du Commerce ; il est sur son char tiré par des coqs ; dans l'attique, Alexandre, Auguste et Ptolémée ; et au-dessus des portes des allégories peintes par Le Sueur, et relatives à la naissance et au sacre de Louis XIV.

Louis XIV à l'Académie des Sciences.

Les tableaux qui décorent cette salle sont : 1° la visite que fit Louis XIV à l'Académie des Sciences, le 5 décembre 1681, au sujet de la fondation de l'Observatoire, qu'on aperçoit dans le fond du tableau ; il était accompagné du Dauphin, du prince de Condé, et d'une partie de sa cour. Il visita d'abord la bibliothèque, puis le laboratoire, où M. Duclos exécuta en sa présence plusieurs expériences sur l'eau de mer et sur le verre ; mais le roi admira surtout la machine astronomique pour calculer les éclipses, et le savant M. de Cassini la lui expliqua.

Le tableau principal, celui qui garnit tout le fond, est le renouvellement de l'alliance de la Suisse avec la France. Déjà dans la salle des Gardes on a pu remarquer un petit tableau représentant la réception de ces ambassadeurs, mais d'une manière plus familière, sans tout le cérémonial, et telle qu'elle a dû être faite sous Henri IV et sous Louis XIII.

Réception des Suisses.

Il est intéressant de comparer ces deux compositions, dont l'une est simple, et l'autre empreinte de toute la cérémonie religieuse.

Alliance des Suisses.

« Sa Majesté, précédée des Cent-Suisses de sa garde, arrivant à la porte de l'église, y fut reçue par les principaux du chapitre, Elle se plaça au milieu du chœur sur un tapis couvert de velours rouge, semé de fleurs de lis d'or, sous un riche dais, accompagnée de Monsieur, du prince de Condé et du duc d'Enghien. Les ducs et pairs et les maréchaux de France avaient la droite, et les quatre premiers gentilshommes de la chambre venaient après. Les ambassadeurs des cantons ayant pris leurs places et le roi les ayant salués, la messe à laquelle toutefois les députés des cantons protestants n'assistèrent pas, fut célébrée par l'évêque de Chartres. Quand ils furent revenus, les secrétaires d'état montèrent sur l'estrade où était le roi. En même temps le sieur de Lionne, qui avait le département des affaires étrangères, porta le traité sur un carreau semé de fleurs de lis d'or, et le secrétaire de l'ambassade des Suisses, le même traité sur un autre carreau ; et après que le sieur de la Barde, ambassadeur du roi auprès des cantons, eut parlé sur ce sujet, le cardinal Antoine, de France, s'approcha du prie-Dieu du roi et y tint le livre des évangiles, sur lequel Sa Majesté mit la main, en même temps que l'un des ambassadeurs pour tous les autres y posa la sienne. Alors le doyen du conseil (M. Dormesson), en l'absence du chancelier, fit la lecture du traité.

1.
2. Les envoyés suisses.
3.
4. Louis XIV.
5. Le président Dormesson.
6. Monsieur.
7. Le grand Condé.
8. Le duc d'Enghien.

Salle d'Apollon.
Réception d'Ambassadeurs.

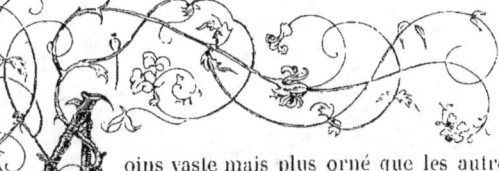oins vaste mais plus orné que les autres salles, ce salon renfermait le trône et servait à la réception des ambassadeurs. Sur le plafond, Lafosse a représenté avec assez de talent Apollon monté sur un char traîné par quatre coursiers; les Saisons l'accompagnent sous les traits de Flore, de Cérès, de Bacchus et de Saturne; près du char sont la Magnanimité, la Magnificence et la figure allégorique de la France, objet de la prédilection d'Apollon, c'est-à-dire de Louis XIV, qui à son mariage avait pris pour symbole un soleil, et pour devise : *Fœcundis ignibus ardet.* Il y substitua plus tard : *Nec pluribus impar.*

Le trône, élevé sur une estrade, était surmonté d'un baldaquin fort riche, et des deux côtés se trouvaient des vases d'argent du plus beau travail, et un tapis en velours sur lequel était figuré le Soleil répandant ses bienfaits. C'est dans cette belle pièce, où nous avons représenté Louis XIV recevant le doge de Gênes, qu'eut lieu en effet cette cérémonie; le doge qui disait « que ce qui l'étonnait le plus dans Versailles était de s'y voir; » qui, charmé de la bienveillance de Louis XIV, disait : « Ce roi ôte à nos cœurs la liberté par la manière dont il nous reçoit, mais les ministres nous la rendent. » C'est là qu'il reçut également les ambassadeurs de Siam et les envoyés d'Alger. Les dernières réceptions qui s'y firent furent celles des envoyés de Mahomet V près de Louis XV, en 1742, et ceux de Tipoo-Saïb, sous Louis XVI, en 1786.

Siège de Douai.

EXPLICATION DU TABLEAU.

De Tournai, le roi se rendit à Douai, qu'il avait fait investir deux jours avant par les troupes du camp. Il alla ensuite reconnaître la place et marquer les endroits les plus propres à l'attaquer. Il fit ouvrir la tranchée le 3 juillet ; le lendemain, après avoir visité tous les postes, on dit qu'il descendit dans la tranchée, donna son cheval à tenir à un valet bleu, et monta avec son frère, sur le parapet. Tel est le siége que représente le premier tableau de cette salle. L'histoire ajoute que cet exemple de courage, qui se renouvela plusieurs fois, enflamma tellement l'armée, que le quatrième jour du siége elle passa le fossé par la contrescarpe, et se logea sur la demi-lune; la ville, qui se crut au moment d'être forcée, capitula. Ce tableau représente le moment où le roi monte sur le parapet, quelques instants avant un boulet de canon était venu frapper le cheval d'un officier, à côté du roi et de Turenne.

Le troisième, et qui occupe le milieu de la salle, est l'entrée du roi et de la reine dans cette même ville de Douai, où les habitants les reçurent avec des marques de joie. Le même cérémonial qui avait été suivi pour l'entrée du roi à Tournay eut lieu également : la reine était dans son carrosse avec les dames de sa cour, et le roi, avec Monsieur et plusieurs maréchaux, suivaient à cheval la voiture.

Entrée du roi à Douai.

Salon de la Guerre. — N. 8 du plan.
Le czar Pierre s'arrête devant la statue de Louis XIV.

Le salon de la guerre, la galerie et le salon de la Paix qui la suit, occupent toute la façade ajoutée au petit château de Louis XIII du côté des jardins. Le salon de la Guerre était, dans le commencement du règne de Louis XIV, les appartements du roi. La galerie, la terrasse, le salon de la Paix, partie des appartements de la reine, ces trois pièces ont été confiées exclusivement pour toutes leurs décorations d'architecture, de peinture et de sculpture, au génie de Lebrun, et véritablement il s'en est montré digne. Nous laisserons parler pour la description de cette première pièce un contemporain, qui en donna la description en 1687, sous les yeux de Louis XIV; c'est le sieur Rainssan, conservateur du cabinet des médailles.

« Dans ce salon de la Guerre, dit-il, les ornements de la frise sont des trophées, des foudres et des boucliers; il y a quatre grands trophées de métal doré sur les portes, au-dessous desquels des masques et des festons différents représentant les quatre saisons de l'année, pour montrer que le roi a fait la guerre en tout temps. Cinq tableaux occupent toute la voûte; celui du plafond présente la France au milieu des nuages, et tenant d'une main la foudre, de l'autre un bouclier sur lequel est l'image du roi; elle est environnée d'un cercle de victoires qui indique tous les succès des armées françaises, principalement en Allemagne. Sur le cintre opposé aux appartements du roi, est Bellone en fureur, qui foule aux pieds des armures et des hommes; dans les trois autres cintres sont les trois puissances qui se sont liguées contre la France : l'Allemagne, la Hollande et l'Espagne. Au-dessus de la cheminée paraît Louis XIV à cheval, en fort relief, couronné par la Victoire. »

En visitant Versailles, le czar Pierre s'arrêta devant cette statue, et on put voir à l'expression de sa figure son admiration pour le grand roi, et les efforts qu'il faisait pour l'imiter.

Galerie de Versailles.

Le roi gouverne par lui-même : c'est à lui seul qu'appartiennent les victoires, les hauts faits, la prospérité de son règne; tel est le principal sujet représenté sur le plafond de cette galerie, telle est la pensée que Louis XIV a voulu faire prévaloir, et que Lebrun a parfaitement rendue dans l'immense conception architecturale et artistique dont il s'est chargé. Sa galerie est un des plus beaux ouvrages d'art qui existent au monde.

Elle est d'ordre composite, et l'ordonnance de l'architecture est réglée par dix-sept grandes fenêtres cintrées,

LE ROI GOUVERNE PAR LUI MEME

qui répondent à autant d'arcades remplies de glaces. Les unes et les autres, séparées par vingt-quatre pilastres, étaient jadis ornées de deux statues antiques placées dans des niches. Dans le fond on aperçoit une grande arcade accompagnée de deux colonnes, de six pilastres et deux statues antiques posées sur des piédestaux en saillie. Cette ornementation se trouve répétée dans le fond par lequel on pénètre dans la galerie.

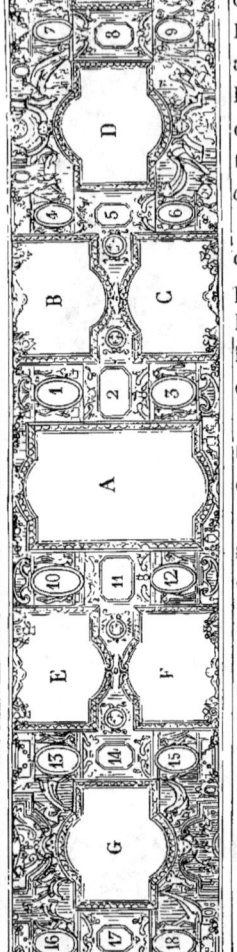

Toute cette architecture est de marbres de différentes couleurs; les bases et les chapiteaux sont de bronze, ainsi que les trophées, les peaux de lion, les festons, les soleils et les roses qui ornent les arcades et les entre-deux des pilastres.

Au-dessus de l'entablement sont des cartouches et des trophées de différentes figures, qui servent de couronnement aux arcades. Dans les cartouches qui sont au-dessous des grands tableaux de la voûte, et accompagnées de griffons et de sphynx, on lit les inscriptions faites d'abord d'un style emphatique par l'académicien Charpentier, simplifiées par Racine et Boileau. Quelques-unes ont été changées depuis : nous les mentionnerons. Les trophées sont soutenus par des enfants qui tiennent des guirlandes, et ces ornements, comme l'entablement, sont de stuc doré. Toute la galerie est voûtée d'un berceau en plein cintre. Le plafond de cette galerie, composé et peint en entier par Lebrun, retrace les événements du règne de Louis XIV, depuis 1661 jusqu'à 1668. Il se compose de sept grands compartiments et dix-huit petits ; nous les énumérerons brièvement, en commençant par le grand tableau du milieu, qui se recourbe des deux côtés et domine toute la composition. Il est divisé lui-même en deux parties ; la première porte pour titre :

LE ROI GOUVERNE PAR LUI-MÊME.

Dans ce tableau, le roi est représenté dans la fleur de la jeunesse ; il est assis sur son trône, la main droite posée sur un gouvernail ou timon de l'état. Ce fut au milieu des plaisirs et dans le sein de la paix que Louis XIV forma la résolution de gouverner par lui-même. L'autre partie porte pour titre :

FASTES
DES PUISSANCES VOISINES DE LA FRANCE.

L'Allemagne, l'Espagne et la Hollande y sont représentées avec des attributs qui les font reconnaître. Il y a dans ces deux compositions beaucoup de mouvement et d'ensemble.

Second tableau. — Résolution de châtier les Hollandais.

Louis XIV est revêtu de ses habits royaux et assis sur son trône il délibère avec Minerve, Mars et la Justice.

Troisième tableau. — Le roi attaque sur terre et sur mer.

Le roi est debout au milieu du tableau, qui donne ses ordres de tous côtés, la Prévoyance est auprès de lui, assise sur un nuage, et Neptune lui montre son trident et les vaisseaux prêts à mettre à la voile.

Le roi donne l'ordre pour attaquer en même temps quatre places de la Hollande.

Ce tableau est moins allégorique et par cela même plus important que tous les autres; c'est un conseil de guerre entre le roi, le duc d'Orléans, le prince de Condé et le maréchal de Turenne. Les personnages sont tous d'une ressemblance remarquable.

Les petits médaillons, au nombre de 18, présentent les sujets suivants :

1. Protection accordée aux beaux-arts, 1663.
2. La paix d'Aix-la-Chapelle, 1668.
3. L'ordre rétabli dans les finances, 1662.
4. Ambassades envoyées des extrémités de la terre.
5. Acquisition de Dunkerque, 1662.
6. Établissement de l'hôtel royal des Invalides, 1674.
7. Jonction des deux mers, 1667.
8. Police et sûreté établies à Paris, 1665.
9. Renouvellement d'alliance avec les Suisses, 1663.
10. Réformation de la justice, 1667.
11. Guerre contre l'Espagne pour les droits de la reine, 1667.
12. Rétablissement de la navigation, 1663.
13. La prééminence de la France reconnue par l'Espagne, 1662.
14. La fureur des duels arrêtée, 1662.
15. Défaite des Turcs en Hongrie par les troupes du roi, 1664.
16. Réparation de l'attentat des Corses, 1666.
17. Soulagement du peuple pendant la famine, 1662.
18. La Hollande secourue contre l'évêque de Munster, 1665.

C'est ordinairement dans cette galerie, au bout de laquelle un trône était élevé sur un tapis de Perse à fond d'or, enrichi de fleurs d'argent, à droite et à gauche duquel étaient placés de grandes cassolettes d'argent, et des candelabres de même métal, que Louis XIV, entouré de ses enfants, de ses généraux et des principaux personnages de sa cour, recevait les ambassadeurs extraordinaires. C'est ainsi qu'il admit en sa présence, le 15 mai 1683, le doge Impériali, accompagné de quatre sénateurs à genoux, pour lui faire la réparation des sujets de mécontentement qu'il avait éprouvés. On y donna aussi des bals et des fêtes, entre autres celle qui eut lieu le 7 décembre 1697, à l'occasion du mariage du duc de Bourgogne et de la princesse de Savoie.

Salon de la Paix. — N du plan.

out dans ce salon offre un contraste frappant avec les peintures et les sculptures du salon de la Guerre. Là tout représentait les fureurs de Bellone; ici tout respire les douceurs de la paix.

La corniche est ornée de branches d'olivier, d'épis et de guirlandes; sur les portes, des enfants soutiennent des festons de fleurs; aux angles, des lyres, surmontées de la couronne de France, sont entre des caducées et des cornes d'abondance.

Sur le cintre, qui est du côté des appartements de la reine, est représentée l'Europe chrétienne en paix.

Dans le cintre qui fait face à la galerie, on voit l'Allemagne recevant avec reconnaissance la branche d'olivier que lui apporte son bon Génie. Au-dessus de l'arcade de la galerie, l'Espagne à genoux remercie le ciel du laurier que lui apporte un amour.

En face des appartements de la reine est la Hollande également à genoux, offrant avec respect sur un bouclier les flèches qui lui restent ; un amour les enlace de lauriers.

Plafond du Salon de la Paix.

Sur le plafond ovale, la France, couronnée par l'Immortalité, est dans un char porté dans un nuage, elle appuie sa main gauche sur un écu orné de fleurs de lis, et de son sceptre, qu'elle tient à sa main droite, elle ordonne à la Paix, qui porte un caducée, de répandre partout l'abondance et la joie. Au-dessous, sont divers Amours qui jouent avec des tourterelles au cou desquelles sont attachés divers médaillons aux armes des Bourbons de l'Espagne, des maisons de Bavière et de Savoie ; allusion aux mariages du Dauphin avec Marie-Anne de Bavière, de Charles d'Espagne avec Marie-Louise d'Orléans, et de Victor-Amédée de Savoie avec Anne-Marie d'Orléans.

Tous ces tableaux, ainsi que ceux de la grande galerie et du salon de la Guerre qui les précèdent, sont dus au génie inépuisable de Lebrun, peintre qui eut peut-être trop de réputation, trop de vogue dans son temps, mais qui en a trop peu aujourd'hui. Ce que lui reproche l'école actuelle c'est le manque d'effet et quelquefois de correction de dessin ; mais ce qu'il pourrait reprocher à l'école actuelle, c'est le peu d'imagination, de mouvement de génie, d'abondance, qualités qu'il posséda au suprême degré.

Sur la cheminée est un magnifique portrait de Louis XV, par Lemoine; d'une main il tient un gouvernail, et de l'autre il présente à l'Europe l'olivier de la Paix. Ici encore Lemoine eut un redoutable voisin dans Rigaut, et cependant il ne lui fut pas inférieur.

Dans cette pièce était le jeu de la reine, car de tout temps on joua très-gros jeu à la cour de France. Louis XIV encourageait cette passion, qui attirait à sa cour et la rendait brillante; mais il savait dédommager les personnes de sa famille ou de son intimité qui éprouvaient de trop grosses pertes. On ne peut envisager la porte de cette salle sans un souvenir pénible, en pensant à la nuit où un garde-du-corps fidèle et courageux périt en défendant ce poste.

Porte de la chambre à coucher de la reine,
à minuit, le 5 octobre.

Chambre à coucher de la reine.

> J'entends encor ces voix, ces lamentables cris,
> Ces cris : Sauvez le roi, son épouse et ses fils!
> VOLTAIRE, Mérope, acte I.

e garde-du-corps que nous avons laissé près de la porte de la chambre à coucher de la reine, à la partie extérieure, dans le salon de la Paix, ne fut point attaqué dans le premier moment ; c'est celui qui était en faction dans la salle des Gardes, attenant à l'escalier de marbre : c'est par là que le peuple fit explosion, vers quatre heures du matin. Ce brave homme n'eut que le temps de crier : « Sauvez la reine ! » avant d'être massacré. Ce cri fut heureusement entendu par deux des dames de la reine qui n'avaient pas voulu se coucher. Elles étaient restées dans le salon, séparé encore du vestibule des Gardes par la salle du Grand-Couvert, comme nous le verrons tout à l'heure ; elles entrèrent alors chez la reine qui sortit de son lit, couverte seulement d'un manteau de nuit, et s'enfuit par la petite porte indiquée sur cette gravure et qu'on a laissé subsister, elle se rendit chez le roi, en passant par l'Œil-de-Bœuf, par la chambre de Louis XIV et la salle du conseil.

On voit qu'elle traversa le couloir de son cabinet de toilette, et la porte suivante se trouvant fermée, elle eut quelque peine à l'ouvrir.

Enfin elle arriva à la pièce n. 6 du plan, où elle trouva réunis le roi, Monsieur.... Quelques instants après arriva Lafayette.

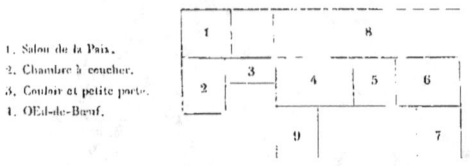

1. Salon de la Paix.
2. Chambre à coucher.
3. Couloir et petite porte.
4. Œil-de-Bœuf.
5. Chambre de Louis XIV.
6. Salle du Conseil.
7. Chambre de Louis XVI.
8. Grande galerie.
9. Salon des gardes-du-corps.

Cette pièce avait à peu près les mêmes ornements que tous les grands appartements, mais elle fut entièrement restaurée et changée au mariage de Louis XVI. On voit dans les encoignures du plafond les armes d'Autriche réunies à celles de France; aux quatre panneaux, au-dessus des glaces, étaient les portraits de Marie-Thérèse, de l'empereur Joseph et de l'archiduchesse Christine des Pays-Bas.

Siège de Lille.

Cette salle contient trois grands tableaux, dont le plus apparent, le siège de Lille, occupe le fond, où était le lit de la reine.

On voit sur le devant Louis XIV à cheval, et près de lui Turenne et Condé. Le siège de Lille était une grande entreprise; le roi l'ayant résolu contre l'avis de ses généraux, détacha le marquis d'Humières avec un corps de cavalerie qui investit la place, pendant que le comte de Lislebonne et le comte de Lorges fermaient les passages; le roi arriva le 10 devant Lille, et y fit travailler aux lignes de circonvallation; il fut toujours à cheval pour assurer les quartiers et hâter les travaux, et sut inspirer par sa présence une telle ardeur que cette grande ville, après neuf jours de tranchée ouverte, fut forcée de capituler.

Combat
près du canal de Bruges.

Ce combat fut la suite ou du moins la conséquence du précédent. Le roi, occupé du siége de Lille, et sachant qu'un corps d'Espagnols s'assemblait pour tenter de porter des secours dans la place, avait fait venir le marquis de Créquy avec son camp volant pour les observer, et s'était avancé lui-même avec de la cavalerie vers le canal de Bruges pour les soutenir. M. de Marsin, qui commandait les Espagnols, prit le parti de se retirer ; mais le marquis de Créquy ayant joint son arrière-garde, l'attaqua avec une telle vigueur qu'il la défit entièrement, pendant que le marquis de Bellefond, soutenu par le roi, attaquait le gros de l'armée que M. de Marsin conduisait au secours de son arrière-garde. L'on fit dans ce combat quinze cents prisonniers et l'on prit dix-huit étendards. Ce tableau ne présente pas un fait bien important, mais il est un des plus beaux que l'on connaisse de Van der Meulen;

il y a là une puissance de coloris, d'effet, de magie qu'on ne peut assez admirer.

Prise de Dôle.

Louis XIV, parti de Paris pour Dijon dans les premiers jours de février, se mit à la tête des troupes en marche sur Dôle, dont il voulait entreprendre le siége. Le 10 février il était devant la place qui avait été investie par le duc de Roquelaure. Il alla ensuite reconnaître les travaux, et, après s'être entendu avec le prince de Condé pour assiéger la ville, la tranchée fut ouverte le 12 par trois endroits. Il poussa si avant que les attaques étaient, les deux jours suivants, arrivées aux glacis. Les assiégés, pour obtenir une composition plus avantageuse, capitulèrent le 14.

Louis XIV.   Le grand Condé.

Salon de la Reine. — N. 7 du plan. — Présentation d'une dame à la cour.

Le salon de la reine, qui suivait immédiatement sa chambre à coucher, servait principalement aux présentations à la cour, et l'étiquette que l'on observait s'est conservée même encore aux Tuileries, après le 5 octobre. La dame présentée était accompagnée de deux de ses parentes ou des amies de sa famille ; elle faisait en entrant trois révérences, pour lesquelles on prenait des leçons de Vestris, et il fallait faire en sorte de ne pas s'embarrasser dans la queue de la robe. Arrivée près de la reine, la dame s'inclinait comme pour baiser le bas de la robe de la reine, et celle-ci reculait ordinairement d'un pas en donnant un coup d'éventail sur sa robe comme pour constater le droit en dispensant de s'y soumettre. De chez la reine on allait chez le roi, mais ordinairement tous deux se trouvaient dans la même pièce ; le roi faisait le geste d'embrasser la dame présentée, et quelquefois l'embrassait véritablement.

Cette pièce est du petit nombre de celles qui ont toujours conservé leur destination. C'est là que se tenait le cercle de la reine, et que les personnes célèbres des divers règnes ont brillé par les grâces de la beauté et de l'esprit, par la parure et l'envie de plaire. Les hôtels de Rambouillet et d'Albret, de Richelieu, s'étaient concentrés dans ce salon. Après la mort de la reine, la duchesse de Bourgogne égaya encore quelque temps ce salon, qui n'eut plus, sous Marie Leczinska, et même sous Marie-Antoinette, qu'une froide représentation.

Trois grands tableaux décorent cette salle, le plus en évidence est la visite de Louis XIV à l'hôtel des Invalides.

Création
de l'hôtel des Invalides.

Une des idées les plus grandes de Louis XIV et les mieux réalisées a été la fondation de l'Hôtel des Invalides, commencé dans l'an 1671 et continué sans interruption jusqu'à son achèvement. Louis XIV suivait le progrès des travaux; après la campagne de Franche-Comté, il se rendit aux Invalides, et pour que le souvenir de cette grande fondation fût à jamais consacré, il en commanda le tableau à Lebrun. Il y est représenté accompagné de M. le duc d'Orléans, du prince de Condé, des maréchaux de Turenne, de Luxembourg, de Rochefort, de Schœnberg. Louvois, secrétaire d'état de la guerre, lui présente les plans, l'architecte Mansart est près de lui; et comme il fallait toujours dans le temps un peu d'allégorie, un ange ou un génie amène des soldats blessés pour contempler le noble asile que le roi leur destine.

Louis XIV visite les Gobelins.

L'établissement des Gobelins ne consistait pas seulement, sous Louis XIV, dans les tapisseries de haute lisse qui font encore aujourd'hui sa réputation, mais dans tout un ensemble de meubles précieux en bois, en or et en argent; c'était la manufacture royale de tout le mobilier de la couronne et à laquelle les artistes dans les différents genres ont contribué à l'envie. Les peintres ne considéraient la valeur de leurs tableaux que par l'éclat qu'ils produisaient convertis en tapisseries, et les sculpteurs s'attachaient à composer en meubles, candélabres, vases précieux, des chefs-d'œuvre qui acquéraient encore plus de prix par leur rareté et la place qu'ils occupaient dans les plus beaux palais du monde.

La visite que fit le roi à cet établissement eut lieu peu de temps après la paix d'Aix-la-Chapelle et encore du vivant de Colbert, qui se trouve près du roi dans ce tableau.

Le troisième tableau et le plus intéressant de cette pièce, est le baptême de Louis de France, dauphin, fils de Louis XIV. On avait différé cette cérémonie à cause de la guerre; Louis XIV voulut y apporter beaucoup d'éclat et de magnificence. Le cardinal de Vendôme, légat *à latere* pour le pape, fut le parrain, et la princesse de Conti, pour la reine Marie d'Angleterre, la marraine.

Baptême du dauphin.

Le Dauphin arrive vêtu en brocart d'argent avec une toque ornée de plumes blanches et d'un cordon de diamants; il était suivi de Monsieur en habit de chevalier de l'ordre avec son collier, et de la maréchale de Lamotte, gouvernante des enfants de France; la princesse de Conti en deuil, et plusieurs princesses, aussi brillantes de beauté et de parures, assistaient à la cérémonie. Le cardinal légat donna à Monseigneur le nom de Louis, et en même temps les hérauts d'armes crièrent par trois fois : *Vive Monseigneur le Dauphin!*

Tribune de Lulli.

Salle du Grand Couvert.

Ce salon servait au grand couvert, c'est-à-dire au dîner de la reine et du roi, auquel le public était admis derrière une balustrade qu'on disposait à cet effet. Marie Leczinska dînait ainsi tous les jours, et Marie-Antoinette se soumit à cet usage tant qu'elle fut Dauphine. Le Dauphin dînait seul avec elle, et un jour, remarquant un artiste qui prenait ce moment pour faire son portrait, elle fit écarter la foule pour qu'il pût la mieux voir : c'est la scène que nous avons représentée. « Ce spectacle, dit madame Campan, faisait le bonheur des provinciaux ; à l'heure des dîners, on ne rencontrait dans les escaliers que des braves gens qui, après avoir vu la Dauphine manger sa soupe, allaient voir les princes manger leur bouilli, et qui couraient ensuite à perdre haleine pour voir Mesdames manger leur dessert. »

Le plafond de cette salle, peint dans l'origine par Coypel, fut décoré plus tard d'un magnifique tableau de Paul Véronèse, échappé, comme celui de la chambre à coucher de Louis XIV, au système de restitution qui eut lieu en 1815 ; il représente l'Évangéliste saint Marc, qui se trouve ainsi entouré assez singulièrement de Rodogune, Artémise, Zénobie et Clélie traversant le Tibre à la nage, peint dans les anciennes décorations du plafond.

Cette salle renferme quatre grandes compositions appartenant au règne de Louis XIV, et au milieu, au-dessus de la cheminée, le portrait de ce prince à cheval, tableau admirable de Van der Meulen.

Le duc de Bourgogne présenté à Louis XIV.

L'usage était que les princes du sang reçussent la croix de l'ordre du Saint-Esprit et le cordon bleu en venant au monde. Le roi voulut donc recevoir le duc de Bourgogne avec les mêmes cérémonies qui avaient été observées à la naissance du grand Dauphin.

Le président de Mesmes, prévôt et grand-maître des cérémonies, alla prendre ce prince dans son appartement, et le conduisit dans la chambre du roi. S. M. fit entrer d'abord les chevaliers de l'ordre dans son cabinet pour y tenir chapitre, et il fut arrêté que monseigneur serait reçu chevalier; alors le président de Mesmes conduisit ce prince dans le cabinet, où, s'étant mis à genoux, Sa Majesté tira son épée et lui en donna un coup sur les épaules en disant : *Par saint George et saint Michel je te fais chevalier*. Cette cérémonie se fit au château de Saint-Germain-en-Laye.

Le tableau qui suit représente le mariage du duc de Bourgogne avec une princesse de Savoie, en 1697, après la paix de Ryswick. Il fut célébré à Versailles, avec une grande magnificence; les dames surtout n'épargnèrent aucune dépense : le roi était habillé de drap d'or; le prince, de velours noir tout couvert de perles; la princesse, d'un drap d'argent semé de pierreries. Le roi était accompagné du duc d'Anjou, du duc de Berry, de la duchesse de Verneuil. Le tableau suivant, de l'autre côté de la cheminée, est la réparation faite au roi par le doge de Gênes Imperiali, suivant un traité signé à Paris le 12 février 1685, en exécution duquel le doge fut conduit au pied du trône du roi, élevé au bout de la grande galerie et d'une magnificence particulière. Monseigneur était à la droite du roi; Monsieur, à sa gauche.

Le troisième tableau retrace un fait moins ancien, mais plus important, Louis XIV présentant à sa cour le duc d'Anjou comme roi d'Espagne.

Le duc d'Anjou déclaré roi d'Espagne.

Ce magnifique tableau de Gérard comprend toutes les personnes marquantes de la cour de Louis XIV, à l'époque où ce prince fit la grande faute, si blâmée par le sage Beauvilliers, d'accepter le testament par lequel Charles II légua la couronne d'Espagne à Philippe, duc d'Anjou, fils puîné du grand dauphin.

Le lundi 15 novembre, le roi partit de Fontainebleau entre neuf et dix heures, et arriva à Versailles vers quatre heures. Le lendemain 16, au sortir du lever, il fit entrer le marquis de Castel dos Rios, ambassadeur d'Espagne, dans son cabinet, où M. le duc d'Anjou s'était rendu par les derrières.

Le roi, le lui montrant, lui dit qu'il le pouvait saluer comme son roi ; aussitôt l'ambassadeur se mit à genoux à la manière espagnole, et lui fit, en cette langue, un assez long compliment.

Tout aussitôt après, le roi fit, contre toute coutume, ouvrir les deux battants de la porte de son cabinet, et commanda à tout le monde qui était là en foule d'entrer; puis, promenant majestueusement les yeux sur la nombreuse compagnie : « Messieurs, leur dit-il en montrant le duc d'Anjou, voilà le roi d'Espagne. Sa naissance l'appelait à cette couronne; le feu roi aussi, par son testament;

toute la nation l'a souhaité et me l'a demandé instamment : c'était l'ordre du Ciel; je l'ai accordé avec plaisir. Soyez bon Espagnol, dit-il alors à son petit-fils : c'est présentement votre premier devoir; mais souvenez-vous que vous êtes né Français, pour entretenir l'union entre les deux nations; c'est le moyen de les rendre heureuses et de conserver la paix de l'Europe. »

1 Monseigneur de Gualtério, nonce du pape.
2 Chapelain de l'ambassade espagnole.
3 Gentilhomme espagnol.
4 Achille de Harlai.
5 Duc de Villars.
6 D'Aguesseau.
7 Duc de Beauvilliers.
8 Duc de Berwick.
9 Marquis de Louville.
10 Bourdaloue.
11 Coysevox.
12 Mansard.
13 Bossuet.

1 Père Lachaise.
2 Vauban.
3 Cardinal d'Estrées.
4 De Puy-Ségur.
5 Boileau.
6 De Torcy.

1 Duc de Berry.
2 Duc de Bourgogne.
3 Grand Dauphin
4 Prince de Conti.
5 Monsieur, frère du roi.
6 Comte de Toulouse.
7 Duc du Maine.
8 Philippe d'Orléans.
9 Duc de Vendôme.
10 Monsieur le Duc.

Ce tableau est une admirable réunion de tous les personnages distingués de cette époque, qui fut la seconde et la dernière du règne de Louis XIV; cependant il y a quelques portraits d'individus que leur âge ou leur absence aurait empêchés d'assister à cet événement. On peut dire aussi que le costume n'est point exact, car la cour devait déjà être en deuil. Quant à l'exécution du tableau, elle est du meilleur faire de Gérard, et la couleur n'a point passé au noir comme dans les deux grandes compositions de la salle des batailles, c'est-à-dire l'Entrée de Henri IV et la Bataille d'Austerlitz. Ce tableau a été admirablement reproduit, et par la gravure, et par la manufacture des Gobelins.

SALLE DES GARDES DE LA REINE.

Une troupe de furieux pris de vin, et des femmes, plutôt des cannibales, se précipitent dans cette salle qui était restée ouverte du côté de l'escalier de marbre; ils égorgent deux gardes du corps qui avaient opposé une noble, mais vaine résistance, et ils entrent dans la salle du Grand-Couvert. Les cris d'une de leurs victimes, M. Varicourt, ont été entendus dans le salon de la reine, et la malheureuse princesse a pu s'évader. En arrivant, les misérables ne percèrent de leurs baïonnettes que les matelas du lit; on prétend même qu'ils n'entrèrent point dans cette pièce : essayons de le croire; mais ils franchirent certainement le vestibule, et les têtes de Varicourt et de Deshuttes restèrent sur leurs piques même après le départ du roi.

Cette pièce a un plafond orné, comme tous les autres, de compartiments dorés et de tableaux. Il est de Coypel, et inférieur à beaucoup de ses ouvrages. Au milieu, Jupiter sur un char traîné par des aigles, et, dans le cintre, Solon, Ptolémée, Trajan et Septime-Sévère dans des actes de justice et de bienfaisance.

La duchesse de Bourgogne.

Madame la duchesse de Bourgogne, qui fut une des plus aimables princesses de son temps, fit les délices de la cour de Louis XIV, et embellit les dernières années de sa vie. A sa mort, si malheureuse, un voile de deuil s'étendit sur le palais du grand roi; sa vie ne fut plus qu'un triste accomplissement de devoirs politiques et religieux, une suite de pratiques régulières et monotones, dont il imposait comme il subissait le joug à tout ce qui l'entourait. Cette charmante princesse ne fut pas toujours insensible aux hommages si multipliés, si exaltés qu'elle recevait, mais elle expia bien quelques légèretés de jeunesse dans les dernières années de sa vie si belle, si brillante, si courte : elle voulait en anéantir jusqu'aux moindres traces ; ses scrupules même les dénoncèrent, et la dévotion du vieux roi crut trouver peut-être une arme pour se défendre du chagrin, en cherchant à perdre ce que l'estime ajoute à l'affection.

Au-dessus de la cheminée, est la famille du grand Dauphin, tableau de Mignard, souvent répété ; dans les deux autres panneaux, la statue de la duchesse de Bourgogne, de Coysevox, et son portrait en pied, par Rigaud, très-beau tableau qui passe pour être très-ressemblant et que nous avons cherché à reproduire.

Famille du grand Dauphin.

Marie-Antoinette.

Qui donnait tant d'éclat au trône des Bourbons,
Tant de charme au pouvoir, tant de grace à ses dons.
Delille.

PETITS APPARTEMENTS DE LA REINE.

Quelle puissance n'exerce pas sur les âmes le souvenir de la beauté et du malheur! Toute la magnificence de Versailles, la série des salles superbes qu'on a parcourues s'efface, s'oublie, lorsqu'on entre dans trois ou quatre chambres basses, obscures, mais qui servaient d'habitation à l'infortunée Marie-Antoinette. C'est là que, dans l'intimité de quelques personnes aimables, elle cherchait à échapper à son rang et à satisfaire le désir qui la dominait, d'être aimée pour elle-même, d'être appréciée dans ce qu'elle tenait de la nature plutôt que de la naissance : reine, et au plus haut degré, dans les circonstances graves, mais femme aimable, gaie, frivole même, dans tout le reste du temps. « Il faut monter à cheval, disait-elle à Louis XVI l'avant-veille du 10 août, et vous me verrez, s'il le faut, mourir à vos côtés. » Puis, quelques moments après, oubliant la gravité des circonstances, elle ajoutait : « Connaissez-vous rien de plus ennuyeux que Pétion ? » Ces aimables qualités, qui la rendaient l'idole de ceux qui la connaissaient, excitaient l'envie de tous les autres ; car, lorsqu'elle faisait une sorte de sacrifice de sa dignité, et disait dans ces moments d'abandon : *Enfin, je ne suis plus reine*, il semblait alors que ce même sacrifice dût appartenir ou profiter à tout le monde, qu'elle n'eût pas le droit de choisir.

Les petits appartements de la reine consistaient, sous Marie Leczinska, en un salon, un oratoire et un cabinet de travail ; la reine Marie-Antoinette les fit arranger dans le goût moderne, et ils composaient un cabinet de toilette, un salon, une bibliothèque, le tout dans de très-petites dimensions, ne recevant le jour que d'une cour étroite, mais décoré avec goût.

Cabinet de toilette de la reine.

Cette petite pièce a une cheminée et une alcôve avec un canapé ; la reine y passait tous les jours près de deux heures que durait la coiffure de ce temps. C'était alors qu'elle recevait l'abbé de Vermond et qu'elle convenait avec lui des réponses à faire à la multitude de demandes de tout genre qui lui étaient adressées. Celui qui la coiffait est le célèbre Léonard, sous le nom duquel on a publié des mémoires.

Petit Salon de la reine.

C'est ici que Marie-Antoinette recevait les personnes qu'elle admettait dans son intimité, celles surtout qu'elle pouvait obliger, qu'elle pouvait secourir. C'est là qu'on vit longtemps un enfant qu'elle avait recueilli dans une des promenades solitaires qu'elle faisait dans les environs de Trianon; c'est là que madame de Bellegarde obtint d'elle la révision de son procès. Cette scène fut le sujet dans ce temps de plusieurs tableaux que nous avons cher-

Ornements des appartements de la reine.

ché à reproduire ici. La société habituelle de la reine était madame de Polignac, MM. de Lamballe, de Vaudreuil, de Narbonne, de Coigny, et plus tard MM. de Lameth, de Ségur et de Besenval.

Bibliothèque de la reine.

Pendant plusieurs années Marie-Antoinette passa dans cette pièce une grande partie de ses matinées à écrire, à lire et à faire quelques ouvrages de tapisseries : c'est ainsi que l'a représentée madame Le Brun. Longtemps étrangère aux affaires politiques, elle ne consentit à s'en mêler que lorsque le roi lui-même l'exigea, et que la gravité des temps portait tout le monde à chercher le

Ornements des appartements de la reine.

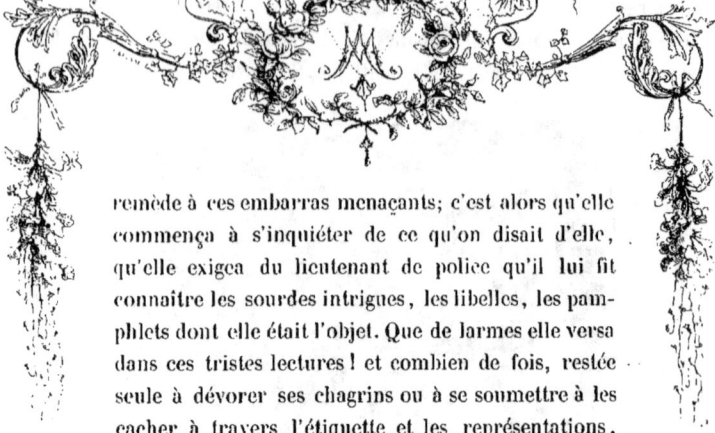

remède à ces embarras menaçants; c'est alors qu'elle commença à s'inquiéter de ce qu'on disait d'elle, qu'elle exigea du lieutenant de police qu'il lui fit connaître les sourdes intrigues, les libelles, les pamphlets dont elle était l'objet. Que de larmes elle versa dans ces tristes lectures ! et combien de fois, restée seule à dévorer ses chagrins ou à se soumettre à les cacher à travers l'étiquette et les représentations, elle dut se dire en se rappelant les temps heureux de son enfance : *Voilà pourtant ce que c'est que d'être reine* [1] !

[1] Madame de Coigny, fatiguée un jour des hommages qu'on lui rendait, fit graver le cachet ci-dessous.

Salon du Sacre.

éployez-vous dans cette vaste enceinte, tableaux immenses retraçant des faits d'une proportion gigantesque; beaux-arts, jetez de l'or, des lauriers, des couronnes autour de ces belles compositions, elles sont l'apothéose d'un homme dont les hauts faits rempliront tout à l'heure une aile entière de ce palais. Ces trois tableaux ne pouvaient être contenus dans aucune autre salle, et celui qui les avait commandés

Distribution des aigles.

avait dit au peintre : « Nous bâtirons pour eux un palais. » Louis-Philippe leur a trouvé un asile digne d'eux. L'histoire dira qu'il a existé dans les temps modernes une république qui a menacé de conquérir le monde comme la république romaine, et qui a fini comme elle par un trône. Ses guerriers, qui n'étaient distingués des autres citoyens que par plus de talents, plus de bravoure, l'ont été bientôt par des décorations, par des titres, et leur chef heureux a placé la couronne sur sa tête. Voilà ce que contient et développe cet éminent salon dont le tableau principal est le couronnement de Napoléon.

Couronnement de l'empereur.

Le 2 décembre 1801, jour fixé pour le sacre de l'empereur, le pape partit à neuf heures du palais des Tuileries, pour aller à l'archevêché où il se rendit en grand cortége ; l'empereur et l'impératrice partirent à dix heures. Lorsqu'ils furent placés vis-à-vis de l'autel, le pape descendit de son trône et se rendit à l'autel. Ensuite l'empereur, ayant remis la main de justice à l'archichancelier, et le sceptre à l'architrésorier, monta à l'hôtel, prit la couronne et la plaça sur sa tête ; puis

Il prit dans ses mains celle de l'impératrice, et, revenu auprès d'elle, il la couronna.

Le peintre a choisi le moment où l'empereur, déjà couronné de ses mains, transporte la couronne sur le front de son épouse et où les voûtes de l'église retentissent d'acclamations.

Derrière l'empereur les princes Joseph et Louis, et les grands dignitaires Cambacérès et Lebrun.

Derrière les princes, les colonels généraux de la garde : Soult, Bessières, Davoust et Mortier, le grand maréchal du palais Duroc, le colonel général Beauharnais portant l'anneau, le maréchal Bernadotte portant le collier de l'empereur, et le maréchal Berthier portant le globe impérial.

A droite des princes, en obliquant en avant, M. de Talleyrand, grand chambellan, et M. le général Caulaincourt, grand écuyer.

Derrière eux, deux chambellans; derrière l'impératrice, les princesses, Joseph, Louis, Elisa, Pauline et Caroline; derrière les princesses, mesdames de Lucay, de Rémusat, de Talhouet, de Lauriston, la maréchale Ney, Darberg, Duchâtel, de Séran, de Colbert et Savary, dames du palais.

A gauche des princesses, et en obliquant en avant, la dame d'honneur, madame de La Rochefoucault, la dame d'atours, madame de Lavalette; derrière elles, le premier écuyer, M. le sénateur d'Harville, et le premier chambellan, M. le général Nansouty. A gauche de la dame d'atours, et en obliquant en avant, les trois grands officiers portant les honneurs de l'impératrice, MM. les maréchaux Serrurier, Moncey et Murat. A la droite, près de l'autel, le grand maître des cérémonies, M. de Ségur.

Madame mère était placée dans la tribune impériale, à droite du trône; le corps diplomatique occupait la tribune à gauche du trône.

Ne pouvant faire connaître ni le nom ni les places de tous les personnages qui font partie de cette grande scène, nous nous bornerons à quelques-uns des principaux qui composent la partie à droite du tableau.

David n'a fait que revêtir d'habits modernes cette masse de personnages qu'il a distribués habilement sur la toile, en réservant la lumière sur le groupe principal.

Le tableau qui est en face de celui-ci représente la distribution des Aigles. Il ne le cède point à l'autre, il a même plus de mouvement; mais il a aussi quelque chose de théâtral, de forcé, qui d'ailleurs ne s'accorde pas avec la vérité de l'histoire, plusieurs des personnages qui y figurent voyant avec peu d'enthousiasme cette cérémonie.

Napoléon en habits du sacre.

Les anciens costumes comme les anciens usages de la royauté avaient été repris, mais avec des changements analogues au progrès des arts et aux nouvelles idées. Napoléon voulait se placer dans l'ordre des souverains et dans l'habitude des cours, sans cependant se montrer ridicule à ses sujets, et les arts, sous ce rapport, lui furent utiles. Ils rajeunirent toutes les anciennes formes, et c'est dans ce costume que fut composée sa statue sur la colonne, et qui, en effet, était plus monumentale que le chapeau à trois cornes et la capote qu'on voit aujourd'hui, sorte de représentation bonne pour une statue dans l'intérieur de quelque édifice, mais qui n'a rien de monumental. Les dessus des portes sont de Gérard. Mais le tableau qui, avec raison, fixe tous les regards, c'est la bataille d'Aboukir, de Gros, un de ses tableaux les plus chaleureux; on y trouve le mouvement, l'énergie des compositions de David, et de plus un effet et une couleur admirables.

Cette salle, la plus grande du palais, s'appelait autrefois *le Magasin des gardes*. C'est là en effet qu'ils se rassemblaient pour passer des inspections; elle servait aussi à toutes les réunions considérables, tels que lits de justice, cours plénières, et, le jeudi saint, à la cérémonie de la Cène. Les pauvres étaient rangés sur un des côtés, et les princes leur apportaient leur denier, qu'ils allaient prendre dans la pièce voisine que nous allons décrire.

Bataille d'Aboukir.

Salle de 1792.

Allons, enfants de la patrie,
Le jour de gloire est arrivé.

Le jour de gloire, le jour de richesses, de puissance, tout ce qui parle au cœur, aux sens, à l'imagination des hommes, a été mis dans une urne par le sort, et chacun y a tiré une sentence de mort glorieuse ou le brevet d'une vie brillante. Quatre-vingt-trois portraits sont ici représentés comme les heureux survivants de cette terrible tontine; l'un, avec son habit de soldat, vous apprend que le bâton de maréchal s'est trouvé dans sa giberne; l'autre a ren-

La Fayette.

contré dans son chemin une couronne; tous y ont acquis un nom célèbre à laisser à leur famille; mais avant d'énumérer chacun de ces miracles, voyons quelle a été leur origine et les événements gigantesques qui les ont enfantés.

Au milieu du repos de l'Europe a retenti un cri de liberté, d'indépendance, une voix qui appelait les peuples à conquérir ou à reprendre leurs droits: force a été aux souverains d'étouffer cette voix ou de s'y soumettre, et d'appeler la guerre comme seul arbitre dans cette question. Cent vingt mille étrangers avec un manifeste menaçant se sont présentés, non-seulement pour conquérir, mais pour asservir la France, lui imposer le retour à un ordre de choses qu'elle avait violemment, consciencieusement détruit. La capitale a donné l'exemple d'une résistance générale. Le premier tableau qu'on aperçoit est le départ de Paris des volontaires, au nombre de cinquante bataillons, formant un total de trente-six mille hommes; les deux autres tableaux sont les batailles de Valmy et de Jemmapes, qui furent les conséquences de ce grand mouvement, et qui ouvrirent dignement l'histoire de nos guerres célèbres.

Bataille de Valmy.

Pour résister à l'invasion de près de cent mille hommes, commandés par le duc de Brunswick et le roi de Prusse en personne, et composés de Prussiens, d'Autrichiens, de Hessois et d'émigrés, la France avait une armée campée près de Sedan, sous les ordres de Dumouriez, et celle du nord sous les ordres de Kellermann, qui avait remplacé Lukner : la première était forte d'environ trente-huit mille hommes, l'autre de vingt-sept mille ; une réserve se formait sur les derrières, des bataillons de Paris et des départements. — Dumouriez occupait les défilés de l'Argonne, le camp de Grand-Pré et des Islettes. Le 14 septembre, son aile gauche fut battue et le poste de Grand-Pré pris, ce qui l'obligea de faire un quart de conversion et de se replier sur Sainte-Menehould ; il occupait le 16 cette position qui le rendait maître de la grande route de Verdun à Châlons, et forçait les Prussiens à établir leurs communications par des chemins et dans un pays que la mauvaise saison commençait à rendre impraticables.

« Ce fut dans cette position que Dumouriez pressa de nouveau son collègue Kellermann de se joindre à lui, et que celui-ci s'y décida enfin : l'armée de Kellermann prit donc position sur la gauche de celle de Dumouriez, le 19 septembre au soir, entre Valmy et Dammartin-la-Planchette. Elle campa sur deux lignes, la première sous les ordres du lieutenant-général Valence, la seconde sous ceux du lieutenant-général duc de Chartres. L'avant-garde de Kellermann, commandée par le général Desprez de Crassier, prit poste à Hans, ayant derrière elle, à Valmy, le général Stengel avec un corps de troupes légères de l'armée de Dumouriez. Gizaucourt fut occupé par le colonel Tolozan, avec le premier régiment de dragons.

« Cependant, l'armée prussienne, défilant par le Grand-Pré et la Croix-aux-Bois, s'avançait dans les plaines de la Champagne, et pénétrait jusqu'à la route de Châlons, en sorte qu'elle s'interposait entre l'armée française et Paris.

« Le 20 septembre, avant le jour, les hussards prussiens de Kœlher surprirent le premier régiment de dragons dans Gizaucourt, qui, comme on l'a déjà dit, était derrière le camp de Kellermann. Le colonel Tolozan n'eut que le temps de faire monter son régiment à cheval et de sortir du village, où il perdit tous ses équipages. Heureusement les hussards prussiens n'avaient point d'infanterie avec eux : en sorte qu'ils n'osèrent pas rester à Gizaucourt, et que ce poste important, ayant été peu après repris par les troupes françaises, ne leur fut plus enlevé. Vers six heures et demie du matin, on entendit une forte canonnade du côté de Hans, où était l'avant-garde, et on battit la générale au camp. Desprez de Crassier fit avertir Kellermann qu'étant attaqué par des forces considérables, il allait se replier ; il ajoutait que le brouillard épais de cette matinée ne lui permettait pas de bien reconnaître le corps qui l'attaquait, mais qu'il croyait que c'était toute l'armée prussienne qui s'avançait en masse. Desprez de Crassier suivit de près cet avis, et revint au camp avec toute l'avant-garde. Kellermann le dirigea aussitôt sur Gizaucourt, afin d'assurer la conservation de ce poste important. En même temps il plaça sa première ligne sous les ordres du général Valence, devant Orbeval, entre la rivière d'Auve et la colline de Valmy, perpendiculairement à la chaussée de Châlons. La seconde ligne, commandée par le duc de Chartres, fut placée parallèlement à la chaussée et perpendiculairement à la première, sur la crête de la colline de

Valmy, de sorte que les deux lignes formèrent une équerre ; une forte batterie d'artillerie de position fut établie au moulin de Valmy, qui était le point le plus élevé de ces coteaux. Le général Stengel occupa la côte de l'Hyron, qu'il défendit vaillamment toute la journée. Le général Dumouriez, voyant que l'attaque se dirigeait sur l'armée de Kellermann, qui était plus avancée que la sienne, instruisit son collègue des dispositions qu'il avait prises. Il avait partagé son armée en trois corps qu'il avait mis en mouvement sur-le-champ, sans compter la réserve qu'il avait laissée dans le camp de Sainte-Menehould, et le corps du général Arthur Dillon, qui occupait les Islettes. Le corps de gauche, fort de neuf bataillons et de huit escadrons, sous les ordres du général Chazot, se porta, par la chaussée de Châlons, sur les hauteurs de Dampierre-sur-Auve et de Gizaucourt, pour soutenir le général Desprez de Crassier et la gauche du général Valence ; celui du centre, de seize bataillons, sous les ordres du général Beurnonville, fut dirigé sur la côte de l'Hyron, pour soutenir le général Stengel ; et celui de droite, de douze bataillons et de huit escadrons, sous les ordres du général Leveneur, fut chargé de s'étendre sur la droite de Beurnonville, afin de tâcher d'entamer l'arrière-garde des Prussiens, et de tomber sur leurs équipages.

« La canonnade, qui avait déjà commencé au moulin de Valmy, avant que le duc de Chartres y eût relevé le général Stengel, devint très-vive vers dix heures. Les Prussiens établirent contre le moulin deux batteries principales, qu'ils renforcèrent ensuite successivement. L'une d'elles était sur le prolongement de la colline du moulin, et l'autre sur la colline qui est en face, du côté de la chaussée, devant la cense dite de *la Lune*, que cette journée a rendue célèbre, et où le roi de Prusse fixa le lendemain son quartier général. Ces batteries firent perdre beaucoup de monde à l'armée française ; mais cette perte n'ébranla point la fermeté des troupes, et il n'y eut qu'un instant de désordre dans deux bataillons de la division commandée par le duc de Chartres.

« Vers onze heures, le brouillard s'étant entièrement dissipé, on découvrit l'armée ennemie qui s'avançait dans le plus grand ordre sur plusieurs colonnes, et qui se déploya avec précision dans la grande plaine qui s'étend de Somme-Bionn vers la Chapelle-sur-Auve. Ce déploiement fut lent, et ce ne fut que vers deux heures qu'il fut achevé et qu'on la vit se rompre en colonnes d'attaque. Il semblait alors qu'elle allait engager le combat, et des cris de *vive la nation ! vive la France !* se firent entendre aussitôt dans tous les rangs de l'armée française ; mais soit que la belle contenance des troupes ait fait pressentir au duc de Brunswick qu'il trouverait plus de résistance qu'il ne l'avait calculé d'abord ; soit, ce qui est assez probable, qu'il ait voulu attendre le corps autrichien du général Clerfayt, qui n'arriva que dans la nuit, les colonnes prussiennes se formèrent et se déployèrent trois fois successivement, sans jamais se décider à l'attaque : le combat se réduisit à une simple canonnade, qui dura toute la journée, et qui ne cessa que lorsque l'obscurité de la nuit eut rendu impossible de la continuer davantage.

« Les officiers d'artillerie évaluèrent le nombre de coups de canon tirés par les deux armées à plus de quarante mille.

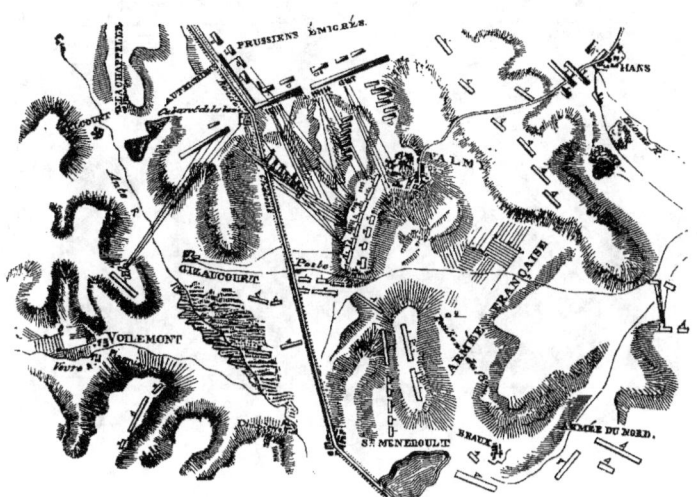

Plan de la bataille de Valmy.

« Tel fut le premier succès des armées françaises dans cette longue guerre, où elles recueillirent ensuite tant de lauriers. Considéré en lui-même, on peut n'y voir qu'une canonnade où chacune des armées se maintint dans sa position ; mais l'armée prussienne manqua son but, tandis que l'armée française atteignit le sien ; et, lorsqu'on raisonne sous le point de vue stratégique, lorsqu'on considère l'époque, les circonstances, l'effet moral et politique de cette canonnade, les conséquences qu'elle a entraînées, on doit reconnaître qu'elle a bien mérité d'être considérée comme une bataille et comme une victoire. En effet, ce fut dans cette glorieuse journée que les armées étrangères commencèrent à éprouver combien la résistance d'une grande nation qui défend son indépendance peut être forte. Elle décida le roi de Prusse et le duc de Brunswick à demander un armistice aux généraux français ; cet armistice fut bientôt suivi d'une retraite totale. » Le moment représenté sur le tableau est celui où le général Kellermann eut un cheval tué sous lui, et sur le devant est un groupe d'officiers, parmi lesquels on distingue le général Valence, le duc de Chartres, le duc de Montpensier son frère, qui était alors son aide de camp, et dont le bulletin fait l'éloge.

Bataille de Jemmapes.

Le départ de l'armée prussienne laissait à découvert la Belgique, et on ne conçoit pas la politique des cabinets à cette époque. Dumouriez, à son retour à Paris, songea à réaliser ce projet qu'il avait conçu depuis longtemps : l'occupation de ces belles provinces qui semblent appartenir à la France par leur position, leurs intérêts, leur langue, leur religion; mais son armée était sans vêtements, sans chaussures, et lui, sans moyen de lui en procurer. Il ne prit pas moins ses dispositions pour cette expédition, et le 5 novembre il attaqua les Autrichiens à Boussu, s'en empara et les poursuivit jusqu'à Saint-Guislain. Le 6 novembre, il partagea son armée en deux ailes, donna le commandement de la première au jeune duc de Chartres, et la seconde au général Ferrand, en l'absence de Miranda.

Son armée était en tout de vingt-sept mille hommes, sans compter six mille que le général d'Harville devait lui amener le lendemain de Maubeuge, et qu'il attendait pour commencer l'attaque ; mais ne les voyant pas arriver, il se détermina à marcher à l'ennemi, qui lui opposa une vive résistance.

Aussitôt le duc de Chartres, qui commandait le centre, rompit sa division en colonnes de bataillons, et marcha sur le bois de Flénu, qui couvrait le centre des

Autrichiens. Il mit six de ses bataillons en réserve, et avec les dix-huit autres il culbuta l'infanterie légère autrichienne qui défendait les abatis, traversa les bois et arriva sur le plateau. Mais cette infanterie, soutenue par l'artillerie des redoutes qui tirait à mitraille, fit un tel ravage dans la tête des colonnes, qu'il devint impossible de les faire déboucher : elles rentrèrent dans le bois et le traversèrent rapidement dans le plus grand désordre. C'est là que furent frappés le colonel Dubouzet, du 104° régiment de ligne, qui fut tué sur la place; le général Drouet, qui eut les deux jambes emportées et mourut deux heures après; les colonels Dupont de Chaumont et Gustave de Monjoye, adjudants généraux, qui reçurent des coups de feu. Tout était perdu si les Autrichiens avaient su profiter de cet avantage momentané; mais leur infanterie resta immobile, et ils se contentèrent de lancer quelques hussards et quelques chasseurs à pied, qui ne parvinrent point à traverser le bois; en sorte que, tandis qu'ils étaient contenus par la résistance des deux bataillons du 85° (Foix), commandés par le colonel Champollon et le lieutenant-colonel Villars, le duc de Chartres, formant derrière le bois une chaîne de chasseurs à cheval du 5° régiment, parvint à rallier les fuyards.

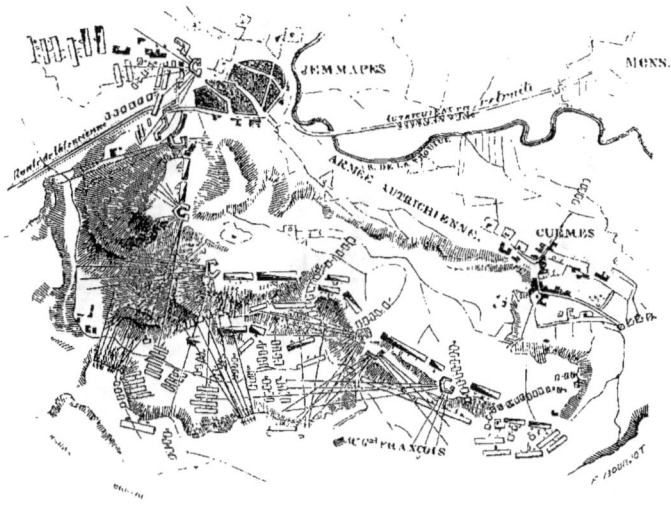

De ces bataillons désunis, il en fait une colonne à laquelle il donne le nom de bataillon de Mons, leur distribue cinq drapeaux qu'il tenait dans ses bras, et leur donne pour renfort le 6° bataillon qu'il avait mis en réserve à l'entrée du bois; alors il fait de nouveau battre la charge, et les mêmes soldats attaquèrent avec intrépidité l'infanterie autrichienne qui remplit l'intervalle des redoutes, la culbute et s'empare des parcs de l'artillerie ennemie; de ce moment la victoire ne fut plus douteuse, et l'ennemi, chassé de ses positions, abandonne le bois de Jemmapes, en le laissant couvert de ses morts et de ses canons.

Le tableau d'Horace Vernet est une représentation fidèle de cette mémorable victoire; le paysage, peint d'après nature, est d'une parfaite exactitude. La houillère ou fosse de charbon de terre qui est incendiée, dans le coin du tableau, est celle du village de Frameries, devant lequel le spectateur est placé. On voit dans le fond la ville de Mons, le village de Cuesme et le village de Quarégnon sur la gauche. Le village de Jemmapes, qui a donné son nom à la bataille, est situé entre Cuesmes et Quarégnon; mais on ne l'aperçoit pas, parce qu'il est masqué par la colline sur laquelle l'armée autrichienne était retranchée. Le général Dumouriez, suivi de quelques officiers de l'état-major et d'un groupe d'ordonnances, est sur le premier plan. Il est arrêté dans son mouvement par la rencontre de quelques prisonniers autrichiens qu'on lui présente, et surtout par l'aspect du général Drouet, blessé, que les soldats portent à l'ambulance.

On voit sur un plan plus élargi l'aile gauche de l'armée autrichienne, et dans le lointain le duc de Chartres attaquant le bois de Fleur.

Custine.

Dumouriez

Luckner

Porte d'entrée de la salle de 1792.

Un vieil invalide qui, pour la quatrième fois, avait pris sur ses épargnes la dépense pour se rendre à Versailles, expliquait à deux de ses petits-enfants les portraits contenus dans cette salle. — Autant à peu près que vous en voyez ici, leur disait-il, ont commencé comme moi, et, si je n'avais été arrêté dans ma carrière, peut-être aurais-je fini comme eux, peut-être me verriez-vous aussi dans un cadre doré. Commençons par le plus remarquable de tous, notre grand empereur; eh bien, mes enfants, je l'ai vu dans cet uniforme, lorsqu'il revenait du siége de Toulon. Il venait voir à Marseille sa mère, qu'il trouva entourée de ses frères et sœurs exilés comme elle, et ayant à peine de quoi vivre[1]; il resta, dit-on, un moment stupéfait, et prenant le bras de sa mère : « Courage, ma mère, cela ne sera pas toujours ainsi. » Autour de lui sont les portraits

---

[1] Elle était à une table, mangeant des œufs sans pain et avec des fourchettes et cuillers d'étain. C'est d'elle que l'auteur de cet ouvrage tient cette anecdote.

des généraux les plus distingués de son temps. Voilà Berthier qui, nommé son chef d'état-major à l'armée d'Italie, se plaignit au Directoire qu'on lui eût envoyé un enfant pour le commander, et qui, huit jours après, écrivait pour retirer sa lettre,

Bonaparte,
lieutenant-colonel au 1er bataillon
de la Corse,
général, empereur,
mort en 1821.

en disant : « Ce n'est pas un enfant, mais un grand homme près duquel je suis, et que j'espère ne plus quitter. » Près de lui est Murat, simple chasseur, et dix ans seulement plus tard roi de Naples, et mort avec autant de courage qu'il avait vécu. De l'autre côté, Bernadotte, encore simple soldat au 60° régiment d'infanterie en 1780, et le seul qui, dans toutes ces grandes vicissitudes des temps, ait su se conserver sur le trône et fonder une nouvelle dynastie. Près de lui est le vainqueur de Zurich, Masséna, et le sauveur de la France.

Mais suivons dans l'ordre de ces portraits. En face est le prince auquel est due l'idée et l'exécution de tout ce grand monument national ; il est là, ainsi que son frère le duc de Montpensier, dans le costume qu'ils portaient lorsque, partis tous les deux pour défendre le sol de la patrie, ils fondèrent là ces sentiments d'estime et de reconnaissance que le pays a si solennellement manifestés lorsqu'il éleva l'un d'eux sur le trône où la gloire et la liberté sauront le maintenir.

Louis-Philippe d'Orléans, duc de Chartres, lieutenant-général, roi des Français depuis 1830.

Ne pouvant même énumérer tous ces portraits, au nombre de quatre-vingt-sept, nous indiquerons particulièrement ceux qui, dans le livre et sur le titre au-dessous de leur tableau, sont nommés avec le grade qu'ils avaient à cette époque.

A notre avis, il eût fallu faire connaître également de quel point ils étaient tous partis, car c'est là un titre de plus à leur gloire, et, pour celui qui a commencé comme eux, un titre de plus à leur affection ; ainsi, le guerrier qui combattait si bien à Austerlitz et à Toulouse, le maréchal Soult, avait été représenté en habit d'officier ; il réclama et demanda qu'on lui rendît l'habit de sergent qu'il portait alors. Il aurait donc fallu écrire : Masséna, soldat au 1er bataillon d'infanterie en 1775 ; Jourdan, soldat au dépôt de l'île de Ré en 1778 ; Augereau, soldat dans le régiment de Clarke irlandais au service de France en 1774 ; Lefèvre, soldat aux gardes-françaises en 1775 ; Victor Bellune, soldat dans le 4e régiment d'infanterie en 1781 ; Lobau, soldat au 9e bataillon de la Meurthe ; Duperré, simple ma-

Ant.-Philippe d'Orléans, duc de Montpensier, lieutenant-colonel, mort dans l'exil en 1807.

telot ; Joubert, Marceau et Hoche ; et enfin le maréchal Gérard, le digne commandant de toute la garde nationale de Paris, de la population qui, sous ses ordres, défendrait les nouveaux remparts de la capitale ; le maréchal Gérard,

286 VERSAILLES ANCIEN ET MODERNE.

Joachim Murat, sous-lieutenant, maréchal de France en 1804, roi de Naples en 1808, mort en 1815.

que nous avons représenté ainsi qu'il a voulu l'être, portant le fusil du simple volontaire de la Meuse.

Attenant à la salle de 1792 est une suite de petites pièces, autrefois l'appartement du cardinal de Fleury, et aujourd'hui consacrées à une collection de gouaches au nombre de plus de trois cents, et comprenant toutes les campagnes de 1795 à 1809 : elles sont la véritable représentation stratégique de ces célèbres combats.

Charles Bernadotte, lieutenant, maréchal de France en 1804, roi de Suède en 1818.

Maurice Gérard, volontaire, comte Gérard, maréchal de France en 1831.

Pallier de l'escalier des Princes.

En sortant de la salle que nous venons de décrire, on traverse un large espace formant le pallier de l'escalier des Princes, et communiquant à la salle des Batailles. Nous y avons représenté le roi Louis-Philippe lorsque toutes les semaines, et quelquefois deux fois la semaine, il visitait les travaux de cette admirable salle, que nous serons bientôt appelé à décrire, monument dans un monument, qu'il fallut trois ans et deux millions pour bâtir, mais aussi qui transmettra à perpétuité le souvenir de notre histoire et les sentiments généreux de celui qui leur a élevé ce trophée. L'escalier des Princes fut ainsi nommé parce qu'il conduisait à l'aile des bâtiments du midi de Versailles, consacré au logement des Enfants de France, comme le lieu le plus aéré, le plus sain. La cour qui sépare cette aile du corps central du logis s'appelait aussi cour des Princes. Cet escalier est orné de plusieurs statues : 1° celle de Gaston d'Orléans, oncle de Louis XIV et père de mademoiselle de Montpensier, qui est représenté souvent tenant le portrait de son père. Ce prince, ami des lettres et protecteur éclairé des arts, avait réuni une immense collection de tableaux, de médailles, de pierres précieuses dont il fit présent à Louis XIV, et qui composent en grande partie le Musée actuel. 2° La statue de Philippe d'Orléans, neveu de Louis XIV, et, depuis, connu sous le nom du Régent, prince orné de brillantes qualités, avec des défauts sans doute, mais que l'esprit de critique, à cette époque, a beaucoup exagérés : c'est lui qui réunit les belles collections de tableaux de la galerie d'Orléans. 3° Le duc de Bourgogne. On aime à rechercher les traits de ce prince, de l'élève brillant de Fénelon, et qui eût peut-être continué

288 VERSAILLES ANCIEN ET MODERNE.

avec éclat le règne de Louis XIV, s'il eût vécu. 4° Enfin la statue du duc d'Anjou, roi d'Espagne sous le nom de Philippe V. Cet escalier, construit en pierre, n'approche pas de la richesse et de la beauté de l'autre, mais il ne laisse pas que d'être imposant. La statue du roi Louis-Philippe partage en deux le premier pallier.

Escalier des Princes.

REZ-DE-CHAUSSÉE

DU

CORPS DE LOGIS

contenant les portraits

DES GRANDS AMIRAUX, CONNÉTABLES, MARÉCHAUX DE FRANCE

ET

GUERRIERS CÉLÈBRES.

> Spirantes prælia dura
> imagines.
> *Sil. Ital., c. 17, v. 396.*

Le maréchal de Turenne.

PARTIE CENTRALE
DU
CORPS DE LOGIS.

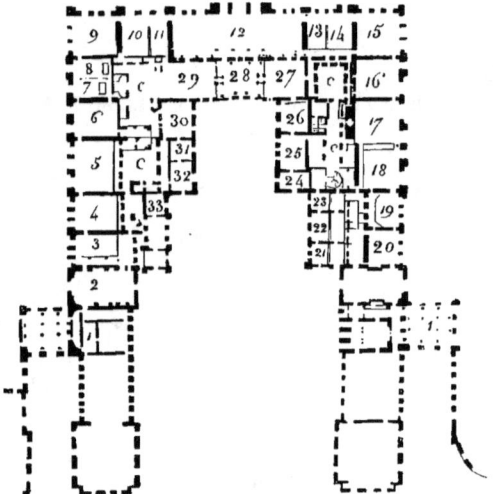

Plan du rez-de-chaussée.

Vestibule des salles des Amiraux, Connétables et Maréchaux.

Effigies majorum cum titulis suis in prima aedium parte poni jussit, ut corum virtutibus posteri non solum legerent, sed etiam intuerentur.

Val. Max., lib. V, c. 8.

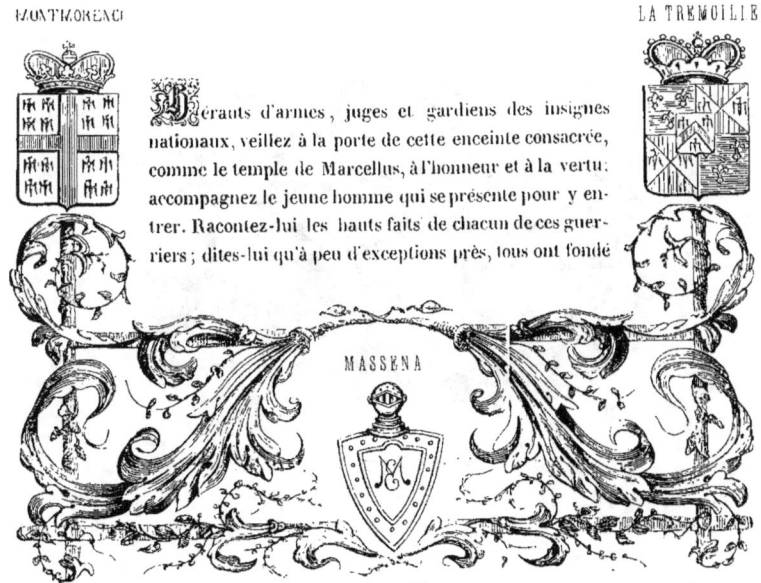

MONTMORENCI   LA TREMOILIE

Hérauts d'armes, juges et gardiens des insignes nationaux, veillez à la porte de cette enceinte consacrée, comme le temple de Marcellus, à l'honneur et à la vertu; accompagnez le jeune homme qui se présente pour y entrer. Racontez-lui les hauts faits de chacun de ces guerriers; dites-lui qu'à peu d'exceptions près, tous ont fondé

MASSENA

ou maintenu l'illustration de leurs familles. Le bâton de maréchal de France, qui a enfanté tant de prodiges, qui prit les lignes de Fribourg et décora seul le tombeau du vainqueur de Zurich, eh bien! jeunes gens, il est dans votre avenir; Louis XVIII avait dit dans votre giberne, et il avait raison : la salle de 1792 vous l'a déjà appris.

Ce vestibule, la salle des amiraux qui le suit, celle des connétables et maréchaux de France et des guerriers célèbres, jusqu'à l'extrémité de l'aile en retour, formaient autrefois l'appartement occupé par le grand dauphin, fils de Louis XIV, jusqu'en 1711, époque de sa mort; un autre dauphin, fils de Louis XV et père de Louis XVI, de Louis XVIII et de Charles X, l'habitait; enfin il fut occupé par Louis XVI, qui, en montant sur le trône, le céda à son frère, et plus tard aux Enfants de France en 1788.

Anne d'Autriche. — Grand amiral de France.

SALLE DES GRANDS AMIRAUX.

La charge de grand amiral de France fut créée par saint Louis lorsqu'il partit pour la côte d'Afrique sur une flotte nombreuse dont il voulut donner le commandement à un Français; ce fut le chevalier Florent de Varennes qui en fut revêtu en 1270. Avant cette époque, la France n'avait point de provinces sur le bord de la mer, le roi d'Angleterre possédait la Normandie et la Guyenne, la Bretagne avait ses ducs, la Provence ses comtes. Ce serait écrire l'histoire de France que d'énumérer les personnages illustres qui portèrent le titre de grand amiral, et toutefois cette dignité n'égala jamais celle de connétable, elle fut même souvent accordée comme faveur de cour : ainsi le comte de Vendôme y fut nommé à l'âge de deux ans, le comte de Toulouse de même; mais celui-ci s'en rendit bientôt digne par sa valeur et sa capacité. Le duc de Penthièvre, son fils, fut le dernier grand amiral de France; car nous ne parlerons pas de ceux qui en portèrent quelques années le titre, tels que Murat, sous l'empereur, et le duc d'Angoulême, sous la restauration. Cette charge fut quelque temps abolie par Richelieu, ainsi que celle de connétable; elle conférait de très-grands priviléges et rapportait de grands revenus; dans les derniers temps, elle fut seulement honoraire.

C'est le duc de Penthièvre qui remit la collection qu'on voit à Versailles, et dont le roi Louis-Philippe a fait présent au Musée. Que ne pouvons-nous citer les hommes célèbres qu'elle contient! Nous donnons le portrait de quelques-uns : c'est Bonnivet, l'ami, le compagnon d'enfance de François Ier, et qui ne voulut pas survivre à la bataille de Pavie; Annebaut, qui, en 1545, battit la flotte anglaise devant l'île de Wight ; Coligny, dont le nom suffit à son éloge ; enfin le comte de Toulouse, le vainqueur des Anglais à la bataille navale de Malaga, 1704. On aurait pu joindre à ces portraits ceux de Coucy, de Narbonne, de Jean de Vienne, de Louis de Culant, de Montmorency, de Maillé, de Richelieu, de Philippe de Chabot, de Beaufort et de Vendôme.

Le comte de Toulouse.   Maillé.   Annebaut.   Coligny.
Bonnivet.

SALLE DES CONNÉTABLES.

Troisième salle.

Connétable, titre magique qui vient immédiatement après la majesté royale. Duguesclin, après avoir sauvé la France, ne se croyait pas digne de porter l'épée de connétable, étant, disait-il, venu de trop pauvre noblesse. Cette épée, il se la fit apporter au moment de sa mort, et la saisissant de ses vaillantes mains : « Elle m'a aidé, dit-il, à vaincre les ennemis de mon roi; mais elle m'en a donné de cruels auprès de lui. Je vous la remets, ajouta-t-il au maréchal de Sancerre, protestant que je n'ai jamais trahi l'honneur que le roi m'a fait en me la confiant. »

Alberic de Montmorency en fut le premier décoré, vers 1060; après lui, et successivement, elle fut portée par Gaston de Chaumont, Raoul comte de Clermont, Amaury de Montfort, Gilles de Trasignies, Humbert de Beaujeu et Jacques de Bourbon Ier, surnommé *la Fleur des Chevaliers*. Enfin, Duguesclin, en 1370, et depuis le terrible comte d'Armagnac, le comte de Saint-Pol, compagnon d'armes de Louis XI et sacrifié par lui, le célèbre et malheureux connétable de Bourbon, Anne de Montmorency, qui le remplaça et servit fidèlement sous cinq rois, ont été tour à tour revêtus de cette charge. Après Anne de Montmorency, et depuis 1567, il n'y eut plus pendant longtemps de connétables. Les Guises seuls auraient pu prétendre à cette dignité, mais on craignait, en la leur conférant, d'augmenter leur pouvoir, et eux la trouvaient encore au-dessous de leur ambition. On a peine à croire qu'elle échut plus tard à un pauvre gentilhomme, Charles d'Albert, depuis duc de Luynes; Lesdiguières la lui céda pour s'attirer la faveur de

Louis XIII, et à la mort du duc de Luynes, le même Lesdiguières en fut revêtu. C'était un ancien et digne compagnon de Henri IV, capitaine habile et considéré comme le premier homme de guerre de son temps. Il méritait ce haut rang, et par ses services et par l'existence considérable qu'il avait dans le Dauphiné. Il mourut en 1626. Après lui s'éteignit sans retour cette dignité qui, pendant six cents ans, avait été un utile appui et un brillant ornement de la couronne. Le connétable recevait l'épée de la main du roi et lui en faisait hommage à genoux, après avoir prêté serment ; il était le premier dignitaire de l'État, le conseiller intime du roi, qui ne pouvait entreprendre une guerre sans le consulter. Quand le roi n'était pas présent à la prise d'une ville, c'était la bannière du connétable qui flottait sur les remparts ; il avait sous ses ordres tous les chefs de l'armée, excepté le roi. « Aux « entrées solennelles du monarque en la ville capitale du royaume, après le cheval « de parade du roi, le connétable paraist sur son rang, tenant l'espée en la main, « vestu de pretieux habillements de velours bleu, enrichis de fleurs de lys d'or, « comme un représentant de la personne royale. » Il y a eu trente-neuf connétables de France, dont les portraits ou les noms ornent cette salle.

Anne Montmorency.   Comte Saint-Pol.   Chastillon.   Duguesclin.   Louis de Bourbon.

Première salle des Maréchaux.

De 1185 à 1840 il a été créé trois cents et quelques maréchaux de France, et dans cette longue suite de noms il en est un bien petit nombre qui n'ait dû qu'à la faveur cette haute dignité. Quel est le pays qui présente ainsi, pendant sept siècles, une si grande masse d'illustrations? C'était donc une heureuse pensée, après avoir représenté les événements dans leur ensemble, de les personnifier en quelque sorte par les traits de ceux qui en avaient été les principaux auteurs, et de consacrer à ce but quatorze salles, qui sont devenues le patrimoine de plus de cinq cents familles et la gloire de tout le pays.

Le premier personnage qui se présente à l'entrée est Jean le Meingre, autrement Boucicault, un de ces hommes dont la vie est une suite de hauts faits; il est représenté comme son historien le peint dans son enfance, *se tenant droit, la main au côté, ce qui moult lui advenait, et regardant jouer les autres*. Enfin, Beauvoir et Rochefort, tous deux célèbres, l'un en servant le duc de Bourgogne, l'autre en se battant contre lui; La Fayette, qui commence la célébrité de ce nom. Mais quoi? sortez de cette enceinte où vous n'auriez jamais dû paraître, seigneur de Raiz: un écusson suffirait, non à votre renommée, mais à votre existence. Que me fait votre naissance, votre fortune, vos services même? j'entends les cris des malheureux enfants sacrifiés à vos sortiléges, j'entends les vôtres qui partent du bûcher où vous avez expié vos crimes!

Voici qui vaut mieux: c'est Poton de Xaintrailles, le compagnon de Dunois et de Jeanne d'Arc, Montfort de Laval, et Pierre de Rohan, seigneur de Gyé, qui semble sortir de son château du Verger, comme sur le bas-relief qui en décorait l'entrée; Desquerdes, aussi *bon moyenneur d'accord* que brave guerrier. «Volon-

tiers, disait-il, je resterais deux ans en enfer pour chasser les Anglais de Calais. »
Il y a là un Trivulce à cheval et un à pied, tous deux dévoués à la France et à
l'honneur; Lautrec, le preneur des villes, et qui *rendait bossus les champs*, à force
de corps d'hommes qu'on enterrait où il se battait; Chabanne de La Palisse, pour
lequel une quatrième charge de maréchal fut créée, et que les Espagnols avaient
surnommé le *grand Maréchal de France*, aussi prudent que brave, et qui fut lâchement assassiné à la bataille de Pavie; Lescun, mort des blessures reçues à cette
même bataille; Robert de La Marck, fils du Sanglier des Ardennes; le beau Brissac, et enfin Annebaut, dont nous avons fait connaître les traits à l'article des
amiraux.

Ce mélange de portraits à cheval, en pied, en buste, donne à cette première
salle un aspect imposant. Il semble que toutes ces grandes figures vont descendre,
et raconter leurs travaux, raconter la part qu'ils ont prise aux événements célèbre
et la renommée qu'ils y ont acquise.

Thomas de Foix de Lescun.   Lautrec.   Guy de Laval de Baix.   Boucicault.

Deuxième salle des Maréchaux.

En entrant dans cette salle, les regards se portent sur le personnage à cheval au milieu ; c'est Brissac, le gouverneur de Paris, qui fit entrer Henri IV dans sa bonne ville, assez méchante pour lui à cette époque ; près de lui est François de Montmorency, le fils du connétable, le *dernier des François*, le sauveur des protestants ; Gaspard de Saulx, Tavannes, hommes de cœur à Jarnac et à Cerisolles, hommes de sang à la Saint-Barthélemy. Il y a ici deux Gontaut Biron, tous deux décapités, mais l'un par un boulet de canon au siége d'Épernay, l'autre par la main de la justice, tous deux couverts de blessures et de gloire ; plus loin, le héros des duels, Créqui, qui a acquis un renom plus solide par vingt combats et sa mort sur le champ de bataille ; enfin le galant et spirituel Bassompierre.

J'aurais voulu voir à cheval, au lieu de Brissac, un des guerriers peints dans cette salle au moment où, après avoir traversé six rangs des ennemis, il est renversé dans le septième par la mort de son cheval ; et quand ce guerrier s'appelle Montmorency, qu'il est le dernier de sa branche directe, on plaint le pays autant que lui de sa perte.

On trouve encore ici Caumont de la Force, que son père, assassiné à la Saint-Barthélemy, couvrait de son corps et sauva ; La Guiche de Saint-Garant, d'une ancienne famille de Bourgogne, et neveu de ce Philibert de La Guiche, grand-maître de l'artillerie à la journée d'Ivry, et qui fit faire quatre décharges d'artillerie avant que les ennemis pussent tirer un seul coup de canon ; enfin, le grand, l'immortel Sully, auquel Henri IV adressa ces paroles, lorsqu'il le rencontra blessé après la bataille d'Ivry : « Brave soldat, vaillant chevalier, digne ami, que je vous « embrasse des deux bras en présence de ces princes, capitaines et grands cheva- « liers qui sont auprès de moi! » Paroles qui font autant d'honneur au monarque qu'au sujet. Au milieu de tous ces personnages distingués, et la plupart d'un âge avancé, on se demande quel peut être ce très-jeune homme, ayant tout à fait l'air et la beauté d'une jeune femme, vêtu d'une manière recherchée; on lit que c'est Balagny, fils bâtard du célèbre Dommyllan-Montluc, qui procura la couronne de Pologne au duc d'Anjou; ce Balagny servit bien, mais il ne fut toutefois créé maréchal de France par Henri IV qu'à cause de ses alliances avec les maisons de Clermont et d'Estrées.

Troisième salle des Maréchaux.

Cette petite salle renferme un grand homme sur lequel se portent tous les regards. A ces traits prononcés, quoique calmes, à cette expression résolue, quoique bienveillante et modeste, on reconnaît le guerrier qui, à l'âge de quatorze ans, coucha sur un affût de canon, et fut renversé par un boulet, à Salsbach, après quarante-sept ans de hauts faits et de vertus : l'immortel Turenne. Près de lui est La Meilleraie, le pre- mier duc de son nom, grand-maître de l'artillerie en 1634, et à qui Louis XIII donna, sur la brèche d'Hesdin, sa canne en guise de bâton de maréchal; ensuite c'est Guébriant, qui s'éleva par son seul mérite de soldat à maréchal ; c'est La Mothe Houdancourt, qui servit la France et l'Espagne avec un égal succès ; c'est L'Hôpital, abbé, évêque, soldat, puis enfin maréchal et commandant l'aile gauche du duc d'Enghien à la bataille de Rocroi ; Plessis-Pralin, qui eut la gloire de vaincre Turenne à la bataille de Rethel, et de servir la France mieux que lui dans ce moment ; enfin Jean Gassion, l'élève de Gustave-Adolphe, mort comme lui, jeune, à trente-huit ans, et à qui le grand Condé attribuait le gain de la bataille de Rocroi.

Quatrième salle des Maréchaux

> Du corps du grand Rantzau tu n'as qu'une des parts ;
> L'autre moitié resta dans les plaines de Mars.
> Il dissipa partout ses membres et sa gloire ;
> Tout abattu qu'il fut, il demeura vainqueur.
> Son sang fut en cent lieux le prix de sa victoire,
> Et Mars ne lui laissa rien d'entier que le cœur.
>
> *Épitaphe du maréchal de Rantzau.*

Un seul tableau, d'un effet et d'une couleur admirables, par Alaux, décore cette petite pièce, l'ancien cabinet du régent, c'est le portrait du célèbre Rantzau qui, après avoir servi avec distinction en Hollande et en Suède, se consacra au service de France, et perdit, l'un après l'autre, presque tous ses membres : une jambe et un bras, à Arras, sans cesser de combattre, et mérita l'épitaphe qu'on a écrite sur sa tombe.

Cinquième salle des Maréchaux.

Cette salle, attenante au cabinet du régent, était autrefois le salon de ce prince; elle fut le théâtre d'un événement singulier, l'arrestation du maréchal de Villeroi, gouverneur de Louis XV. Depuis quelque temps le régent, blessé des marques de hauteur et de méfiance qu'il éprouvait du maréchal, cherchait une occasion de s'en débarrasser ; elle se trouva dans le refus que lui fit le maréchal de consentir à ce que le régent eût une entrevue avec le jeune prince, qui approchait de sa majorité, autrement qu'en présence de son gouverneur. Cette injure motivait la mesure qui fut prise, et que raconte spirituellement Saint-Simon. La première fois que le maréchal se présenta pour parler au régent, il trouva un officier qui lui demanda poliment, mais fermement, son épée; et, comme il s'emportait, plusieurs soldats le jetèrent dans une chaise à porteur qu'on fit entrer dans la salle, et le transportèrent par l'escalier de l'Orangerie, et le placèrent dans une voiture à six chevaux qui l'attendait au bas de la grille. Cette salle contient, entre autres portraits intéressants, celui de Fabert, aussi modeste que grand, et qui refusa le collier des ordres, ne pouvant fournir les preuves de noblesse nécessaires, et ne voulant pas en être décoré par une exception. Les autres portraits sont ceux de César d'Albret, célébré par Saint-Evremont et Scarron, d'Étampes, et Clérambault, braves guerriers, distingués dans leur temps quoique moins célèbres dans le nôtre.

Sixième salle des Maréchaux.

On pourrait donner à chacune de ces salles le nom du personnage principal qui la décore, au lieu d'un numéro, et celle-ci s'appellerait à bon droit la salle de Luxembourg, du vainqueur de Nervinden, de Fleurus, de Steinkerque, *le Tapissier de Notre-Dame*. Près de lui, mais à un long intervalle, *longo sed proximus intervallo*, est le brave Hocquincourt, qui commandait l'aile gauche à Rethel, depuis vice-roi de la Catalogne; Castelnau, à qui fut due en grande partie la victoire des Dunes; Boufflers, dont on dit qu'en lui le cœur était mort en dernier; Tourville, si brillant, si habile, qui fut toujours victorieux contre les hommes, et qui ne céda, comme à La Hogue, qu'à la tempête; enfin Schomberg, Humières, De Lorges, La Feuillade, d'Estrées, Créqui, qui appartiennent encore au grand siècle.

Septième salle des Maréchaux.

Il faut que dans quelques lignes nous fassions connaître les hommes célèbres qui se pressent dans cette salle, et un seul demanderait un volume; un seul, *Vauban*, est l'histoire tout entière d'un nouvel art de la guerre. Vauban devait imaginer à la fois l'attaque et la défense, trouver à s'opposer à lui-même quand il avait inventé quelque nouveau moyen d'agression; ainsi il n'eut pas plutôt trouvé le ricochet pour balayer le rempart, qu'il lui fallut trouver les traverses pour s'en garantir. Un autre guerrier non moins célèbre, Catinat, que Louis XIV appelait la Vertu couronnée, et les soldats, *le Père la pensée*, le modèle des guerriers et des hommes; enfin le maréchal de Villars, qui semblait sortir de terre quand on tirait quelque part un coup de fusil, et qui sauva la France à Denain; Chamilly, grand, gros, brave homme, dit Saint-Simon; enfin les ducs d'Harcourt et de Berwick, le dernier vainqueur d'Almanza.

Vauban.

GALERIE DE LOUIS XIII.

'ancien château de Versailles, ainsi que nous l'avons dit plus haut, était simple, et le vestibule se trouvait dans l'axe des bâtiments formant une séparation entre les appartements du rez-de-chaussée. Mansard, en comblant les fossés et en élevant sur leur emplacement l'enveloppe qui doublait le château, laissa vide toute cette partie attenante au vestibule et au-dessous de la grande galerie, seulement il l'orna de colonnes et de trophées ; ainsi on continuait à communiquer de la cour de marbre avec le jardin. Louis XV, pour augmenter le nombre des appartements du rez-de-chaussée, fit fermer ce passage et convertir la galerie en petites distributions qui toutes ont disparu, sous Louis-Philippe, pour faire place à la galerie que représente cette vue et qui est consacrée à Louis XIII, fondateur du palais. On y voit sa statue et celle de la reine Anne d'Autriche. Les panneaux des murs représentent plusieurs actions de sa vie. Les grands tableaux sont la Bataille de Rocroi, par Schnetz ; l'entrée du roi à Dunkerque, de Lebrun ; l'Entrevue de Louis XIV et de Philippe IV dans l'île des Faisans, d'après Velasquez ; la Reddition de la citadelle de Cambrai, d'après Vander-Meulen ; les deux Réparations de l'Espagne et de la cour de Rome à Louis XIV. En rétablissant ainsi la galerie, on a cependant laissé sub-

sister l'ouverture sur le vestibule, ce qui donne de l'air et du mouvement à cette belle pièce, qui semble être au milieu des jardins.

Entrevue de Louis XIV
et de Philippe IV.

Cette entrevue eut lieu dans la grande salle qui avait servi aux conférences. Un riche tapis, séparé au milieu par une longue raie, marquait la limite des deux États : du côté de l'Espagne, c'était un tapis de Perse à fond d'or et d'argent ; du côté de la France, un tapis de velours cramoisi, bordé d'un gros galon d'or et d'argent.

Louis XIV était accompagné de la reine-mère, de Monsieur, duc d'Orléans, son frère, du prince de Conti, et du cardinal Mazarin, premier ministre ; Madame de Navailles, dame d'honneur, était à la suite de la reine-mère. Parmi les grands officiers de la couronne et du royaume, on remarquait le vicomte de Turenne, qui venait d'être nommé maréchal général des camps et armées du roi, le maréchal duc de Grammont, ambassadeur extraordinaire, qui avait fait à Madrid, au nom du roi, la demande en mariage.

Philippe IV était suivi de don Louis de Haro, premier ministre d'Espagne, de don Pedro d'Aragon, capitaine de la garde bourguignonne, du marquis d'Aytonne, du marquis de Malepique, grand-maître des cérémonies, du maréchal de Leche et du comte de Monserci, tous deux fils de don Louis de Haro, de don Fernando Vouès de Canto-Carrero, ministre secrétaire d'État, de Pimentel et de Velasquez.

L'Infante arriva avec le roi d'Espagne ; elle avait, rapporte Mademoiselle de Montpensier, avec le *gard-Infante*, une robe de satin blanc en broderies de geais.

Elle était coiffée en cheveux, et portait un bouquet d'émeraudes en poires avec des diamants qui étaient un présent du roi.

Mademoiselle de Montpensier avait assisté à l'entrevue du 6 juin, mais elle ne se trouva pas à la cérémonie du 7, où, dit-elle, la reine-mère se rendit *toute seule;* elle rapporte dans ses Mémoires que le roi d'Espagne regarda longtemps M. de Turenne, et dit à plusieurs reprises: *Cet homme m'a donné de méchantes heures.*

Fondation de l'Académie française.

Depuis 1629 plusieurs beaux esprits se réunissaient toutes les semaines chez Valentin Conrart pour s'y entretenir de littérature. Ils se lisaient leurs ouvrages et se donnaient mutuellement des conseils. Godeau, depuis évêque de Grasse, Gombault, Chapelain, Serisy, Desmaretz et Bois-Robert, étaient les principaux membres de cette petite société, destinée plus tard à une si haute illustration.

Le cardinal de Richelieu, passionné pour les lettres, mais voulant les gouverner comme tout le reste en souverain maître, apprit par Bois-Robert l'existence de cette réunion de beaux esprits, et tout aussitôt il s'avisa du parti qu'il pouvait en tirer. Il leur fit offrir de se former en une compagnie régulière et placée sous sa protection. On hésita quelques instants si l'on échangerait contre ce glorieux patronage la douce liberté d'une obscure association; mais Chapelain fit comprendre que les désirs du cardinal étaient des ordres, et sa protection fut acceptée. Richelieu les engagea alors à agrandir leur compagnie, et à lui donner les statuts qu'ils croiraient convenables, et de là sortit l'Académie française.

Mazarin présente Colbert à Louis XIV.

Colbert fut un des hommes que Mazarin employa le plus activement dans les dernières années de son ministère. Le cardinal conserva toujours, et même pendant la maladie dont il mourut, la direction des affaires; mais Colbert assistait à toutes les conférences. Louis XIV sut apprécier son zèle et ses talents. Le cardinal le présenta au roi comme l'homme le plus capable de rétablir l'ordre dans les finances, et, à ses derniers moments, il lui dit ces paroles : « Je vous dois tout, Sire, mais je crois m'acquitter envers Votre Majesté en lui donnant Colbert. »

Réparation faite au roi au nom du pape Alexandre VII, par le cardinal Chigi, son neveu.

Le roi reçut le cardinal dans sa chambre à coucher et dans l'intérieur du balustre; par exception et par honneur, il le fit asseoir; les principaux seigneurs de sa cour étaient présents; le roi répondit avec calme et fermeté. Il est, dans ce tableau, vêtu encore du costume du temps de Louis XIII.

Une autre réparation plus solennelle, qu'on voit aussi dans cette même pièce, eut lieu de la part de l'Espagne au sujet de la préséance des ambassadeurs. Le comte de Fuentes présenta au roi les excuses de son maître devant toute la cour, et lorsqu'il fut retiré, Sa Majesté, adressant la parole au nonce de Sa Sainteté et à tous les ambassadeurs qui étaient présents, les invita à faire part à leurs cours de cette déclaration.

Ce vestibule sépare la salle des Tableaux-Plans de celle des Rois de France; il est orné de fort belles colonnes en marbre, entre lesquelles sont les statues de Bossuet et de Fénelon, de L'Hôpital et de d'Aguesseau, l'honneur du clergé et du barreau. On aperçoit dans le fond la statue équestre de Louis XIV, qui domine toute la contrée, et, en se retournant, l'ensemble des jardins aussi loin que la vue peut s'étendre.

Vestibule du rez-de-chaussée de Versailles.

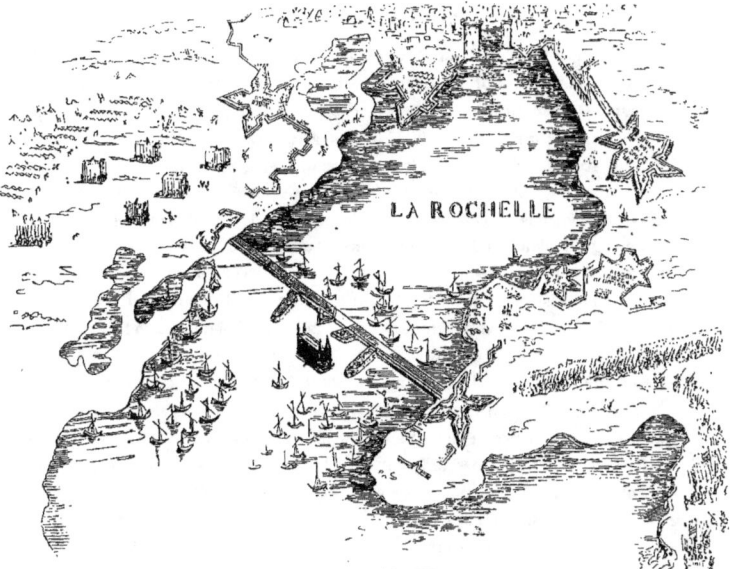

SALLE DES TABLEAUX-PLANS.

Les différentes salles présentent à la fois l'enfance de l'art militaire moderne et l'enfance de la peinture. On y voit la représentation exacte et minutieuse des fortifications, des machines de guerre, des costumes; ce qui en rend l'étude fort curieuse. On n'y trouve pas la perspective, on ne la cherchait pas. C'étaient les premiers essais de la peinture historique dus au génie de Callot, développés bientôt par le génie de Van-der-Meulen. Ce sont principalement des siéges de villes, plus fréquents alors que des batailles rangées ; les siéges de Perpignan, de Dunkerque, de Valenciennes, de Namur, de Berg-op-Zoom, l'ordre des batailles de Senef, de Cassel. Le roi Louis-Philippe y a fait ajouter, dans le même genre, plusieurs sujets modernes, tels

Louis XIII et le Cardinal de Richelieu.

que les siéges de York-Town, Mantoue, Dantzig, les batailles de Castiglione, Rivoli, et enfin un aspect très-curieux de Constantine et du pays singulier qui l'entoure. On a beau savoir se bien reconnaître sur un plan, cette nature de vue, qui a l'avantage du dessin et du plan, satisfait davantage, et on aime à se faire ignorant avec la foule qui jouit de cet aspect qu'elle comprend.

Toutefois, les plus intéressants de ces tableaux sont ceux qui décoraient le château de Richelieu et qui comprennent les campagnes de cet infatigable homme d'État, aussi grand dans les dangers que dans les affaires, toujours près de Louis XIII, qui de son côté ne s'épargnait pas, ne reculant devant aucun sacrifice, aucun péril, aucun obstacle. Ces onze tableaux comprennent le combat du Pas-de-Suze, la prise de Cassel, les siéges de Privas, de Nîmes, de Montauban, de Pignerol, de Perpignan, et surtout celui de La Rochelle, où le cardinal fit faire, avec d'immenses dépenses, des travaux comparables à ceux de César, à ceux même d'Alexandre à Tyr. Sa digue fermant le port empêcha tous secours des flottes anglaises et espagnoles, et obligea les malheureux habitants à se rendre après avoir souffert toutes les horreurs de la famine. La vengeance de Richelieu se borna à leur ôter leur privilége, mais l'exemple qu'il donna par cette fermeté lui valut la soumission du reste du pays. Les hommes à pied armés de hallebardes, qu'on voit dans presque tous ces tableaux, sont les gardes particuliers du cardinal.

Louis XIII.

Château de Saint-Germain.

SALLES DES RÉSIDENCES ROYALES.

Il n'est aucun pays, aucune couronne qui puisse rivaliser avec la France par le nombre et la magnificence des résidences royales, toutes situées dans un rayon de quinze à seize lieues de la capitale. Fondées la plupart avant les Valois, elles s'embellirent du goût de ces princes pour les arts et de cette passion de bâtir qui leur avait fait orner les bords de la Loire de tant de charmants édifices. Obligés d'abandonner les élégants palais de Chambord, de Blois, de Chenonceaux, ils pensèrent à s'en dédommager dans le nouveau cercle de leur puissance. Fontainebleau, sorte d'agglomération de plusieurs châteaux, n'en forme plus qu'un en conservant pourtant les vestiges, le *specimen* des constructions de tous les temps. L'Italie vint y produire ses merveilles, et le croissant de Diane y répandre partout sa brillante clarté. On y trouve la galerie de François 1er, la salle où naquit Louis XIII, et le cabinet où Napoléon signa son abdication. Chacun des autres palais contient également des faits historiques connus; un grand nombre de ces édifices a été détruit. Ce fut une excellente idée de réunir dans plusieurs salles les tableaux du

Voyage de Marly.

temps qui en ont conservé une fidèle représentation. Là vous trouvez Chambord, dont la destinée singulière est de passer de mains en mains sans être jamais habité ni même rendu habitable ; Saint-Cloud, embelli par Mignard et par de très-belles eaux, aujourd'hui admirablement restauré par le roi ; Sceaux et Clagny, dont il ne reste plus que le souvenir comme celui de madame de Montespan et de la duchesse du Maine ; Versailles dans tous les détails de ses jardins, de ses fabriques, de ses bosquets, mais remarquable surtout par les scènes fidèles de la vie privée de Louis XIV ; Vincennes et son élégante chapelle ; Madrid, dans le bois de Boulogne, créé par enchantement et disparu de même. Embarrassé de choisir parmi tous ces édifices nous avons cherché à donner une idée des principaux : Marly et Saint-Germain, l'un entièrement détruit, l'autre dénaturé et changé en prison. Marly fut le lieu où sans comparaison Louis XIV fit le plus de dépenses, et où il résidait de prédilection. Aussi c'était une grande faveur d'y être invité. Marly, Sire, disait-on au roi lorsqu'il passait et qu'on savait qu'il se préparait à s'y rendre, et un valet bleu marquait le lendemain la liste des personnes invitées. Au bas d'une superbe cascade et au-dessus des jardins magnifiques s'élevait un grand pavillon isolé qui dominait ce paysage. Vis-à-vis de cet édifice était un grand canal sur les bords duquel on avait construit douze pavillons qui représentaient les douze signes du zodiaque, comme le pavillon principal le palais du soleil. Le palais de Saint-Germain plus imposant, plus triste, avait acquis cependant une nouvelle importance en devenant le séjour de la famille des Stuarts et le temple d'une généreuse et grande hospitalité.

Liste des invitations à Marly.

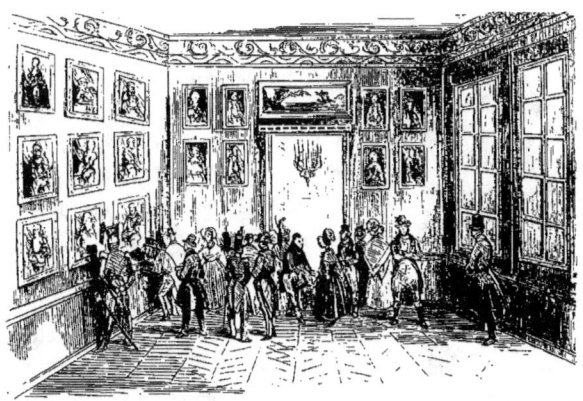

SALLE DES ROIS.

Au milieu de cette pompe historique des hommes et des événements, il était impossible qu'il n'y eût pas une salle consacrée aux soixante-douze souverains qui ont régné sur la France, et pris tant de part à ses destinées. On a cherché à reproduire leurs traits aussi fidèlement qu'on a pu par toutes les notions qui nous sont parvenues, médailles, sceaux, bustes ou portraits. D'abord, voici les rois francs ou mérovingiens, avec leur longue et blonde chevelure; bientôt après on trouve une nouvelle dynastie, élevée comme la première sur le pavois par l'affection ou la reconnaissance des peuples. Que pouvait-on offrir de moins qu'une couronne à celui qui avait sauvé à Poitiers la France et la chrétienté? Enfin une troisième dynastie s'est élevée: cette dynastie, toute française, n'a plus rien ni du langage ni des habitudes d'au delà du

Rhin : c'est d'abord un comte de Paris, apportant à l'État ses vastes domaines, placés au centre du pays, et autour desquels s'adjoindront successivement toutes les provinces qui composeront un jour la plus puissante, la plus homogène nationalité. Ses descendants, sans interruption, vont régner sept cents ans et consolider, par les conquêtes et les alliances, le trône de leurs ancêtres. La superbe monarchie française, assise sur deux mers, devient le centre de l'Europe sous le rapport de la civilisation, et brille dans l'histoire de la guerre, des lettres et des arts. Il serait superflu de passer ici en revue cette longue suite de princes, dont un si grand nombre a occupé le trône avec distinction : leurs actions, les événements de leur règne sont dispersés dans tout le palais, ce sont ici seulement leurs traits : partout ailleurs leurs souvenirs.

Cette pièce formait autrefois une dépendance de l'appartement du rez-de-chaussée dans l'ancien palais, occupé, en 1714, par la duchesse de Berry, fille du régent, et depuis on y pratiqua une salle de bains et un cabinet pour la reine Marie-Antoinette, qui s'y rendait par le petit escalier de Damiens, qui servait de dégagement à la partie centrale du palais.

Huitième salle des Maréchaux.

A mesure que nous avançons, loin d'avoir à étendre notre récit, nous devons le resserrer. Il est rare que les hommes s'élèvent quand les événements se rapetissent. Le grand règne a fini, et à sa suite commence une époque vague, incertaine, qui porte encore les traces de temps glorieux parce qu'il reste quelques vétérans de ces temps célèbres, mais bientôt ils disparaissent à leur tour, et le bâton de maréchal de France ne va plus passer qu'aux mains de la vieillesse ou aux favoris de la cour; cependant on peut encore se glorifier des guerriers que renferme cette salle : Puységur, Asfeldt, sont des noms qui honorent toujours une époque; nous citerons aussi un neveu du célèbre Fouquet, qui portait le nom de son oncle, et qui força, par son mérite et son courage, Louis XIV à reconnaître et à récompenser ses services, en dépit de la haine qu'il portait à ce nom qui lui rappelait de fâcheux souvenirs; Coigny, qui, vainqueur à Guastalla, a laissé en Italie le souvenir de la dernière bataille où la victoire, qui avait si longtemps suivi nos drapeaux, soit restée fidèle à nos armes; Maillebois, avantageusement connu par les campagnes qu'il a faites, et qui ont illustré la vie de ce guerrier non moins que les écrits qu'il a publiés; Lowendal, que le siége hardi de Berg-op-Zoom a immortalisé; mais surtout le célèbre Maurice de Saxe, l'illustre vainqueur de Fontenoy, de Rocoux, de Lawfeld : honneur au prince régent, qui devina le grand général dans les traits d'un jeune guerrier étranger, et qui sut l'attacher au service de la France, dont il devait être un jour la gloire et le salut.

Neuvième salle des Maréchaux.

On voit toujours, et il en devait sans doute être ainsi, les époques glorieuses suivies de temps calmes et tranquilles; les nations ne peuvent sans cesse s'agiter dans le mouvement d'une vie guerrière, et après le bruit des batailles, il leur faut le repos de la paix et la mollesse de l'oisiveté. C'est ce qui arriva après cette longue lutte de géants que la France avait soutenue contre l'Europe sous le règne du grand roi, et qui, après s'être ouverte par des victoires, s'était fermée par des désastres. On vit, sous le long et pacifique ministère du cardinal de Fleury, grâce à la faiblesse et à l'indifférence de Louis XV, la gloire, qui avait si longtemps entouré de son éclat le trône de France, abandonner les fleurs de lis pour s'attacher à d'autres bannières : elle alla couronner le grand Frédéric, fonder son nouveau royaume; Catherine planta ce poteau sur lequel était écrit : *Chemin de Constantinople;* Marie-Thérèse défendit ses États par l'affection de ses sujets. Que faisait alors la France? elle se passionnait pour des choses frivoles, et se consolait de Rosbach par une plaisanterie de Voltaire ou une représentation de Lekain.

Cette salle mérite toutefois encore qu'on s'y arrête : voici Richelieu, cet homme célèbre par ses galanteries, emportant d'assaut Mahon, et décidant la victoire de Fontenoy; Broglie, troisième maréchal de France de son nom en cinquante ans, vainqueur de Berghem; il brilla sous trois règnes et dut à ses victoires d'échapper en 93 à l'échafaud; voici encore Philippe de Ségur, avec son bras de moins, qu'on a eu tort de déguiser par une manche trop ronde dans son portrait; Du Muy, l'ami, le conseil de Louis XVI, et Castries qui, vainqueur du duc de Brunswick à Clostercamp, alla demander à ce prince un asile pendant la révolution, et trouva près de lui une noble hospitalité.

Dixième salle des Maréchaux.

Cette salle ne renferme que quatre portraits: on y remarque celui de Rochambeau, l'élève du maréchal de Saxe, le compagnon et l'émule de Washington. Rochambeau, qui servit avec honneur dans les deux mondes la France et la liberté, allait monter dans la fatale charrette pour marcher au supplice, lorsque le bourreau, la trouvant assez remplie, le repoussa en lui disant : « Va-t'en, vieux maréchal, ton tour viendra plus tard ! » On y voit aussi le portrait de Berthier, l'ami, le compagnon de Napoléon, de Berthier, dont le nom se rencontre à toutes les pages de son histoire.

Onzième salle des Maréchaux.

C'est ici que commence une nouvelle ère pour la France, et nous aurons quelque peine à nommer seulement la foule d'hommes célèbres qu'avaient produits depuis cinquante ans nos terribles annales. Dix armées sont sorties du sol français comme les soldats de Cadmus, et chacune de ces armées, deux ou trois fois renouvelées, a laissé surnager, à travers cette contrée de gloire, des hommes qui vont se presser dans les trois salles qui terminent cette collection. Voici Murat, dont nous avons déjà parlé, simple chasseur en 1787, et passé roi, comme on disait ; Moncey, qui, en 1818, conservait encore la tournure de l'ancien officier français, et traversa des époques différentes sans rien perdre de l'estime générale ; Jourdan, le vainqueur de Fleurus ; Masséna, le type de la valeur guerrière, du sang-froid, du coup d'œil, qui passa quarante ans à entendre siffler des balles sans qu'aucune ne l'atteignit ; Masséna, l'Enfant chéri de la Victoire ; Augereau, qu'on croit toujours voir sur le pont d'Arcole ; Bernadotte, n'ayant jamais voulu que la république et se trouvant le seul fermement assis sur le trône des rois ; Soult, l'espoir encore de la France après en avoir été si longtemps l'appui, Soult ! aussi habile administrateur que bon général ; Brune, martyr des passions populaires ; Lannes, dont on ne sait comment caractériser la bravoure, car elle était pour lui dans le sang, dans l'instinct, plus encore que dans l'honneur ; Mortier, terminant une vie glorieuse en tombant frappé de la balle destinée à son roi ; Ney, le malheureux Ney ! qui, couvrant la retraite de Moscou, semble braver l'ennemi qui l'accable, et succombe sous le feu d'un fusil français ; Davoust, qui porte avec raison les deux noms d'Auerstaed et d'Eckmuhl ; et Kellermann, montrant dans ses cheveux blancs les premiers lauriers de la révolution.

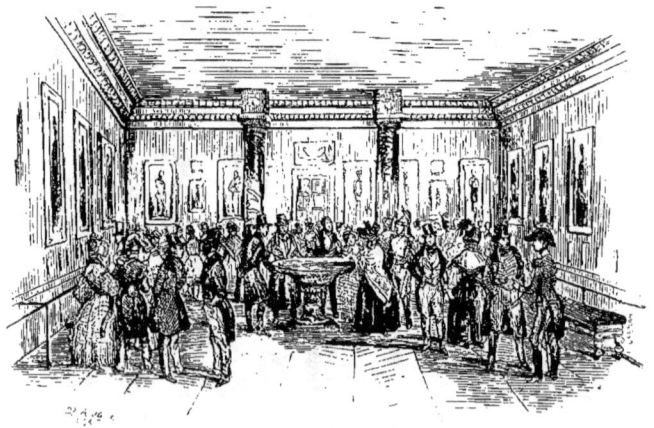

Douzième salle des Maréchaux.

Cette singulière et belle salle, ornée de colonnes de marbre, s'est trouvée enfermée dans les petits appartements de Louis XV, et a reparu dans les nouvelles dispositions ; on y voit la continuation des maréchaux de l'empire. Nous avons remarqué Lefebvre, sergent aux gardes françaises au moment de la révolution, un des premiers à la tête de ce grand mouvement, et ne l'ayant jamais désavoué ; Pérignon, qui succéda à Dugommier dans la première guerre d'Espagne ; Serrurier, se serrant près de Napoléon au 18 brumaire ; Victor, ayant fait toutes les campagnes depuis Savone jusqu'à Champaubert ; Oudinot, duc de Reggio, concurrent de Rapp pour le nombre de blessures, ne comptant pas celles qui se confondaient avec les anciennes ; Oudinot, dont le nom servit un jour de mot d'ordre à l'armée ; Marmont, le plus ancien élève de Napoléon, brave, spirituel, mais toujours malheureux ; Macdonald, longtemps en disgrâce par son attachement pour Moreau, et qui gagna le bâton de maréchal à Wagram en montant à l'assaut comme pour gagner les épaulettes ; Suchet, le duc d'Albufera, de Valence, récompense de la plus glorieuse campagne et de la plus sage et bienveillante administration ; Gouvion Saint-Cyr, militaire éclairé, propre au conseil comme à l'action ; Poniatowski !..... A ce nom je ne sais quelle pensée mélancolique vient saisir l'âme : cette belle figure, qui aurait si bien et mieux paré le trône de Pologne que la cour d'un autre monarque, et que les flots de l'Elster ont englouti avec l'espoir d'une patrie polonaise.

Treizième salle des Maréchaux.

Cette dernière salle a pour nous un attrait plus vif que toutes les autres ; les portraits qu'elle renferme appartenaient déjà à la postérité, et cependant ceux qu'ils représentent la plupart vivent parmi nous, et ils sont encore prêts à continuer pour leur pays leur noble carrière. Ils ne peuvent plus rien attendre de lui, mais lui peut encore avoir à réclamer leur service. Gérard, Clausel, Duperré, sont encore sur la brèche de la renommée. Gérard, que trois millions de gardes nationaux se félicitent d'avoir à leur tête; Duperré, qui n'attend qu'un ordre pour aller lutter contre les flottes anglaises, et Clausel, que le désert appelle, et que les peuples de l'Atlas attendent, si le brave maréchal Vallée, le dernier placé ici, venait à leur manquer.

Le maréchal Masséna.

Première Salle des Guerriers célèbres.

C'eût été composer une nomenclature bien imparfaite des hommes distingués de notre histoire que de la borner à ceux qui ont été revêtus des dignités d'amiraux, de connétables et même de maréchaux. Quelle collection de portraits eût été celle où l'on n'aurait trouvé ni le grand Condé, ni Bayard, ni Crillon, ni même Dumouriez et Moreau? Ce reproche a été prévu, et deux magnifiques salles, autrefois composant le logement de madame de Montespan, ont été consacrées aux guerriers célèbres qui manquaient aux salles précédentes. Les premiers qui fixent les regards sont les portraits de Dunois, le bâtard d'Orléans, le vainqueur des Anglais, le compagnon de la Pucelle et le fidèle serviteur de Charles VII ; près de lui est La Hire, son ami, son émule, enfin, Jeanne d'Arc, l'héroïne de ces temps qu'on croirait fabuleux ; puis les figures sévères des ducs de Bourgogne, les plus puissants seigneurs, alliés ou ennemis de la France, Philippe le Hardi et Jean-sans-Peur, qui gagnèrent leur surnom par leur extrême bravoure ; la noble victime de l'un d'eux, le beau, l'aimable duc d'Orléans, si plaint, si bien vengé par sa veuve Valentine de Milan ; puis Tannegui du Chatel, qui se chargea de la représaille terrible du pont de Montereau; Bayard, l'immortel Bayard, le chevalier sans peur et sans reproche, dont la vie entière fut un modèle de courage et de vertus; La Tremoille, le premier capitaine de son temps, la gloire de la monarchie; deux de ces Guise, ambitieux étrangers, mais qui légitimèrent leur audace par de grands services; Villiers de l'Isle-Adam, le défenseur de Rhodes; enfin Crillon, qui brille surtout par la bataille d'Arques, où il ne se trouva pas, mais qui lui valut le célèbre mot de Henri IV.

Seconde Salle des Guerriers célèbres.

Cette salle renferme des exploits plus modernes, et cependant le premier portrait qu'on aperçoit est celui du grand Condé, précurseur de la gloire de Louis XIV, destructeur, à Rocroi, de l'infanterie espagnole, vainqueur à Lens, Fribourg, Senef, et aussi spirituel qu'habile; près de là se présente l'honneur de la marine française, Duquesne, Jean-Bart, Duguay-Trouin, Chevert, à qui la Renommée oublia de

Le général Moreau.

Le général Rapp.

Le duc de Vendôme.

laisser le bâton de maréchal ; Suffren, dont le nom retentit encore dans les Indes ; La Fayette, qui donna la liberté à deux mondes, aussi simple et vertueux que grand ; Dugommier, qui prit Toulon et devina le génie de Bonaparte ; Marceau, dont la vie, dit lord Byron, fut courte et immortelle, et dont l'armée ennemie tout entière honora les funérailles ; Kleber, ce fougueux Kleber, arrêté au milieu d'une immortelle carrière par le fer d'un assassin ; Joubert, mort si jeune, et dont le directoire voulait faire un dictateur ; Byron, Custine, Houchard, qui finissent leurs jours glorieux sur l'échafaud ; le duc de Vendôme, monté sur un des chevaux de sa ferme sur lequel il partit pour l'Espagne, et qu'il montait le jour de la bataille de Villaviciosa, qui plaça Philippe V sur le trône d'Espagne ; Desaix, que l'Égypte appelle encore le *Sultan juste*; Moreau, tombé sous le premier coup de canon français tiré à Dresde ; Lasalle, frappé mortellement à Wagram par une balle autrichienne ; Dumouriez, à qui la restauration ne put pardonner les deux premières victoires de la France, et Louis XVIII, de savoir mieux que lui le latin, et d'en avoir cité plus à propos des passages; Junot, Rapp, Regnier, la comique figure du général Dagobert; et enfin Eugène Beauharnais, l'enfant adoptif de Napoléon, et digne de ce nom glorieux.

Le prince Eugène Beauharnais.

AILE DU SUD

contenant

LES CAMPAGNES DE L'EMPEREUR NAPOLÉON,

La Galerie des Batailles

ET LA SALLE DE 1830.

Non alias unquam tantæ data copia fama
Fortibus, aut campo majore exercita virtus.
STACE, *Achilléide*, liv. II, v. 118.

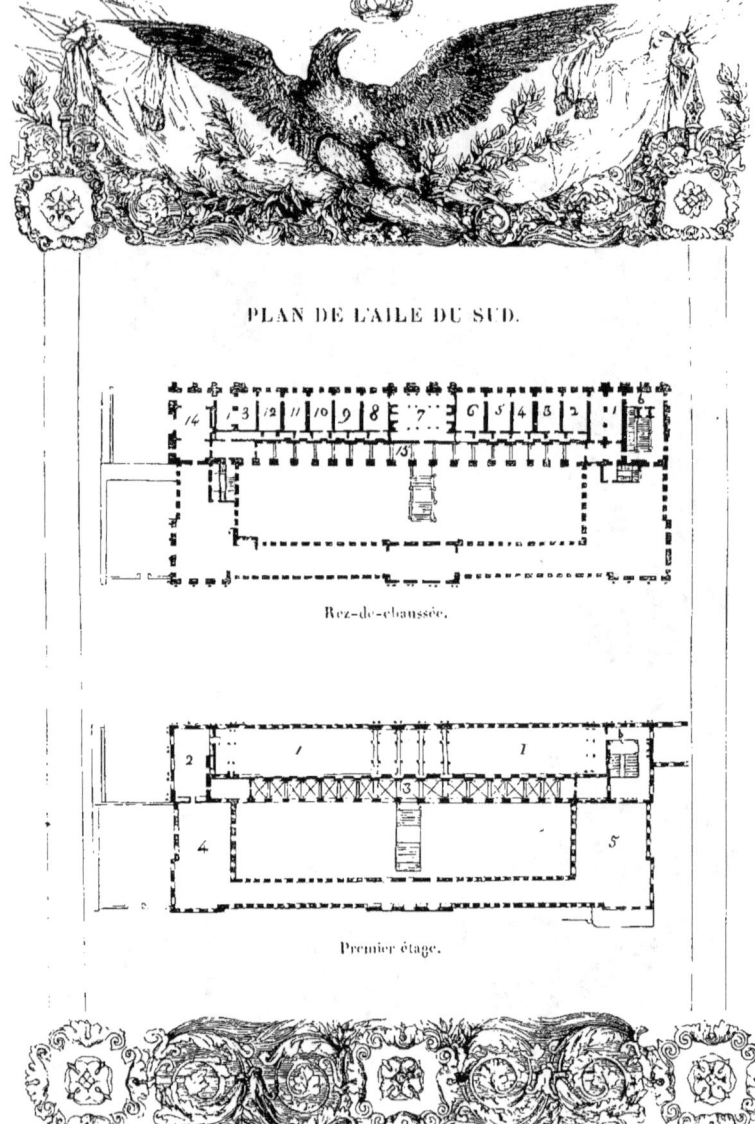

PLAN DE L'AILE DU SUD.

Rez-de-chaussée.

Premier étage.

Première Salle de l'aile du sud. — Rez-de-chaussée.

Treize salles, formant une perspective aussi loin que l'œil peut s'étendre, composent ce qu'on appelle la *Galerie de Napoléon*, et remplacent les appartements habités sous Louis XV par le duc de Charolais, et sous Louis XVI, par la malheureuse princesse de Lamballe. Ces treize salles, consacrées aux souvenirs de Napoléon, contiennent cent vingt-neuf tableaux représentant les principaux faits de sa vie de 1796 à 1810. On a omis avec raison les temps qui ont précédé : l'enfance des grands hommes ajoute peu d'intérêt à leur histoire. Chacune des salles porte le chiffre de l'année à laquelle se rapportent les tableaux, qui sont classés chronologiquement, à l'exception de ceux qui concernent la campagne de Marengo, qu'on a été forcé de rejeter à la dernière salle à cause de leur dimension. La première salle, celle qui paraît sur cette planche, présente le moment où le général Bonaparte, fait chef de brigade à Nice, en 1795, mais destitué depuis, part de cette même ville de Nice avec le commandement général des troupes de l'armée d'Italie. « Soldats, leur dit-il, vous êtes mal nourris et presque nus, je

« vais vous conduire dans les plus fertiles plaines du monde, vous y trouverez
« bonheur, gloire et richesses. » En effet, son début est une suite de victoires ; il
entre à Savone, bat les Autrichiens à Montenotte, et, pendant que le colonel
Rampon, à la tête de la trente-deuxième demi-brigade, fait son héroïque défense
de la redoute de *Monte-Legino*, il s'empare du château de Cossaria, fait prisonnier le général autrichien Provera, attaque Saint-Michel malgré les difficultés du
terrain, s'empare de Coni, passe le Pô à Plaisance, remporte une victoire à Lodi,
chasse Beaulieu derrière le Mincio, entre à Crémone et enfin à Milan. Cette première partie de la campagne, qui dura à peine un mois, a pour résultat de détacher la **Sardaigne** de l'alliance autrichienne et de mettre entre les mains du vainqueur la Lombardie et les magasins considérables qu'elle renferme ; elle développe
déjà ce savant système de stratégie qui, depuis Frédéric II, semblait avoir été oubliée.

Le général Bonaparte en 1796.

Deuxième salle.

Victorieux de trois armées, maître des places fortes de la Lombardie, Bonaparte s'occupa d'organiser les pays conquis et de contenir le reste de l'Italie, mais en même temps qu'il pressait le directoire de lui envoyer des renforts : ses meilleurs généraux étaient tués ou blessés, les soldats épuisés de fatigues. Le directoire, enfin, se décida à retirer trente mille hommes de l'armée du Rhin pour les envoyer en Italie. Pendant qu'ils étaient en marche, le cabinet de Vienne, plus actif, faisait marcher Alvinzi avec cinquante mille hommes, qui, s'ils eussent été bien conduits dans ce moment, auraient pu détruire l'armée française. Mais ce général fit encore la faute de diviser son armée en deux corps : l'un marcha sous les ordres de Davidowisch; avec l'autre il occupa la belle position de Caldiero. Bonaparte jugea alors qu'il ne pouvait résister qu'en attirant l'ennemi sur un champ de bataille où le courage et les manœuvres pouvaient tenir lieu du nombre; il s'avança alors en force sur le village d'Arcole et le pont célèbre qui fut vigoureusement disputé. C'est là qu'eut lieu cette action du drapeau que quelques-uns attribuent au général en chef, d'autres à Augereau, d'autres enfin à un chef de bataillon. Quoi qu'il en soit, Alvinzi dut descendre de sa position pour soutenir cette partie de ses troupes qui battait en retraite et donner le lendemain une bataille des deux côtés d'une jetée, où tous les avantages étaient pour les Français, qui en profitèrent : après un combat sanglant, Alvinzi fut de nouveau rejeté sur Vienne et sur les gorges du Tyrol. Autres efforts alors du cabinet autrichien : envoi d'un nouveau renfort de toute la garnison de Vienne qui arrivait avant les troupes détachées de l'armée du Rhin. Alvinzi cette fois ne divisa plus ses troupes; mais voyant Bonaparte occuper avec presque toute son armée le plateau de Rivoli, il songea à le renfermer, à l'attaquer de tous les côtés, et c'est alors qu'il lui donne l'occasion d'exécuter une des plus belles manœuvres qu'on connaisse dans l'histoire de la guerre. Calculant le temps de la marche et les obstacles, Bonaparte renforça son armée des troupes qui formaient le blocus et le siége de Mantoue, et ne laissa dans les retranchements que Miolis avec douze cents hommes. Attendant, pour opérer son mouvement, qu'il aperçût les dernières colonnes de l'ennemi qui couronnait les hauteurs autour de lui, il écoutait sans s'émouvoir les différents rapports qui lui arrivaient, et qui lui apprenaient tous qu'il était cerné de toutes parts, lorsqu'il donne tout à coup l'ordre de l'attaque, et, avec une masse lente, compacte, il se précipite sur un des points de cette ligne étendue, la culbute, la divise, la bat en détail et la rejette encore une fois dans les montagnes. Sans perdre un seul moment, le soir même de cette bataille terrible, le 14, il marche pendant la nuit avec la division Masséna, et arrive le 15 sur le dos de Provera, qu'il trouva aux prises, à la porte de Mantoue, avec le faible corps de Miolis; il le renverse, le fait prisonnier, refoule la garnison de Mantoue dans la ville, qui, faute de vivres, est obligée, au bout de quinze jours, de capituler. Profitant du répit que lui laisse ce succès, il envoie un corps de troupes sur Rome, et conclut le traité de Tolentino, qui accorde à la France les légations de Bologne et de Ferrare, et ces trésors d'objets d'art qui enrichirent pendant deux ans notre musée. A peine de retour de cette expédition, il doit encore lutter avec une nouvelle armée, qui marche sous les ordres de l'archiduc Charles; mais alors les renforts de l'armée du Rhin étaient arrivés, et il pouvait répondre du succès, qui dépassa toutefois son attente. Campé à trente lieues de Vienne, il vit arriver à son quartier général de Leoben les plénipotentiaires autrichiens avec lesquels il conclut les préliminaires de la paix signée depuis à Campo-Formio. Cet événement forme le tableau principal de cette salle; les autres sont la Reddition de Mantoue, l'Entrée des Français à Rome, les Batailles de Rivoli et de Castiglione. Le résultat de cette guerre d'Italie fut, qu'un général de vingt-sept ans avait, en deux ans, remporté dix victoires, pris cent cinquante mille hommes, cent soixante-dix drapeaux et douze cents pièces de canon, et, ce qui est plus extraordinaire, fait entrer dans le trésor cinquante millions de francs à la place de cinquante mille qu'il avait reçus en partant.

Troisième salle, année 1797.

Soldats, songez que du haut de ces monuments
quarante siècles vous contemplent!

Telles sont les paroles qu'on lit en entrant dans cette salle et en admirant le beau tableau de Gros, qui en est l'explication. La campagne d'Égypte, cette sublime page dans l'histoire de Napoléon, sera un jour un des épisodes les plus brillants du poëme épique qui sera composé en son honneur. En effet, tout y est différent d'aspect, de climat, de costume, même de manière de combattre.

Fatigué du repos, tourmenté du besoin de la gloire, Bonaparte se présente un jour devant le directoire, lui montre l'Orient comme la terre des merveilles, lui expose un plan de civilisation autant que de conquêtes; tous l'approuvèrent, les uns par sympathie pour ses hautes pensées, d'autres pour se débarrasser de sa présence. Hommes, vaisseaux, argent, peintres, savants, on met tout à sa disposition, et, le 19 mars 1799, il part pour l'Égypte sur une flotte de douze vaisseaux de ligne, dix-sept frégates et trois cents bâtiments. A son approche, Malte se rend, Malte avec ses remparts taillés dans la roche, et ses soldats chevaliers, jadis si redoutables. Le 25, il est devant Alexandrie, devant l'Afrique et ses déserts; la ville est prise, et les Mameluks se font déjà apercevoir; bientôt Mourad-bey les appelle du Saïde, du Fayoum, du Delta: tous se rendent au lieu de rassemblement, en avant du Caire, dans la plaine de Djyzeh; six mille cavaliers, couverts d'armures étincelantes, montés sur de superbes chevaux, viennent disputer bravement la plaine de Memphis et les monuments les plus anciens du monde. Bonaparte oublie alors la tactique européenne, et son génie lui suggère celle qui convient à ce pays: il range son armée en demi-cercle; chaque division formait un carré gigantesque avec l'artillerie au centre, sorte de bastions flanqués, offrant, au milieu du désert, l'aspect d'une forteresse mobile. L'impétuosité des Mameluks ne leur permet pas d'attendre qu'il ait marché longtemps : Mourad donne le signal, et bientôt tous se précipitent sur ces murailles de fer et de feu, qui les attendent à demi-portée de mitraille et de mousqueterie, et en font un énorme carnage. Repoussés d'un carré, ils vont à un autre ; les divisions Reynier et Desaix, qui occupent la droite, sont un moment entièrement entourées ; les Mameluks tombent blessés dans leurs rangs ; les uns font entrer à reculons leurs chevaux dans les lignes ; d'autres, renversés, se traînant sur leurs genoux, coupent les jarrets des soldats. Enfin, rejetés, et laissant devant chaque front une ligne d'hommes et de chevaux mutilés, ils se retirent dans leurs retranchements ; mais alors Bonaparte développe ses carrés, attaque ces retranchements, les prend, et Mourad-bey, avec quinze cents hommes des siens, se retire dans le désert. Tel est le sujet du magnifique tableau de Gros ; à côté sont la Révolte du Caire, par Girodet, et le Pardon des Révoltés, par Guérin.

Nous reproduisons ce dernier tableau.

Pardon accordé aux révoltés du Caire.

« Les cheiks et les principaux habitants du Caire viennent ensemble implorer la générosité des vainqueurs et la clémence de Bonaparte. Le général en chef les reçut sur la place d'Esbekieh. Un pardon général est aussitôt accordé à la ville, et le 2 brumaire (25 octobre 1798), l'ordre est entièrement rétabli. Mais pour prévenir dans la suite de pareils excès, la place est mise dans un tel état de défense qu'un seul bataillon suffit pour la préserver des mouvements séditieux d'une population nombreuse. Des mesures sont prises pour la garantir à l'extérieur contre toute entreprise de la part des Arabes[1]. »

Les autres tableaux de cette salle ont rapport au reste de l'expédition; on y voit l'entrée de la division Desaix à Thèbes, et l'effet magique que produisit sur les soldats la vue de ces monuments gigantesques; l'armée s'arrêta et battit des mains; de ce moment les soldats devinrent artistes comme les artistes étaient devenus soldats; tous parcoururent avec curiosité ces ruines. L'ouvrage de la commission d'Égypte est lui-même un éternel monument de cette grande et savante expédition.

Quatrième salle.

Pendant que l'Orient renait par les lumières et la civilisation, la France semble s'éteindre par la faiblesse et l'incapacité. Le crédit public a disparu, l'Italie a été reconquise; et, sans la victoire de Zurich, les provinces du Midi étaient envahies. Tous les regards, tous les vœux se portent vers celui qui, seul, peut rétablir l'ordre au dedans, la victoire au dehors, lorsque la vigie de Fréjus signale l'arrivée de deux frégates; de l'une d'elles descend Bonaparte, aux acclamations de tout le rivage. Il n'est pas question pour lui de quarantaine, et à peine apprend-on à Paris son débarquement, qu'on le sait arrivé dans la ville. Tout ce que la capitale renferme d'hommes éminents, courageux ou habiles, se groupent autour de lui, et le 18 brumaire commence une nouvelle ère pour la France : la confiance renaît, les passions se calment ou sont comprimées, l'ordre social se replace sur ses bases, la religion est rétablie, et un conseil d'état, composé de toutes les opinions, mais en même temps de tous les talents, fonde les institutions qui sont encore aujourd'hui en vigueur; on commence la discussion de ces Codes civil et criminel qui nous régissent encore; les arts, les lettres, les sciences reprennent leur élan; et pour exciter à la fois et récompenser le mérite, s'élève l'institution de la Légion d'honneur, admirable création qui confond dans une même gloire tous les genres

[1] *Relation de l'expédition de l'Égypte*, par Berthier, p. 45.

de service, qui place le soldat à côté du savant et de l'administrateur, et qui élève ceux-ci à la gloire du plus grand sacrifice, celui du repos de la vie.

Les voies de communication pour rétablir les grands travaux d'utilité publique prennent un nouvel élan, des monuments s'élèvent dans la capitale, et le premier consul entreprend de visiter les provinces et de voir par ses yeux, de connaître lui-même leurs besoins. Il commence par le nord; d'Amiens il se rend à Boulogne, à Lille, à Calais, et surtout à Anvers, dont il fera une place formidable et l'entrepôt d'un grand commerce.

Le principal tableau de cette salle représente son arrivée dans le port de cette ville avec madame Bonaparte; les autres sont la nomination à la présidence de la république cisalpine.

Cinquième salle.

Cette salle est le passage de la république à la monarchie, du consulat à l'empire; le principal tableau est le moment où Napoléon reçoit, à Saint-Cloud, le sénatus-consulte qui le proclame empereur des Français. La réception a lieu dans la grande galerie de Saint-Cloud; le premier consul est accompagné de madame Bonaparte, des généraux de la garde et de ses aides de camp. Les autres tableaux sont la distribution des croix de la Légion d'honneur dans l'église.

Une loi, en date du 19 mai 1802, avait institué l'ordre de la Légion d'honneur. Les membres nommés n'étaient pas encore reçus.

« A midi, l'empereur est parti des Tuileries, précédé par les maréchaux de l'empire, par le prince connétable, et suivi des colonels généraux de sa garde et des grands officiers de la couronne, de ses aides de camp et de l'état-major du palais.

« Sa Majesté s'est placée sur le trône, ayant derrière elle les colonels généraux de la garde, le gouverneur des Invalides et les grands officiers de la couronne.

« Le cardinal-légat célébra la messe. Après l'évangile, les grands officiers de la Légion d'honneur, appelés successivement par le grand chancelier, se sont approchés du trône et ont prêté leur serment.

« L'appel des grands officiers fini, l'empereur s'est couvert, et, s'adressant aux commandants, aux officiers et aux légionnaires, a prononcé d'une voix forte et animée ces mots :

« Commandants, officiers, légionnaires, citoyens et soldats, vous jurez sur votre honneur de vous dévouer au service de l'empire et à la conservation de son territoire, dans son intégrité ; à la défense de l'empereur, des lois de la république et des propriétés qu'elles ont consacrées ; de combattre par tous les moyens que la justice, la raison et les lois autorisent, toute entreprise qui tendrait à rétablir le régime féodal ; enfin vous jurez de concourir de tout votre pouvoir au maintien de la liberté et de l'égalité, bases premières de nos constitutions. Vous le jurez ? »

« Tous les membres de la Légion, debout, la main levée, ont répété à la fois : *Je le jure*. Les cris de *vive l'empereur !* se sont répétés de toutes parts. »

Sixième salle

Pendant que l'empereur s'occupait ainsi d'améliorations de tous genres pour le bien-être et la richesse de la France, une troisième coalition se formait de l'Autriche pour reconquérir l'Italie, de l'Angleterre pour se débarrasser de la crainte d'une invasion, et enfin de la Russie, dont la politique venait à changer par la mort de Paul Ier. Du moment où Napoléon en fut informé, il comprit que c'était sur le continent qu'il fallait atteindre l'Angleterre, et parvenu à la paix par un nouvel équilibre européen, il se rend au sénat, obtient une nouvelle conscription de quatre-vingt mille hommes, et ordonne la levée du camp de Boulogne. Cette armée, partie des rives de l'Océan le 30 août, arrive en Bavière le 6 octobre. Les Autrichiens, fiers de leur nombre et ne croyant pas à la possibilité du mouvement des Français, s'avancent dans l'Allemagne pour y exciter les sympathies des peuples ; mais en étendant ainsi leurs lignes, ils prêtent le flanc de tous côtés aux corps français qui arrivent de droite et de gauche à leur rencontre. Déjà la division du général Murat rencontre un corps autrichien à Wertingen, le combat et le poursuit jusqu'à Güntzburg; là se trouve un corps considérable d'Autrichiens avec l'archiduc Ferdinand lui-même, qui oppose une vigoureuse résistance; mais le maréchal Lannes arrive, s'empare du pont et s'avance pour couper la route d'Ulm à Augsbourg. Les Autrichiens perdent dans cette affaire deux mille cinq cents hommes, douze cents prisonniers et six pièces de canon. C'est alors que l'empereur partit de Strasbourg le 1er octobre, après s'être arrêté seulement quelques instants à Ettlingen chez le prince de Baden. Arrivé à l'armée, il se rendit d'Augsbourg à Burgau et rencontra sur le pont du Lech le corps d'armée du maréchal Marmont.

Napoléon harangue les soldats près du pont du Tril.

Le temps était affreux, la neige tombait à gros flocons, le froid était vif, et les soldats surchargés, parce qu'ils portaient leurs vivres pour plusieurs jours et marchaient péniblement sur une route dégradée. L'empereur ordonna de faire halte, fit serrer la colonne en masse et former le cercle, autant qu'il fut possible, à la portée de la voix. Il félicita, remercia ses soldats de leur constance dans les marches pénibles qu'ils venaient de faire; il leur dit quel en était le résultat; expliqua, comme il l'eût fait à ses généraux, la situation de l'ennemi; démontra l'imminence d'une grande bataille, et leur promit une victoire aussi certaine que la confiance qu'il avait en leur dévouement. » Cette courte harangue électrisa tous ceux qui l'entendirent, et de ce moment commence, sous les ordres directs de Napoléon, la campagne mémorable à laquelle on a donné depuis le nom de campagne d'Austerlitz.

Vestibule de l'aile du sud.

Suspendons un moment l'histoire du grand homme auquel toutes ces salles sont consacrées, et arrêtons-nous ici, près de sa statue, au milieu des bustes de sa famille et de quelques-uns de ceux qui approchaient le plus de son trône. La noble simplicité de ce vestibule repose de l'éclat, du cliquetis des tableaux ; on peut ici étudier mieux ses traits, les rechercher dans trois bustes et deux statues faits de son vivant. L'une de ces statues, celle de Seurre, a cela de curieux qu'elle a la grandeur même du modèle qui a servi à celle de la place Vendôme, et que l'épée a été moulée sur celle qu'il portait.

Ceux qui ont vu Napoléon à toutes les époques de sa carrière auront été frappés comme nous du changement extraordinaire qu'ont éprouvé les traits, la forme même de son visage. Sans doute il en est ainsi pour tous les hommes, mais pas à ce point, pas de manière à pouvoir s'y méprendre. Ainsi, lorsqu'il arriva de l'armée d'Italie, et notamment le jour où le directoire lui donna une fête au Luxembourg, il avait le visage long, les joues creuses et des cheveux poudrés qui, couvrant ses joues des deux côtés, lui donnaient l'aspect d'un jeune homme malade; et quoiqu'il n'eût que vingt-sept ans, il paraissait plutôt en avoir trente-cinq.

Le général Bonaparte.

Les portraits faits à cette époque le représentent parfaitement : ses yeux couverts étaient vifs, et il y avait dans sa bouche une sorte de dédain qui cessait lorsqu'il souriait, ce qui donnait beaucoup de charme à son visage. A son retour d'Égypte, il avait les cheveux coupés, son visage avait pris plus d'embonpoint, de rondeur; sa figure était moins fortement prononcée, mais plus bienveillante, plus calme; c'est en effet l'époque de sa vie où il eut moins de souci, moins de tourments. C'est ainsi que le représente Isabey, et même David au passage des Alpes, quoique ce visage soit fantastique.

Bonaparte consul.

A l'époque de son couronnement et de l'apogée de sa fortune, ses traits se grossirent, sa figure prit un caractère plus sérieux, plus grave, le jeu de sa physionomie fut moins marqué; c'est ainsi que l'ont peint Gérard, Gros, Robert-le-Fèvre; et, en effet, l'habitude du succès dans tout ce qu'il entreprenait lui avait donné une sorte d'impassibilité; sa démarche était moins vive, ses reparties moins promptes. Sans doute, quand il fut réduit à se défendre autour de sa capitale, il reprit et retrouva tout l'élan de sa jeunesse; mais ce mouvement s'éteignit bientôt dans l'exil, dans le chagrin, dans l'ennui, et dans l'obligation de végéter; et ses organes s'affaiblirent sans qu'il perdît rien de ses facultés.

Napoléon empereur.

Napoléon proscrit.

Sixième salle.

Nous avons laissé l'empereur, poursuivant sa marche sur le territoire de l'ennemi; de tous côtés l'armée arrivait à marches forcées devant Ulm. Le 13 octobre elle était autour de la place à deux lieues de rayon, et partout en présence des postes avancés de l'ennemi. L'empereur donna ordre d'attaquer sur tous les points. Alors le maréchal Ney, à la tête du 69ᵉ de la division Loyson, attaqua la forte position d'Elchingen, défendue avec opiniâtreté par le général autrichien Laudon. Après trois assauts, il finit par s'en emparer et poursuivit l'ennemi jusqu'aux retranchements de Saint-Michel ou du Mont-Saint-Jean, en avant d'Ulm.

L'archiduc Ferdinand, qui commandait un corps de l'armée autrichienne sous les ordres du général Mack, voyant que l'attaque de la position d'Elchingen aurait pour résultat de renfermer cette armée dans Ulm, se décida à en sortir à tout risque pendant le combat, et il parvint à gagner la Franconie avec une portion de sa cavalerie. Mais la division commandée par le général Werneck n'eut pas le même bonheur. Après un combat assez vif, le lieutenant général Werneck fut obligé de capituler avec tout son corps, et le maréchal Mack, n'ayant pu suivre le corps d'armée de l'archiduc Ferdinand, se trouva enfermé dans la place avec toute l'infanterie et partie de la cavalerie. On se demande comment trente mille hommes pouvaient jamais se considérer comme enfermés, et s'il n'est pas toujours possible, en perdant une partie de ses canons, de se faire jour à travers un cercle de troupes qui, devant être très-étendu, ne peut, sur tous les points, opposer la même résistance. Quoi qu'il en soit, toute cette armée capitula et défila devant l'empereur le 21 octobre suivant ; alors la marche de l'armée française ne fut plus arrêtée que par des combats partiels, tels que près d'Amstetten, où elle rencontra l'armée russe du prince Bagration, et quelques jours après, vis-à-vis du château de Dunster, où fut enfermé Richard Cœur-de-Lion.

Napoléon salue les blessés ennemis.

C'est après une de ces affaires que l'empereur, rencontrant un convoi de blessés autrichiens, ôta son chapeau en disant : « Honneur au courage malheureux ! » C'est à cette époque également que le maréchal Ney eut la mission de s'emparer du Tyrol et s'en acquitta avec son intelligence et son intrépidité accoutumées. Le 7, à cinq heures après-midi, il fit son entrée à Inspruck ; il y trouva un arsenal rempli d'artillerie, seize mille fusils et une immense quantité de poudre.

Mais un trophée plus précieux, ajoute l'auteur du *Précis des événements mili-*

taires, fut la prise que fit un des régiments (le 76°), des drapeaux qu'il avait perdus dans le pays des Grisons, et qui avaient été déposés à l'arsenal d'Inspruck.

Les François retrouvent leurs drapeaux à Iu-pruck.

Lorsque le maréchal Ney les leur fit rendre avec pompe, les larmes coulaient des yeux de tous les vieux soldats. Les jeunes conscrits étaient fiers d'avoir servi à reprendre ces enseignes enlevées à leurs aînés par les vicissitudes de la guerre.

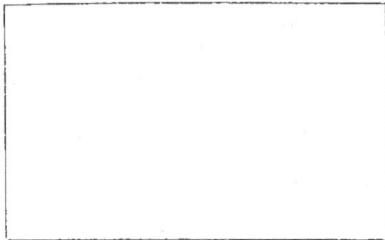

Septième salle.

Napoléon était à Saint-Polten, à peu de distance de la capitale de l'Autriche, lorsqu'il reçut à son quartier général une députation des magistrats de la ville, conduite par le prince de Sinzenfort. Napoléon leur donna l'assurance que les propriétés seraient respectées, et il fut convenu que la garde bourgeoise, qui formait seule la garnison de Vienne, conserverait ses armes et son arsenal particulier, qu'elle ferait le service avec l'armée française.

Reddition de Vienne.

L'armée prit ensuite possession de la ville, où l'empereur Napoléon ne s'arrêta que quelques instants. « Il se rendit, presque aussitôt son arrivée, au château impérial de Schœnbrunn, où il établit son quartier général. »

De là il le porta successivement à Poerlitz et à Brünn, où il était le 20 novembre. L'empereur d'Autriche se retira à Olmütz, où il fut rejoint par l'empereur de Russie.

Il se rendit le 29 novembre au bivouac, que depuis on appela la *Butte de l'Empereur*, « détermina sa ligne de bataille, coupant perpendiculairement la grande route d'Olmütz, la droite au lac de Menitz, la gauche au pied de la masse de montagnes qui séparent le bassin de Schwartza de celui de la March, ayant devant elle et pour appui le Bosenitz-Berg, montagne détachée et escarpée que Napoléon fit retrancher et armer d'une forte batterie.

BATAILLE D'AUSTERLITZ.

Pendant que l'empereur rangeait son armée en bataille, il s'était aperçu que les

Russes et les Autrichiens, confiants dans leur nombre, prolongeaient en avant leur gauche, afin de pouvoir tourner l'armée française.

« Il ne tenait qu'à moi, dit-il, dans ses Mémoires, de déjouer leurs projets en renforçant ma droite; mais cela réduisait l'action à des chances égales, et j'espérais mieux : lorsque l'ennemi fait une faute, il faut se donner de garde de l'interrompre. » Il ne s'occupa qu'à se préparer à frapper par son centre cette armée, qui lui prêtait ainsi son flanc comme à Rivoli; et, ce qui est singulier, c'est que l'auteur de ce mouvement stratégique était le même général Weyrotter qui avait dirigé les opérations à Rivoli[1]. Ce qui est plus curieux encore, c'est que l'empereur fit connaître d'avance à son armée, dans une proclamation, la manœuvre qu'il comptait faire, circonstance qui, peut-être, ne s'est jamais rencontrée. Le plateau de Pratzen, centre des armées alliées, était alors déjà le point important de la position, et c'est sur lui que le maréchal Soult, commandant la droite, devait se diriger en se bornant à contenir l'ennemi du côté de Telnitz, où il allait s'aventurer.

Voici la situation des armées russes et autrichiennes : elles étaient divisées en sept colonnes; les trois premières, sous les ordres de Buxhœwden, s'avancèrent des hauteurs de Pratzen, sur Telnitz et Kobollnitz, et se rabattirent sur Turus, c'est-à-dire débordèrent entièrement l'aile droite française; la quatrième, sous les ordres de Kolovrat, avec laquelle marchait le quartier général, devait également quitter Pratzen un peu en arrière de la troisième colonne, et s'avancer jusqu'à Kobollnitz; la cinquième formait toute la cavalerie de Lichtenstein; près de quatre-vingts escadrons devaient également quitter le centre et seconder la droite, en marchant vers la chaussée de Brünn; la sixième, destinée à attaquer à droite l'aile gauche française, devait être soutenue par la septième, placée en réserve et composée des gardes, sous les ordres du prince Constantin. Ces dispositions contenaient une seconde faute plus grande que la première, c'était d'agir des deux côtés en s'ouvrant sur le centre; il est évident que l'ennemi déborda la droite qu'il supposait étendue jusqu'à Telnitz, sans crainte d'être attaqué au centre, tandis que l'empereur avait massé toutes ses principales forces entre Schlapanitz et la route de Brünn. L'empereur recevait pendant la nuit l'avis que le mouvement de l'ennemi continuait, et il ne se pressait point de donner le signal d'attaque, quoiqu'ayant auprès de lui tous ses maréchaux. Le temps était brumeux, lorsque tout à coup, entre sept et huit heures, le soleil parut et fit voir la situation et le plateau de

---

[1] L'empereur parle avec dédain de cet officier, et cependant c'était un homme d'un très-grand mérite, et la manœuvre même qu'il faisait eût pu, dit Napoléon, obtenir du succès si, dans cette marche de flanc, il eût fait suivre toute l'armée pour l'appuyer; or, il est prouvé que c'était là le plan de Weyrotter, qui fut après changé par des ordres supérieurs.

Pratzen; en ce moment on entendit une forte canonnade sur la droite de l'armée française; c'est le moment que l'empereur attendait.

Napoléon donne les derniers ordres.

C'est alors qu'il donne ses derniers ordres à ses maréchaux, moment que représente ce tableau de Carle Vernet. Ils s'éloignent tous au galop, et quelques instants après commence la plus belle et la plus décisive manœuvre qu'on ait vue; à gauche, Bernadotte, soutenu par Murat, attaque Blasowitz, l'armée marche vers la même hauteur, des deux côtés de la chaussée de Brunn; la réserve suit ce mouvement pour empêcher l'ennemi de porter du secours à son centre; ce centre est attaqué avec fureur par les deux divisions de Saint-Hilaire et de Vandamme, commandées par Soult, qui gravissait les hauteurs de Pratzen, et se trouve en face de la colonne de Kolovrat, qui, ne pouvant supposer une telle attaque, marchait tranquillement en pelotons de route. L'empereur Alexandre, Kutusoff et tout l'état-major sont avec elle. Miloradowitz, qui tient la tête, peut à peine former les bataillons qu'il mène au feu isolément; mais alors naît le plus grand désordre: Kolovrat est culbuté, et toute son artillerie s'enfonce dans les marais: l'empereur et le grand-duc essaient une charge avec les chevaliers-gardes pour rétablir la communication des centres avec les ailes, mais ils sont ramenés par Rapp et la cavalerie de Bessières. A midi la victoire était décidée et toute la gauche était coupée. — Du haut d'Austerlitz, où les deux empereurs s'étaient retirés, ils virent le désordre de leur gauche à laquelle ils ne pouvaient porter secours. Des trente mille hommes qui la composaient, les deux tiers, acculés à des lacs et comprimés par le feu des divisions Vandamme et Saint-Hilaire, mirent bas les armes ou périrent dans les lacs, dont la surface glacée qui les portait s'enfonça sous le poids du nombre; plus de deux mille hommes y furent noyés, et présentèrent l'aspect de la bataille d'Aboukir.

Le résultat de cette bataille fut la prise de quarante drapeaux russes, y compris ceux de la garde, et de près de vingt mille Prussiens; les ennemis y laissèrent aussi quinze mille tués ou blessés; elle fut pour le soutien de l'empire ce qu'avait été Marengo pour le consulat.

« Le lendemain de la bataille d'Austerlitz, l'empereur d'Autriche envoya le prince Jean de Lichtenstein au quartier général français pour demander un armistice et proposer une entrevue, afin d'en régler les conditions. Napoléon accueillit le prince de Lichtenstein et accepta l'entrevue pour le lendemain 4 décembre, avec l'empereur François II. Il fut convenu qu'il se rendrait sur la route d'Austerlitz à Goedin, au point où se trouvaient les avant-postes de l'armée française.

L'empereur Alexandre.

« L'empereur Napoléon se trouvait à ses avant-postes, près de Sarutschitz, où il avait fait établir son bivouac auprès d'un moulin, à côté de la grande route ; il attendit l'empereur d'Autriche, alla au-devant de lui dès qu'il eut mis pied à terre et l'invitant à s'approcher du feu de son bivouac : « Je vous reçois, lui dit-il, dans le seul palais que j'habite depuis deux mois. — Vous tirez si bon parti de cette habitation, qu'elle doit vous plaire, » répondit en souriant François II [1]. »

L'empereur François.

[1] *Précis des événements militaires*, par le général Matthieu Dumas, t. XIV, p. 214.

Napoléon reçoit l'empereur d'Autriche à son bivouac.

Huitième salle.

La paix de Presbourg ne fut pas de longue durée. Une quatrième coalition se forma, et, par une singulière inconséquence, les cabinets agissaient dans leurs conseils comme les généraux sur le champ de bataille; ils se laissaient battre les uns après les autres, et arrivaient toujours trop tard pour se secourir : cette fois ce fut la Prusse unie à l'Angleterre et à la Russie. La Prusse, persuadée qu'elle suffisait pour soutenir le choc, n'attendit pas les armées russes, et notifia à l'empereur qu'il eût à retirer ses troupes de l'Allemagne, et à repasser le Rhin. A peine ce singulier défi fut-il parvenu à Napoléon, qu'il se rendit à son armée, qu'il avait d'avance réunie en une masse compacte prête à manœuvrer. La première rencontre fut un premier succès, et la mort d'un des princes de Prusse fut d'un mauvais présage pour son pays; mais bientôt l'armée prussienne se trouva tout entière en présence de l'armée française : Auerstaedt et Iéna effacèrent les souvenirs de Rosbach. En huit jours, l'armée et la monarchie du grand Frédéric furent anéanties, ses différents corps furent dispersés, séparés de la capitale, et rejetés dans les places fortes sans pouvoir se rallier. Alors Erfurt, Lubeck, Glogau, Magdebourg capitulèrent successivement : Magdebourg avait une garnison de vingt-deux mille hommes et huit cents pièces de canon. Le découragement était tel dans cette brave, mais malheureuse armée, que des villes entières fortifiées se rendaient devant quelques régiments de cavalerie : il en fut ainsi de Prenslow et de Stettin; on pensait que tout était perdu et que la résistance n'amènerait que des sacrifices inutiles. Napoléon fit, le 27 octobre, son entrée solennelle à Berlin par la magnifique porte de Charlottenbourg : il fut reçu par le corps de la ville, qui lui en présenta les clefs.

« Le sénat conservateur ayant arrêté, le 14 octobre 1806, qu'une députation de trois de ses membres se rendrait auprès de l'empereur à Berlin, pour lui offrir l'hommage du dévouement du sénat et du peuple français, le 18 novembre, les sénateurs d'Aremberg, François de Neufchâteau et Colchen, arrivèrent à Berlin

L'empereur reçoit les députés du sénat.

chargés de cette mission. L'empereur les reçut au retour de la parade. M. François de Neufchâteau porta la parole au nom du sénat. L'empereur remercia ce corps illustre de sa démarche, et chargea la députation de rapporter à Paris les trois cent quarante drapeaux et étendards pris dans cette campagne sur l'armée prussienne, désirant que ces drapeaux demeurassent déposés au sénat, jusqu'à ce que le monument qu'il avait ordonné d'élever fût terminé et en état de les recevoir. L'empereur fit aussi remettre à la députation l'épée, l'écharpe, le hausse-col et le cordon du grand Frédéric, pour qu'ils fussent transportés aux Invalides et confiés au gouverneur de cet hôtel, où ils devaient être gardés. »

Avant de quitter Berlin pour poursuivre ses conquêtes, Napoléon voulut visiter le tombeau de Frédéric, et là il resta quelque temps en contemplation ; c'était aussi auprès de ce tombeau que, peu de temps auparavant, la belle reine de Prusse et l'empereur Alexandre s'étaient promis une alliance indissoluble. Toutefois cette

Napoléon devant le tombeau du grand Frédéric.

alliance ne fut pas rompue, et les débris de l'armée prussienne se replièrent sur l'armée russe, qui marchait à la hâte, et qui commença bientôt une nouvelle campagne mieux disputée que la première. Napoléon quitta Berlin le 25 novembre ; mais, en avant de Varsovie, Murat, Davoust et Lannes avaient déjà rencontré les Russes et remporté sur eux des avantages. Benigsten avait évacué la capitale de la Pologne, et les Polonais s'étaient soulevés en faveur des Français ; l'année 1806 se termina par les combats de Pulstuck et de Golymen, et l'année 1807 s'ouvrit par la bataille d'Eylau. Le 7 février, à la pointe du jour, l'avant-garde française se mit en marche, et rencontra l'arrière-garde de l'armée combinée entre le bois et la petite ville d'Eylau. Plusieurs régiments de chasseurs à pied ennemis qui la défendaient furent chargés et pris en partie. On ne tarda pas à arriver à Eylau et à reconnaître que l'ennemi était en position derrière cette ville, à un quart de lieue du bourg de Preussich-Eylau.

A la pointe du jour les armées combinées, russes et prussiennes, commencèrent l'attaque par une vive canonnade sur la ville d'Eylau et sur la division Saint-Hilaire. L'empereur se porta à la position de l'église, que l'ennemi avait tant défendue la veille. Il fit avancer le corps du maréchal Augereau, et fit canonner le monticule par quarante pièces d'artillerie de sa garde. Une épouvantable canonnade s'engagea de part et d'autre.

Trois cents bouches à feu ont vomi la mort pendant douze heures. La neige, qui plusieurs fois dans la journée obscurcissait le temps, retardait aussi la marche et l'ensemble des colonnes. La victoire, longtemps incertaine, fut décidée et gagnée lorsque le maréchal Davoust déboucha sur le plateau et déborda l'ennemi, qui se retira, mais sans être entamé, sans qu'on pût dire, qu'il était vaincu; combat terrible, qu'on ne sait comment définir, lutte de carnage dont chacun s'attribua la victoire, et dont l'humanité dut d'autant plus gémir qu'elle n'eut aucun résultat.

Bataille d'Eylau.

C'est ce spectacle affreux que représente le magnifique tableau de Gros; il est certain que l'aspect de ce champ de bataille affecta vivement l'empereur : il le mandait à Joséphine : « Il y a eu hier une grande bataille ; la victoire m'est restée, mais j'ai perdu bien du monde ; la perte plus forte de l'ennemi ne m'en console pas. » Quinze jours après il lui en parlait de nouveau. Cependant ses armées poursuivaient leur marche, et après une dernière et décisive bataille, celle de Friedland, qui fut bien décidément gagnée, mais qui coûta également de terribles sacrifices, l'empereur de Russie demanda un armistice et une entrevue, qui eut lieu à Tilsit, et qui décida de la paix, qui fut signée le 9 juillet 1807.

Dixième salle des campagnes de Napoléon.

Napoléon fut visité à Tilsit par l'empereur Alexandre et par la reine de Prusse ; il alla au-devant de la reine jusque dans la rue, et la reçut au bas de l'escalier. Les souverains passèrent ensemble plusieurs jours, pendant lesquels ils donnèrent des marques de distinction aux généraux les plus braves des différentes armes, et Napoléon remit la croix d'officier de la Légion d'honneur à un soldat russe qui lui fut indiqué comme s'étant le plus signalé. Enfin, le 6 juillet, les deux empereurs se séparèrent, après être restés plusieurs heures en conférence ; ils se rendirent à cheval au bord du Niemen, où l'empereur Alexandre s'embarqua. Napoléon demeura sur le rivage jusqu'à ce que son hôte illustre fût arrivé à l'autre bord.

Onzième salle.

Pendant ce bouleversement des empires, cette fluctuation des couronnes, un peuple relégué au bout de l'Europe semblait rester oublié, inaperçu, à l'abri de son inertie, de sa faiblesse, et cependant c'était la puissante monarchie de Charles-Quint, c'était l'Espagne devenue tellement nulle, que sa soumission valait mieux que sa conquête. Pourquoi Napoléon a-t-il été réveiller ces passions engourdies, galvaniser ce cadavre qui devint contre lui un géant? Telle était sa destinée, et le jour où Ferdinand arriva au château de Maral, ainsi qu'il est représenté dans cette salle, fut un jour néfaste pour la France et pour l'humanité, pour Napoléon surtout, dont il commença et fit présager les revers. Instruit de la résistance qu'éprouvait son armée, irrité de la honteuse affaire de Baylen, Napoléon fut contraint de détacher de la Grande Armée, qui était en Prusse et en Pologne, une partie de ses vieilles bandes. Lui-même, avec la garde impériale, vint se mettre, au mois de novembre, à la tête des forces qu'il avait rassemblées sur le Haut-Èbre.

Le *douzième bulletin de l'armée d'Espagne* dit que, « le 12 novembre, Napoléon avait son quartier général à Burgos, et qu'il marchait sur la capitale d'Espagne. »

On lit dans le *treizième bulletin* :

« Le 29, le quartier général de l'empereur a été porté au village de Bozeguillas.

« Le 30, à la pointe du jour, le duc de Bellune s'est présenté au pied du Sommo-Sierra. Une division de treize mille hommes de l'armée de réserve espagnole défendait le passage de cette montagne. L'ennemi se croyait inexpugnable dans cette position. Il avait retranché le col que les Espagnols appellent Puerto, et y avait placé treize pièces de canon. Le 9ᵉ d'infanterie légère couronna la droite, le 96ᵉ marcha sur la chaussée, et le 24ᵉ suivit à mi-côte les hauteurs de gauche. Le général Sénarmont, avec six pièces d'artillerie, avança par la chaussée.

Bataille de Sommo-Sierra.

La fusillade et la canonnade s'engagèrent. Une charge que fit le général Montbrun à la tête des chevau-légers polonais décida l'affaire; charge brillante s'il en fut, où ce régiment s'est couvert de gloire et a montré qu'il était digne de faire partie de la garde impériale. Canons, drapeaux, fusils, soldats, tout fut enlevé, coupé ou pris; huit chevau-légers polonais ont été tués sur les pièces, et seize ont été blessés; parmi ces derniers on comptait le capitaine Drievanoski, qui ne laissait que peu d'espérance de guérison, et le comte de Ségur, maréchal de camp de la maison impériale.

C'est ici que nous devons rendre hommage à cette brave et malheureuse nation polonaise, que nous avons vue sous les armes, en 1790, dans les mêmes costumes, dans les mêmes sentiments, que sous les murs de Paris, vingt-cinq ans après; se battant pour leur patrie sous les drapeaux qui pouvaient la leur faire espérer, et fidèles dans le malheur comme dans la prospérité.

Les autres tableaux de cette pièce font honneur au talent de Vernet et de Gros : ils représentent le siége et la capitulation de Madrid; mais celui du fond mérite une attention particulière. Il rappelle le mariage du prince Jérôme

Bonaparte avec une princesse de Wurtemberg, en présence de toutes les personnes composant la famille de l'empereur et de l'impératrice, toutes d'une ressemblance frappante.

L'empereur Napoléon en grand costume.

Nous avons choisi les portraits les plus marquants, celui de l'empereur dans ses habits de cérémonie, et celui de l'une de ses sœurs, la princesse Borghèse.

La princesse Borghèse.

Le beau fait d'armes que nous venons de rapporter, et dont nous avons donné la représentation, ouvrit cette courte campagne sous les yeux de l'empereur. Madrid tomba bientôt en son pouvoir. Les deux tableaux de Carle Vernet et de Gros rappellent cet événement; celui de Gros, où l'empereur a un aspect ridicule, renferme cependant de grandes beautés de coloris, qu'il possède surtout dans les sujets tels que celui de mademoiselle de Saint-Simon demandant la grâce de son père, ou bien encore dans le tableau où il a reproduit le passage du Guadarama, et celui où il représente l'empereur à Astorga, dernière ville où il s'arrêta. Dans ce moment on put juger qu'il n'apportait plus d'intérêt à la conquête de l'Espagne; son attention était ailleurs : il savait que l'Autriche allait profiter de son absence pour tenter un nouvel effort contre lui, et il se rendit à l'instant à Paris.

Salle n. X.

Cette salle, la dernière dans l'ordre chronologique des événements, est une des plus importantes, et nous regrettons de ne pouvoir la décrire avec plus de détail. Nous avons vu l'empereur quitter brusquement l'Espagne. Il était temps : l'Autriche, aidée des subsides de l'Angleterre, venait de mettre sur pied en troupes et en landwher au delà de cinq cent mille hommes effectifs, commandés par l'archiduc Charles. Avant qu'aucune disposition eût été prise, que la grande armée eût eu le temps de se rassembler, l'armée autrichienne s'empara de Ratisbonne et culbuta tout sur son passage; le corps du maréchal Davoust se replia jusqu'à Tann, mais là résista assez longtemps pour que l'empereur pût arriver. Le premier corps qu'il rencontre est celui des Bavarois et Wurtembergeois; il descend de voiture au milieu d'eux, se fait donner un cheval, réunit les officiers, les harangue et marche avec eux à la victoire d'Abensberg, et bientôt après à celle de Landshut; enfin, il entre, pour la deuxième fois, dans Vienne. C'est alors que commencent ces terribles journées d'Esling, où tout un corps de l'armée française, ayant le dos au Danube, arrête jusqu'à la nuit une force quadruple de la sienne; c'est alors qu'ont lieu ces deux journées terribles de Wagram, où deux cent mille hommes de chaque côté, avec une artillerie de gros calibre, renversèrent chacun de dix-huit à vingt mille hommes des rangs ennemis, où enfin l'Autriche ne doit plus son existence qu'à la modération du vainqueur ; mais cette modération devait bientôt avoir une conséquence heureuse pour les deux pays, et le dernier tableau de cette dernière salle est le mariage de Napoléon avec Marie-Louise : ce fut l'apogée de sa fortune et de sa grandeur.

Salle de Marengo.

Cette salle porte le nom de la principale bataille de cette campagne, si rapide, si inattendue, si glorieuse. C'est le 7 janvier qu'un arrêté des consuls ordonne la création d'une armée de réserve qui doit se former à Dijon ; les cabinets de Londres et de Vienne y font peu d'attention, et cependant, le 12 mai, le premier consul passe cette armée en revue à Lausanne ; elle est de trente-six mille hommes avec quarante pièces de canon. Le lendemain elle marche sur Saint-Pierre et gravit le mont Saint-Bernard ; elle arrive au sommet à travers des précipices, par des chemins jusqu'alors connus seulement des chevriers ; les canons ont été démontés et portés à bras d'homme : c'est là ce que représente le tableau exact et intéressant de Thevenin.

Ainsi portée pour ainsi dire sur des nuages, cette armée tombe, comme un torrent, comme une avalanche, dans les plaines d'Aoste, où elle rencontre dans le fort de Bard un obstacle imprévu ; Lannes attaque la ville et le château, s'en empare, et l'ennemi est forcé de se retirer derrière la Chiusella, pour couvrir Turin. Poursuivant sa marche victorieuse, le premier consul entre à Milan le 2 juin, et fait passer à ses troupes le Pô à Plaisance ; c'est dans ce moment qu'il apprend la prise de Gênes, et la nécessité de marcher en avant pour empêcher la jonction du corps du général Ott avec le corps d'armée. Ott occupe la position de Casteggio, bourg situé au pied du contrefort de l'Apennin ; il y est attaqué, et, après une vive résistance qui dure plusieurs jours, tant à Casteggio qu'à Montébello, de crainte d'être enveloppé, il se retire après avoir éprouvé une perte considérable en tués, blessés et prisonniers. Le 13 juin, l'armée française est à Castel-Nuovo, et son avant-garde à Marengo, dont elle occupe la plaine.

Le général Mélas, ayant résolu de livrer la bataille, porte ses premiers efforts sur Marengo. Le 14, à six heures du matin, l'armée autrichienne déborda en trois colonnes par les ponts de la Bormida ; le gros de sa cavalerie sur sa gauche aux ordres du général Ellnitz ; l'infanterie sous les ordres de Haddich et Kaim, et le corps de grenadiers du général Ott. L'armée française est en avant du village de Marengo, en échelons par divisions, la gauche en avant ; la division Gardanne formait l'échelon de gauche à la cassine Pedrabona, la division Chabran le second échelon à Marengo, et la division du général Lannes formait le troisième, tenant la droite de la ligne et en arrière de la droite de la division Chabran ; les divisions Carra Saint-Cyr et Desaix en réserve, la dernière en marche venant de Rivalta, d'où elle avait été rappelée aussitôt que le projet de l'ennemi avait été connu.

Tous ces corps réunis en échelons formèrent un effectif de dix-huit à dix-neuf mille hommes d'infanterie et de deux mille cinq cents chevaux, auxquels devaient se joindre, dans la journée du lendemain, les divisions Mounier et Bon, qui se trouvaient à dix lieues en arrière, occupant les villages d'Acqui et de Castel-Nuovo. Mélas avait trente-six mille hommes d'infanterie, sept mille hommes de cavalerie et quatre-vingts pièces de canon. Au premier pas que firent deux des colonnes

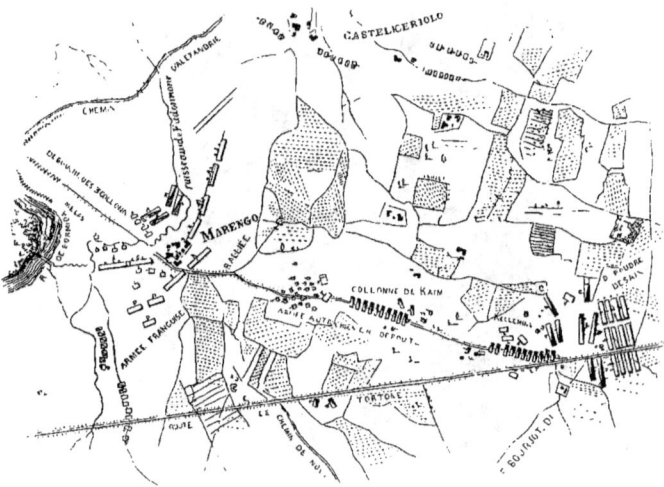

autrichiennes, elles rencontrèrent le corps du général Gardanne. A midi, l'ennemi, maître de Marengo, débordait la ligne française, en l'accablant dans son centre ; il n'y eut plus autre chose à faire qu'une retraite par échiquier et lentement, et toujours sous le feu de la mitraille. A trois heures après midi, des dix-neuf mille hommes qui avaient commencé le combat, il restait à peine huit mille hommes d'infanterie, mille chevaux et six pièces de canon en état de tirer ; on ne pouvait plus relever les blessés, et la retraite allait peut-être se changer en déroute, lorsqu'un aide de camp, envoyé au-devant de la division Desaix, apporta la nouvelle que la tête de ses colonnes paraissait à la hauteur de Saint-Julien. La France est sauvée, car il s'agissait dans ce moment de ses chères destinées. Bonaparte frémit de joie, et, voyant la poussière de l'avant-garde, il crie *halte!* A ce mot énergique, répandu sur tout le front de bataille, tous s'arrêtent. Au même instant il donne l'ordre de marcher en avant; l'artillerie est démasquée; elle fait pendant dix minutes un feu terrible : l'ennemi étonné s'arrête; la charge est battue en même temps sur toute la ligne.

La division Desaix marche la première à l'ennemi... La mêlée devient terrible; plusieurs braves succombent, et Desaix n'est plus!

Les Autrichiens surpris s'arrêtent ébranlés. La division Desaix, passée aux ordres du général Boudet, charge avec impétuosité l'ennemi. A peine a-t-elle poussé et mis en retraite les Autrichiens, que le général Bonaparte ordonne à la cavalerie qu'il avait conservée en réserve de passer au galop par les intervalles, et de charger avec impétuosité cette formidable colonne de grenadiers.

Cette manœuvre hardie s'exécute à l'instant avec autant de résolution que d'habileté. Le général Kellermann part au galop hors des lignes, se déploie sur le flanc gauche de la colonne de grenadiers autrichiens, et, par un quart de conversion à gauche, lance sur elle la moitié de sa brigade, gardant l'autre pour tenir en échec la cavalerie ennemie. La colonne autrichienne est enfoncée et commence sa retraite en désordre. L'armée autrichienne profita de la nuit pour repasser les ponts.

Le résultat de cette journée fut la capitulation de toutes les places importantes du Piémont et de la Lombardie, et enfin la paix si longtemps désirée.

Napoléon sur le mont Saint-Bernard.

Décoration de la galerie des Batailles.

GALERIE DES BATAILLES.

. . . .
Proelia, rubricâ picta, aut carbone : velut si
Revera pugnent, feriant, vitentque moventes
Arma viri.
Hor., lib. II, sat. VII.

Restaurer, embellir Versailles, changer sa destination, faire de la demeure d'un roi le temple de la gloire d'un peuple, n'était-ce déjà pas une immense entreprise? Oui, dit un spirituel historien, le prendre là, dans sa ruine, tout chargé de ronces, tout couvert d'épines; croulant au dehors, moisi au dedans, odieux surtout au peuple, oublié de ceux qui ne le haïssaient pas; c'était déjà bien vaste : eh bien ! ce but atteint n'a pas suffi à l'illustre auteur de cette grande entreprise. Il trouva un jour que, malgré les immenses travaux qu'on y avait exécutés, Versailles était toujours le palais de Louis XIV. A chaque pas, dans la multitude de ses salles appropriées à leur nouvel usage, on retrouvait la trace, le souvenir de leur ancienne destination; rien n'était là qui appartint uniquement à notre époque, à l'état de nos arts, aux grandes conceptions que le génie moderne peut créer : l'auteur de tous ces travaux le sentait, et cette idée présente à sa pensée finit par se résoudre dans un des plus admirables plans qu'on pût concevoir. Il imagina de consacrer le premier étage d'une aile tout entière du palais à une galerie à peu près triple de celle de Louis XIV, ayant trois cent cinquante pieds de long et quarante de large, le plus grand *en œuvre* connu, et de décorer cette galerie de trente-trois tableaux représentant les actions les plus éclatantes de notre histoire, le sommaire, en quelque sorte, de tout ce que le palais contient; d'y placer quatre-vingts bustes des guerriers morts dans les combats; et enfin, pour atteindre toutes les gloires, de n'en excepter aucune, pas même celles qui appartenaient à des temps malheureux; il fit écrire en lettres d'or, sur douze tables de bronze placées près des fenêtres, les noms de tous ceux qui avaient été tués en défendant la France, liste glorieuse de six cent trente noms, parmi lesquels on distingue, pour la seule malheureuse bataille d'Azincourt, six princes du sang et plusieurs individus de toutes les grandes familles du royaume. Cette galerie coûta au roi des sommes si considérables, qu'il fut deux ans dans l'hésitation de l'entreprendre. Nous avons retracé le moment où le roi Louis-Philippe présente à la duchesse d'Orléans les artistes qui ont décoré ce magnifique temple des arts et de la gloire nationale. Nous allons chercher à donner une idée des tableaux qu'il renferme.

DESCRIPTION DE LA GALERIE DES BATAILLES.

Bataille de Tolbiac. — An 496.
Par Schnetz.

Le voilà, brandissant sa framée, le roi barbare des Francs, luttant contre un peuple plus barbare encore; la victoire est au moment de lui échapper; les marais de Tolbiac, près de Cologne, vont engloutir son armée et son sceptre, lorsque le désespoir lui fournit une nouvelle énergie. « Mes dieux m'abandonnent, s'écrie-t-il, eh bien ! celui de Clotilde me sauvera peut-être ! Dieu de Clotilde, fais-moi vaincre, et nous sommes à toi, moi et les miens ! » Et, saisi d'un fanatisme religieux, il se jette au milieu de la mêlée, entraînant avec lui ses soldats, un moment abattus; il rétablit le combat en sa faveur, et en sort victorieux. Fidèle à son serment, il conduit ses troupes à Reims, et là il se fait baptiser, ainsi que tous les principaux de son armée. Baisse la tête, fier Sicambre, adore ce que tu as détruit, et détruis ce que tu avais adoré. Et le fier Sicambre baisse la tête devant le ministre de ce Dieu qui dispose des rois et des peuples.

Bataille de Tours. — An 732.
Par Steuben.

Soumission de Witikind. — An 785.
Par Schnetz.

La Gaule, la Gaule chrétienne, la France enfin, prend un nouveau rang parmi les nations ; mais il lui faudra encore de grands combats et de grands hommes pour réunir un territoire étendu et pouvoir le défendre. Les derniers rois mérovingiens sont tombés dans la déconsidération et le mépris : une nouvelle famille puissante s'est élevée, qui de loin aspire à leur trône, et qui veut le mériter pour n'avoir pas besoin de le conquérir : l'occasion ne va pas tarder à se présenter. Pendant les guerres sans éclat de l'Occident, il est né en Arabie un homme de génie qui répand ses dogmes et bientôt ses armées sur tous les pays qui l'entourent. Le Coran et Mahomet marchent à la conquête du monde ; les chefs fanatiques de cette nouvelle doctrine envahissent la Gaule. Eudes, comte d'Aquitaine, leur oppose une faible résistance ; ils battent son armée, qui se retire dispersée sur les bords de la Loire : c'est là que va se décider le sort de la France, de l'Europe et de la chrétienté. Le Coran et l'Évangile sont en présence.

Heureusement pour le monde menacé, il se trouve un homme d'un courage intrépide et d'une grande habileté, qui décide la victoire. Charles Martel rassemble tous les hommes en état de porter les armes et de se dévouer à leur Dieu et à leur patrie, et les guide au combat. La bataille fut livrée entre Tours et Poitiers ; elle fut terrible. Abdérame y perdit la vie ; les trois quarts de son armée furent détruits, et les Sarrasins, terrassés de ce coup terrible, repassent les Pyrénées pour n'y plus reparaître. Cet événement frappa tellement l'imagination des chroniqueurs de cette époque, que l'un d'eux, Paul, diacre, livre VI, prétend qu'il périt, dans cette bataille, trois cent soixante-quinze mille Sarrasins.

La lutte entre les Francs et les Saxons ne dura pas moins de trente-trois ans, et presque chaque année, Charlemagne était forcé de quitter l'Espagne ou l'Italie pour repousser les agressions de ces peuples belliqueux. La douceur et la violence échouaient également contre leur opiniâtreté. Chaque année, il remportait sur eux des victoires, et, l'année suivante, ils revenaient plus nombreux. Enfin, effrayés de sa puissance et touchés de sa bonté, les principaux chefs, Witikind et Albron, consentirent à se soumettre, et un traité fut conclu, les uns disent à Paderborn, d'autres à Attigny-sur-Aisne où Charlemagne accueillit u des chefs saxons, Amalwin, qui lui prêta serment et reçut le baptême. Un grand nombre de Saxons suivirent son exemple.

Levée du siège de Paris. — An 868.
Par Schnetz.

Siegfried, un des principaux chefs normands, avait demandé à l'évêque de Paris, le célèbre Gozlin, le libre passage à travers la ville, et sur le pont de la Seine, déclarant qu'il ne toucherait ni à ses biens, ni à ceux d'Eudes, comte de Paris et fils de Robert le Fort. « Si la défense de cette cité avait été commise à ta foi comme elle l'est à la mienne, répondit l'évêque, ferais-tu pour moi ce que tu veux que je fasse pour toi ? » Siegfried, irrité, lui déclare une guerre à mort ; et dès lors les Normands, réunis sur la rive droite de la Seine au nombre de quarante mille, s'approchent des murailles, les brisent avec le bélier, lancent d'énormes pierres sur les tours; et, de leur côté, les assiégés leur opposent toutes les machines en usage dans ce temps, les mantelets, l'huile bouillante. L'abbé Eble, neveu de l'évêque, fit des prodiges de valeur. Cependant la crue des eaux avait emporté le petit pont et séparé la tour, qui le protégeait, de la partie méridionale de la ville : tous ceux qui la défendaient furent massacrés. Du côté du nord, les Normands avaient comblé les fossés par des pierres, des arbres et les corps de leurs captifs, à la vue des assiégés, que la rage dévorait. Gozlin, à ce spectacle, invoquant la Vierge, lança de ses débiles mains un javelot qui alla toutefois frapper un des principaux chefs.

Enfin, Charles le Gros parut sur les hauteurs de Montmartre, à la tête d'une armée nombreuse; mais, au lieu d'attaquer vigoureusement les Normands, déjà affaiblis par ce long siège, il préféra traiter avec eux et acheter leur départ pour sept cents livres pesant d'argent. Alors, en effet, ils s'éloignèrent, et allèrent porter en Bourgogne leurs désastres. Le tableau représente le comte de Paris au milieu de la mêlée, en avant de la tour du Châtelet, principale défense de la ville.

Bataille de Bouvines. — An 1214.
Par H. VERNET.

Voici un de ces événements qui décident du sort des états et qui prennent dans l'histoire une place éclatante. Philippe-Auguste avait abattu la puissance des seigneurs rivaux de la royauté; ils cherchèrent alors au dehors un appui. Fernand, comte de Flandre, entraîna dans sa cause l'empereur Othon et le roi d'Angleterre Jean, qui ne se proposaient pas moins que de partager entre eux le royaume de France. La nationalité était menacée; aussi tous les ordres de l'État eurent leurs représentants dans les plaines de Bouvines. Guérin, évêque de Senlis, Philippe de Dreux, évêque de Beauvais, se distinguèrent autant que Eudes, duc de Bourgogne, Matthieu de Montmorency, les comtes de Beaumont et de Saint-Pol. Les milices communales firent également voir que les vilains, arrachés à leur charrue, pouvaient aussi être appelés à défendre leur pays. Les coalisés se croyaient si certains de la victoire, que la vieille comtesse de Flandre, Mahaut, avait fait remplir quatre charrettes de cordes pour lier les Français prisonniers. Philippe comprit toute l'importance de la bataille qu'il allait livrer. Il voulut, avant le combat, donner une nouvelle force à la royauté, et, après la messe, qui fut célébrée dans le camp, il posa la couronne sur l'autel, et dit aux seigneurs qui l'entouraient : « Si vous croyez qu'un autre soit plus capable que moi de la porter, je suis prêt à lui obéir, car il s'agit de sauver le pays; mais si vous m'en croyez digne, il vous faut défendre aujourd'hui votre roi, vos biens, vos familles et votre honneur. » C'est ce moment qu'Horace Vernet a choisi pour son tableau, un des plus beaux qu'il ait faits. Le combat fut long et sanglant. Philippe y remplit les fonctions de capitaine et de soldat. Renversé à bas de son cheval, il dut à sa bravoure et au dévouement de ceux qui l'entouraient de pouvoir se relever. Sans cet événement, le sire Guillaume Desbarres tuait de sa main l'empereur Othon; mais il entend derrière lui crier : *Aux braves, secours au roi!* et il voit le gonfanon royal d'armes aux fleurs de lis d'or s'agiter dans les mains de Gaston de Montigny. Il se retourna alors, et fit si grande place à l'entour, en abattant tout à droite et à gauche, qu'on y pouvait mener un char à quatre roues. L'infanterie communale montra le parti qu'on pourrait tirer par la suite de son courage et de sa fidélité. La joie qui éclata dans toute la France témoigna de l'importance de la victoire. Les comtes de Flandre et de Boulogne, prisonniers, furent enfermés, l'un dans la tour du Louvre, l'autre dans le château de Péronne, et Philippe-Auguste entra triomphant à Paris.

BATAILLE DE TAILLEBOURG. — An 1242.
Par DELACROIX.

Hugues de Lusignan, comte de la Marche, avait fait hommage de ses fiefs au comte de Poitou, frère de Louis IX, son suzerain féodal; mais sa femme Isabelle, veuve de Jean-sans-Terre, supportant avec peine cette vassalité, entraîna son mari à une révolte complète contre lui. Hugues appela à son aide Henri III, roi d'Angleterre. Mais Louis IX vint de son côté au secours de son frère. La Charente sépare les armées, et le pont de Taillebourg est défendu par un fort occupé par les Anglais. Après un combat sanglant, Louis se précipite sur le pont, la masse d'armes à la main, met les ennemis en déroute, et remporte, le lendemain, une victoire plus décisive encore, aux portes de Saintes. Le roi d'Angleterre se sauve à Blaye et s'embarque, et le comte de la Marche obtient son pardon de la générosité du roi.

BATAILLE DE MONS-EN-PUELLE. — An 1304.
Par Champmartin.

Ce fut un grand deuil pour la France que la défaite de Courtrai, où vingt mille Français, le comte d'Artois, le comte de Saint-Pol et une foule de seigneurs français perdirent la vie ; où quatre mille paires d'éperons dorés servirent de trophée à des paysans flamands. Philippe le Bel, impatient de laver cette tache imprimée à sa réputation, marche à la tête d'une armée nombreuse contre ce peuple redoutable. Il passe la Lys, et trouve les Flamands bivouaqués près de Mons-en-Puelle. Ceux-ci, profitant de la négligence des Français à se garder, tombent à l'improviste, vers le soir, sur leur camp et l'envahissent ; la tente même du roi est forcée, et Philippe voit tuer près de lui un chevalier et deux bourgeois de la ville de Paris, qui, suivant l'usage, ne devaient point quitter sa personne. Heureusement, il n'avait ni son manteau fleurdelisé, ni son heaume à couronne d'or, et il put s'échapper sans être reconnu : ce ne fut pas toutefois pour fuir, mais pour aller chercher un cheval et ses armes. Bientôt, de toutes parts, le cri se fait entendre : *Le roi se combat* ; le courage renait aux Français surpris : les comtes de Valois et d'Évreux, frères du roi, les comtes de Saint-Pol et de Dammartin, luttent avec vigueur, et font un terrible carnage des Flamands, qui quittent en déroute le champ de bataille. Un traité suivit cette victoire, qui laissa en la possession de la France Lille, Orchies, Douai et Béthune.

Bataille de Cassel. — An 1328.
Par Henri Scheffer.

Les Flamands, humiliés, mais non pas soumis, avaient de nouveau chassé leur prince, qui s'était réfugié à la cour de France. Le conseil était d'avis de ne point se mêler de cette querelle, mais un esprit belliqueux animait Philippe VI de Valois et toute sa cour. Assemblés sur le mont Cassel, hauteur de laquelle l'œil embrasse toutes les vastes plaines de la France, les Flamands attendent tranquillement l'armée de Philippe de Valois, lorsque la même négligence qui avait eu lieu à Mons-en-Puelle, de la part des Français, se renouvelle en ce moment. « Les seigneurs français, dit la chronique, après être restés deux jours dans leur camp pour tâcher d'attirer les Flamands dans la plaine, se mirent à s'ébattre, à jouer aux dés, et allèrent de tente en tente pour soi déduire en leurs belles robes. » Zonnekins, à la faveur du tumulte qui régnait dans le camp français, put parvenir à traverser avec ses troupes, sans être aperçu, les deux lieues qui l'en séparaient, et marcha droit à la tente du roi qui se disposait au sommeil, lorsque Miles de Noyers, porte-oriflamme, entra en criant : *Aux armes !* Tout fut bientôt en émoi ; chacun s'empressa de s'armer : les maréchaux tinrent les premiers tête à l'ennemi ; les chapelains et les clercs de la chapelle revêtirent le roi de ses armes, et, à demi armé, la tête couverte d'un bassinet de cuir blanc, tandis qu'un des siens portait le heaume ceint de la couronne royale, il se jette dans la mêlée. A la vue des insignes royaux et de l'oriflamme debout, toute la chevalerie accourt, en criant : Mont-Joie et Saint-Denis ! Le combat change alors de face, et les communaux, fatigués déjà de la longue route qu'ils ont faite sous leur pesante armure, se replient en bon ordre, présentant au poitrail des chevaux leurs longues piques ; mais, assaillis par la gendarmerie, ils sont enfin rompus et taillés en pièces : treize mille d'entre eux demeurent sur le champ de bataille, avec leur général Colin Zonnekins. « Nul n'avait reculé, dit la chronique, que tous ne fussent occis en trois morceaux, l'un sur l'autre, sans isser de la place où avait commencé le combat. »

Bataille de Cocherel. — An 1364.
Par Larivière.

Il fallait bien à la France une consolation

des malheureuses batailles de Crécy et de Poitiers; elle se trouva dans la journée de Cocherel. Informé de la venue du célèbre captal de Buch, Charles V avait chargé Bertrand Duguesclin de marcher contre lui avec le comte d'Auxerre, le vicomte de Beaumont, le sire de Beaujeu et grand nombre de chevaliers; mais le captal avait pris une position avantageuse sur la hauteur de Cocherel, et Bertrand, pour l'en tirer, donna le signal de la retraite. Au mouvement rétrograde des Français, l'avant-garde du captal, composée d'Anglais mercenaires, aux ordres de Jean Suel, descendit impétueusement de la colline en criant : *En avant, George!* A l'instant, Duguesclin fit faire volte-face à ses hommes d'armes, et, au cri de *Notre-Dame Bertrand!* il chargea les Anglais, pendant que trente de ses cavaliers, poussant tous à la fois jusqu'au captal de Buch, l'environnèrent, le saisirent et l'entraînèrent au galop loin du champ de bataille. En même temps, d'autres chevaliers s'élancèrent sur le pennon du captal, planté au haut du tertre de Cocherel, pour servir de ralliement aux Navarrais, arrachant cet étendard malgré la vive résistance de ceux qui le gardaient. La victoire fut bientôt décidée, et la nouvelle en fut portée au roi, la veille du jour de son sacre. Charles V, joyeux de ce succès d'heureux augure pour son règne, créa Bertrand Duguesclin maréchal de Normandie, et lui fit don du comté de Longueville, confisqué sur la maison de Navarre.

LEVÉE DU SIÉGE D'ORLÉANS. — An 1429.
Par HENRI SCHEFFER.

Une prophétie du fameux Merlin courait alors par la France : le royaume, perdu par une femme, devait être sauvé par une femme. Isabeau de Bavière avait rempli la première partie de cette prédiction, lorsqu'elle avait déshérité le dauphin pour mettre la couronne de France sur la tête du roi d'Angleterre. Mais qui devait remplir la seconde partie ? « Moi, » dit une jeune paysanne de Domremi, Jeanne, une de ces imaginations ardentes, de ces organisations singulières qu'on ne peut définir. « Mon seigneur le roi du ciel, disait-elle, m'a commandé que j'allasse vers le dauphin; qu'il me baillerait des gens d'armes; que je lèverais le siége d'Orléans, et le mènerais sacrer à Reims. » Et, en effet, sa physionomie imposante et la sagesse de ses réponses inspiraient de la confiance. Charles l'accueillit, lui donna un gentilhomme pour écuyer, deux hérauts pour porter sa bannière, deux pages et deux valets. « Partez, Jeanne, lui dit-il, et Dieu fasse que vos promesses ne soient point vaines ! » Il était temps; car, déjà épuisés par la longueur du siége, les habitants d'Orléans avaient proposé de se rendre au duc de Bourgogne, alors allié des Anglais. Heureusement, Bedford leur général n'avait pas voulu *mâcher les morceaux à Philippe pour qu'il les avalât*, et le siége avait continué. Les Anglais espéraient bien en être maîtres, lorsque le comte de Suffolk reçut de Jeanne une sommation écrite en langage singulier, et dont il ne fit que rire. Mais il n'en fut pas de même, lorsqu'il vit la Pucelle armée en guerre et chevauchant, le harnais sur le dos; lorsqu'il vit flotter son étendard blanc semé de fleurs de lis d'or, et sur lequel était *pourtraict* notre Sauveur tenant le globe du monde entre deux anges agenouillés, avec cette devise : *Jhesus Maria*. En peu de jours la plupart des bastilles fortifiées par les Anglais furent forcées; et les généraux Talbot et Suffolk, frappés de terreur, comme dit la chronique anglaise même, *for fear of the maid*, résolurent de lever le siége : le dimanche, 8 mai, ils quittèrent leurs bastilles, en y laissant prisonniers, malades, artillerie et munitions, et se mirent en bataille sans qu'on sût ce qu'ils voulaient faire. Les Orléanais se disposaient à sortir pour les attaquer lorsque Jeanne arrêtant leur élan : « Regardez tout à l'heure, dit-elle, s'ils ont les visages tournés devant vous, ou bien le dos. Ils ont le dos. Eh bien, laissez-les aller, il ne plaît pas à messire, pour l'amour du saint dimanche, qu'on les batte aujourd'hui : nous les retrouverons ailleurs. » Et, en effet, ils se dispersèrent à Meung, à Jargeau et à Beaugency.

Bataille de Castillon. — An 1453.
Par LARIVIÈRE.

Un corps d'armée, qui avait pour chefs le comte de Penthièvre, l'amiral de Beuil, les maréchaux de Loheve et de Sologne, les frères Jean et Gaspar Bureau, gouverneurs de l'artillerie, assiégeait Castillon, forte place qui commandait le cours de la Dordogne. Talbot, quoiqu'il eût mieux aimé les attendre plus près de Bordeaux, dut céder aux instances des habitants, et aller à leur secours. Les maréchaux de France rangèrent alors leur armée en bataille; mais ce mouvement ayant été indiqué au général anglais comme une disposition pour la retraite, il marcha droit aux Français, au bruit des fanfares et en criant : *Talbot! Saint-Georges!* Mais, au lieu d'une armée en fuite, il trouva les Français immobiles derrière leurs retranchements garnis de canons et de couleuvrines : alors commença un feu terrible. La haquenée que montait le général octogénaire fut tuée d'un boulet de canon, et Talbot renversé; ses deux fils, lord Lisle et lord Hull, et une trentaine de barons anglais se précipitèrent en vain pour le sauver, ils périrent avec lui.

Entrée de Charles VIII à Naples. — An 1495.
Par Fenon.

Accablé sous le poids de l'exécration publique, Alphonse d'Aragon, roi de Naples, avait abandonné son royaume, et s'était retiré dans un couvent de Sicile. Son fils, digne d'un meilleur sort, et victime de la trahison, s'était également réfugié dans l'île d'Ischia. La prise de possession de la couronne de Naples était donc devenue pour le roi Charles VIII une simple promenade triomphale dans toute l'Italie; il fit son entrée à Naples le 12 mai 1495, portant l'habit impérial, le manteau écarlate fourré d'hermine, la couronne fermée au front, le globe d'or dans la main droite, le sceptre dans la gauche. L'allégresse était générale, et, à la porte de la cathédrale, deux jeunes enfants, figurant deux anges, offrirent au roi la couronne du royaume. Cette conquête fut toutefois une sorte de rêve, et Naples fut presque aussitôt perdu qu'il avait été gagné.

BATAILLE DE MARIGNAN. — An 1515.
Par Fragonard.

François 1er, à peine monté sur le trône, songea à reconquérir le duché de Milan, où régnait Maximilien Sforze, sous la protection des Suisses. Il se composa une armée de l'élite de la gendarmerie et des lansquenets, et resserra les liens qui l'unissaient à la république de Venise, toute-puissante alors. Confiant dans le succès, il traverse les Alpes par des chemins affreux et descend en Italie; les Suisses l'attendaient, et ils sortaient de Milan pour aller au-devant de lui au nombre de trente-cinq mille. La rencontre fut près de Marignan, le 12 août, et un combat terrible ne décida rien. Les deux partis couchèrent sur le champ de bataille; François 1er dormit sur l'affût d'un canon, n'ayant pour étancher sa soif qu'un peu d'eau saumâtre mêlée de sang. La bataille recommença le 14, et fut une des plus acharnées. Le roi y montra une grande vaillance et une grande résolution. Les Suisses, enfoncés de plusieurs côtés, se défendaient encore vaillamment, lorsque le cri vénitien se fit entendre : *Saint Marc! saint Marc!* et que parut l'Alviane, avec une avant-garde que l'on crut toute l'armée : les Suisses alors se retirèrent en bon ordre sur Milan. Nous donnerons d'autres détails sur cette bataille dans la seconde partie de cet ouvrage, en décrivant l'aile du Nord.

Prise de Calais par le duc de Guise. — An 1558.
Par Picot.

Après la malheureuse bataille de Saint-Quentin, où le connétable de Montmorency, le maréchal de Saint-André et l'amiral Coligny étaient restés prisonniers des Espagnols, on songea, à la cour de France, à rappeler d'Italie le vaillant et habile duc de Guise. Sitôt qu'il fut de retour, il pensa qu'il fallait frapper l'imagination par un coup d'état; et quoiqu'au milieu de l'hiver, le 1er janvier, il se présenta devant les murs de Calais. Dès le lendemain, une double batterie foudroyait les deux forts de Neuilly et de Risbank, qui protégeaient la ville; ils furent bientôt pris et le château emporté d'assaut. Le gouverneur de la ville, lord Wenworth, se vit alors dans l'obligation de capituler. Ainsi, sept jours suffirent au duc de Guise pour prendre une ville qui passait pour imprenable, et qui avait, en effet, résisté près d'un an à Édouard III. Ainsi furent pour toujours effacées les dernières traces de la domination anglaise dans le royaume.

Entrée de Henri IV à Paris. — An 1594.
Par Girard.

Bataille de Rocroi. — An 1643.
Par Heim.

Ce fut un beau jour pour Henri IV, un beau jour pour la France, que le 22 mars 1594, lorsque Brissac, trompant Mayenne et les Espagnols, éloigna de la capitale les troupes dont il redoutait les dispositions hostiles. Tous les postes des quartiers du nord de Paris furent occupés par la garde bourgeoise, lasse d'un gouvernement qui avait perdu les conditions de son existence. Henri, légitime héritier du trône, en embrassant la religion catholique, avait rassuré le peuple, qui ne lui demandait pas autre chose. Dès quatre heures du matin, l'avant-garde des troupes royales avait été introduite dans la ville par la Porte-Neuve, que Brissac avait eu soin de faire déblayer; et cette même porte qui, six mois auparavant, avait vu fuir le dernier des Valois, y voyait entrer le premier des Bourbons conduit par Brissac, un des principaux acteurs dans la journée des Barricades. Il trouva ses troupes campées depuis la porte Saint-Martin jusqu'à la porte Saint-Honoré; il embrassa Brissac, et lui passa autour du corps sa propre écharpe blanche, en le créant maréchal de France. Il reçut de Lhuillier les clefs de la ville, et marcha droit à Notre-Dame, entouré d'une nombreuse noblesse et à travers la foule entassée sur les quais, dans les rues, sur les toits et aux fenêtres, et désirant vivement l'apercevoir. Sa physionomie pleine de bonté démentait les calomnies qui avaient été répandues contre lui, si bien qu'au moment où il sortait de l'église, des cris de *Vive le roi!* se firent entendre de tous côtés, et qu'il fut comme porté par le peuple jusqu'à son palais du Louvre. Le soir il alla à la porte Saint-Denis voir passer les troupes espagnoles qui se retiraient. Ils le saluaient tous, le chapeau fort bas, et avec une profonde inclination. Il rendit le salut à leurs chefs, avec beaucoup de courtoisie, ajoutant ces paroles : « Recommandez-moi bien à votre maître, allez-vous-en, à la bonne heure, mais ne revenez plus! »

Henri IV se trouva alors vraiment maître au sein de sa capitale heureuse et libre.

Le duc d'Enghien, si célèbre depuis sous le nom du grand Condé, à peine âgé de vingt-deux ans, avait reçu le commandement des troupes qui gardaient la frontière du Nord. Ce jeune prince ne cherchait que l'occasion de se signaler, et quoiqu'il eût appris la nouvelle de la mort de Louis XIII, il n'en fit pas moins ses dispositions pour livrer un grand combat : il se trouva, près de Rocroi, assiégé par le général Mélos, en présence de toute l'armée espagnole qui venait s'opposer au secours que la place aurait pu recevoir. La bataille eut lieu le 19 mai; pendant six heures entières le sort en fut incertain; l'artillerie fut plusieurs fois prise et reprise; mais le duc d'Enghien se portait à tous les points d'attaque, remédiant à toutes les fautes ou à tous les malheurs, et décida enfin une victoire qui montra ce qu'on devait attendre du jeune héros, et commença les merveilles du règne de Louis XIV.

BATAILLE DE LENS. — An 1648.

Les négociations du traité de Munster traînaient en longueur; la reine Anne d'Autriche voulut en finir, et elle rassembla, du côté de la Flandre, une armée nombreuse, dont elle donna le commandement au prince de Condé. Celui-ci marcha à l'instant, espérant surprendre les Espagnols; mais ils avaient changé de position et s'étaient retranchés près de Lens, dans une position où il était difficile de les attaquer. Cependant, le général Beck étant parvenu à mettre quelque confusion dans l'avant-garde française, Condé saisit ce moment pour se précipiter sur l'armée espagnole. Elle était commandée par l'archiduc en personne et par le duc de Lorraine : c'est contre ce dernier que le prince dirigea ses efforts, mais qui lui opposa une vive résistance. Le maréchal de Granville, qui commandait l'aile gauche, trouva moins de résistance que dans l'aile droite, où se trouvait l'archiduc; mais après des attaques réitérées, toute cette armée céda : le général Beck, le prince de Ligne et presque tous les principaux officiers furent tués ; jamais victoire ne fut plus complète : les ennemis laissèrent sur le champ de bataille trente-huit canons et près de trente mille hommes.

Bataille des Dunes. — An 1652.

Cette bataille eut cela de remarquable, que les Anglais furent les auxiliaires des troupes du roi, et que le grand Condé se trouvait avec les Espagnols. Le vicomte de Turenne avait distribué ses quartiers autour de Dunkerque ; la tranchée avait été ouverte la nuit du 4 au 5 de juin, et jusqu'au 13 les hostilités s'étaient bornées à quelques sorties de la part des assiégés que Turenne resserrait de plus en plus. Mais le prince de Condé vint camper le 13, à la tête de l'armée espagnole, près des lignes françaises. Turenne, déterminé à combattre, sûr qu'une victoire lui livrerait la ville, consacra tout le jour à disposer ses troupes pour une bataille, et le soir s'enveloppa dans son manteau et se coucha sur le sable. Le lendemain, au point du jour, le canon avait à peine grondé, que l'aile droite de l'armée espagnole, commandée par don Juan d'Autriche, fut mise en déroute : le centre ne tint pas beaucoup plus longtemps ; l'aile droite opposa seule une vigoureuse résistance : Condé la commandait. Son cheval fut tué sous lui ; les Espagnols eurent six mille hommes tués, trois mille prisonniers, et Dunkerque capitula huit jours après.

Valenciennes prise d'assaut par le roi. — An 1677.
Par Alaux.

Ce tableau, qui occupe le fond de la galerie des Batailles, est brillant de couleur et d'effet :

il représente un trait important de la vie de Louis XIV. Déjà ce prince, au siège de Douai, avait donné l'idée de son courage en montant sur le parapet, exposé au feu de la place ; mais, à Valenciennes, il marcha lui-même à la brèche, ayant avec lui Luxembourg, Strenber et Vauban. L'usage avait été jusqu'alors de donner les assauts pendant la nuit. Vauban prouva que ces attaques seraient plus décisives et peut-être moins meurtrières en étant opérées de jour : et tel fut l'assaut de Valenciennes. La tranchée avait été ouverte le 9 mars, et les travaux poussés avec une telle activité, que le 15 on était arrivé au fond du glacis du chemin couvert. Le roi, qui, pour détourner l'attention des cabinets étrangers, donnait des fêtes magnifiques, s'était subitement rendu aux travaux du siége, et parut à l'attaque avec toute sa maison, qui prit en un moment la contrescarpe, la demi-lune, et entra pêle-mêle dans la ville avec les fuyards. La ville, emportée d'assaut, allait être livrée au pillage ; le roi envoya Louvois pour l'en préserver.

Bataille de la Marsaille. — An 1693.
Par Eug. Devéria.

A la fin de septembre, Catinat, dont l'armée s'était peu à peu renforcée, descendit des hautes vallées alpestres dans les plaines du Piémont, et marcha aux alliés, qui se trouvaient aux environs de la Marsaille, près de la petite rivière de Cesola. Leur armée, sous les ordres du prince Eugène et du comte de Schomberg, formait une ligne de bataillons et d'escadrons entremêlés. L'infanterie française chargea fantassins et cavaliers, la baïonnette au bout du fusil, et culbuta tout ce qui se trouvait devant elle, bien soutenue, du reste, par la gendarmerie (autrement la maison du roi), que conduisaient le duc de Vendôme et son frère le grand prieur. La victoire fut complète : les ennemis perdirent dix mille hommes, tués ou pris, leurs canons et plus de cent étendards. Les protestants réfugiés, qui formaient un corps sous les ordres de Schomberg, se firent hacher. Cette victoire fut la première enlevée à la baïonnette ; à Steinkerque, en 1692, la plus grande partie de l'infanterie française était encore armée de piques et de mousquets à mèche. La pique ne disparut entièrement qu'au commencement du dix-huitième siècle; la combinaison de l'arme blanche et de l'arme à feu donna à l'infanterie une prépondérance qu'elle n'avait pas.

Bataille de Villa-Viciosa. — An 1710.
Par ALAUX.

Louis XIV avait été forcé de rappeler en France les armées qui avaient combattu en Espagne pour la cause de Philippe V; mais, à la demande de son petit-fils, il lui avait envoyé le duc de Vendôme, dont la réputation, ébranlée par la malheureuse campagne de Flandre (1708), devait recouvrer, sous le ciel d'Espagne, l'éclat dont elle avait brillé en Italie. Vendôme détruisit bientôt les dernières espérances de Charles III, le concurrent de Philippe V. Vainqueur de l'habile général autrichien Stahremberg, il assura la couronne d'Espagne sur le front du petit-fils de Louis XIV. Ce fut à Villa-Viciosa que Philippe V attaqua l'aile gauche des ennemis et la mit en déroute; la lutte fut plus longue et plus acharnée à l'aile droite, mais Vendôme l'emporta; Philippe V et Vendôme couchèrent sur le champ de bataille, sur les drapeaux ennemis dont on leur avait fait un lit.

Bataille de Denain. — An 1712.
Par ALAUX.

Les belles destinées de la France avaient cessé : son roi, accablé d'années et de soucis, resté presque seul debout de toute sa nombreuse famille, n'éprouvait plus et n'inspirait plus d'enthousiasme. Les finances étaient épuisées; Eugène et Marlborough menaçaient la France d'une invasion; les places frontières cédaient les unes après les autres, lorsque Louis remit à Villars le commandement de ses troupes. Elles étaient bien inférieures en nombre à celles des alliés; mais le prince Eugène, confiant dans sa fortune, étendit trop ses lignes depuis Marchiennes jusqu'à Landrecies. Villars, tenant en main son armée, feignit de marcher au secours de Landrecies; mais revenant brusquement vers l'Escaut, il le passa à Neuville, et fondit sur les retranchements de Denain, où le général hollandais devait assurer les communications entre Marchiennes et Landrecies. Les lignes sont forcées; les dix-sept bataillons qui les défendaient, pris ou jetés dans l'Escaut; le comte Albermale, fait prisonnier; et lorsque le prince Eugène accourt pour réparer ce désastre, il a la douleur d'en contempler les effets, sans y pouvoir remédier.

Bataille de Fontenoy. — An 1745.
Par HORACE VERNET.

Nous donnons un détail circonstancié de cette bataille dans la description de l'aile du Nord, ce qui nous dispense de la rapporter ici. Ce tableau, d'ailleurs, représente le moment qui suivit la victoire, lorsque le maréchal de Saxe, épuisé de fatigue, se fit porter devant le roi, et lui dit : « Sire, j'ai assez vécu; je ne souhaite de vivre aujourd'hui que pour voir Votre Majesté victorieuse. » Louis XV embrasse le maréchal, et parcourt le champ de bataille, ordonne qu'on prenne soin également de tous les blessés, Français et étrangers, et passe ensuite devant le front de tous les régiments, qu'il remercie de leur belle conduite. M. Horace Vernet a mis dans son tableau plusieurs scènes touchantes. Toute cette composition, sur un fond clair, est un des tableaux les plus agréables de la galerie.

Bataille de Lawfeld. — An 1747.
Par COUDER.

Une des dernières victoires du long règne de Louis XV fut la bataille de Lawfeld à laquelle il assista. Les ennemis étaient sur la Nèthe et les Français sur la Dyle, entre Louvain et Malines ; mais bientôt les alliés vinrent occuper une forte position : leur droite était appuyée à la commanderie du Vieux-Jonc, qui a une enceinte murée, ayant devant eux le village de Lawfeld, et c'est ce village que le maréchal de Saxe prit pour point de mire, et qu'il fit attaquer avec vigueur. Après une vive résistance, il s'en empara. Le roi, pendant ce temps, faisait attaquer de même l'aile droite ennemie, où étaient le général Bathiany et les Autrichiens, lorsque la cavalerie des alliés, commandée par M. de Ligonnier, fit une charge hardie, mais sans succès. Elle se retira en déroute vers la basse Meuse. Cette bataille se donna le 2 juillet 1747. La perte des Français fut évaluée à six mille hommes tant tués que blessés, et celle des ennemis à dix mille hommes, vingt-neuf pièces de canon et beaucoup de personnes, parmi lesquelles se trouva le général Ligonnier, auquel Louis XV dit ces belles paroles, en lui montrant le village de Lawfeld : « Ne vaudrait-il pas mieux, monsieur, songer sérieusement à la paix que de faire périr tant de braves gens ? » C'est là le sujet du tableau d'Horace Vernet.

SIÈGE DE YORK-TOWN — An 1781.
Par COUDER.

Ce tableau représente le maréchal de Rochambeau et le général Washington donnant les derniers ordres pour l'attaque, qui fut suivie de la capitulation. Louis XVI avait reconnu l'indépendance des États-Unis, et il ne soutint d'abord que par ses vœux leurs généreux efforts ; mais bientôt la conduite de l'Angleterre le força à y prendre une part active, et le maréchal de Rochambeau débarqua en Amérique avec une division de troupes françaises. Le comte de Grasse commanda la flotte. Washington, d'accord avec ses deux auxiliaires, résolut d'assiéger lord Cornwallis dans York-Town ; et toutes les mesures furent si bien prises, que la troisième division, partie de divers points, se réunit presque au même instant. Washington et Rochambeau investirent la place par terre ; de Grasse en interdit l'accès du côté de la Chesapeak. La tranchée fut ouverte dans la nuit du 7 au 8 octobre, et, malgré la valeur des assiégés, lord Cornwallis, dont tous les efforts furent rendus inutiles par le concert et la bravoure des troupes alliées, n'eut d'autres ressources, pour éviter une ruine complète, que de capituler.

Le 19 octobre, les troupes de terre se rendirent prisonnières aux généraux Washington et Rochambeau, les troupes de mer, au comte de Grasse ; lord Cornwallis fit faire la soumission par le général O'Hara.

Bataille de Fleurus. — An 1794.
Par MAUZAISE.

Fleurus, champs amis des Français,
Trois fois semés par la victoire.
Ode de LEBRUN.

Ce champ de bataille, déjà célèbre par la victoire de Luxembourg sous Louis XIV, le devint encore davantage par les trois journées de combats qui s'y livrèrent en 1794. On aurait tort cependant d'appeler positivement victoire cette lutte terrible qui eut lieu le 26 juin : elle eut de plus grands résultats qu'une victoire ; mais il est certain que la Convention reçut la nouvelle qu'à quatre heures on regardait la bataille comme perdue : les Autrichiens, les Hollandais et les Anglais étaient maîtres des deux ponts sur la rivière de la Sambre, à droite et à gauche de Charleroi, et l'armée française, accumulée autour d'une grande redoute, aurait eu de la peine à opérer sa retraite par la seule porte de Charleroi, si les Autrichiens fussent parvenus à s'emparer de la grande redoute. Mais leurs efforts furent vains : le général prince de Waldeck, chef de l'état-major de l'armée autrichienne, envoya successivement grenadiers, infanterie, cavalerie se briser contre ce rempart défendu, avec la résistance du désespoir, par Jourdan, ayant sous ses ordres Kleber, Bernadotte, Lefebvre,

Championnet. Le prince de Waldeck, après une inutile attaque qu'il fit lui-même avec un régiment d'infanterie hongroise, donna l'ordre de la retraite, et ne fut point poursuivi. Il est vraisemblable que s'il fût resté sur la place, même pour recommencer l'attaque le lendemain, ou les Français se seraient retirés la nuit, ou ils étaient obligés de se partager en plusieurs corps pour rétablir leurs communications. Cette bataille leur ouvrit pour la seconde fois la Belgique.

BATAILLE DE RIVOLI. — An 1797.
Par COUSINY.

Nous avons rendu compte de cette bataille dans la description des salles consacrées aux campagnes de l'empereur ; c'est un des plus beaux et des plus savants faits d'armes de l'histoire ; et le roi Louis - Philippe, dans l'ordonnance de la galerie, a parfaitement compris qu'elle devait y tenir sa place. C'est dans les dispositions habiles qui présidèrent à cette bataille qu'on peut observer la véritable science stratégique, c'est-à-dire l'art de porter sur le point principal le plus de force possible, sans toutefois, par le calcul des marches et du temps, compromettre les positions que l'on dégarnit. Rivoli et Austerlitz sont, à notre avis, les deux opérations les plus habiles du grand homme dont elles assurèrent la gloire et la puissance.

Bataille de Zurich. — An 1799.
Par BOUCHOT.

Pendant que les Français triomphaient dans l'Orient, qu'ils écrivaient leurs noms sur les monuments de Thèbes et de Memphis, les coalisés s'apprêtaient à pénétrer dans l'intérieur du pays. Une armée russe entrait en Suisse pour se joindre à l'armée autrichienne et envahir les provinces du midi. Celui qui pouvait empêcher cette jonction sauvait la France, et ce beau rôle échut à Masséna, qui s'en acquitta merveilleusement. Le général russe Kostakow occupait Zurich, dont il fallait le débusquer ; Masséna, aidé de son chef d'état-major, alors Oudinot, franchit la rivière, et se présenta devant Zurich, qu'il attaqua avec une telle vigueur, que les Russes furent culbutés, séparés en deux corps, et perdirent presque tous leurs canons, leurs bagages, leurs approvisionnements, et ne reparurent plus de la campagne.

Bataille de Hohenlinden. — An 1800.
Par SCHOPIN.

Les deux victoires de Hochstett et de Marengo avaient amené un armistice, mais il fallait une nouvelle victoire pour amener la paix ; elle fut due à Moreau, qui déploya dans cette courte campagne les talents d'un homme supérieur. L'archiduc Jean marchait à travers le bois d'Ebersberg, se dirigeant sur Munich par la route de Muhldorf. Moreau l'attendit à Hohenlinden avec le corps de grenadiers du maréchal Ney. Richepanse, suivi de la division Decaen, se porta sur Mattenpot, où, en passant par Saint-Christophe, il trouva l'avant-garde autrichienne ; il s'avança en masse dans le défilé, et mit le désordre dans les rangs autrichiens, culbuta les grenadiers hongrois, et parvint à rejoindre la division des grenadiers de Ney, qui avait attaqué en front avec le même succès. Les Autrichiens, pris ainsi et serrés des deux côtés, se dispersèrent en désordre dans la forêt : il était quatre heures du soir. Onze mille prisonniers, deux généraux et cent pièces de canon furent le produit de cette belle journée. « Mes amis, dit Moreau en passant devant ses troupes, vous avez conquis la paix ! » Elle fut en effet signée bientôt à Lunéville.

Bataille d'Austerlitz. — An 1805.
Par GÉRARD.

Nous avons déjà donné une relation détaillée de cette bataille ; nous dirons seulement ici que le peintre a choisi le moment où Rapp, blessé et ayant perdu son chapeau dans une charge contre la garde russe, présente à l'empereur les étendards de cette garde et les principaux officiers faits prisonniers.

BATAILLE D'IÉNA. — An 1806.
Par Horace Vernet.

Nous avons également rendu compte de cette bataille; nous ne parlerons donc ici que du tableau. Le peintre a choisi le moment où l'empereur, voyant ses ailes menacées par la cavalerie prussienne, ordonne de se former en carrés. La garde impériale à pied, voyant avec dépit toute l'armée engagée, et elle seule dans l'inaction, plusieurs voix font entendre les mots : *En avant !* « Qu'est-ce? dit l'empereur, ce ne peut être qu'un jeune homme qui ose préjuger de ce que je dois faire; qu'il attende qu'il ait commandé dans vingt batailles pour donner un avis. »

Les trophées de la victoire d'Iéna furent dix mille prisonniers, soixante drapeaux et trois cents pièces de canon, ou plutôt ils consistaient dans la perte totale de la monarchie prussienne.

Bataille de Friedland. — An 1807.
Par Horace Vernet.

« C'est un jour de bonheur ! s'écria Napoléon en entendant gronder le canon; c'est l'anniversaire de Marengo ! » Et aussitôt il donna ses ordres : la gauche des Russes, commandée par le prince Bagration, assaillie de front et en flanc, se retira, culbutée, sous Friedland. Ce village, attaqué alors par l'aile droite et le centre, ne put être défendu, et l'armée ennemie fut forcée à la retraite. La prise de Kœnigsberg et la paix furent le résultat de cette seconde et courte campagne de dix jours.

Bataille de Wagram. — An 1809.
Par Horace Vernet.

Nous avons donné le plan et la narration de cette grande bataille, qui fut glorieuse sans doute, mais qui aurait pu l'être davantage, si le changement de front que fit l'empereur sur le centre de l'armée autrichienne, et l'attaque de la cavalerie eussent été vigoureusement soutenus; l'aile droite autrichienne eût alors été entièrement coupée et obligée de se rendre. La crainte de voir arriver à sa droite le corps de l'archiduc Jean empêcha l'empereur d'employer environ trente mille hommes qu'il tenait en réserve, et la blessure du maréchal Bessières ralentit l'élan de la cavalerie. Le tableau représente le moment où Napoléon ordonne le changement de front, et où Lauriston s'élance, à la tête d'une batterie de cent canons, contre le centre de l'armée autrichienne, qui s'arrête alors, et suit bientôt le mouvement de retraite de sa gauche, repoussée par le maréchal Davoust.

Nous avons cherché à donner une idée de cette magnifique salle et des tableaux qui en sont le sujet et le plus bel ornement; mais il est une autre impression qu'on éprouve dans cette grande et noble enceinte : c'est la mémoire des hommes courageux qui ont perdu la vie pour la défense et la gloire de leur pays. Quatre-vingts bustes ou représentations d'armures présentent autant d'hommes illustres morts dans les combats pour la France, depuis les temps les plus éloignés; et pour compléter cette glorieuse collection, douze tables de bronze entre les croisées, sur lesquelles sont écrits, en lettres d'or, les noms de tous les princes, anciens connétables ou généraux qui ont péri de même ; et cette liste est de six cent cinquante. Nous en indiquerons un petit nombre.

TABLES DE BRONZE.
NOMS des GUERRIERS CÉLÈBRES tués ou blessés mortellement en combattant pour la France.

PRINCES DE LA MAISON ROYALE DE FRANCE.
Robert le Fort.
Hugues de Bourgogne.
Hugues de France.
Robert de France.
Pierre de France.
Philippe d'Artois.
Robert d'Artois.
Philippe d'Évreux.
Charles de Valois.
Pierre de Bourbon.
Robert d'Anjou.
Jacques de Bourbon.
Pierre de Bourbon.
Pierre de Dreux.
Antoine de Bourgog.
Philippe de Bourgog.
Jean d'Alençon.
Louis de Bourbon.
Jean de Dreux.
Gauvain de Dreux.
Claude de Montagu.
Charles de Bourgog.
François de Bourbon.
Bertrand de Bourbon.
Claude d'Orléans.
Jean de Bourbon.
Antoine de Bourbon.
Gilles de Dreux.
René de Courtenay.
Lénor d'Orléans.
François de Vendôme.
C.-Paris d'Orléans.
J.-Arm. de Courtenay.
Gaston de Courtenay.

AMIRAUX.
Hugues Quieret.
Nicolas Béluchet.
Jean de Vienne.
Jacques de Châtillon.
Prégent de Coëtivy.
Guillaume Gouffier.
Anne de Joyeuse.
Bernard de Nogaret.
A.-Bapt. de Braucas.
Armand de Maillé.
François de Vendôme.

CONNÉTABLES.
Raoul de Clermont Ier.
Raoul de Clermont II.
Gauthier de Brienne.
Jacques de Bourbon.
Charles d'Albret.
J. Stuart de Buchan.
An. de Montmorency.

MARÉCHAUX DE FRANCE.
Albéric Clément.
Simon de Melun.
Guy de Clermont.
Édouard de Beaujeu.
Guy de Nesle.
Jean de Clermont.
Jean de Villiers.
Chabann. de la Palice.
Thomas de Foix.
Pierre de Strozzi.
Albon de Saint-André.
Gontaut de Biron.
Jean d'Aumont.
St.-Bonnet de Toiras.
Blanchefort de Créquy.
Budes de Guébriant.
Jean de Gassion.
Castelnau-Mauvissière.
Henri de Turenne.
Ferdinand de Marsin.
Fitz-James de Berwick
Lannes de Montebello.
Bessières d'Istrie.
J.-Ant. Poniatowski.
Mortier de Trévise.

GRANDS-MAÎTRES DES ARBALÉTRIERS ET DE L'ARTILLERIE, COLONELS GÉNÉRAUX.
Lens d'Annequin.
Jean de Hangest.
Jean de Bueil.
Jean de la Grange.
Paul de Busserade.
Jean de Pommereul.
Jean de Taix.
Gouffier de Bonnivet.
La Rochefoucauld de Randan.
Cossé de Brissac.
Luxemb. de Martigues.
Anglure de Givry.
Gondi de Belle-Isle.
Espinay de Saint-Luc.
Henri de Coligny.
Cambout de Coislin.
De la Châtre Nançay.
Louis de Lorraine.

GUERRIERS CÉLÈBRES, COMMANDANTS D'ARMÉES.
Simon de Montfort.
Ferry IV de Lorraine.
Jean de Luxembourg.
Raoul de Lorraine.

Charles de Blois.
Édouard III de Bar.
Ferry de Lorraine de Vaudemont.
Douglas de Touraine.
Guillem de Barbazan.
Louis d'Armagnac.
Gaston de Foix.
Du Terrail de Bayard.
Louis de La Trémoille.
Montalembert d'Essé.
Léon Strozzi.
Claude de Lorraine.
Philippe de Strozzi.
Henri de Lorraine.
Henri de Rohan.
Pas de Feuquières.
Jacques de Rougé.
S.-Véran de Montcalm
Picot de Dampierre.
J.-F.-C. Dugommier.
Brueys d'Aigailliers.
B.-C. Joubert.
J.-B. Kléber.
Denys de Damrémont.

LIEUTENANTS GÉNÉRAUX, VICE-AMIRAUX ET GÉNÉRAUX DE DIVISION.
Charles d'Aumont.
Pierre de Magalotti.
Guy de Ville.
Nogaret de la Valette.
Caussade de S.-Mégrin
Cambis d'Alais.
Beaujeu de Villiers.
Lénoncourt de Marol.
F.-M. de Broglio.
Cossart Despiés.
Nagu de Varennes.
Ant. du Bec-Crespin.
L. Châlons du Blé.
N. de Saulx.
Jean de la Cropte.
J.-J. de Chaumejan.
Ant. de Foucault.
Nogent de Vaubrun.
Guillaume d'Almeras.
Clermont d'Amboise.
N. de Courcelles.
Argouges de Rannes.
Blanquet de la Haye.
Guillaud de la Motte.
Berbier du Metz.
J.-Chr. de Gournay.
C.-G. de Saint-Ruth.
Guy-Alph. Dauger.
Cassagnet de Tilladet.

Mornay de Montchevreul.
Fortin de la Hoguette.
F.-A. de Longueval.
Perrien de Crenant.
Blanchefort de Créquy
D'Espoey Desbordes.
Armand de Pracontal.
Colbert de Blainville.
Ph. de Clérembault.
De La Tour-Châtillon.
N. de Saalfeld.
N. de Relingue.
La Palu de Bouligneux
P.-F. de Chartogne.
Nettancourt-Haussonville de Vaubecourt.
J.-C. de Vaudrey.
Choiseul de Praslin.
Fieux de Lappara.
Valois de Villette.
J.-N. de Barbezières.
God.-Louis d'Estrade.
Pierre le Guerchois.
Franç. d'Affry.
Courtarvel de Pezé.
Anne-Br. de Launion.
Fiennes de Givry.
L.-Ant. de Gramont.
Satigué de Fénelon.
M.-E.-F.-J. de Bavière.
Fouquet de Belle-Isle.
Thiard de Bissy.
Croy d'Havré.
P.-Franç. de Rougé.
Blou-Chadenac.
Meusnier de la Place.
Etienne Charlet.
H.-C. de Stengel.
A.-E.-F. Laharpe.
P.-A. Dubois.
J.-M. Marceau.
Bachartier-Beaupuy.
J.-P. Bonnaud.
Pierre Bon.
A.-A.-P. Cambray.
Auguste Dommartin.
L.-N.-H. Chérin.
J.-A. Marbot.
Desaix de Veigoux.
François Lanusse.
J.-B. d'Haupoult.
Jacques Desjardins.
F.-N. Roussel.
J.-N. Gobert.
J.-B. Cervoni.
J.-L.-B. Espagne.
Leblond de S.-Hilaire.
A.-C.-L. de Lasalle.

Salle de 1830.

La Charte sera désormais une vérité.

L'histoire dira qu'il a existé un homme qui, né près du trône, a toujours vécu comme un simple citoyen, qui, supérieur à la fois aux préjugés des cours et aux orages politiques, a su marcher au milieu d'eux d'un pas ferme, réglé, habile, et est parvenu ainsi à l'estime générale, qu'on n'acquiert que par le mérite, et qu'on ne conserve que par la vertu.

Cet homme, ou plutôt ce prince, après avoir servi son pays tant qu'il lui fut possible, et lui être resté fidèle à travers de longues épreuves, vivait tranquille, vivait heureux dans un lieu qu'il avait

Le duc d'Orléans entouré de sa famille, à Neuilly. — (1830.)

créé et sous l'ombrage des arbres qu'il avait plantés. Le dimanche 26 juillet, il s'y trouvait entouré de sa nombreuse famille ; ses enfants lui apportaient des fleurs, et, dans ce même lieu, à cette même place, quatre jours après, les députés d'un grand peuple lui présentaient une couronne. Tel est le sujet, et en quelque sorte le programme, des événements qui sont retracés dans cette salle. Ah! pourquoi les bornes de cet ouvrage ne nous permettent-elles pas de chercher à peindre dignement cette révolution, devenue la gloire et la prospérité de la France, et désormais le lien nouveau des rois et des peuples? Essayons au moins d'en indiquer le caractère.

Des ordonnances destructives des droits acquis, des libertés jurées, avaient frappé de stupeur tous les esprits : bientôt l'indignation succède à l'étonnement, on s'aborde, on s'émeut ; la presse, plus menacée, se prononce la première ; les députés présents à Paris se joignent au mouvement ; le peuple enfin relève sa tête énergique, arme ses bras et descend tout entier dans la rue. — A cinq heures, le mardi 27 juillet, sur la place du Palais-Royal, un enfant bat la charge ; le mercredi, le canon gronde, la fusillade commence, toutes les rues sont bientôt barricadées, la mort court dans tous les quartiers ; le jeudi matin, le palais des rois est désert et le trône vacant ; mais non : à travers la longue suite des appartements dorés des Tuileries, s'avance le successeur de tant de rois ; des hommes armés soutiennent sa marche chancelante et le placent sur le trône! Règne donc, élu du peuple, apaise ces clameurs, montre-toi, règne enfin! Mais quoi! il ne respire plus : sa tête inanimée reste immobile ; ses cheveux ensanglantés s'embarrassent dans les fleurs de lis dorées du trône. Noble martyr de la liberté, ce n'est plus ici ta place, mais use au moins du droit qu'avaient tes prédécesseurs.

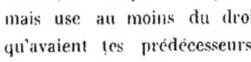

Le tambour du Palais-Royal.   Les barricades.   Vanneau placé sur le trône.

nomme celui qui doit te remplacer.... Tu gardes le silence.... Eh! n'entends-tu pas déjà au dehors les cris qui demandent la république? Le peuple attend, il s'impatiente.... Alors on crut voir cette tête se relever et ces paroles sortir de sa bouche : « Celui qui peut me remplacer doit être d'une grande naissance, car il va prendre rang parmi les souverains, et cependant il faut qu'il ait vécu avec le peuple, comme le peuple : qu'il ait combattu avec lui et pour lui. Enfin, pour qu'il inspire de la confiance, il faut qu'il soit l'enfant de la révolution, car c'est pour la révolution que je meurs, et c'est pour la révolution qu'il doit vivre, qu'il doit régner ; il faut que sa famille lui ressemble, il faut que son gouvernement soit une république sans orage et une monarchie sans abus, il faut qu'il ait l'expérience de l'âge et cependant la vigueur de la jeunesse. Si quelqu'un réunit toutes ces qualités, qu'il se présente, qu'il occupe cette place, que je lui cède sans regret. » A ces mots, la tête du mourant s'affaisse sur sa poitrine, son corps glisse au pied du trône.

Noble et courageuse victime, tu seras satisfaite! Oui, celui que tu viens d'appeler à te succéder existe, il connaît ses obligations, il va jurer de les remplir!

Arrivée du duc d'Orléans sur la place de l'Hôtel-de-Ville le 31 juillet 1830. — Par LARIVIÈRE.

Telle est, en effet, l'histoire des trois journées contenue dans cette salle. Après trois jours de combat dans les rues de Paris, les défenseurs de la Charte furent victorieux sur tous les points. Mais le gouvernement qui s'était laissé entraîner à de telles mesures ne pouvait plus durer; la crainte de l'anarchie préoccupait tous les esprits, et tous les vœux appelaient le duc d'Orléans à préserver la France de ce fléau. Le prince, informé de cette manifestation du vœu public, part à pied de Neuilly accompagné de M. Berthois, son aide de camp, du colonel Heymès et de M. Oudart, et arrive au Palais-Royal à dix heures du soir.

Le 31 juillet, à neuf heures du matin, les commissaires de la réunion des députés vinrent le trouver et l'inviter à exercer les fonctions de lieutenant général du royaume, jusqu'à ce qu'il eût été statué ultérieurement.

Le duc d'Orléans répondit par une proclamation énergique, qui fut reçue dans Paris avec applaudissements. Cependant il pensa qu'il ne suffisait pas d'avoir fait ce grand acte, mais qu'il fallait encore le confirmer par une promulgation, et il résolut d'aller la faire en personne à l'Hôtel-de-Ville. Au moment où le prince allait partir, la réunion des députés arriva en masse au Palais-Royal pour féliciter le lieutenant général; et aussitôt qu'elle eut connaissance du parti qu'il prenait, elle voulut s'y associer, et les députés s'écrièrent d'une voix unanime : « Nous vous « suivrons tous à l'Hôtel-de-Ville. » En effet, ils partirent tous à pied, à la suite du prince qui était seul à cheval, avec le général Gérard et un ou deux aides de camp. A peine le prince fut-il aperçu par la multitude innombrable qui entourait le Palais-Royal et qui couvrait la place encore toute pleine des traces du combat, qu'elle s'élança dans la cour avec un enthousiasme impossible à décrire. Cette foule, qui semblait si bien sentir le bonheur d'échapper aux maux dont le dévouement du duc d'Orléans allait préserver la France, grossissait à chaque pas, et lui frayait un passage à travers les barricades, en l'entourant de leurs bénédictions. Ce fut au milieu de ce cortège que le duc d'Orléans arriva sur la place de l'Hôtel-de-Ville, sur cette place, principal théâtre de la glorieuse lutte soutenue pour la défense des lois.

Ce tableau représente la scène que nous venons de décrire, et contient les portraits de presque tous les députés qui se trouvaient présents à Paris. Nous en avons

Casimir Périer.   Laborde.   La Fayette.   Lobau.

extrait le groupe qui se trouve sur le devant du tableau, où sont représentés les membres du gouvernement provisoire et le préfet de la Seine, qui étaient sur le perron pour recevoir le lieutenant général du royaume et l'accompagner.

Le général Lafayette en habit de la garde nationale dont il avait été nommé, par le peuple et par le gouvernement provisoire, généralissime. Près de lui on voit l'auteur de cet ouvrage [1], nommé également par le peuple, le 29 juillet, préfet de la Seine, le comte Lobau [2], M. de Schonen et M. Odilon Barrot, membres du gouvernement provisoire.

Le roi Louis-Philippe prêtant serment à la Charte.

Cette esquisse, prise du tableau de Devéria, peut donner une idée de l'aspect.

[1] L'auteur de cet ouvrage, le jour même des ordonnances, le 26, présidait le matin au *National* les journalistes, et le soir dans sa maison, les députés qu'il avait convoqués; le 29 au matin, il était à cheval, en uniforme, sur la place de l'Hôtel-de-Ville, au milieu du peuple qui le proclama préfet de la Seine.

[2] Le comte Lobau fut choisi avec M. Laffitte pour aller au milieu des barricades demander de faire cesser le feu. Il fit depuis partie du gouvernement provisoire.

de l'attitude du Roi, de son costume habituel, mais non des traits de son visage que peu d'artistes ont fait ressemblant et que la gravure sur bois ne pouvait guère retracer fidèlement. Outre ce tableau de Devéria, il en est plusieurs autres qui ornent cette salle. Celui de Gérard représente la grande salle de l'Hôtel-de-Ville au moment où M. Viennet, député, entouré de ses collègues, lit à Mgr le duc d'Orléans l'adresse de la chambre des députés qui lui confère la lieutenance générale du royaume. Un autre représente ce prince se réunissant au duc de Chartres arrivé à marche forcée à la tête de son régiment pour prendre part aux événements. Un mois après, le 30 août, Louis-Philippe, alors roi des Français, réunit au Champ-de-Mars cent mille gardes nationaux composés des légions de la capitale et des départements voisins et de députations de toutes les parties du royaume, il leur distribue des drapeaux portant la devise nouvelle : *Ordre* et *Liberté*.

Louis-Philippe.

Cette salle termine la série des hauts faits de notre histoire, elle retrace dignement cette révolution qui fut si juste dans son principe, si courageuse dans le combat, si généreuse après la victoire ; cette révolution qui a fondé une nouvelle ère, une nouvelle dynastie, une nouvelle Charte, celle de la vérité. Dix ans se sont déjà écoulés depuis cette grande époque, et jamais la France n'a joui de plus de bonheur et de liberté. Si les siècles se joignent à ces années heureuses, avec quels sentiments de reconnaissance, de respect, d'émotion, les générations ne viendront-elles pas contempler dans cette salle le second berceau de leur histoire, cette union heureuse du peuple et de la royauté, cette mutualité de principes, d'opinions et d'intérêts !

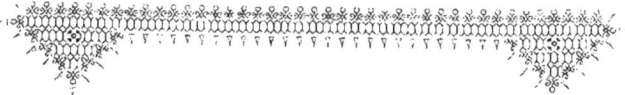

CONTENANT LA CHAPELLE, LE THÉATRE ET L'HISTOIRE
CHRONOLOGIQUE DE FRANCE.

Gens non tam lata quam valida quæ Francia vocatur.
SAINT JÉRÔME A SAINT HILARION.
Nation moins étendue que puissante qu'on appelle la France.

Extérieur de la Chapelle de Versailles.

580   VERSAILLES

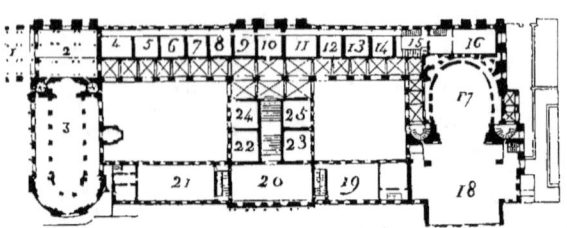

Aile du nord. — Rez-de-chaussée.

1, 2, 3, chapelle.
4, 5, 6, 7, 8, 9, 10, 11, 12, 13, 14, 15, salles de l'histoire de France.
16, 17, 18, théâtre.
19, 20, 21, 22, 23, 24, 25, salles des croisades, des marines et des événements modernes.

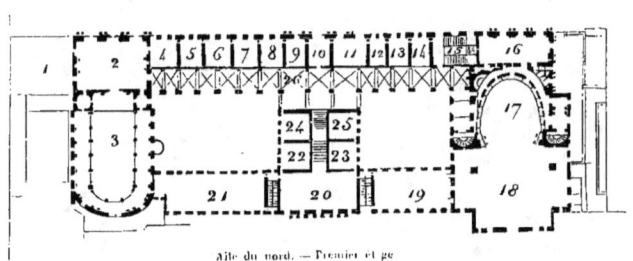

Aile du nord. — Premier et ge

1, 2, 3, chapelle.
4, 5, 6, 7, 8, 9, 10, 11, 12, 13, 14, 15, salles de l'histoire de France.
16, 17, 18, théâtre.
19, 20, 21, 22, 23, 24, 25, salles des événements contemporains.

Entrée de l'aile du nord et vestibule de la Chapelle.
N° 2 du plan rez-de-chaussée.

Deux grandes salles servent d'entrée à l'aile du nord et de vestibule à la chapelle [1]; la première d'ordre ionique, au rez-de-chaussée, l'autre d'ordre corinthien, à la hauteur des tribunes. Celle du rez-de-chaussée contenait à peine toutes les personnes du service qui venaient entendre la messe du roi. Nous avons choisi le moment où cette foule se prosterne; une porte immense lui laissait apercevoir de tous côtés le fond de la chapelle. Cette pièce a deux portes qui s'ouvrent, l'une sur la galerie des statues, l'autre sur les appartements: on voit au milieu un grand bas-relief représentant Louis XIV au passage du Rhin, qui remplace le Diogène du Puget. Deux escaliers en spirale conduisent de ce vestibule à celui qui lui correspond au-dessus. Ce dernier est plus orné que l'autre; il communique par trois portes à la tribune du roi. La porte du

---

[1] Nous ne parlons point ici d'une salle qui communique avec le jardin, parce que c'est plutôt un passage qu'un vestibule.

milieu est enrichie de trophées d'église et de groupes de chérubins ; les autres ont au-dessus deux bas-reliefs de Poultier et de Coustou jeune. Entre les colonnes corinthiennes, sont deux statues, la Magnanimité, par Rousseau ; la Gloire, par Varré. Attenant à cette salle, est une autre grande pièce, autrefois le vestibule de la Chapelle, aujourd'hui le salon d'Hercule, que nous décrirons bientôt ; mais rien ne doit nous distraire ici de l'objet principal, de la magnifique chapelle de Versailles. Nous avons choisi le moment où madame de Maintenon traverse la foule des courtisans pour s'y rendre.

Vestibule de la Chapelle de Versailles.
N° 2 du plan, premier étage.

Intérieur de la Chapelle.
N° 3 du plan.

La vue de cette planche est prise de la tribune du roi, de la place même qu'occupait Louis XIV pendant que madame de Maintenon s'établissait dans un des cabinets en bois qu'elle avait fait construire pour y être garantie du froid. C'est de cette tribune qu'on peut le mieux juger la beauté de cet édifice où tout a été si bien conçu, qu'on se croit à cette place de niveau avec le sol, et que cependant, vu du rez-de-chaussée, il ne perd rien de ses avantages. L'élégante colonnade corinthienne se développe en laissant apercevoir l'intérieur de la galerie qui l'entoure et le jeu des pilastres si bien d'accord avec les colonnes; le tout dominé par une voûte superbe où quatre peintres ont figuré la vaste épopée du christianisme. Tout frappe, tout saisit dans cet admirable aspect aussi harmonieux dans son ensemble que gracieux dans ses détails.

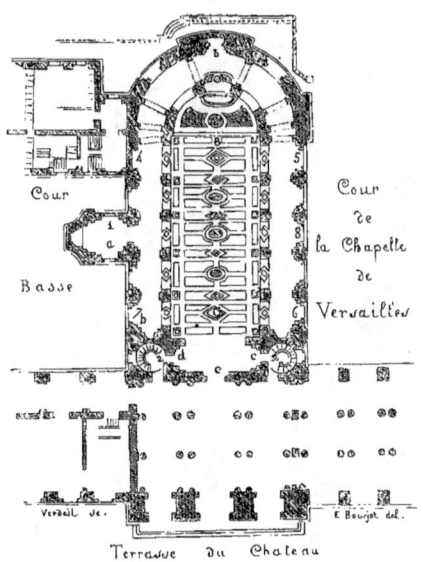

Plan de la Chapelle

Il n'existait pas de chapelle à Versailles, car on ne pouvait donner ce nom à une vaste salle qu'on avait disposée pour le service divin, et dont nous donnerons bientôt la vue. Louis XIV résolut d'en construire une qui fût un modèle de magnificence et de goût, et il fut si satisfait du plan que Mansart lui présenta, qu'il eût construit cet édifice en marbre, si madame de Maintenon ne l'en eût sagement dissuadé. Faite sur le plan de plusieurs églises d'Espagne et d'Italie, cette chapelle fut commencée en 1699 et finie en 1710 ; elle a cent trente-cinq pieds de longueur hors œuvre, et soixante-huit pieds huit pouces de largeur, soixante-dix-neuf pieds de hauteur sous la clef de la voûte. Trois ordres de fenêtres ou vitraux, l'un sur l'autre, la décorent à l'extérieur et sont séparés par une suite de grands pilastres corinthiens, d'une faible saillie ; le tout couronné par une corniche corinthienne et une balustrade supportant vingt-huit statues en pierre de neuf pieds de haut. Le comble est orné d'arétiers de métal doré ; on regrette que ce bel édifice, engagé dans le palais, soit privé par là d'un portail qui en eût décoré l'entrée ; l'intérieur présente une suite de colonnes qui s'élèvent tout au pourtour de l'ellipse sur autant d'arcades dont les archivoltes portent des reliefs d'un excellent travail. Le maître-autel est composé de marbre et ornements dorés. Nous regrettons de ne pouvoir faire connaître en détail tous les ouvrages de peinture et de sculpture qui se trouvent réunis dans ce magnifique édifice ; nous indiquerons cependant les plus beaux. Au milieu du chœur sont les statues de Louis XIV et de Louis XIII par Coisevox, au moment où ce dernier met son royaume sous la protection de la Vierge ; au-dessus du maître-autel la Résurrection par La Fosse.

Dans la chapelle du Saint-Sacrement, un tableau de Silvestre représente la pâque.

Dans la chapelle de Saint-Louis, N° 4 du plan, on voit le bon saint roi, comme l'appelle Joinville, pansant les blessés et faisant enlever les morts après la bataille de la Mansour. Un bas-relief curieux en bronze représente le même saint Louis servant les pauvres à table. — Dans la chapelle de la Vierge, Boulogne jeune a bien fait comprendre, a bien su retracer ce culte si pur, si tendre de la Vierge, source de tant de consolations pour les âmes religieuses et de si belles conceptions dans les arts. Mais tous ces ouvrages cèdent à l'imagination et au pinceau de Coypel, dans la décoration de la voûte où il a voulu représenter le séjour céleste. Cet artiste, ordinairement assez faible, s'est surpassé ici ; il semble avoir été inspiré par son sujet ; il s'est transporté dans les régions célestes, et, semblable au statuaire de l'antiquité qui recula d'épouvante à la vue de Jupiter qu'il venait de créer, Coypel aurait pu se prosterner devant sa sublime composition ; il ne pouvait mieux retracer la majesté divine, la foi fervente et l'adoration en extase autour du créateur du monde. Ce cercle de prophète que La Fosse, les deux Boulogne, Jouvenet ont peint dans les compartiments, reporte aux merveilles de la chapelle Sixtine ; il en est de même du goût et de la belle exécution des sculptures et des ornements ; la vignette qui termine ce chapitre en pourra donner une idée. Cette belle chapelle, ce noble sanctuaire, précède dignement la longue suite

586 VERSAILLES

de salles consacrées à l'histoire de France, elle donne le désir de connaître les annales d'un peuple dont un seul souverain a pu créer tant de merveilles; mais avant de les décrire, entrons dans une salle attenante à cet édifice, et qui servait autrefois de chapelle, nous voulons parler du salon d'Hercule.

Décoration du maître-autel de la Chapelle.

Salon d'Hercule.
N° 1 du plan.

Avant la construction de l'admirable édifice de Mansard, cette salle servait de chapelle, et descendait jusqu'au sol, comprenant au-dessous le passage actuel pour se rendre de la cour au jardin. Lorsque la nouvelle chapelle fut achevée on sépara en deux l'ancienne chapelle, et la pièce qu'elle forma au premier étage, alors sans aucune décoration, est restée ainsi jusqu'à l'année 1729 où on songea à la décorer pour la mettre d'accord avec les grands appartements. Vingt pilastres en marbre blanc, appuyés sur des piédestaux de Vert-Campan, ornent tout le pourtour; les bases, les chapiteaux et les corniches sont rehaussés d'or, et Lemoine, chargé d'en peindre le plafond, trouva dans le nom du cardinal ministre Hercule de Fleury, un sujet fertile en vastes développements. Il conçut l'idée de représenter l'apothéose d'Hercule, dans 142 figures toutes caractérisées.

Il travailla pendant cinq ans à son œuvre, et l'exposa aux regards de Louis XV le 26 septembre 1756. Sa récompense fut le titre de premier peintre du roi ; mais bientôt après sa raison s'égara et il se perça de neuf coups d'épée. Heureusement pour la postérité, son chef-d'œuvre était accompli, et chaque jour il est l'objet de nouveaux applaudissements.

Cette salle n'a qu'un seul grand tableau, c'est le célèbre passage du Rhin.

Passage du Rhin.
Le Rhin avait appris à rouler sous sa loi
Il dit au

Louis avait ouvert la campagne de 1672 par la prise de quatre villes, et dès lors sa marche à travers les Pays-Bas fut un continuel triomphe : il voulut passer le Rhin à Tolhuis, et y jeter un pont de bateaux ; mais comme les ennemis commençaient à se montrer sur l'autre bord, il résolut d'aller à eux avec une promptitude qui acheva de les étonner. Il commande à sa cavalerie d'entrer dans le fleuve. Les Français s'y précipitent : aucun ne s'écarte de son rang, et le terrain venant à manquer sous les pieds de leurs chevaux, ils les font nager, et approchent avec une audace que la présence du roi pouvait seule inspirer. Cependant, trois escadrons paraissent de l'autre côté du fleuve : ils entrent même dans l'eau.

et font une décharge qui tue quelques-uns des plus avancés et en blesse d'autres. Malgré cet obstacle, les Français abordent, ils fondent sur ces escadrons l'épée à la main, et les renversent. Ce fait d'armes brillant eût occasionné peu de pertes sans une imprudence du duc de Longueville, qui lui coûta la vie.

Ancienne Chapelle de Versailles.

Nous avons dit que cette salle était autrefois la chapelle; c'est là en effet que fut célébré le mariage du duc de Chartres depuis régent, du marquis de

Massillon.   Bossuet.   Bourdaloue.

Dangeau et enfin celui de madame de Maintenon ; mais c'est là surtout que se firent entendre les voix puissantes de Bossuet, de Massillon, de Bourdaloue. L'éloquence et la hardiesse de la chaire était le seul contre-poids aux abus du pouvoir absolu. La hauteur des paroles et des pensées de Bossuet semblait ébranler les murailles, la voix plus douce, plus persuasive de Massillon émouvait davantage, et le sévère Bourdaloue rendait Louis XIV inquiet et mécontent de lui-même.

A côté de ces solennels accents, de ces pensées sublimes, devons-nous avouer que c'est près de cette salle qu'un prince de l'église fut arrêté revêtu encore de ses habits sacerdotaux, le cardinal de Rohan, grand-aumônier, et dont le logement donnait dans le salon d'Hercule ? Victime d'intrigants, victime aussi d'un caractère faible, quoique avec un esprit orné et piquant, ce prince s'était laissé entraîner dans cette ridicule et malheureuse affaire du collier. C'est dans un des angles de ce salon qu'il demanda à l'exempt des gardes-du-corps qui le conduisait la permission de remettre sa jarretière, et qu'il eut le temps d'écrire ces mots qu'il fit parvenir à l'abbé Baruel, son secrétaire intime : *Brûlez ma correspondance.*

Autre côté du salon d'Hercule.
Le cardinal de Rohan conduit par un exempt des gardes.

Première salle du rez de chaussée. — N° 1 du plan.

Clovis, 511. — Charlemagne, 814. — Saint Louis, 1270. — Philippe III, 1285.

Le premier tableau qui se présente aux regards, dans cette première salle, est le Baptême de Clovis, d'où on peut dater le commencement de l'histoire de France. Sans doute Mérovée avait déjà établi l'empire des Francs dans les Gaules par ses victoires contre Attila ; mais ce n'est vraiment que le jour où Clovis, vainqueur à Tolbiac, entre dans la basilique à Saint-Martin de Tours, lorsqu'il courbe sa tête superbe devant la croyance du pays, qu'il peut s'en croire le souverain, et porter la couronne, aux acclamations de tout le peuple. Il est des temps où le génie et le courage sont les seuls droits à la puissance, et lorsque Martel eut sauvé la France et la chrétienté à la bataille de Poitiers, la couronne des rois chevelus flottait dans les airs pour se reposer sur un nouveau front plus digne de la porter. Ce fut Pepin qui reçut du pape Étienne II le sceptre en échange de la tiare, et qui fonda cette politique religieuse et

Sacre de Pepin-le-Bref.

monarchique que les exploits de Charlemagne devaient consolider. Charlemagne, nom éminent dans l'histoire des hommes, empereur ou roi, conquérant et

Passage des Alpes par Charlemagne.

législateur, dont les peuples se disputent la nationalité. Charlemagne passe les Alpes, et, vainqueur de Didier, il entre en triomphe dans la cathédrale de Milan

Sacre de Charlemagne.

Là, appuyé sur la terrible Joyeuse et sans fléchir le genou, il reçoit du pape Adrien Ier la couronne de fer, et malheur *à qui osera la toucher*, pendant son

règne. Bientôt il dicte ses immortelles capitulaires, qui, pendant plusieurs siècles, furent le seul code de nos pères. A la gloire du législateur, il veut joindre celle de protecteur des lettres, des arts, et c'est dans son palais même qu'il accueille et qu'il garde près de lui le célèbre Alcuin.

Après la mort de ce grand homme, un voile semble s'étendre sur le monde. Un nouvel essaim d'hommes du nord, de peuples sauvages, fondent sur les pays civilisés; les Normands pénètrent, non plus par les frontières, où une bataille les eût détruits, mais par les embouchures de toutes les rivières, au milieu du repos et de la sécurité. Quelques hommes énergiques luttent contre eux ; mais il fallait encore deux siècles avant leur entière expulsion. Cette salle nous offre plusieurs hauts faits de ces temps, et surtout le souvenir d'un saint roi, qu'on voit là dans tout l'éclat de la gloire, dans toute la gloire du malheur, de saint Louis qui reçut dans les fers l'offre de la couronne des mains des vainqueurs et l'hommage de ce terrible prince des assassins, du Vieux de la Montagne, dont le nom et la puissance fanatique faisaient alors trembler les peuples et les souverains ! de retour en France saint Louis fut aussi célèbre par ses vertus que par son courage ; les rois le prenaient pour médiateur, le peuple pour juge.

Maintes foiz avint, dit son historien, *que en ésté il aloit au boiz de Vinciennes apres sa messe, et se acostoioit à un chesne et nous fesoit seoir entour li, et touz ceux qui avoient à faire venoient parler à li, sanz destourbier de huissier ne d'autre.* Et c'est après cette vie consacrée au bien et à la gloire qu'affaibli par les fatigues et les combats, il fut atteint sur le rivage de l'Afrique du mal qui ravageait son armée ; alors il se fit coucher sur un lit de cendres, et les bras croisés sur la poitrine et les yeux levés vers le ciel, il dit : « Seigneur, j'entrerai dans votre maison, et je vous adorerai dans votre saint temple, » et son âme s'envola dans ce saint temple qu'il était digne d'habiter.

Saint Louis rendant la justice dans le bois de Vincennes.

Charles V. — Charles VI. — Charles VII.

ratelen et la bataille de ce nom frappent d'abord les regards en entrant dans cette salle ; en effet, tout un siècle s'est écoulé depuis Philippe III jusqu'à Charles V, et au milieu des maux de la France, ce que n'avaient pu faire sur le champ de bataille, à la tête de tous ses barons, Philippe III et le roi Jean, Charles V le fit par sa sagesse, sans jamais vêtir armure ni autre habit de guerre. Sans sortir de son hôtel Saint-Paul, il dirigeait le bras de ses vaillants capitaines, dont l'intrépide Duguesclin était le chef et le modèle. La mort de ce héros est retracée à droite en entrant dans la salle. Il est couché sur un lit de parade ; le brave Sancerre est près de lui ; Sancerre, qui ne se crut pas digne de ceindre l'épée qu'avait portée son frère d'armes, et le gouverneur de Châteauneuf de Randon vient déposer aux pieds du guerrier mort les clefs qu'il avait juré de lui remettre s'il n'était pas secouru. Au pied du lit, un jeune écuyer pleure la mort du grand capitaine. Ah ! pleure, enfant, pleure le brave connétable dont la perte laisse la France en proie à d'affreux déchirements. Il suffit de nommer le faible Charles VI, et la si belle mais si odieuse Isabeau de Bavière.

Avant toutefois de quitter Charles V, rendons-lui hommage avec le peintre qui le représente fondant la Bibliothèque royale, et prononçant ces belles paroles : « *Tant que sapience sera honorée en ce royaume, il continuera à prospérer.* » Jetez aussi un coup d'œil sur une bataille sanglante, où la bravoure française triomphe du nombre, avant de succomber par de folles imprudences. Rosbec adoucissait la douleur de Crécy, d'Azincourt et de Poitiers.

Cependant la France est entre les mains des Anglais ; Charles VII, retiré dans le donjon de Chinon ou de Loches, mettant son argenterie en gage pour vivre, est salué par les ennemis du titre de roi de Bourges. Le duc de Bedfort veut encore le lui ravir, et profiter de cet assoupissement, de cette indifférence d'un pays malheureux : il met le siège devant Orléans, où les plus vaillants capitaines de ce temps, le reste des compagnons de Duguesclin, La Hire, Dunois, Xaintrailles, sont enfermés, et Charles VII oublie dans les bras d'Agnès Sorel et sa gloire et sa couronne : mais elle ne les oubliera pas. Cette noble créature saura, au contraire, rappeler à son amant son devoir, et menacer de le quitter s'il ne se montre pas digne d'elle. A cette voix chérie Charles se sent élevé au-dessus du malheur : ses troupes entrent en campagne et défient les soldats de l'Angleterre. Les deux armées se rencontrent à Beaugé : le duc de Clarence, frère d'Henri V, est à la tête des Anglais ; le maréchal de La Fayette et le comte de Buchan, brave Écossais, fidèle, comme tous ses compatriotes, à toutes les fortunes de la France, conduisent nos troupes à la victoire. Le génie de la France semble relever la tête ; une femme lui a rendu son roi, une autre femme va lui rendre son peuple, son peuple, ami de l'honneur et de la gloire jusqu'au fanatisme ! Jeanne d'Arc est à Chinon ! Jeanne d'Arc ! quel nom ! quelle histoire miraculeuse ! C'est au mois de février 1429 qu'elle se présente devant le roi : « Je chasserai les Anglais d'Orléans, dit-elle, je mènerai mon gentil Sire à Reims. » Et le 18 mai, les Anglais fuient épouvantés loin des murs d'une ville qu'ils regardaient comme une conquête assurée ; et le 17 juillet, Charles VII est à Reims, entouré d'une cour brillante, au milieu d'une population dévouée à sa cause, toute fière de ses succès. Un évêque fait sur le front du roi les onctions saintes ; et c'est une jeune fille dont les mains jusqu'ici n'ont manié que des écheveaux de laine, qui opère ce prodige.

Jeanne d'Arc devant Charles VII.

La voilà devant son souverain, au milieu d'une cour imposante, cette jeune fille timide, mais devenue hardie par le sentiment qui l'inspire, pour le succès qu'elle attend.

Faut-il que la jalousie ait livré l'héroïne d'Orléans à ses ennemis, et que leur rage l'ait condamnée à périr sur un bûcher ! Mais si Jeanne n'est plus à la tête des Français, son souvenir, le désir de venger sa mort honteuse, les animera, et la victoire est restée fidèle à leurs drapeaux. Paris leur ouvre enfin ses portes, et le 13 juillet 1436, sur le pont Notre-Dame, le maréchal de l'Ile-Adam reçoit la capitulation qu'un brave bourgeois, Michel Lailler, était venu lui apporter.

Treize ans s'écoulèrent, employés par Charles et ses habiles ministres, à rétablir l'ordre dans toutes les parties de l'administration, et lorsque l'imprudence d'un capitaine anglais fit rompre la trêve jusque-là religieusement observée, la conquête de la Normandie vient grossir le nouveau royaume de France.

Le 10 novembre 1449, Charles entrait dans Rouen, précédé du chancelier Guillaume des Ursins, en brillant costume, et faisant porter devant lui les sceaux du royaume. Aux côtés du roi chevauchait Jacques Cœur, son argentier, qui avait fourni aux dépenses de ses armées. Le comte de Dunois, capitaine de la ville, et le sire Guillaume Cousinot, bailli, étaient venus au devant du roi avec les magistrats et les plus notables bourgeois, vêtus de robes bleues, avec des chaperons rouges ou blancs et rouges.

Les maisons étaient tendues de tapis et de belles draperies. On voyait aux fenêtres les dames et les riches bourgeois revêtus de leurs plus beaux atours. On remarquait, sur un balcon, auprès de la comtesse Dunois, le lord Talbot, témoin de cette gloire du royaume de France, et ce n'était pas un des moindres ornements de la fête. Il était vêtu d'un chapeau violet et d'une robe de velours fourrée de martre, que le roi lui avait donnée lorsqu'il était venu lui présenter ses respects. Le roi se rendit à la cathédrale pour remercier Dieu et baiser les saintes reliques !

Mais déjà les Anglais ont été battus à Formigny, et le connétable de Richemont, rompant leurs lignes, les avait refoulés dans leurs retranchements, et y pénétrait avec eux ; dernière victoire de Charles VII, surnommé le Victorieux, dernier effort des Anglais pour se maintenir sur le sol de la France, dont ils sont pour jamais expulsés.

Salle N. 5 du plan.

Louis XI, 1485. — Anne de Bretagne, 1513. — Charles VIII, 1493. — Louis XII.

'aspect de cette petite salle est imposant par cette masse de chevaliers armés qui semblent la défendre ; mais les regards se portent bientôt vers le sujet principal, Louis XII pardonnant les injures qu'on lui avait faites comme duc d'Orléans, et rappelant un trait

semblable de l'antiquité[1]. Cette salle continue l'histoire de France de Charles VII à François 1er.

Le courage de Dunois, de La Trémouille, de Jeanne d'Arc, ont délivré la France des Anglais ; la politique de Louis XI l'affranchit de ses ennemis intérieurs, de ces redoutables ducs de Bourgogne, qui reparaissaient toujours dans la lutte. Cette fois c'est unis à l'Angleterre qu'ils envahissent les provinces ; Charles-le-Téméraire marche sur la capitale ; il assiége Beauvais, il est près de s'en emparer ; déjà un soldat intrépide va planter son étendard sur la crête de la muraille, une hache lui coupe le poignet, et cette hache est dans la main d'une femme courageuse, Jeanne Hachette, qui laissa à la ville de Beauvais son arme et son glorieux souvenir.

Charles VIII était un *petit homme de corps, et peu entendu*, dit Commines, *mais si bon qu'il n'était point possible de voir meilleure nature;* il acheva de soumettre la Bretagne, toujours jalouse de l'autorité des rois de France. Quoique fiancé depuis longtemps avec la fille de l'empereur Maximilien, il brisa ce lien pour épouser Anne, héritière du duché de Bretagne, qu'il réunit pour toujours à la couronne.

[1] L'empereur Adrien, parvenant à l'empire, dit à un de ses ennemis acharnés : « Eh bien ! vous voilà sauvé ? »

Défense de Beauvais.

Siècle de Louis XII et François Ier.

Salle N° 7 du plan.

lusieurs succès brillants marquent la fin du règne de Louis XII. Boulogne ouvre ses portes aux Français, et les efforts de Ramon de Cardona et de Pedro Navarro pour la reprendre cèdent à l'intrépidité du jeune Gaston de Foix, ce brave duc de Nemours *dont sera mémoire tant que le monde aura durée*. Mais le jour approchait, glorieux et fatal, où ce jeune héros allait expirer au milieu d'un nouveau triomphe. C'est dans la célèbre bataille de Ravennes.

François Ier monta sur le trône le 1er janvier 1515, et le 10 août il traversait de nouveau les Alpes pour pénétrer dans la plaine de Saluces. Il fallut pour y parvenir cinq jours d'efforts et de fatigues inouïes. Enfin, le 13 septembre, on entendit mugir dans les rues de Milan le taureau d'Uri et la vache d'Unterwalden. A ce signal, les Suisses se rangèrent à la hâte et marchèrent droit au camp des Français. La journée fut terrible, on se battit des deux côtés avec un acharnement inouï, et la bataille se prolongea jusqu'à près de minuit *où la lune faillit*. Bataillons et escadrons demeurèrent entremêlés au hasard, confusion d'autant plus grande que tous les deux portaient l'écharpe et la croix blanches. La journée du 14 fut plus sanglante encore, et le vieux maréchal de Trivulce, qui avait assisté à dix-huit batailles, disait que Marignan fut un combat de géants. Bayard, le brave Bayard, se montra là tel *qu'il avait accoutumé*.

François Ier ne négligea rien pour séduire par ses manières et ses discours le roi d'Angleterre Henri VIII, et le luxe qu'il déploya au camp du Drap d'or en fut la preuve; il fit de même pour Charles V pendant son court séjour en France, pour le pape Clément VII à l'entrevue qu'il eut avec lui à Marseille pour le mariage de sa nièce, la fameuse Catherine de Médicis.

Entrevue du pape Clément VII et de François Ier

Henri II. — Henri III. — Henri IV.
Salle N° 8 du plan

> Je ne vous ai point assemblés comme faisaient mes prédécesseurs, pour vous faire approuver mes volontés, mais pour recevoir vos conseils et les suivre, pour me mettre en tutelle entre vos mains, envie qui ne prend guère aux rois à barbe grise, aux victorieux; mais le violent amour que j'ai pour mes sujets me fait trouver tout aisé et honorable.
>
> Paroles d'Henri IV à *l'assemblée de Rouen*.

François Iᵉʳ n'est plus, mais son siècle est une nouvelle ère pour le monde; la découverte de l'Amérique, celle de l'imprimerie, la réforme religieuse, le développement des arts et des lumières en tous genres, enfin, des guerres qui pour être intestines n'en produisent pas moins des actions éclatantes; tel est le sommaire des faits dont cette salle présente le souvenir dans les dix tableaux qui couvrent ses murailles. François de Guise à Metz, le combat de Renti, l'institution de l'ordre du Saint-Esprit, d'autres faits attireraient les regards, s'ils ne se fixaient tous sur la bonne et populaire figure d'Henri IV, qu'on aime à rencontrer souvent dans ces galeries, qu'on aurait voulu y voir dans les magnifiques tableaux de Rubens, si le roi Louis-Philippe n'avait cru honorer plus dignement son aïeul, en lui consacrant un palais tout entier; suivons-le au moins dans chacun des tableaux qui le représentent. Le voilà triomphant à Fontaine-Française, à Ivry, à Arques; qui assiége Montmeillant, réputé imprenable; qui prépare dans le Louvre des logements pour les artistes; qui signe la paix de Vervins, et surtout qui paraît au milieu de l'assemblée des notables à Rouen où il prononce les belles paroles que nous avons citées plus haut. Les campagnes d'Henri IV sont les dernières qui eurent ce caractère aventureux, chevaleresque, des temps anciens, où la valeur personnelle du chef ajoute encore tant d'éclat à la science des combinaisons. Jamais on ne vit tant de courage, de goût, de génie. Sur le principal tableau de cette salle on a exprimé la reconnaissance des habitants de Paris, qu'il assiége et qu'il nourrit, qu'il soumet et qu'il console : ce siège de Paris offre continuellement le contraste d'une population fanatique et cruelle avec un ennemi tolérant et généreux; terminons ce qui regarde Henri IV par l'expression du vœu qu'il formait, qu'il eût peut-être accompli, ce vœu si sublime dans sa simplicité, *la poule au pot*.

Louis XIII, 1643, et Louis XIV, 1666.
Salle N° 9.

es quatre salles contiguës retracent les événements importants depuis la mort d'Henri IV jusqu'à l'avénement de Louis XV au trône, et nous aurions fait de chacune d'elles un chapitre, si le défaut de classement sous le rapport de l'ordre chronologique[1] et de la grandeur des tableaux ne nous avait forcé à enchevêtrer notre récit; nous indiquerons toutefois la séparation des salles : la première commence à ce règne singulier qui, s'élevant entre deux époques glo-

[1] Il aurait été à souhaiter que l'on eût pu placer suivant l'ordre des temps toutes les copies des toiles de Martin, déposées au château de Chantilly, au lieu de les diviser dans trois salles, de sorte que la bataille de Rethel, livrée en 1650, se trouve voisine du congrès de Rastadt, qui a eu lieu en 1714; la dernière toile à examiner dans la salle N. 10, est le siége de Fribourg de 1677; et presque tous les tableaux de la salle N. 11 représentent des faits antérieurs à cette date.

Ainsi les batailles de Rocroy, de Fribourg, de Nordlingen, de Lens, de Rethel, n'ont pour interprètes que de petites toiles fort peu remarquables, tandis que des siéges beaucoup moins célèbres sont immortalisés par le pinceau de Martin et de Vandermeulen, sur des toiles de grande dimension

rieuses, semble dévoré et écrasé par elles. Louis XIII, fils d'Henri IV, père de Louis XIV, succombe sous la gloire qui le précède et qui le suit, et cependant c'est à son caractère faible, mais persévérant, c'est au choix qu'il sut faire et qu'il sut maintenir d'un homme de génie, que la France dut le rang qu'elle ne cessa plus d'occuper. Louis XIV dut à Louis XIII ce qu'Alexandre dut à Philippe, Titus à Vespasien, Frédéric II au grand-électeur. N'est-ce pas à l'école de Gustave-Adolphe, de Bernard de Saxe-Weimar, que se formèrent les grands guerriers du grand roi? Turenne commence à Saverne sa renommée; Guebrias, simple officier, sera bientôt maréchal de France; Landrecies tombe devant de La Meilleraie, et le duc d'Enghien, qui doit devenir le grand Condé, fera ses premières armes au siège d'Arras.

La régence d'Anne d'Autriche s'ouvrit sous des auspices glorieux ; la victoire de Rocroi permit de prendre l'offensive. D'Enghien, devenu prince de Condé par la mort de son père, inaugura son nouveau titre par la célèbre victoire de Lens, et la paix si longtemps désirée fut conclue par le traité de Munster. Rien ne manquait à la gloire et au repos de la France, si l'un et l'autre n'avaient souffert des troubles de la Fronde, dernier effort des grands contre l'autorité royale entre les mains de Mazarin, et qui finit par l'emporter.

Cette salle et les suivantes, contenant la copie des campagnes du grand Condé peintes à Chantilly par Martin, renferme nécessairement des répétitions en petit de plusieurs tableaux que nous avons trouvés dans les grands appartements de Louis XIV; c'est le développement des expéditions dont nous n'avons présenté que les principaux faits, et ce grand règne méritait bien d'être étudié dans tous ses détails. On y voit les trois guerres principales que Louis XIV eut à soutenir. La première, lorsqu'après la mort de Philippe IV, il fit valoir les droits de sa femme Marie-Thérèse sur la Flandre et la Franche-Comté, et se rendit en personne à l'armée. Charleroi se rendit au vicomte de Turenne; Ath ouvrit ses portes; Tournay capitula après cinq jours d'attaque; Lille enfin, Lille, que Louvois et Turenne ne voulaient pas attaquer, Lille fut emportée après neuf jours de tranchée ouverte. Que n'était-on pas en droit d'attendre des soldats, quand Louis lui-même, sous les murs de Douai, s'approchait si près des remparts que plusieurs gendarmes étaient tués à ses côtés; quand, à Lille, le vicomte de Turenne le menaçait de se retirer s'il ne se ménageait pas davantage?

Le principal tableau de cette salle est peut-être le moins important. C'est celui où Louis XIV reçoit chevalier de l'ordre du Saint-Esprit le duc d'Anjou son frère; mais il retrace le pinceau de Philippe de Champaigne. Il en est un autre sur lequel nous devons fixer nos regards et que nous avons dû chercher à reproduire, parce qu'il est le chef-d'œuvre de Vandermeulen, et par sa couleur, son dessin et son harmonie, digne de tout ce que l'École flamande a produit de plus beau ; il représente l'entrée de Louis XIV et de Marie-Thérèse dans Arras.

Entrée à Arras.

La Reine est dans son carrosse avec les dames de sa suite. — Le Roi et Monsieur suivent à cheval avec les maréchaux de Turenne et d'Aumont.

Continuation du règne de Louis XIV.
Salle N° 10.

l'entrée de cette salle, on remarque le passage du Rhin que nous avons décrit page 256; les autres tableaux ont rapport à cette même campagne, et consistent dans les batailles de Landau, de Lens et de Nordlingen, et les siéges de Spire, de Dunkerque, de Douai.

La paix signée à Aix-la-Chapelle ne pouvait pas être de longue durée; la Hollande, unie avec l'Empire et l'Espagne, entra de nouveau en campagne, et alors commencèrent les merveilles de l'année 1672.

Mais un coup redoutable allait nous frapper, et la France entière tressaillit, lorsqu'un boulet de canon lui enleva Turenne, dérobant à cet illustre guerrier une insigne victoire. La France entière le pleura; les ennemis mêmes rendirent hommage à ses vertus et à ses talents. Louis ordonna que les caveaux de Saint-Denis recevraient la dépouille mortelle du plus brave défenseur de la France!

Turenne mourut près de Salsbach, le 29 juillet 1675, et la guerre dura trois ans encore. Enfin Louis offrit la paix; elle fut acceptée avec reconnaissance; et

VERSAILLES ANCIEN ET MODERNE.   409

le traité de Nimègue concéda à la France la Franche-Comté, une partie de l'Alsace et la Lorraine. Malheureusement la guerre recommença bientôt.

Continuation de Louis XIV.
Salle n. 11 du plan.

Cette salle contient les événements de cette glorieuse époque et ceux de la guerre de succession, qui mit le grand roi à deux doigts de sa perte, mais qui lui donna l'occasion de développer la fermeté de son caractère. La victoire de Denain justifia cette fermeté, et termina glorieusement un des plus longs et des plus beaux règnes qu'offrent les annales de la France.

| Lit de justice de Louis XV. Départ du roi après le lit de justice. Entrée de Louis XV à Strasbourg. | 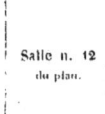 Salle n. 12 du plan. | L'Ambassade ottomane aux Tuileries. Sacre de Louis XV, à Reims. Prise de Philipsbourg. Prise de Menin. |

Le Régent et Louis XV.

Cette salle renferme l'espace de temps qui s'est écoulé entre le règne de Louis XIV et celui de Louis XV. Elle présente le célèbre lit de justice où la régence est accordée au duc d'Orléans, le sacre du roi à Reims, l'ambassade extraordinaire de la Porte ottomane, et l'entrée solennelle de Louis XV à Strasbourg.

Attaque de la Maison du Roi.

Suite de Louis XV. — 1743 à 1774
Salle n. 15 du plan.

Nous sommes encore à une glorieuse époque de l'histoire de France, et les dix-sept tableaux qui décorent cette salle ne rappellent qu'une partie des combats

Bataille de Fontenoy.

de nos armées pendant les campagnes de 1745 et de 1746. A la mort de l'empereur Louis XV a proposé la paix, mais elle a été refusée; la France est donc contrainte à reparaître sur les champs de bataille; Louis XV a donné le commandement de ses troupes à des maréchaux dont l'habileté lui garantit le succès, mais il veut partager lui-même leurs périls et s'associer à leur gloire, il sait l'enthousiasme qu'inspire aux soldats français la présence de leur roi; le dauphin accompagne son père.

Déjà Tournay est investi; deux camps assis sur les deux rives de l'Escaut serrent de près la place, et, le 8 mai, Louis XV vient examiner les travaux. Cependant le duc de Cumberland, à qui le maréchal de Saxe avait caché ses vues, accourut au secours de Tournay; Maurice l'avait prévu, et de forts détachements postés à Fontenoy, et que toute l'armée pouvait facilement renforcer, arrêtèrent la marche des Anglais et des Hollandais. Une bataille dut décider du sort des deux armées; elles avaient l'une et l'autre de vieilles querelles à venger. Aussi rien ne fut négligé. Dès la pointe du jour, le maréchal, assez gravement indisposé, parcourut toutes les positions dans une calèche d'osier, ordonnant tout, animant les soldats de la voix et du geste. Une chose l'inquiétait surtout, le roi et le dauphin avaient voulu se placer en deçà de l'Escaut et se trouvaient exposés à de graves périls: Maurice les fit prier de se mettre à l'abri derrière le pont, mais la volonté du roi fut inflexible; il voulut partager le danger de ses troupes, fit avancer sa garde, et le combat avait commencé par une vive canonnade; elle dura longtemps, enfin les colonnes ennemies s'avancèrent pour débusquer les Français de leurs positions. Terrible fut leur choc, admirable fut la résistance; mais leur artillerie multiplia ses décharges et les Français perdirent du terrain; resserrés entre deux hauteurs, troublés par le désordre des premiers rangs, ils allaient peut-être se replier; c'en était fait, et toute la sagesse des dispositions d'un maréchal habile n'aurait pu prévenir une affreuse retraite, lorsque le duc de Richelieu, aide-de-camp du roi, aperçut une voie de salut; la colonne ennemie pressait ses rangs pour enfoncer nos lignes : « Que l'on dirige contre elle quatre canons, que la maison du roi l'attaque de tous côtés, » s'écrie Richelieu : c'était une inspiration du génie de la guerre; Maurice la saisit à l'instant, le roi l'approuve, Richelieu est chargé d'exécuter ce qu'il a si heureusement conçu, et les pages du roi l'épée à la main, les officiers de la chambre pêle-mêle avec les gardes et les mousquetaires, tout s'ébranle, tout tombe sur la colonne anglaise et hanovrienne; elle est culbutée. La victoire fut dès lors décidée; M. de Grassins l'acheva en tombant avec sa cavalerie sur le flanc de la cavalerie ennemie formée devant Vezon. Les alliés perdirent quinze mille hommes tués ou blessés, un grand nombre de prisonniers, quarante pièces de canon et cent cinquante chariots de munitions.

Le roi retourna devant Tournay, fit presser les attaques, et peu de jours après la ville et la citadelle étaient au pouvoir des Français. Louis XV voulut profiter de l'ardeur qui animait ses troupes pour s'emparer d'une place forte par elle-même, mais précieuse surtout alors parce qu'elle était l'arsenal des Anglais et leur magasin. Le maréchal de Lowendall fut chargé de s'emparer de Gand. On ne le pouvait faire que par surprise, et la sagesse de ses ordres bravement exécutés par l'ardeur de ses soldats le rendit maître de la ville, et quelques jours après de la citadelle. On y trouva des magasins, des armes et des habillements en grande quantité, et beaucoup de canons envoyés d'Angleterre pour remplacer ceux que les Anglais avaient perdus à Fontenoy.

Audenarde capitula bientôt après; Ostende arbora le drapeau blanc après une vive résistance. L'hiver ne ralentit pas les opérations, et Bruxelles vivement attaqué par le maréchal de Saxe, se rendit le 20 février 1746. Anvers capitula après cinq jours de tranchée ouverte, et le roi y fit son entrée solennelle le 4 juin; les magistrats lui offrirent à genoux les clefs de la ville, tandis que des jeunes filles vêtues de blanc lui présentaient des fleurs.

Les alliés ne pouvaient accuser qu'eux-mêmes des succès de Louis XV : car ce monarque, après chaque conquête, ne cessait de faire des propositions de paix ; elles étaient toujours rejetées. Même après la prise de Mons et de Charleroi par le prince de Conti, de Saint-Guillain et de Namur par le maréchal de Saxe, Louis proposa encore la paix ; elle fut encore rejetée, et le maréchal de Saxe fut forcé de remporter la victoire de Rocoux, où les alliés perdirent sept mille hommes tués ou blessés, mille prisonniers, cinquante pièces de canon et dix drapeaux.

Le maréchal de Saxe.

Louis XV, suite, 1747-1774. — Louis XVI.
Salle n. 15 du plan.

On voudrait s'arrêter à ces temps de gloire pour la France ; mais le temps, comme l'a dit Bossuet, est là sur nos pas, qui nous presse, et dont la voix terrible répète sans cesse : « Marche ! marche ! » Mais un précipice est devant nos pas !.. Marche !... Mais à ce temps de gloire et de conquêtes vont succéder des jours de deuil et de défaites !... Marche !

Aussi bien nous avons encore quelques beaux faits à rappeler avant les grandes catastrophes. Nous devons passer par le village de Lawfeld où le maréchal de Saxe remporta encore une victoire ; nous avons à dire la prise d'assaut de Berg-op-Zoom, où le comte de Lowendall gagna le bâton de maréchal, la prise non moins difficile de Maëstricht ; enfin la paix, qui avait été le but de toutes les conquêtes de Louis XV, fut signée à Aix-la-Chapelle, et le roi de France, pour prouver à toute l'Europe la sincérité de son désintéressement, n'y voulut rien gagner, lui qui avait conquis toute la Flandre !

La paix cependant ne fut pas de longue durée ; des agressions de l'Angleterre dans le Canada firent reprendre les armes contre elle. La vanité de madame de Pompadour entraîna la France à se mêler de la guerre de sept ans, et à y voir nos armes faiblir, sauf quelques succès partiels retracés dans cette salle.

Le règne de Louis XVI commença sous les plus heureux auspices pour finir par les plus grands malheurs. Que proclame devant le Palais-Royal ce héraut d'armes au milieu de ce nombreux cortége? L'indépendance des États-Unis reconnue par l'Angleterre et acquise par les armes françaises ; la paix due aux exploits maritimes des De Grasse, Tilly, D'Estaing, Suffren et aux combats plus décisifs des Washington et des Rochambeau ! Mais c'est au sein de cette longue paix que se prépareront, que se développeront les agitations, les troubles précurseurs d'une sanglante révolution. Le prince qui a élevé ce sanctuaire à notre histoire nationale en a exclu avec raison ces tristes événements, mais il a voulu aussi présenter en regard Louis XVI dans son véritable caractère, celui de la bienfaisance et secourant lui-même les pauvres comme il le fit dans le cruel hiver de 1788.

Louis XVI secourt les pauvres dans l'hiver de 1788.

Napoléon. — Peste de Jaffa.
Salle n. 4 du plan, premier étage.

La série des salles du rez-de-chaussée nous a offert les principaux actes de la monarchie française depuis Clovis jusqu'à Louis XVI ; nous avons vu dans les autres parties du palais se développer la force, la grandeur, enfin la civilisation de la France, ses institutions comme sa gloire. Les salles du premier étage de l'aile du nord sont principalement consacrées à l'histoire moderne, aux événements de

Bataille de Mont-Thabor.

nos jours. Passons sans nous arrêter sur les temps des assemblées constituante, législative et de la convention, pour reposer nos regards sur une époque de gloire dans les armes, dans les sciences, et qui couvre d'un voile éclatant les jours qui l'ont précédée. Bonaparte, ce nom déjà si célèbre, resplendit dans l'Orient. Il y paraît comme le régénérateur de l'empire ottoman, et s'il réussit à prendre Saint-Jean-d'Acre, nouveau prophète, il marchera triomphant suivi de nations diverses pour s'asseoir sur le trône des califes, et de là prendre l'Europe à revers. Mais non, sa fortune doit s'arrêter devant les murailles d'une bicoque ; il n'y laissera que le souvenir de son grand nom et une de ces actions courageuses qui frappent l'imagination des hommes : action retracée sur le tableau principal, *la Peste de Jaffa*, le plus bel ouvrage du malheureux Gros. Bonaparte, sorti du Caire avec douze mille hommes, avait traversé soixante lieues de désert, pris d'assaut El Arich, Gaza, Jaffa, (l'ancienne Joppé), lorsqu'un fléau contre lequel la valeur est vaine, arrête sa marche et ses conquêtes. La peste saisit les soldats et les frappe de stupeur. Tout était perdu si on ne remontait pas leur moral. Bonaparte entre alors dans l'hôpital des pestiférés, suivi de Berthier, Bessières, Marmont, et s'arrête devant chacun d'eux, les questionne, les encourage, les aide à se soulever, et il ne se retire que lorsque Desgenettes, le médecin en chef, l'assure qu'un plus long séjour serait plus qu'inutile. Le majestueux tableau qui représente cette scène fit sensation à l'époque où il parut ; il montra qu'on pouvait allier à un dessin correct des traits pleins d'expression, une couleur brillante, harmonieuse, ce qui manquait alors à l'école française. Ce tableau est entouré des portraits des principaux scheiks de l'Égypte, et d'une suite d'autres sujets dont plusieurs, et principalement le Combat de Nazareth, excitent au plus haut point l'intérêt.

Monge

Desgenettes

Denon

Napoléon. — Austerlitz.
Salle n. 5 du plan, premier étage

Marengo! Austerlitz! le consulat et l'empire! Tels sont les souvenirs retracés dans cette salle sur vingt-deux toiles qui développent ces deux grands épisodes!

Nuit qui précéda la bataille d'Austerlitz.

Le plan du premier consul est arrêté ; c'est en Italie qu'il doit triompher, mais l'ennemi doit ignorer ses desseins. Ainsi Moreau passe le Rhin avec une armée nombreuse. L'Autriche croit que ce sera là le champ de la guerre ; elle y porte ses forces principales et cependant Moreau les défait. C'est le 3 mars qu'a lieu la bataille de Stokaktt et c'est le 20 que l'armée d'Italie est au bourg de Saint-Pierre, au pied du mont Saint-Bernard. Nous ne répéterons pas les merveilles de cette campagne, où une armée, comme portée sur des nuages, tombe avec la victoire dans les plaines jadis le tombeau des Français, aujourd'hui leur conquête et leur gloire. Cette journée de Marengo fonde le repos de la France et permet de songer à son avenir. C'est alors que Napoléon s'occupe du rétablissement de la religion et de la confection des codes qui nous régissent.

Après la gloire du consulat, parlons de celle de l'empire. C'est le 2 décembre 1804 que le pape Pie VII consacre du sceau de la religion, dans la cérémonie imposante du sacre, le vœu du peuple français. C'est deux jours après que se distribuent les aigles victorieuses qui doivent aller de clocher en clocher sur toutes les capitales de l'Europe. Ce poëme, ou plutôt ce drame, car il a pour lui l'unité de temps, est réalisé dans l'espace de deux mois sur un champ de bataille de quatre cents lieues de longueur. Il faut qu'une armée partie le 30 septembre 1805 des bords de l'Océan, entre deux mois après dans la capitale de l'Autriche. On ne lui donne qu'un mois pour arriver au Rhin, le passer, vaincre à Norlingen, Gunsbourg, Elchingen, faire mettre bas les armes dans Ulm à dix-neuf généraux et vingt mille hommes, entrer à Munich le 26 octobre, et quinze jours après, le 13 novembre, établir son quartier-général à Schœnbrunn, le Versailles de l'empire d'Autriche. Mais les Russes et les Autrichiens sont réunis; ils comptent plus de cent mille hommes ; Napoléon n'en a que quarante mille. Les Autrichiens craignent déjà que l'armée française ne leur échappe ; l'archiduc Ferdinand brûle de venger ses défaites. A leur gré, le jour tarde trop à paraître ; mais ce jour est le 2 décembre : les Français ne l'ont pas oublié, et tout à coup au milieu de l'obscurité qui ne laisse apercevoir que les feux de l'ennemi, une large et vive splendeur enflamme l'horizon ; cent mille flambeaux brillent sur toute la ligne de l'armée française ; chaque soldat, par une inspiration soudaine, a converti la paille de son bivouac en flambeau de réjouissance. C'est l'anniversaire du sacre, c'est la célébration anticipée d'une victoire immortelle. Le jour a lui, et l'armée ennemie est coupée et dispersée ; ce qui échappe aux vainqueurs va se noyer dans un lac voisin. Et il suffira désormais aux Français de dire : « J'étais à Austerlitz. »

Nous avons cherché à donner une idée de ce drame brillant, regrettant de ne pouvoir transmettre les tableaux pleins d'intérêt qui s'y rattachent et qui décorent cette salle.

Suite de Napoléon.
Salle n. 6 du plan.

Les principaux tableaux qu'on aperçoit dans cette salle, ont rapport à la guerre de Prusse marquée par les batailles d'Eckmülh, d'Eylau, de Friedland, et à la paix qui suivit cette guerre imprudente. Le tableau le plus apparent est le moment où le président du tribunat remet au sénat les cinquante-quatre drapeaux pris sur l'ennemi.

Suite de Napoléon.
Salle n. 7 ou 8o.

Peu d'époques furent plus glorieuses pour la France que la paix de Tilsitt, ou l'empereur pouvait tirer une ligne droite au centre de l'Europe et gouverner un empire plus grand que celui de Charlemagne. Il n'en fut pas ainsi, l'ambition démesurée de conquêtes, l'idée de vaincre l'Angleterre sur le continent, entraîna Napoléon et dans la fatale guerre d'Espagne et dans une nouvelle invasion de l'Autriche, qui lui réussirent, sans doute, mais qui devaient un jour le conduire à sa perte. Cette salle présente les différents événements de ces guerres jusqu'à la veille de la fameuse bataille de Wagram ; Napoléon, assis sur une chaise au bivouac, dort d'un sommeil tranquille. C'est son réveil terrible que nous offre la salle qui vient après.

Suite de Napoléon.
Salle n. 5 du plan

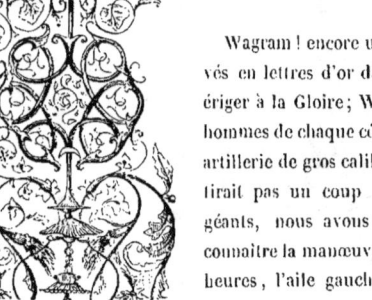

Wagram ! encore un de ces noms qui auraient été gravés en lettres d'or dans le temple que Napoléon voulait ériger à la Gloire ; Wagram, où plus de deux cent mille hommes de chaque côté luttent toute la journée avec une artillerie de gros calibre qui, dans cette plaine rase, ne tirait pas un coup inutile. Témoin de ce combat de géants, nous avons joint un plan pour en faire mieux connaître la manœuvre ; elle n'est pas compliquée. A huit heures, l'aile gauche française, commandée par le maréchal Masséna et comprenant les Saxons sous les ordres de Bernadotte, est accablée par toute l'aile droite autrichienne et rejetée sur l'île Lobau. Napoléon, qui doit enfoncer le centre de l'armée ennemie, ne fait aucun mouvement pour la secourir ; il sait que le gain de la bataille est à sa droite, à l'attaque vigoureuse du maréchal Davoust, et c'est au moment où il apprend que l'ennemi plie de ce côté, qu'il fera ce magnifique changement de front de tout son centre ; il ordonne au général Macdonald de disposer les divisions Broussier et Lamarque en colonnes d'attaque ; il les fait soutenir par les cuirassiers du général Nansouty, par la garde à cheval et par soixante pièces de l'artillerie de la garde et quarante de différents corps. Le général Lauriston, à la tête de cette batterie de cent pièces de canon, marche au trot à l'ennemi, s'avance jusqu'à demi portée, et là commence un feu terrible qui éteint celui des Autrichiens et arrête leur mouvement. Qui pourra peindre l'effet de cette manœuvre terrible et l'aspect que présentait alors le champ de bataille ? L'armée autrichienne

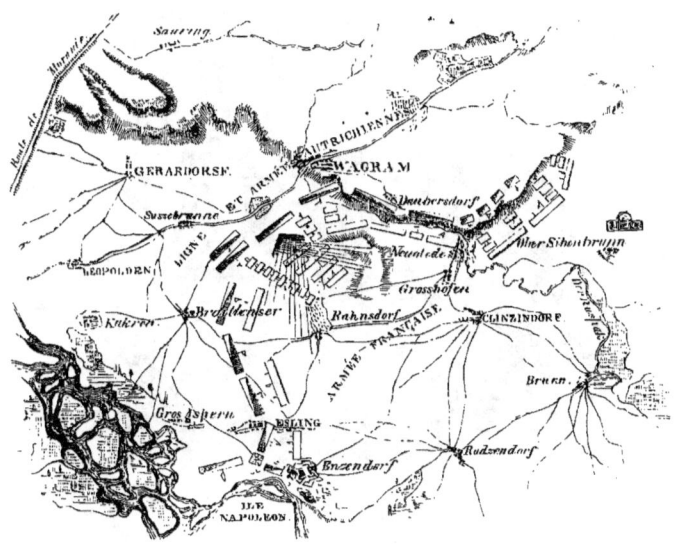

Plan de la bataille de Wagram.

avait perdu le seul moment favorable dont elle eût peut-être pu profiter ; toutes ses réserves étaient en lignes, tous ses moyens mis en jeu, tandis qu'il restait à l'empereur Napoléon plus de quarante mille hommes disponibles qui suffisaient pour accabler son ennemi partout où il eût voulu l'atteindre ; mais sa dernière manœuvre aurait pu être plus décisive encore, toute la cavalerie française est lancée sur le centre de l'armée autrichienne déjà ébranlée, et sans la blessure du maréchal Bessières qui commandait la charge de cavalerie, toute l'aile droite autrichienne était coupée et forcée de se rendre. Cette bataille coûta des deux côtés plus de quarante mille hommes tués ou blessés et décida à la fois de l'issue de la campagne et de la guerre. Les autres tableaux contenus dans cette salle retracent des combats importants, mais qui tous pâlissent devant celui qui occupe avec raison la première place.

Napoléon visite les blessés dans l'île Lobau.

La Moskowa, apogée des succès de Napoléon.
Salle n. 9 du plan.

Nulli
Præstat velox fortuna fidem.
SÉNÈQUE, *Œdipe*, act. 4, sc. 4.

La fortune avait cependant donné à Napoléon des gages éclatants de sa fidélité; elle l'avait élevé de victoire en victoire au faîte de la grandeur et de la puissance, il dictait des lois à quatre-vingt-cinq millions de sujets ; la nation française était la plus grande des nations européennes, et son empereur, toujours victorieux, était le premier entre tous les souverains. Cette salle montre la situation la plus élevée de sa fortune.

Marie-Louise a quitté Vienne le 10 mars, et avant son départ elle a fait ses adieux et distribué des bijoux à ses frères et à ses sœurs. Le 28, elle est arrivée à Compiègne, un groupe de jeunes filles lui a offert des fleurs. Enfin, le 2 avril, dans la grande galerie du Louvre, toute ornée de fleurs, d'étoffes de soie et d'or, de tapisseries des Gobelins, en présence de quatre rois, de cinq reines et de la cour la plus nombreuse et la plus brillante, le cardinal Fesch bénit l'union de Napoléon et de Marie-Louise.

Toutefois la guerre ne se ralentit point en Espagne et elle va commencer dans le nord ; cinq cent mille hommes marcheront sur la Russie ; le 24 et le 25 juin la grande armée a passé le Niémen ; le 17 août elle est aux mains avec l'armée du général Wittgenstein sous les murs de Smolensk ; par une double victoire à Smolensk et à Polotsk, elle se fraye la route de Moskou ; mais elle n'y doit entrer qu'après une bataille sanglante ; le général Kutusof les attend à la tête d'une armée nombreuse. L'attaque commence le 5 septembre à quatre heures du soir ; mais c'est surtout le 9 qu'elle est terrible et décisive. A six heures du matin, le feu commence, la mousqueterie s'engage. Ney, protégé par soixante pièces de canon, s'avance sur le centre de l'armée ennemie ; mille bouches à feu vomissent la mort des deux côtés ; cependant l'armée impériale russe offre une masse compacte que rien ne peut désunir ; enfin, une charge heureuse dirigée par Murat et Caulaincourt, se fait jour à travers ces épaisses phalanges ; elles sont ébranlées, ouvertes et bientôt mises en déroute ; plus de cinquante de leurs officiers-généraux ont péri avec trente mille hommes ; mais nous aussi, nous avons des pertes à déplorer, nos meilleurs généraux sont tués ou blessés, et le soir trente mille hommes ne répondent pas à l'appel. Enfin, nos soldats sont dans Moskou.

Ici s'arrête la plus grande destinée qui fut jamais dans les temps anciens et modernes. Entré dans toutes les capitales de l'Europe, allié à trente Césars, père d'un enfant qui aura le monde pour héritage, parvenu à ce point de gloire et de puissance, qu'il s'arrête, qu'il ose reculer devant le possesseur d'un pays barbare, qu'il revienne jouir de sa gloire, de son bonheur, et il n'y aura pas de destinée semblable à la sienne. Mais non, il s'obstine..... Et le monde répète :

Nulli
Praestat velox fortuna fidem.

Les derniers triomphes.
Combat de Bautzen.

Salle de la bataille d'Hanau.
Salle n. 9 du plan

L'Angleterre triomphe ! Une sixième coalition est formée : la Prusse et la Suède se sont réunies à la Russie ; la Bavière va abandonner la cause de la France ; toute l'Allemagne est agitée sourdement, déjà apparaissent tous les symptômes d'une éruption terrible ; si l'Autriche reste alliée de la France, si du moins elle

Les derniers efforts
Combat près de Claye.

garde la neutralité, tout espoir n'est pas perdu encore, et Napoléon veut frapper un grand coup pour imposer aux fidélités ébranlées. Il s'approche de Leipsick, l'armée ennemie est près de là, elle domine les hauteurs de Lutzen, elle attaque même nos soldats à l'improviste, et nos soldats sont presque tous conscrits, car il est à peine resté assez de vieux militaires pour former les cadres. Napoléon a été obligé d'enlever à la marine ses soldats aguerris; mais laissez ces conscrits respirer l'odeur de la poudre, qu'ils entendent la voix de l'empereur, et bientôt ils feront des prodiges. A Bautzen, ce ne seront plus des conscrits; à Wurtzen, ils auront égalé leurs devanciers; Napoléon aura retrouvé ses invincibles soldats; avec eux, il n'y a rien qu'il ne puisse encore tenter. Mais l'Autriche l'abandonne, lui ôte son appui ; l'Allemagne entière se soulève. Les deux journées de Leipsick, celle de Hanau le ramènent sur le sol de la patrie. Là, le lion retrouve une nouvelle force, il étonne ses ennemis trois fois plus nombreux. Les noms de Champ-Aubert, de Montmirail, de Montereau, de Claye même, brillent comme le coucher d'un soleil ardent; ce sont les derniers efforts à la porte de la capitale; à la veille du dernier départ. Voilà donc où se termine la plus étonnante destinée ; celui qui avait envahi toutes les capitales est envahi dans la sienne, celui qui avait attribué les revers de ses ennemis à leurs fautes est victime des siennes, il a éparpillé ses forces dans l'Europe entière, et pendant qu'il arrête des masses imposantes sur les bords de la Seine avec une poignée de soldats, il a 500,000 hommes l'arme au bras dans l'Europe. Voilà où conduit l'aveuglement de la fortune, et l'ivresse du bonheur.

Le Général Foy. — Le Maréchal Saint-Cyr. — Le Maréchal Soult

Salle 84.
Salle de Louis XVIII.

L a Charte, ce lien, cet anneau dans la chaîne des temps, cette puissance devenue en un instant si magique qu'elle renverse, comme l'arche sainte, l'imprudent qui ose y porter la main, la Charte fut due sinon au génie, du moins à la sagesse de Louis XVIII; elle sera le plus bel acte de sa vie. Mais comment la postérité comprendra-t-elle nos singulières révolutions? L'histoire lui dira : « Trois frères ont successivement régné sur un grand pays : le premier a donné la liberté à un nouveau monde et il est un jour dans l'année

Pavillon de Saint-Ouen.

où vingt millions d'hommes rendent hommage à sa mémoire. Le second a donné cette même liberté et les institutions qui la garantissent à son propre pays. Le troisième enfin a réalisé le vœu du monde entier, il a donné la liberté à la contrée la plus digne d'en jouir, à la Grèce. » Mais ce n'est pas assez de rendre des hommes libres, il faut encore détruire leurs oppresseurs; voilà ce qu'a fait le même prince en portant la civilisation au-delà des bornes d'Hercule, au milieu des déserts, en détruisant, comme l'avait fait Pompée, les pirates, sans réclamer comme lui les honneurs du triomphe. Eh bien ! de ces trois souverains, le plus vertueux est mort sur l'échafaud, le plus habile a disparu dans l'oubli, dans l'indifférence; le dernier a fini ses jours dans l'exil. Et pourquoi, grand Dieu ! pourquoi ? Parce que ces trois princes ont méconnu leur temps, leur pays, la nature de leur puissance. C'est qu'ils ont cru au droit, au droit seul, au droit humiliant, altier, qui pouvait suffire jadis, mais qui a besoin aujourd'hui de prestige, d'affection, de sympathie; parce que enfin ils n'ont pas été de bonne foi dans les institutions mêmes qu'ils ont concédées.

Cabinet de Louis XVIII, aux Tuileries.

Louis XVIII est représenté dans l'appartement où il écrivait cette même Charte. Nous y avons joint le lieu où il en conçut le projet et d'où il data sa première déclaration. Les autres tableaux de cette salle concernent différentes circonstances de sa vie; son arrivée à Calais, la guerre inutile et coûteuse qu'il fit en Espagne, et surtout le beau tableau de Gros représentant son départ de Paris; on voit le successeur de tant de rois descendre à la fois de son trône et de son palais pour retomber dans les angoisses de l'exil. — Le *venerandus majestate dolor* est là dans toute sa sublimité; mais il est dans cette même salle un tableau bien autrement remarquable, bien autrement attachant, quoiqu'il n'offre qu'une pierre nue au milieu d'arbres solitaires, c'est le tombeau de Napoléon à l'île Sainte-Hélène, salué par les ombres des guerriers de son temps, comme dans les poésies d'Ossian. — Tombe sacrée, vous deviez être encore une fois troublée; mais cette fois ce sera par la reconnaissance et l'enthousiasme d'un grand peuple, qui a obtenu enfin de ramener sur le sol de la patrie, le héros qui fit longtemps sa puissance et sa gloire. Rochers de Sainte-Hélène! vous serez privés de ces cendres vénérées; mais vous montrerez toujours avec orgueil aux générations le lieu où l'illustre prisonnier a terminé sa vie et où son ombre semblera toujours apparaître!

Tombeau de Napoléon à Sainte-Hélène.

Salle de Charles X.
Salle 66

Cette salle est principalement occupée par le tableau du sacre de Charles X par Gérard, tableau où se trouve encore le talent du maître, mais aussi inférieur à celui de David que le sujet qu'il avait à traiter était inférieur à celui qu'on avait confié au grand artiste. En effet aucune idée, sous Charles X, ne se rattachait à cette inutile et dispendieuse cérémonie. La ressemblance des principaux personnages, chose à laquelle Gérard ne manquait jamais, donne quelque prix à ce grand travail; mais en général on lui préfère des tableaux de moindre importance qui ornent cette salle. Ceux qui ont rapport à la conquête d'Alger et à la libération de la Grèce, deux grands événements autant par l'effet qu'ils durent produire dans le moment que par les conséquences qu'ils auront dans l'avenir. Quelque chose qu'il arrive, la civilisation aura conquis un monde entier; elle a reparu sur la terre de Bélisaire et de saint Augustin. Abandonnée naguère à des tribus errantes, cette terre voit aujourd'hui des villes européennes s'élever sur ses bords. Les habitants de l'Afrique, presque aussi barbares que ses monstres, vont être progressivement refoulés dans les déserts, ou, ce qui est plus à désirer, adopteront les connaissances, les lumières qu'on leur communiquera. La Méditerranée, si dangereuse naguère par l'infâme piraterie, devient un lac tranquille où la découverte de la vapeur rend même sans danger les calmes ou les orages. La Grèce! à ce nom, qui ne retrouve les souvenirs de son enfance, et pour les hommes éclairés le rêve de toute leur vie? La Grèce est la première pierre posée d'un empire chrétien d'Orient. Ne voit-on pas dans l'avenir toutes les provinces littorales, la Thessalie, la Macédoine, se joindre au culte de la Vierge d'Athènes, et au sceptre de l'heureux possesseur du Parthénon? Les lettres, les sciences, les arts surtout vont reprendre leurs habitudes de tant de siècles sur cette terre qui leur est si favorable, et le nom de Charles X, peu cité dans sa terre natale, sera un jour chanté sur les bords du Céphise dans la langue d'Homère.

Charles X.
Salle 86

Salle de Louis-Philippe.

Elle ne devait durer que trois mois cette révolution de trois jours, disaient les ennemis de la France et de la liberté, et cependant voilà dix ans qu'elle dure et qu'elle se montre aussi sage dans le repos et la prospérité qu'elle fut autrefois magnanime dans le combat. Chaque jour ajoute quelque bienfait, quelque événement heureux à ceux qui ont marqué son apparition, et cette salle est destinée à les retracer. On y voit les dé-

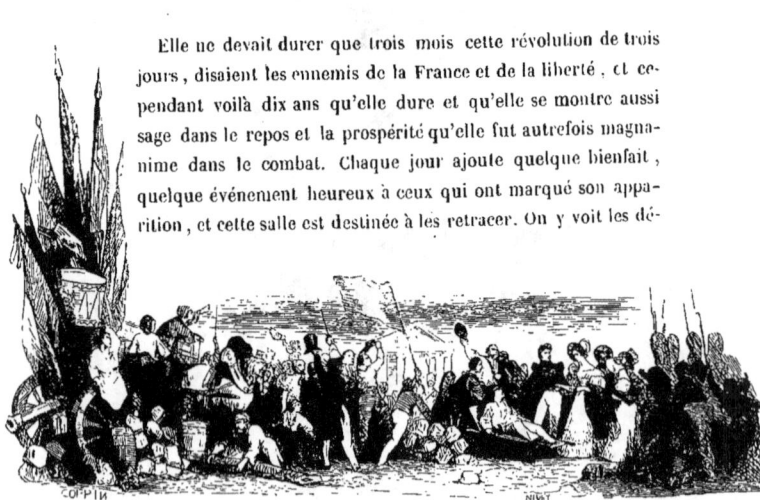

La Reine et les Princesses visitant les Blessés aux journées de juillet.

tails des expéditions d'Anvers, de Constantine, de Mascara, de la Véra-Cruz, quelques événements du règne actuel. Mais il est un de ces tableaux qui, malgré son imperfection, attire les regards : c'est celui qui représente la reine et les princesses visitant les blessés après les journées de juillet, pour ainsi dire au milieu de ces journées; car il fallut ouvrir les barricades pour que leur voiture pût parvenir à l'Hôtel-Dieu, et là, toutes les différences d'opinions, de drapeaux, étaient oubliées ; leurs soins touchants, leurs secours, leurs consolations, effaçaient ces tristes souvenirs. Ces douces paroles, que nous avons entendues, n'appartiennent plus aux personnes qui les ont prononcées, elles sont désormais du domaine de l'histoire et de la reconnaissance ; il faut que leur souvenir prenne rang au milieu de ces grands événements pour placer toujours la bonté à côté du courage, les bienfaits à côté du malheur.

Un tableau qui se rattache particulièrement au règne actuel, et qui en a fait d'avance le programme, est la visite que le roi Louis-Philippe fit au champ de bataille de Valmy, et le bonheur qu'il eut d'y rencontrer un vieux soldat qui y avait été blessé et qui en habitait les environs.

Le moulin de Valmy.

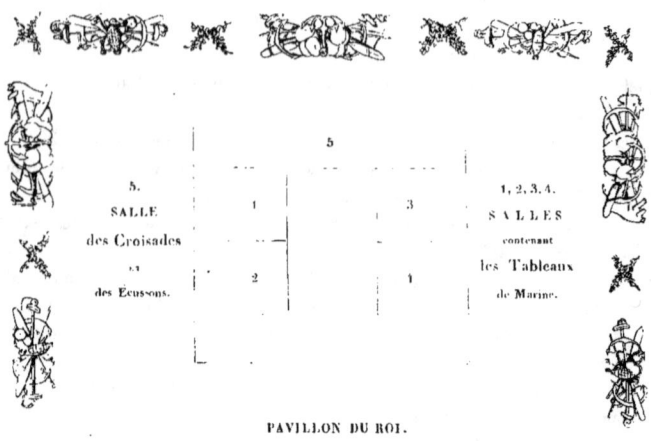

PAVILLON DU ROI.

SALLE DE MARINES.

Assis sur le bord de la mer et appuyé sur sa redoutable épée, Charlemagne observait avec inquiétude des vaisseaux qu'on distinguait à peine dans le lointain. Ces vaisseaux étaient ceux des Normands ou hommes du Nord, qu'il avait vaincus dans leur pays glacé, mais qui osaient ainsi se représenter à ses regards par un nouveau moyen d'agression. C'étaient les mêmes hommes dont Sidoine Apollinaire, dans une lettre à Mimanlius, faisait déjà un si terrible portrait quelques années avant l'entrée de Clovis dans les Gaules; les mêmes hommes que Théodebert, fils de Thierry, avait battus, et auxquels il avait enlevé leur butin. « S'ils sont assez hardis pour paraître ainsi sur nos côtes pendant ma vie, disait Charlemagne en soupirant, que ne feront-ils pas après ma mort! » Ce grand prince semblait prévoir les deux siècles de ravages et de destruction de ces monstres de la mer que la France n'avait pas le moyen de combattre ou de prévenir avant qu'ils se précipitassent sur son sol. On chercherait donc en vain une marine française avant Philippe-Auguste; et encore si, sous le règne de ce prince, quelques Français se rendaient par mer à Constantinople, ils étaient en petit nombre, et les moyens de transport étaient pris à Pise et à Gênes. Philippe-Auguste ne pensa à se procurer une flotte que lorsqu'il voulut, d'accord avec le roi d'Angleterre, humilier le comte de Flandre; alors les côtes de la Normandie et de la Bretagne prirent un autre aspect, celles de la Méditerranée imitèrent cet exemple, et Saint-Louis, dit Joinville, avait, à son départ de Chypre pour Damiette, une flotte de dix-huit navires, tant grands que petits, presque tous français. Mais ces bâtiments, construits dans les ports de la Méditerranée, étaient des vaisseaux de transport; et, malgré quelques succès sur mer contre les Espagnols, sous les amiraux Bonivet, Chabot et Annebaut, et surtout pendant le ministère du cardinal de Richelieu, ce ne fut vraiment que sous Louis XIV qu'on put parler de la marine française. Elle naquit alors tout d'un coup brillante, hardie et souvent victorieuse. Partout où la *furia francese* put opposer le courage à la science, nos armées triomphèrent. Les duels de frégate à frégate furent presque toujours à notre avantage, et lors même que, subjugués par une puissance plus habile, nous fûmes obligés de céder, c'était toujours avec quelque trait de valeur, de magnanimité, qui couvrait la défaite, et le vaisseau le *Vengeur*, s'enfonçant aux cris de *vive la république!* valait seul une victoire. Les quatre salles du Pavillon du Roi, dont nous donnons le plan, contiennent près de quatre-vingts tableaux, dus la plupart au pinceau et au génie de M. Gudin; les principaux sont les exploits de Duquesne, de d'Estrées, de Jean-Bart, de Tourville, Forbin, Duguay-Trouin; plus tard ceux de Suffren dans la mer des Indes; mais surtout les combats partiels de frégate à frégate, tels que ceux du *Québec* et de *la Surveillante*, de *la Belle-Poule* contre *l'Aréthuse*, de *la Bayonnaise* contre *l'Embuscade*, affaire mémorable représentée par le peintre de marine Crépin, œuvre admirable qui fit sa réputation. Ne pouvant faire connaître tous ces tableaux, nous nous sommes bornés à présenter les portraits de nos principaux marins; leurs noms suffisent à leur histoire.

1. Du Quesne
2. Jean-Bart.
3. D'Estrées.
4. Duguay-Trouin.
5. Duc de Vivonne
6. De Pointis
7. Comte d'Orvilliers
8. De Grasse
9. Suffren.
10. La Touche-Tréville
11. De Couédic.
12. De Rigny.

Porte de l'hôpital des chevaliers de Rhodes.

SECONDE SALLE

DES CROISADES ET DES ORDRES DE CHEVALERIE

POUR LA DÉFENSE DE LA FOI.

La première salle des Croisades comprend ces expéditions hardies, aventureuses, en Syrie et en Palestine; celle-ci est principalement destinée à toutes les guerres contre les Infidèles, aux ordres de chevalerie qui furent institués à cette époque pour défendre les saints lieux, protéger les voyageurs, les pèlerins. — Les tableaux qui font connaître ces hauts faits complètent ceux des Croisades. Au milieu de la salle on voit les portes de l'hôpital de Rhodes et un mortier en bronze, donnés par le sultan Mahmoud au prince de Joinville lorsqu'il visita cette

ile; enfin, les 316 écussons des familles qui laissèrent le plus de traces de leur présence dans ces lieux célèbres. Nous regrettons de ne pouvoir en publier qu'un petit nombre, que nous placerons, autant que possible, dans un ordre chronologique.

GODEFROY DE BOUILLON, duc de Lorraine, premier roi chrétien de Jérusalem. — Il partit pour Constantinople le 15 d'août 1096, fit preuve de valeur aux siéges de Nicée, d'Antioche, de Jérusalem; entra le premier dans cette ville. Ses hauts faits lui méritèrent la couronne de ce royaume. Il mourut le 8 juin 1100.

HUGUES, dit LE GRAND, comte de Vermandois, roi de France. — Né en 1057; se croisa un des premiers; traversa l'Italie, reçut l'étendard des mains d'Urbain VII; il se signala aux siéges de Nicée et d'Antioche; mourut à Tarse le 18 octobre 1102.

ROBERT II, duc de Normandie, surnommé COURTE-CUISSE. — Fils aîné de Guillaume le Conquérant, prit la croix en 1096, se mit en marche avec la plus grande partie de sa noblesse; rejoignit, en 1097, les croisés devant Constantinople, se distingua dans toutes les batailles, dans tous les siéges, et spécialement au siége de Jérusalem.

RAIMOND, comte de Saint-Gilles, comte de Toulouse, duc de Narbonne, et né en 1042. — Il prit part à la première croisade en 1096, et fut mis sur les rangs pour obtenir la couronne après la prise de Jérusalem : on la lui offrit après la mort de Godefroy; il la refusa.

GUY DE LAVAL. — 3e ou 4e du nom, fit avec Godefroy de Bouillon le voyage en Terre-Sainte. En mémoire perpétuelle des services qu'il avait rendus pendant cette expédition, le pape Pascal II, vers l'an 1101, accorda au comte de Laval le privilége de porter le nom de Guy.

BOHÉMOND D'ANTIOCHE. — Fils de Robert Guiscard, aventurier normand qui s'éleva au rang de duc de Calabre; se distingua dans la première croisade. En 1098, il se rendit maître d'Antioche, prit le nom de cette principauté.

HENRI 1er, comte de Champagne, dit LE JEUNE, roi de Jérusalem, passa en Terre-Sainte où il épousa, en deuxièmes noces, Isabeau, reine de Jérusalem. Mort en 1197.

JOSSELIN DE COURTENAY. — Allié à une des maisons les plus distinguées de France, prit la croix en 1101, et suivit Étienne de Blois dans la Palestine. Tombé au pouvoir des Turcs, il secoua ses fers et vola au secours de Baudouin, qu'il arracha à la captivité. Au siége d'un château près de Halep, il fut écrasé par l'éboulement d'une tour, et mourut au milieu de ses soldats en 1131.

Thibaut de Montmorency.

Raimbault Creton.

Gaucher de Châtillon.

Simon de Montfort.

EUSTACHE D'AGRAIN. — Partit de Languedoc en 1096, avec Raymond, comte de Toulouse. Le roi Baudouin le récompensa de sa bravoure en lui donnant les souverainetés de Sidon et de Césarée; il fut connétable et vice-roi de Jérusalem. Ses succès contre le soudan d'Égypte le firent surnommer L'ÉPÉE ET LE BOUCLIER DE LA PALESTINE.

THOMAS DE COUCY. — Seigneur de Coucy, comte d'Amiens, fit, en 1076, le voyage de la Terre-Sainte, et mourut en 1119.
— Un autre DE COUCY (Raoul Ier, sire de), partit pour la croisade en 1190, et fut tué l'année suivante, au siège d'Acre.

GUILLAUME DE SABRAN — Onzième du nom, suivit Raymond, comte de Toulouse, et se trouva à la surprise d'Antioche, le 3 juin 1098. L'année suivante il assista au siège de Jérusalem, et fut un de ceux qui, avec le comte de Toulouse, escaladèrent les murs de cette ville.

FOULQUES DU MAILLÉ, comte d'Anjou, dit NÉRA ou LE JÉROSOLYMITAIN, fit deux voyages en Terre-Sainte; son fils épousa Mélirente, fille de Baudouin II, et lui succéda, en 1131, sur le trône de Jérusalem, et transmit la couronne à ses fils Baudouin III et Amauri.

RAIMOND PELET. — L'un des premiers croisés, il appela à sa suite une troupe de chevaliers. Il prit Talamania, attaqua les Sarrasins, leur offrit le baptême, et fit passer au fil de l'épée tous ceux qui le refusèrent. Il monta, lui le second, à l'assaut de Jérusalem, et contribua à la prise de cette ville.

RAIMBAUT CRETON, seigneur d'Estourmel. — Sa devise, *Vaillant sur la crête*, dit ce qu'il fit à Jérusalem.

André, roi de Hongrie.

Thomas de Coucy.

GAUCHER DE CHATILLON. — Seigneur de Châtillon, d'une maison alliée à la France, était sénéchal de Bourgogne; suivit le roi Philippe-Auguste en Palestine, et se distingua lors du siége d'Acre en 1191.

GUY DE LA TRÉMOILLE. — Sixième du nom, chambellan du duc de Bourgogne, blessé à la bataille de Nicopolis, fait prisonnier et transféré à l'île de Rhodes, où il mourut de ses blessures en 1396.

HUGUES DES PAYENS. — De la maison des comtes de Champagne, s'associa, en 1118, avec Geoffroi de Saint-Oldemar et quelques autres gentilshommes français pour escorter les pèlerins voyageurs qui se rendaient à Jérusalem.

MATTHIEU DE MONTMORENCY. — Petit-fils de Matthieu Ier, fut nommé connétable sous Louis VIII; marcha avec ce prince contre les Albigeois et les combattit jusqu'à l'accommodement en 1226. Il mourut le 29 novembre 1230.

PHILIPPE-AUGUSTE. — Fils de Louis VII, né le 23 août 1165, prit la croix en 1187, avec Richard, roi d'Angleterre. — Il mit à la voile pour la Palestine, et débarqua devant Ptolémaïs qui, le 13 juin 1191, tomba au pouvoir des croisés.

FRÉDÉRIC BARBEROUSSE. — Vingt-deuxième empereur d'Allemagne, fils de Frédéric, duc de Souabe, né en 1121, accompagna, en 1147, à

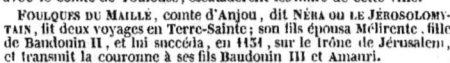

Raymond Pelet.

Frédéric Barberousse.

La République de Venise.

Jean de Brienne, roi de Jérusalem.

la Terre-Sainte, l'empereur Conrad III, son oncle, remporta deux victoires sur les Turcs, pénétra en Syrie, franchit le mont Taurus, et alla mourir l'année suivante, le 10 juin 1190, près de Tarse en Cilicie. Il avait alors soixante-dix ans.

RICHARD COEUR-DE-LION, roi d'Angleterre. — Il partit en même temps que Philippe-Auguste, fit des prodiges de valeur devant Ptolémaïs, à la bataille d'Assurs, devant Jaffa, etc.

GUY DE DE LUSIGNAN. — Roi de Jérusalem en 1184, épousa Sybille, fille du roi Alméric. Il mourut en 1191 ; laissa quatre fils, qui tous périrent au siége d'Acre.

Guy de Lusignan.

GEOFFROY DE VILLEHARDOUIN, né en 1167, dans un château entre Bar et Arcis-sur-Aube, d'une des plus illustres maisons de Champagne. Il était maréchal de Champagne en 1199. — Il prit la croix à la sollicitation de Thibault, comte de Champagne. Il se trouva à la prise de Constantinople, et mourut en 1204.

SIMON COMTE DE MONTFORT, quatrième du nom, né vers la moitié du douzième siècle, prit la croix avec Thibault, comte de Champagne. De retour en France, une croisade s'étant formée en Languedoc contre les Albigeois, Simon s'y engagea, et fut nommé par les barons chef de cette expédition. Le 25 juin 1218, il mourut devant Toulouse dont il faisait le siége.

Jean, sire de Joinville.

JEAN DE BRIENNE, roi de Jérusalem, troisième fils de Erard II, comte de Brienne ; il partit, en 1209, pour la Palestine et se fit sacrer roi de Jérusalem dans la ville de Tyr. Il remporta de grands avantages sur les Sarrasins devant Saint-Jean-d'Acre.

JEAN, SIRE DE JOINVILLE, célèbre historien et ami de saint Louis, d'une des plus anciennes familles de Champagne. — Il se croisa en 1245, fut fait prisonnier à l'affaire de Damiette, et parvint à rejoindre saint Louis dans la ville de Mansoure.

Guy de La Trémoille.

Cette salle contient un grand nombre de tableaux intéressants ; on en distingue un particulièrement, qui est la défense de Rhodes, par M. Edouard Odier.

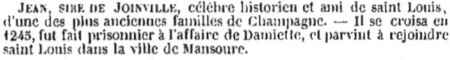
Geoffroy de Villehardouin.

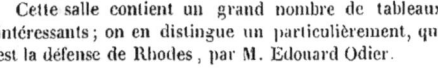
Hugues de Payens.

Défense de Rhodes.

SALLE
DE
CONSTANTINE
ET DES
EVÉNEMENTS CONTEMPORAINS.

Le désert a pris place dans le palais de Versailles. La gloire française l'y a conduit. Au milieu du repos du monde, lui seul est agité, lui seul est l'arène des combats : qu'il soit donc le bienvenu avec son ciel d'azur, ses habitants nomades, ses privations, ses dangers. Il y a là de jeunes princes à la tête de jeunes guerriers qui vont affronter ses solitudes et préparer pour les galeries de Versailles de nouveaux triomphes à consacrer. Ouvrez-leur donc de nouvelles salles qu'ils sauront bientôt remplir. Voilà déjà celle-ci qui présente un bien vif intérêt, c'est le siége d'Anvers, terminé en trente jours sous les yeux mêmes de

Aspect du désert.

la puissance qui pouvait le disputer. C'est un autre événement qui a lieu dans un nouveau monde, où une ville est prise par des marins avec un jeune prince à leur tête; armée improvisée en chapeau de paille et en veste, pénétrant dans un fort à travers une grêle de balles. Plus loin sont les merveilles africaines, le siège et l'assaut de Constantine, le col de Mouzaya, et les marches dans le désert.

Est-il rien qui appartienne plus à l'imagination des peintres et des poëtes, que ces luttes ou ces alliances avec des peuples jusqu'alors inconnus, sur un sol peuplé de monuments classiques et d'une nature nouvelle? Les voyez-vous descendre de l'Atlas, accourir du fond des déserts, ces tribus arabes, kabailes, hadjoutes, ces successeurs des Parthes et des Numides, qui depuis Bélisaire n'ont pas connu de visages occidentaux! Quelle singulière variété de costumes et d'usages! l'Orient a repris avec nous ses anciens rapports politiques et religieux; les Chrétiens du Liban, les gardiens du Saint-Sépulcre ont vu parmi eux un descendant de saint Louis, un fils du roi très-chrétien, et les successeurs de Soliman et de Selim ont remercié ce jeune homme d'avoir sauvé de l'incendie leur capitale. Oh! qu'une guerre générale ait lieu en Europe, ou par la jalousie des cabinets étrangers ou en haine de nos institutions, et il sera beau de voir un souverain sage, prudent, éclairé, mais brave, mais déterminé, se présenter avec ses cinq fils et un million d'hommes libres et dévoués, lutter contre l'Europe entière et en triompher une seconde fois. Mais toute cette salle présente aux regards les premiers élans des rejetons d'une famille régnant sur la France: qu'il me soit permis de dire un mot sur les difficultés de la position de ces jeunes princes, afin de me dispenser de faire leur éloge.

A peine sortis de la première enfance, c'est-à-dire de huit à neuf ans, ils sont placés dans les colléges royaux, avec les autres enfants de leur âge pris dans toute la bourgeoisie; ils sont élevés comme eux et avec eux; oui, mais à la condition de se distinguer d'eux par l'assiduité au travail et la capacité, sans toutefois blesser leur amour-propre. Il faut qu'ils sachent remporter sur eux des prix et s'en faire aimer. A peine sortis du collége, ils entrent dans l'armée; oui, mais à la condition qu'il ne soit pas tiré un coup de canon dans le monde sans qu'ils y soient. Au bout de quelques années de service ils peuvent, ils doivent même se marier; oui, mais à la condition de ne pouvoir chercher une compagne qu'entre dix ou douze princesses, et alors il faut qu'ils rencontrent une personne sur laquelle la critique ou la malveillance n'ait aucune prise, car elle ne lui serait pas épargnée; enfin l'un d'eux est destiné à devenir Roi. Il égalera alors les autres souverains de l'Europe en naissance et en illustration; oui, mais à la condition de les surpasser en intelligence, sous peine d'être l'objet d'une constante attaque, d'une constante réprobation. Il faut, non-seulement qu'il sache se faire obéir, mais se faire respecter. Il ne lui est pas permis d'avoir une faiblesse, un caprice, une distraction; il doit parler aux étrangers leur langue et aux nationaux leurs intérêts. A de telles conditions, je le demande, s'il est beaucoup de familles en Europe, parmi les princes ou les bourgeois, qui réunissent aussi bien toutes ces conditions que les princes de la famille royale.

Tous les tableaux compris dans cette salle sont l'ouvrage de M. Horace Vernet, qui a déployé dans cette suite toute sa verve, tout son génie ; l'attaque et l'assaut de Constantine font surtout en entrant un admirable effet : on voit que l'artiste a été sur les lieux et s'est bien pénétré de leurs aspects.

Le duc d'Orléans à Anvers.

Louis XI.   Henri II.   Henri III.

Catherine de Médicis.

Plan de l'attique du Nord.

Plan de l'attique du Midi.

Christophe de Thou.

Michel de l'Hôpital.   Diane de Poitiers.   Gabrielle d'Estrées.

Première salle de l'attique du Nord.

COLLECTION DE PORTRAITS ET MÉDAILLES.

Le rez-de-chaussée et le premier étage de Versailles composent un musée français, les deux attiques, un musée européen. Là se trouvent rassemblés les portraits de tous les personnages qui ont acquis dans leur vie quelque célébrité, n'importe leur pays ou leur profession. Cette foule illustre, rangée chronologiquement, s'augmente tous les jours et formera par la suite la biographie vivante du monde entier. A côté et dans les embrasures des fenêtres, est une collection de plus de quatre mille médailles, sorte d'illustration également authentique des hommes et des événements : on parvient à l'attique du nord par un escalier qui se trouvait autrefois au milieu de cette aile et qu'on a reporté à l'autre extrémité pour ne pas interrompre la suite des tableaux : c'est une de ces dépenses dont nous avons parlé, qu'on ne voit pas et dont on ne se rend pas compte, lorsqu'on admire le bel ensemble de ces distributions. On trouve, au haut de l'escalier, deux statues en bois de Philippe de Comines et de sa femme, et on pénètre dans une suite de dix salles ou galeries qui composent l'attique du nord, et de cinq grandes pièces contiguës qui forment l'attique du midi. La première salle contient des portraits depuis le douzième siècle jusque vers la fin du seizième; la salle suivante, la troisième et la quatrième, de 1600 à 1700; la cinquième et la sixième, le règne entier de

Anne de Montmorency.

Bayard.

Mansard.

Fouquet.

Marie Leckzinska.

Mlle de Montpensier.

Louis XIV; la septième et la huitième, le règne de Louis XV; les deux dernières, Louis XVI et la révolution.

L'attique du midi a un moindre nombre de portraits, parce qu'ils sont, la plupart, en pied et en grandeur naturelle : c'est toute la famille Bonaparte par David, Gérard, Girodet, ce qui forme une collection aussi intéressante pour les arts que pour l'histoire; on y distingue le beau portrait du pape Léon XII, par Vernet, et une bien curieuse collection de tous les personnages célèbres de cette époque, par Gérard, qui ont servi à ses tableaux exécutés en grand. Cette suite de portraits, la plupart authentiques et faits d'après nature, est une des choses qui plait le plus aux étrangers, et qui, complétée habilement, suffirait pour attirer à Versailles tous ceux qui s'occupent de l'étude de l'histoire et de la littérature ; ce sera un jour un dépôt qu'on viendra consulter, et sans lequel on ne pourra complétement traiter les sujets historiques.

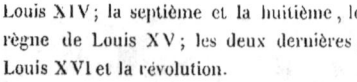

Le pape Pie VII.

Marie de Médicis.

Madame de La Sablière.

Napoléon accorde à la princesse d'Hatzfeld la grâce de son mari.

Théâtre de Versailles.
Inauguration de la salle le 1ᵉʳ juin 1770, pour le mariage de Louis XVI.

> Quæ te tam læta tulerunt
> Sæcula? qui tanti talem genuere parentes?
> Virg., Æn., 1, 605.

Il est encore quelques vieillards qui ont présent à la mémoire ce jour d'ivresse et de magie, où deux mille personnes parées remplissaient pour la première fois la plus belle salle de théâtre qui ait été construite, lorsqu'une porte dans le fond ouvrit, et que deux jeunes époux, dans tout l'éclat de la jeunesse, s'avancèrent et saluèrent le public au bruit des applaudissements de toute la salle. Il existait encore alors ce sentiment d'un tendre respect, d'une sorte même de fanatisme pour les personnes royales, lorsque aux agréments de la figure elles savaient joindre des manières bienveillantes : la dauphine, rayonnante de fraîcheur, de majesté, et surtout du désir de plaire, paraissait comme un astre consolateur, comme un flambeau d'espérance au milieu d'une cour dépravée. Quelques années suffirent à la calomnie pour détruire ce prestige heureux.

La salle de Versailles a cent quarante-quatre pieds de longueur, soixante de largeur, cinquante de hauteur; son pourtour est orné de trente-huit colonnes ioniques dont les intervalles, remplis par une élégante balustrade, divisent la partie ovale destinée aux spectateurs en douze loges; la séparation de la scène est marquée par huit belles colonnes corinthiennes. La salle fut élevée sur les plans de l'architecte Gabriel, et les peintures par Durameau, Touzet et Briand; la sculpture par Pajou, les machines par Arnould.

Intérieur du théâtre de Versailles, la nuit du 30 septembre 1789.

Quis cladem illius noctis, quis funera fando
Temperet a lacrymis!
Virg., Æn., II, 361.

Nous avons vu le côté des loges sur la gravure précédente, celle-ci montre le fond du théâtre tel qu'il apparut aux regards le jour où les gardes du corps donnèrent un repas aux officiers du régiment de Flandre, repas célèbre, nuit terrible par l'explosion qui en fut la triste conséquence. Touchés des marques d'intérêt que des fidèles serviteurs manifestaient pour leur cause, le roi et la reine furent entraînés à paraître au milieu de ce banquet et à y recevoir de vive voix l'expression de leurs sentiments.

Cette scène, reproduite avec exagération dans tous les cercles, dans tous les groupes de la capitale, porta au plus haut point la fermentation, qui finit par éclater. Une masse considérable de la population se rendit à Versailles dans la journée du 5 octobre; on sait quel en fut le terrible résultat.

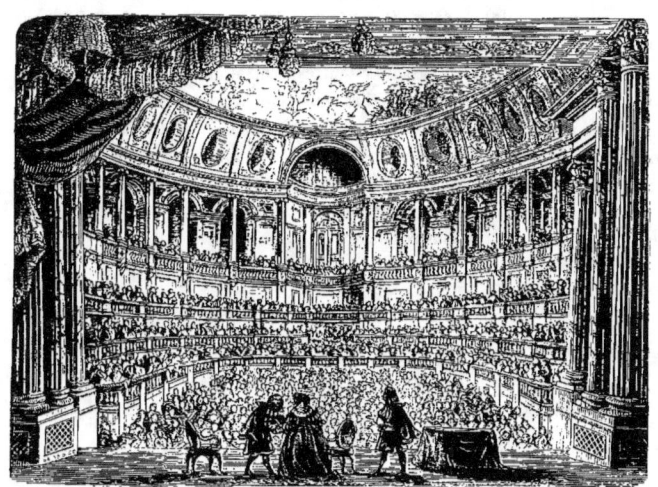

Inauguration du théâtre de Versailles,
le soir du 17 mai 1837.

Redeunt Saturnia regna.
VIRGILE.

Cette salle, marquée par tant d'allégresse jadis, et tant de désastres depuis, sembla rester pendant quarante ans frappée d'anathème et de réprobation. Lorsque le roi Louis-Philippe y entra, elle conservait encore les lambeaux des décorations, des devises, des guirlandes de fleurs dont elle avait été ornée, comme si le célèbre banquet se fût passé la veille, ou que des génies malfaisants en eussent défendu l'entrée. A sa présence, ces tristes souvenirs disparurent, l'édifice reprit sa splendeur, son éclat, et se trouva rétabli de manière à recevoir les deux mille spectateurs invités à l'inauguration du palais. Cinq mille bougies, faisant l'effet de dix mille par la réflexion des glaces, jetèrent dans la salle une masse éblouissante de lumières. Lorsque la toile se leva et qu'on entendit les vers de Molière, il n'y eut plus d'intervalle entre Louis XIV et le règne nouveau, entre l'habitation du grand roi et le musée national du grand peuple; mais la dernière scène mit le comble à l'enthousiasme général, lorsqu'on vit paraître sur le théâtre les hommes célèbres de France dans le costume de leur temps et qu'on lut sur le fronton du palais l'inscription à toutes les gloires de la France. Cette scène fut la dernière de cette belle journée, elle sera aussi la dernière de notre description, mais avant de la terminer, disons un mot de ces nobles galeries pleines de trois mille statues ou bustes en marbre, qui forment de tous côtés l'enceinte du palais. Dans l'une sont réunis les rois de la première race ; ces grandes figures qui ont abandonné les portails des églises détruites, et ont trouvé ici un asile. Les autres forment un musée de nos arts et de notre histoire jusqu'au dernier temps, elles nous donnent la ressemblance, le costume, l'aspect des guerriers morts sur les champs de bataille ou de citoyens chers à la patrie par leurs talents ou leurs vertus; mais parmi toutes ces statues, il en est une qu'on ne cesse point d'admirer, et qui pourrait tenir sa place au milieu des plus belles productions de l'antiquité. Hélas ! elle nous ramène à d'inexprimables regrets sur la perte de son illustre auteur.

> Quis desiderio sis pudor aut modus
> Tam cari capitis.
> HORACE, odes.

Jeanne d'Arc,
par la princesse Marie d'Orléans.

LES JARDINS
DE
VERSAILLES.

Stanco gia di mirar, non sazio
ancora.   PÉTRARQUE.
Déjà fatigué d'admirer, et
point encore rassasié.

La Guirlande de Julie d'Angennes, duchesse de Montausier,
dans l'ordre des fleurs et des madrigaux.

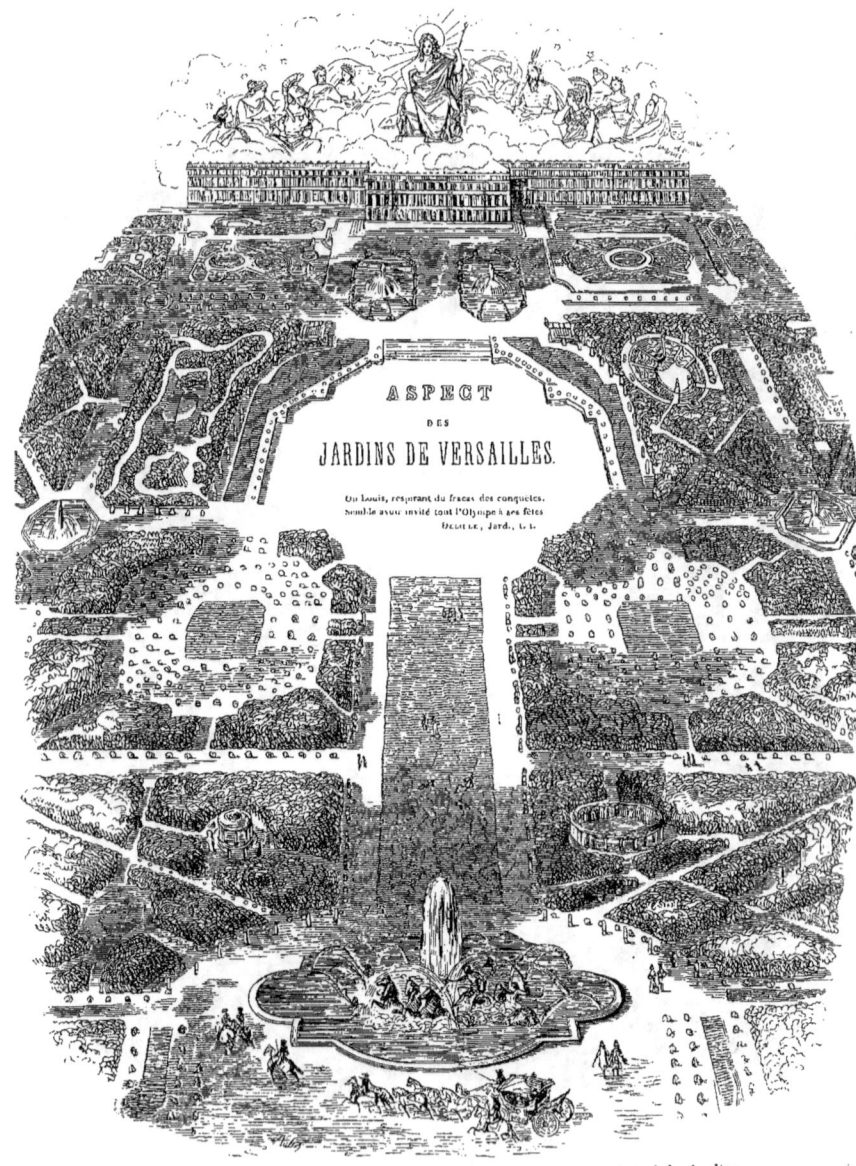

Cette vue cavalière, ou à vol d'oiseau, donne une idée du système général des jardins, développé dans le texte.

DESCRIPTION
DES
JARDINS DE VERSAILLES.

Chef-d'œuvre d'un grand roi, de Le Nostre et des ans....
Que Louis, la nature et l'art ont embelli.
DELILE, Jardins, I.

E n'est point sous l'acception ordinaire du nom de jardin qu'il faut considérer le superbe entourage du palais de Versailles ; la nature, soumise à ce point à la magnificence, prend un caractère particulier ; ses bosquets façonnés en murailles de verdure ; ses bassins encadrés dans des marbres précieux, ornés de gerbes d'eau, de cascades régulières, peuplés de statues et de grands vases, semblent autant de galeries d'appartements, de salles en plein air, dépendant du palais ; et c'est bien ainsi que Le Nôtre l'avait considéré lorsqu'il y exécuta les premiers travaux. Il trouva le jardin de Louis XIII composé de deux bosquets, coupés dans l'intérieur du bois, et séparés par une avenue vis-à-vis du château, avec plusieurs bassins au milieu de la terrasse. Il se borna à développer ce plan sur une échelle immense ; l'allée étroite devant le château devint un large espace pris sur les bosquets ; et, sans attendre l'approbation de Louis XIV, il traça l'emplacement du bassin de Latone et celui d'Apollon, qu'il unit par le vaste tapis vert et qu'il prolongea par le grand canal.

Voici pour le point de vue principal. Cela posé, il perça dans le bois, des deux côtés, deux autres avenues parallèles à celle du milieu, de trente pieds environ de largeur; celle du Roi et celle des Prés; puis deux autres encore à la même distance, mais qui s'écartent un peu à mesure qu'elles s'éloignent du château. Il coupa ces allées par quatre autres transversales d'une largeur à peu près semblable, ce qui lui donna *douze* bosquets, dont il se proposa de varier les dessins et les ornements. Voilà ce que nous avons cherché à bien faire comprendre dans le plan ci-dessous : nous avons désigné les bosquets par des chiffres, suivant l'ordre de la description que nous en donnerons.

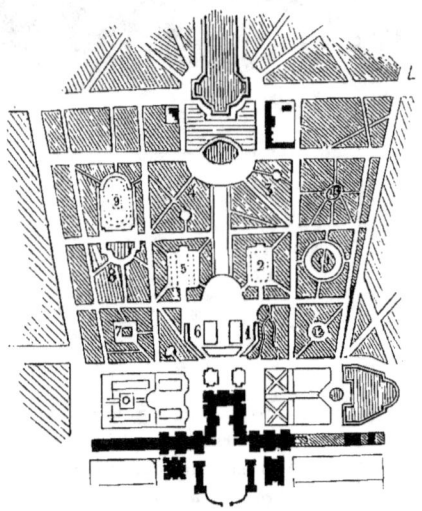

1 Bosquet d'Apollon.
2 Quinconces du nord.
3 Bosquet des dômes.
4 La Colonnade.
5 Quinconces du sud.
6 Salle de bal.
7 Bosquet de la Reine.
8 Bosquet du Miroir.
9 Bosquet du Roi.
10 Bosquet de l'Obélisque.
11 Bosquet de l'Étoile.
12 Bosquet du Rond-Vert.

Cette division du terrain était déjà faite, ou du moins tracée en 1664, puisque dans les fêtes que Louis XIV donna cette année, les courses de bagues eurent lieu dans une des sections de l'allée du Roi, et le théâtre où fut représentée *la Princesse d'Élide* dans une section de l'autre côté. Les changements qui eurent lieu depuis et qu'on retrouve dans le programme des fêtes de 1668, et plus tard de 1774, consistèrent seulement dans l'ordonnance de ces différents compartiments, dans la masse des eaux qu'on y fit venir, les bassins qu'on y forma et les différents sujets qu'on voulut y représenter pour motiver le mouvement des eaux.

Il n'est donc pas difficile de comprendre le système entier de ces jardins, et dans l'explication rapide que nous allons en donner, nous suivrons une division qui n'a pas encore été adoptée, mais qui nous paraît très-commode et très-facile à saisir. Ainsi nous diviserons notre examen en trois parties, qu'on pourra suivre aisément sur le plan ci-contre, et sur celui que nous avons donné page 80 de cet ouvrage; il comprend : 1° toute la partie centrale depuis la terrasse jusqu'au bout du grand canal, ainsi que les bosquets numéros 1, 2, 3, 4, 5 et 6, qui lui sont contigus, et dont une partie formait l'ancien jardin de Louis XIII; 2° les bosquets à gauche, y compris l'Orangerie; 3° les bosquets à droite, y compris le bassin de Neptune.

Mais, pour bien juger cette division et s'en rendre compte, il serait bon, avant de la parcourir, de se placer un moment à la fenêtre du milieu de la galerie des glaces, ou seulement sur le perron de la terrasse, dans l'axe des deux bassins. C'est de là que nous avons pris la vue générale à vol d'oiseau qui précède; on y voit les bosquets de toute la partie centrale, et on distingue les fabriques qu'ils renferment; c'est-à-dire, les deux bassins du parterre d'eau; à droite et à gauche, les deux fontaines de Diane, du Point-du-Jour; au milieu, la fontaine de Latone, le tapis vert, le bassin d'Apollon et toute l'étendue du grand canal encadré par des bois à l'horizon; enfin, dans les deux parties latérales, le bosquet d'Apollon, le quinconce du nord, les dômes; la salle de Bal, le quinconce du midi et la Colonnade.

Examinons d'abord les subdivisions qui composent la partie centrale, et les objets d'arts qui les décorent.

TERRASSE DU CHATEAU.

Quatre statues d'après l'antique sont adossées au mur : Silène, Antinoüs, Apollon pythien et Bacchus; plus loin, deux vases de marbre ornés de bas-reliefs, représentant l'un la victoire des impériaux sur les Turcs avec le secours des Français, par Coisevox; l'autre, la Réparation de l'Espagne à Louis XIV en 1662. C'est ici le lieu de faire une observation qui concerne toutes les statues : c'est que toutes celles qui sont copiées de l'antique ont une sorte de négligence et d'à peu près qui déplaît, et qui fait que toutes mauvaises, toutes maniérées que sont les statues modernes, on s'en accommode davantage, parce qu'elles sont elles-mêmes et ne font pas regretter la supériorité de leur modèle.

PARTERRE D'EAU.

Il se compose de deux grands bassins oblongs, contournés aux quatre angles et bordés par des tablettes de marbre blanc sur lesquelles reposent vingt-quatre magnifiques groupes en bronze, fondus par les Kellers. Au bassin du nord, en descendant de la terrasse, la Garonne et la Dordogne, modelées par Coisevox et fondues par les Kellers. A l'autre bout, la Loire et le Loiret, par Lehongre. Au bassin du sud, le Rhône, par Tubi, et la Saône, par l'Espignola. A l'autre bout, la Seine, par Regnaudin; la Marne, par Magnier. Sur

Côté droit du parterre d'eau.
On voit sur le devant la statue de la Garonne, et dans le fond la fontaine de Diane.

les longs côtés, sont huit nymphes ou naïades, groupées avec des Amours ou des Zéphirs; huit groupes de trois enfants chacun jouant avec des oiseaux ou des couronnes de fleurs, tous d'une admirable exécution. Ces statues prouvent que la sculpture était plus avancée que les autres arts; on y trouve le *faire* large de l'école de Michel-Ange avec un choix de contours que donne l'habitude qu'avaient alors les artistes de copier l'antique. Du milieu de chacun de ces bassins s'élance une gerbe de vingt-neuf pieds de hauteur, qu'entourent seize jets formant corbeille.

On s'avance au milieu de ces bassins, vers le parterre de Latone; mais il faut s'arrêter un moment devant la fontaine de Diane, une des plus gracieuses fabriques des jardins de Versailles.

Fontaine de Diane.

Cette charmante composition, connue sous le nom de Bassin de Diane, est un mélange heureux de belles lignes d'architecture, de groupes de sculpture, et d'eaux vives en mouvement, ombragé d'arbres magnifiques ; elle a pour pendant une autre fontaine semblable à gauche, appelée le Point du Jour. Ces deux compositions sont, à mon gré, deux modèles de goût et de magnificence ; ils consistent en un bassin carré d'où s'élève une gerbe de vingt-cinq pieds de hauteur. L'eau qu'elle lance ainsi retombe en nappe dans un second bassin plus bas. Sur l'appui de la bordure supérieure sont des groupes d'animaux d'un travail excellent : les uns lancent de l'eau dans le bassin supérieur, les autres dans le second. Celui que nous représentons est le bassin de Diane, à cause de la statue de cette déesse, qui se trouve auprès. Ces deux charmantes fabriques rappellent ce qu'on voit de plus parfait dans les *villas* d'Italie.

Bassin de Latone.

C'est au haut de l'escalier qui conduit à ce parterre qu'il faut se placer pour juger de l'effet magique de ce bassin. A peine remarque-t-on les deux parterres adjacents, les regards se portent sur le beau groupe enfermé dans le grand bassin et dont les jets multipliés forment une espèce d'artifice hydraulique très-remarquable. Sur le plus élevé des deux gradins étagés en pyramide est le groupe de Latone avec ses deux enfants, Apollon et Diane, par Marsy. Latone implore la vengeance de Jupiter contre les paysans de la Lydie. Çà et là, sur les gradins comme sur les rebords de la pièce, on voit une foule d'hommes et de femmes métamorphosés en grenouilles, les unes entières, les autres en partie; elles lancent contre la déesse, au lieu d'imprécations, des jets d'eau qui se croisent en tous sens et offrent le plus beau coup d'œil qu'on puisse imaginer; le pourtour du parterre est un talus de gazons en fer à cheval orné d'une suite de statues et de vases entremêlés.

C'est en voyant cette réunion de l'art statuaire monumental et hydraulique, qu'on regrette que les travaux pour amener la rivière de l'Eure à Versailles n'aient pas été terminés, et qu'on ne puisse jouir de cet aspect que quelques heures.

Nous allons marquer les statues qui ornent de droite et de gauche toute cette ligne intérieure, depuis le sommet du parterre de Latone, le Tapis-Vert, le bassin d'Apollon jusqu'au canal. Nous les placerons en regard des deux côtés pour la meilleure intelligence de leur situation et pour n'avoir pas besoin de revenir sur nos pas.

CÔTÉ DU MIDI OU DE L'ORANGERIE.	CÔTÉ DU NORD OU DE LA CHAPELLE.
Parterre d'eau.	*Parterre d'eau.*
L'Eau, par LEGROS, dessin de LEBRUN. Le Printemps, par MAGNIER, dessin de LEBRUN.	Le Midi sous la figure de Vénus, par MASSY. Le Soir, sous la figure de Diane, par DESJARDINS.
Regardant le nord.	Regardant le sud.
Le Point du Jour, par MASLY, dessin de LEBRUN.	L'Air avec l'Aigle, par LEHONGRE.
Rampe du parterre de Latone.	*Rampe du parterre de Latone.*
En descendant.	En descendant.
Le Poëme lyrique, par TUBY. Le Feu, par DOZIER, dessin de LEBRUN. Thiridate, roi des Parthes, par ANDRÉ.	Le Mélancolique, par LEPERDRIX. Antinoüs (d'après l'antique), par LACROIX. Tigranne (d'après l'antique), par LESPAGNANDEL.
En retour, regardant le couchant.	En retour, regardant le couchant.
Vénus Callipyge (d'après l'antique), par CLAIRION.	Un Faune (d'après l'antique), par HUTRELLE.
Dans le bas du fer à cheval.	Dans le bas du fer à cheval.
Silène (d'après l'antique), par MAZIÈRE. Antinoüs (d'après l'antique), par LEGROS. Mercure (d'après l'antique), par MELO. Uranie (d'après l'antique), par CARLIER. Apollon pythien (d'après l'antique), par MARELINE.	Bacchus (d'après l'antique), par GRANIER. Faustine ou Cérès (d'après l'antique), par REGNAUDIN. Commode ou Hercule, par COUSTOU. Uranie (d'après l'antique), par FRÉMERY. Ganimède (d'après l'antique), par LAVIRON.
En retour, regardant l'ouest.	En retour, regardant l'ouest.
Circé, par MAGNIER.	Cérès couronnée de fleurs, par POULTIER.
Au bout de l'allée.	Au bout de l'allée.
Le Gladiateur mourant (d'après l'antique), par MOSNIER.	La Nymphe à la coquille, par COYSEVOX.
Allée transversale.	*Allée transversale.*
Platon, par RAYOL. Mercure, par VANCLEVE. Pandore, par LEGROS, dessin de MIGNART. Archéloüs, par MAZIÈRE.	Diogène, par LESPAGNANDEL. Un Faune, par HOUZEAU. Bacchante, par DEDIEU. Hercule, par LECOMTE.
En regard, dans la demi-lune.	En regard, dans la demi-lune.
Castor et Pollux, par COYSEVOX.	Papirius, par CARLIER.
En face du char.	En face du char.
Pétus et Arria, par LESPINGOLA. Ancienne place de Milon de Crotonne, par LE PUJET.	Persée, par LE PUJET.

On arrive alors au Tapis-Vert, sorte de grande allée en gazon de cent pieds environ de longueur, qui présente le plus bel aspect et que l'on peut comparer avec la grande allée des Tuileries, orné, comme elle, de vases et de statues, les principales sont :

En descendant du côté du nord.	En descendant du côté du midi.
La Fourberie, par LECOMTE, dessin de MIGNART.	La Fidélité, par LEFEBVRE, dessin de MIGNART.
Junon, statue antique.	Vénus, par LEGROS.
Hercule tenant un enfant, par JOUVENET.	Un Faune, par FLAMEN.
Vénus (d'après l'antique), par FRÉMERY.	Didon, par BUIRETTE.
Cyparisse, par FLAMEN.	Une Amazone, par POULTIER.
Artémise, par DESJARDINS.	Achille, par VIGIER.
Aristote, par SLOOTZ PER.	Ino et Mélicerte, par GRANIER.
Dans la demi-lune.	Dans la demi-lune.
Syrinx, Jupiter, Junon, Vertumne et Silène.	Le dieu Pan, le Printemps, Bachus et Pomone.

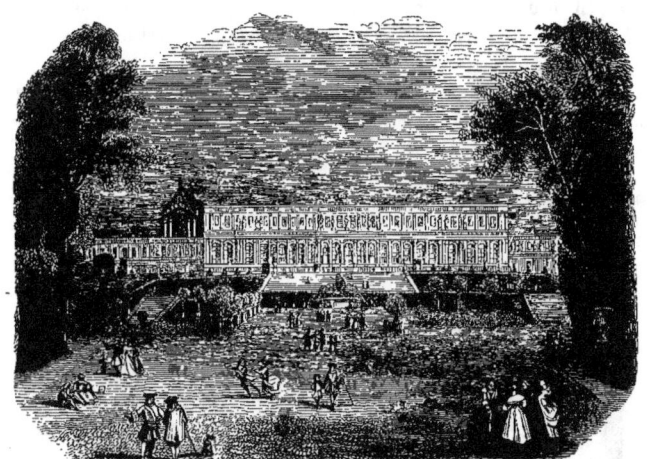

Vue du Tapis-Vert et du palais de Versailles.

Ce point de vue est un des plus agréables des jardins de Versailles : le palais et l'escalier de Latone en forment le fond, et la charmante promenade du Tapis-Vert le devant. Au bout de cette allée, et toujours dans l'axe du palais, se trouve le bassin d'Apollon, le plus grand du parc après celui de Neptune, et qui faisait les délices de Louis XIV. Dans plusieurs tableaux, on voit ce prince assis dans sa chaise roulante, au milieu de sa cour et admirant l'effet des eaux. Au centre de ce bassin est Apollon sur son char, traîné par quatre chevaux et entouré de dauphins et de monstres marins. Le peuple l'appelle le Char embourbé, comme il nomme Latone, la Reine des Grenouilles. Sans doute, si on considère ce groupe en raison du peu de profondeur de l'eau, de la lourdeur du char, il peut paraître défectueux ; mais il faut le voir au moment où un jet d'eau de cinquante-sept pieds de haut et deux autres de quarante-sept, le couvrent de vapeurs brillantes et ne laissent entrevoir les figures que pour expliquer le sujet.

A la suite du beau bassin, et dans la perspective du palais, est le grand canal qui a 192 pieds de large et 2,400 de long. Sous Louis XIV, cette majestueuse pièce d'eau était couverte de bâtiments de toutes formes, et principalement de gondoles vénitiennes qui étaient conduites par trois ou quatre cents rameurs et matelots, pour lesquels on avait bâti un village dans le bois prochain, qui a conservé le nom de Bois des Matelots. Les fêtes finissaient toujours par quelque feu d'artifice sur ce canal, et, en 1690 et surtout en 1770, pour le mariage du dauphin, on y avait établi un soleil de feu qui éclairait tous les plans, et deux cents chaloupes couvertes de verres de couleurs.

Nous avons suivi en ligne directe l'axe des jardins de Versailles, il nous reste à examiner les deux côtés de cette même partie centrale.

Bosquet d'Apollon. — N° 1 du plan.

Attenant au parterre de Latone, est le bosquet d'Apollon, ou plutôt un immense rocher qu'on a taillé de manière à y placer le célèbre groupe d'Apollon et des nymphes, chef-d'œuvre de Girardon, qui, depuis deux siècles, a plusieurs fois changé de demeure. Il orna d'abord la grotte de Thétis, et fut, comme elle, chanté par La

Fontaine. Plus tard, on éleva pour lui un ridicule baldaquin en métal doré. Enfin, il repose aujourd'hui dans une place qui lui convient, et à laquelle il convient. Cette belle fabrique est due au talent de Robert, qui était alors, c'est-à-dire en 1778, à la mode pour dessiner les jardins irréguliers et les petits monuments qui devaient

Intérieur des bains d'Apollon.

les orner. Ici il s'est véritablement surpassé, et ce rocher, d'où coulent des eaux abondantes au milieu d'arbres et de plantes de tous les climats, est d'un admirable effet, et qui contraste avec les autres parties des jardins. Le groupe d'Apollon, comme on sait, représente ce dieu au moment où il vient de terminer sa course. Les nymphes le reçoivent. A quelque distance sont les groupes de ses chevaux, qui sont aussi d'un beau travail.

Cette seconde vue présente l'intérieur du rocher, et nous avons placé sur le devant un dîner que le facétieux Robert donnait à sa société un ou deux jours avant que sa composition fût ouverte au public.

Intérieur des bains d'Apollon.

Le groupe d'Apollon et des nymphes qui l'entourent peut donner lieu à plus d'une observation sur le goût et la sculpture de ce temps, sur l'extension que l'on donnait à cet art et que les poëtes encourageaient par leurs éloges. Une longue pièce de vers de La Fontaine est consacrée à celui-ci ; nous en citons quelques passages :

> Le Dieu se reposant sous ces voûtes humides
> Est assis au milieu d'un chœur de Néréides ;
> Toutes sont des Vénus de qui l'air gracieux
> N'entre point dans son cœur et s'arrête à ses yeux ;
> Mais qui pourra dépeindre en langue du Parnasse
> La majesté du Dieu, son port si plein de grâce ;
> Cet air que l'on n'a point chez nous autres mortels
> Et pour qui l'âge d'or inventa des autels

Bosquet de la Colonnade. — N. 4 du petit plan.

Du bosquet d'Apollon, on passe au quinconce du midi, qui n'a rien de remarquable que huit termes, exécutés, dit-on, sur les dessins du Poussin. On arrive alors au bosquet des Dômes, nom qui provient de deux petits bâtiments en marbre fort élégants, mais qui tombent aujourd'hui en ruines; on n'y retrouve plus que la suite des charmants bas-reliefs qui les décoraient, dus au ciseau de Girardon et Guérin. Du bosquet des Dômes, on doit passer entre le bassin d'Apollon et le Tapis-Vert, pour visiter le premier bosquet de la ligne opposée, et connu sous le nom de la Colonnade.

Au milieu de cette salle de verdure est un superbe groupe en marbre blanc, ouvrage de Girardon; il représente l'enlèvement de Proserpine par Pluton. Sur le piédestal rond sont sculptées en bas-reliefs les diverses scènes de cet enlèvement; la jeune Proserpine cueillant des fleurs avec ses compagnes, et Cérès, une torche à la main, cherchant partout sa fille chérie.

L'artiste a puisé ses inspirations dans la description d'Ovide.

Tout autour de la salle règne un péristyle composé de trente-deux colonnes répondant à autant de pilastres de très-beau marbre.

Les colonnes communiquent entre elles par des arcades cintrées, ornées à leurs clefs de masques de nymphes, de naïades ou de sylvains, et sur les impostes des bas-reliefs représentent les jeux et les amours, charmants groupes d'artistes justement célèbres, Mazière, Granier, Coysevox, Lebongre et Leconte.

Sous les arcades sont vingt-huit grandes cuvettes de marbre blanc; de chacune s'élance un jet d'eau qui retombe en cascades ou en nappes dans le chenal inférieur. Près de ce bosquet est celui d'Encelade, remarquable par un énorme jet d'eau.

Les jardins de Versailles donnent une telle supériorité à la sculpture sur les autres arts à l'époque du grand règne, que nous avons cru faire plaisir au lecteur en lui mettant sous les yeux les portraits des quatre sculpteurs les plus célèbres, Girardon, Coysevox, Coustou et le Pujet.

Coustou — Coysevox — Pujet — Girardon.

Nous ne ferons que traverser le quinconce du midi, qui n'a de remarquable que de très-beaux marronniers, pour entrer dans le dernier bosquet de la partie centrale connu sous le nom de Salle de Bal, attenant au parterre d'eau.

Ce bosquet, construit en amphithéâtre de verdure, est remarquable par une cascade en forme de gradins en rocailles et en coquillages. Lorsque les eaux jouent, les nappes d'eau qui tombent d'un gradin sur un autre font un effet agréable.

Le milieu représente une véritable salle de danse, qui servit à cet usage dans plusieurs grandes fêtes; et on voit, dans un tableau du temps, madame de Maintenon y conduisant mademoiselle de Blois.

Bosquet de la salle de bal. — N. 6 du plan.

En quittant ce bosquet pour remonter sur la terrasse du château, on se trouve près d'un grand vase auprès duquel le maréchal Tallard fut un jour surpris déclamant avec véhémence contre la cour, attirant les promeneurs qui le croyaient fou; il fut aperçu ainsi des fenêtres même du palais.

Le maréchal Tallard déclamant sur la terrasse de Versailles.

Jules Hardouin Mansard.

ORANGERIE DE VERSAILLES.

> Orangers, arbres que j'adore,
> Que vos parfums me semblent doux !
> Est-il, dans l'empire de Flore,
> Rien d'agréable comme vous.
>   La Fontaine, *Psyché*.

Nous suivrons la même marche pour les deux côtés du jardin qui accompagnent parallèlement la partie centrale que nous venons de décrire. La première subdivision qui se présente à gauche en sortant du palais, est la superbe orangerie de Mansard, un des plus beaux ouvrages d'architecture qui existe au monde ; on ne conçoit même pas comment, à cette époque, on put revenir aussi complétement aux grands travaux des anciens.

Elle fut commencée en 1685, et terminée vers la fin de 1686. On y arrive par deux escaliers magnifiques de soixante pieds de large et de cent trois marches, divisés en deux palliers. On croit descendre une montagne. L'orangerie est exposée au midi, et consiste dans une galerie qui a quatre-vingts toises de long sur trente-huit pieds de large ; elle est éclairée par douze fenêtres cintrées, qui sont dans l'enfoncement des arcades. Dans une niche, au milieu de cette galerie, est la statue de Louis XIV, donnée à ce prince par M. le maréchal duc de La Feuillade, qui l'avait fait faire à Desjardins, pour mettre sur

Façade de l'Orangerie.

la place des Victoires. Cette galerie tient à deux autres en retour, de soixante toises de long chacune. Ces galeries sont décorées au dehors de trois avant-corps ; celui

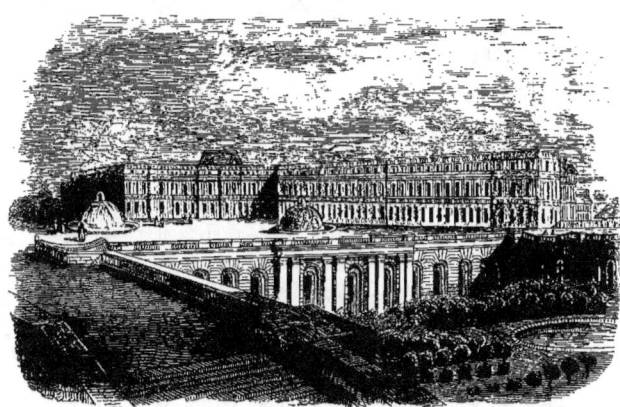

Vue latérale de l'Orangerie.

de la galerie du fond est de huit colonnes accouplées d'ordre toscan, et les deux autres ont chacun quatre colonnes de quatre pieds de diamètre. Ce gigantesque ouvrage est d'un effet et en même temps d'un goût qui étonnent ; il égale ce qu'on admire le plus dans les monuments anciens : on se croirait sous les voûtes du Colysée ou du Parthénon.

Vue prise de la Terrasse au-dessus de l'Orangerie.

Ce point de vue est un des plus beaux des jardins de Versailles : les regards planent sur le parterre de l'Orangerie, où sont rangés un millier d'arbres précieux, dont le parfum se répand jusque dans les appartements du palais. Au delà s'aperçoit la magnifique pièce d'eau des Suisses, ainsi nommée parce qu'on employa un régiment suisse à la creuser. Partout s'offre un cadre de forêt entremêlé de villages, où la nature est dans toute sa force et dans toute sa magnificence.

Le parterre de l'Orangerie consiste en six compartiments de gazon, au milieu desquels s'élève un jet d'eau de cinquante pieds environ : au pourtour sont disposés plus d'un millier d'orangers, citronniers, grenadiers en six grandes allées. On distingue parmi eux celui qu'on nomme le Grand-Bourbon, parce qu'il fut acquis en 1530, par la confiscation des biens du connétable de Bourbon, et qu'il avait déjà alors plus de cent ans. L'aspect de cet arbre vénérable, déjà vieux sous Henri IV et jeune encore de nos jours, plonge dans une sorte de méditation. Qu'elle est longue, qu'elle est singulière la vie d'un arbre! Combien ne pourrait-on pas faire de questions à celui-ci. Ne pourrait-on pas lui demander quelles sont les blanches mains du quatorzième siècle qui ont arrosé ses faibles tiges, qui ont soigné son enfance : est-ce la belle et funeste Isabeau de Bavière, ou la généreuse Agnès Sorel? sur quel front se sont placées plus tard les fleurs qu'il répandait chaque année? Est-ce sur la tendre Marie de Gonzague, ou sur l'infortunée Marie Stuart, toutes deux mariées à Fontainebleau? N'était-il pas du nombre de ces orangers dont parle madame de Sévigné, qu'on enfonçait avec leurs caisses dans la terre, pour leur donner l'apparence d'un bois touffu? Ne serait-ce pas à travers ses branches, que Louis XIV aurait entendu la voix de Lavallière, qui avouait sa tendresse pour lui. Depuis ce temps, que d'événements, que de scènes se sont passés! et cet arbre éternel, impassible comme le temps, répand chaque année ses parfums et ses fleurs à toutes les générations; ses fleurs, sur lesquelles on croirait voir inscrits les noms des rois,

Inscripti nomina regum,
Nascuntur flores.
VIRG., *Géorg.*

La vie d'un arbre.

La Fontaine.

Ancien labyrinthe.

Bosquet de la Reine.

Aspect du bosquet de la Reine.

La Fontaine et Mme de La Sablière
« J'y allais...... »

BOSQUET DE LA REINE.

Le premier bosquet, en sortant de l'orangerie, est celui de Vénus ou de la Reine, autrefois le labyrinthe. Ce bosquet a pris son nom d'un entrelacement de plusieurs allées bordées de palissades, où on pouvait s'égarer. A chaque détour on trouvait une fontaine ornée de deux bassins en rocailles et d'une fable d'Ésope en sculpture. Le dessin de ces fables fut donné par Lebrun, et les inscriptions en vers qui se trouvaient au-dessous, composées par Benserade. A l'entrée était une statue d'Ésope, et une autre de l'Amour. Le temps qu'on passait à examiner chacune de ces fables, et à lire les vers, faisait oublier la route qu'on devait suivre; tels étaient les jeux d'esprit et le genre d'embellissement des jardins : on n'était pas encore tombé dans le romantisme, qui amena les chaumières, les chapelles et les tombeaux. Ce bosquet a été changé en une plantation fort belle d'arbres exotiques, dont le milieu forme un quinconce de tulipiers, qui entoure la statue de Vénus. Le portrait de La Fontaine et une circonstance touchante de sa vie nous ont paru bien placés dans un lieu qui retrace le souvenir de son maître.

C'est dans ce bosquet que fut jouée cette scène qui fit tant de bruit, où un homme d'un rang élevé, mais d'un caractère faible, fut la dupe d'une intrigante effrontée, la scène du cardinal de Rohan et de mademoiselle Oliva. Une taille assez semblable à celle de la reine Marie-Antoinette, l'imitation d'un costume qu'elle portait quelquefois, et surtout la préoccupation d'une âme exaltée, firent supposer au cardinal qu'il avait enfin retrouvé la faveur qu'il savait avoir perdue par son inconséquence, et qu'il aurait voulu reconquérir au prix de sa fortune entière. Si la malheureuse princesse eût été coupable, le mystère eût couvert ses torts, mais l'indignation de la vertu outragée donna plus de prise à la malveillance que ne l'aurait fait la faiblesse, et commença la longue suite des malheurs dont elle finit par être victime.

Le cardinal de Rohan et Mlle Oliva.

Bosquet du Roi. — N° 9 du plan.

En quittant le bosquet de la Reine, on traverse le quinconce du Midi et les beaux marronniers qui le composent, pour arriver à l'ancienne Ile d'Amour, aujourd'hui le bosquet du Roi. Le goût exclusif de la magnificence explique la durée des jardins réguliers : on voulait étendre au dehors cette décoration, cette pompe, cette symétrie, qui semblaient d'accord avec les appartements. Les anciens tombèrent dans les mêmes travers : les jardins d'Alcinoüs et de Xénophon étaient des espèces de quinconces et de potagers. La description du *Laurentum* de Pline pouvait être celle d'un jardin hollandais, avec des allées droites bordées de figures en buis ou en charmille ; et Juvénal regrettait avec raison de voir de belles eaux enfermées dans des bordures de marbre ou de pierre. Les villa italiennes firent faire quelques progrès au véritable genre des jardins, en admettant de vastes bosquets irréguliers ; mais il fallait revenir franchement à la nature, et ne considérer les jardins que comme une partie plus ornée, plus soignée du pays, se joignant à lui par des transitions naturelles ; voilà ce que les Anglais ont bien conçu, et ce que l'on a voulu imiter dans le bosquet que représente cette gravure.

En effet, ici la scène change, et le genre symétrique a fait place à une composition naturelle et gracieuse. Depuis longtemps les conduits d'eau qui alimentent le bosquet nommé l'Ile d'Amour s'étaient détériorés, et ce lieu n'était plus qu'un marais dont les exhalaisons devenaient plus dangereuses pendant l'été. Louis XVIII y fit exécuter des travaux qu'il confia à M. Dufour, et qui employèrent, pendant l'hiver si rigoureux de 1816, un nombre considérable d'ouvriers. Le bosquet fut changé, au printemps, dans un des plus agréables *pleasure grown* qu'on puisse voir. C'est aujourd'hui la promenade favorite des habitants de Versailles, qui y trouvent un gazon vert, de beaux ombrages, une abondance de fleurs et d'arbres exotiques qu'on trouverait difficilement aussi bien réunis ailleurs.

Bosquet de l'Ile d'Amour ou Ile Royale.
La duchesse de Montausier.

On doit le dire cependant au sujet du bosquet qui fait aujourd'hui le charme de Versailles, celui qu'il a remplacé sous le nom de l'Ile-Royale ou l'Ile d'Amour ne manquait pas d'agréments. Une grande masse d'eau, ombragée de beaux arbres, attirait, dans ce temps comme aujourd'hui, toute la société à la mode. C'est là qu'avaient lieu sans doute ces réunions, ces entretiens, qui, depuis le cardinal de Richelieu, faisaient l'agrément et presque la gloire de la cour de France.

Pour juger du charme de cette société élégante, de ces conversations si animées, si piquantes, nous ne remonterons pas au genre mystique et pédant du règne de Louis XIII, ni à l'afféterie des précieuses, qui suivit; nous ne citerons qu'une des personnes dont l'esprit, le rang et la bonté furent si célèbres et si célébrés, la duchesse de Montausier ou Julie d'Angenne. C'est chez elle que se rassemblait cette société qui fonda en France la véritable politesse, l'usage du monde et les premières lueurs de l'esprit naturel. C'est là que brillaient madame de Montespan et ses deux sœurs, mesdames de Sévigné, de Lude, de Gramont et quelques-unes des grandes dames de la Fronde. Les Montbazon, Chevreuse, Nemours, Longueville, puis celles qui parurent bientôt après, mesdames de La Sablière, de La Fayette; etc. Quant aux hommes, il serait difficile de les énumérer, car c'étaient à la fois les plus grands seigneurs, les hommes de lettres les plus distingués dans ce siècle qui fonda l'empire des lettres. Dans ces belles salles de verdure et de gazon, on aime à se représenter quelques-unes de ces lectures qui attiraient toute la cour, mais où ne paraissaient que les intimes. Ce sera peut-être mademoiselle de Scudéri, qui trouvait Versailles un lieu enchanté quand l'enchanteur y était, et qui lisait quelquefois ses romans devant le grand Condé; ne serait-ce pas aussi Molière, qui, étendu, selon son habitude, dans un grand fauteuil, faisait lire une de ses pièces à sa troupe? J'aime mieux penser que c'est madame de La Fayette qui lit *la Princesse de Clèves* devant l'auteur des *Maximes*.

Fontaine de Diane. — Parterre du Nord.

Nous venons de décrire les trois bosquets extérieurs du midi, marqués sur le petit plan (page 454) par les nos 7, 8 et 9, nous traversons alors pour examiner les trois bosquets semblables, au nord, marqués des nos 10, 11 et 12, qui nous conduiront au parterre du Nord. Le premier de ces bosquets, n° 10, est celui de l'Obélisque, ainsi nommé d'une immense gerbe, qui présente la figure d'un obélisque; le second l'Étoile, à cause des allées qui se croisent; le troisième enfin du Rond-Vert, ancien théâtre d'eau, dont un boulingrin occupe le milieu. Arrivé à ce point, on se trouve en face d'une des parties du jardin de Versailles les plus agréables, et connue sous le nom de parterre du Nord, comprenant l'allée d'Eau et le bassin de Neptune.

Ici nous allons trouver à Le Nôtre un rival dans le célèbre Perrault, qui a donné le plan de toute cette partie du jardin, peut-être la plus brillante.

De la grande terrasse ou parterre d'Eau, on descend dans le parterre du Nord par un escalier en marbre. A droite et à gauche, sur une tablette couvrant le mur qui soutient la terrasse, sont quatorze vases de bronze, fondus par Duval. Aux angles de l'escalier sont deux statues d'après l'antique, l'un, Milon, par Faggen; l'autre, Vénus pudique, par Coysevox.

On arrive en face de la fontaine de la Pyramide (Voyez *l'entourage du plan de Versailles*, page 150), composée de quatre cuvettes ou vasques les unes sur les autres, décroissant en forme de pyramide, et surmontées d'un vase d'où l'eau s'échappe avec force et forme, en retombant de cuvette en cuvette, autant de masses d'eau, qui vont se perdre dans la fontaine de Diane. Cette fontaine consiste en un bassin carré, encadré dans de grandes dalles de marbre blanc, couvert d'élégants bas-reliefs de Girardon, Le Honge et Legros. C'est tout à fait une fabrique italienne; ainsi que la fontaine de la Pyramide, elle domine l'allée d'Eau, charmante conception, qui, à l'exemple du Tapis Vert, sépare deux bosquets autrefois célèbres, aujourd'hui abandonnés, les bosquets des Trois-Fontaines et de l'Arc-de-Triomphe.

Allée d'Eau.

L'allée d'Eau est un long espace bordé des deux côtés de bandes de gazon, sur lesquelles sont quatorze groupes d'enfants en bronze, alternés avec des ifs taillés en cône. Ces groupes reposent sur des socles de marbre et dans des bassins de même matière d'un seul bloc; ils soutiennent une petite cuvette, d'où s'élève un jet d'eau.

Ces groupes variés sont dus au ciseau de Legros, Le Honge, le Rambue et Marcelin. Ils sont d'un très-bon travail, et lorsque les eaux sont en mouvement, que la fontaine de la Pyramide, qui les domine, et celle du Dragon, qui termine, répandent leurs jets d'eau dans les airs, il n'y a pas de plus beau et de plus agréable spectacle. La fontaine du Dragon eut autrefois beaucoup de célébrité, lorsque le serpent Python lançait du milieu un jet d'eau de quatre-vingt-cinq pieds, composition de Gaspard de Marsy, à peu près détruit aujourd'hui.

Cette allée plaisait particulièrement à une personne célèbre qui venait s'y promener souvent lorsque Louis XV faisait travailler au bassin de Neptune. C'était madame Du Barry, brillante de fraîcheur et d'éclat. Le petit nègre, qui tient la queue de sa robe, c'est Zamor, qu'on ne voyait passer à Versailles qu'avec une sorte de curiosité, et qui, pour beaucoup de gens, jouissait d'une sorte de considération. On disait un jour à la malheureuse reine, alors dauphine, qui désirait obtenir la grâce d'un condamné: « Madame, s'il fallait la demander à la favorite, « le feriez vous? — Oui, sans doute, répondit-elle ; j'irais jusqu'à implorer Zamor. »

Madame Du Barry.

Bassin de Neptune.

> Jamais on n'a trouvé ces rives sans zéphirs,
> Flore s'y rafraîchit au sein de leurs soupirs ;
> Les nymphes d'alentour, souvent, dans les nuits sombres,
> S'y vont baigner en troupe à la faveur des ombres.
>
> LA FONTAINE, *Psyché.*

Le bassin de Neptune est la dernière et la plus élégante des compositions des jardins, autant par les sculptures et les ornements qui le décorent que par l'abondance des eaux.

Une longue tablette, ornée de vingt-deux vases de métal et garnie d'un jet entre chaque vase, règne le long de la façade méridionale de ce bassin ; ces jets et ceux qui s'élèvent de chaque vase, au nombre de soixante-trois, sont reçus dans un chenal, d'où l'eau s'échappe dans de vastes coquilles placées aux angles, et par des mascarons, pour retomber dans la grande pièce. Les vases, ouvrages des plus habiles sculpteurs, ont des animaux de mer pour anses, et sont décorés de roseaux.

Placé au nord, sur la rampe de gazon qui s'élève autour de la pièce en amphithéâtre, le spectateur admire la beauté et la majesté des groupes où Adam aîné et Girardon semblent s'être surpassés. La majesté de Neptune armé de son trident ; la grâce d'Amphitrite, qui se plaît à contempler les richesses de la mer, qu'une Naïade déploie à ses yeux ; l'action des Tritons, des chevaux et des phoques qui semblent diriger ou traîner le vaste char du dieu ; tout, dans ce groupe, montre le jeu d'une imagination vive qui surprend et éblouit.

Lorsque Lemoine, en 1749, a refait le groupe de gauche, il n'est pas resté au-dessous d'Adam et de Girardon. Il est sans doute difficile de décrire toutes les parties de ce bel ensemble; mais il est impossible d'en reproduire l'effet magique quand les eaux jouent. Les mille torrents d'eau qui s'échappent de toutes parts, simples jets lancés jusqu'aux cieux, gerbes admirables, tout s'y réunit; les eaux déchaînées semblent se faire la guerre pour le plaisir des yeux, et exciter au plus haut degré l'émotion.

Non loin de ce bassin, on trouve un bosquet que nous ne pouvons oublier, et qui aura terminé dignement cette description trop rapide. C'est le bosquet de la France victorieuse, ainsi nommé d'un très-beau groupe en plomb doré, représentant la France soumettant l'Espagne et l'Autriche, ouvrage de Girardon, d'après les dessins de Lebrun. On dit que Napoléon s'arrêta devant ce groupe, que peu de personnes visitent, et qui méritait de toute manière ses regards.

Groupe de la France victorieuse, d'après les dessins de Lebrun.

Vue du réservoir des eaux de Versailles.
Les princesses sœurs de Louis XVI pêchant à la ligne.

NOTICE
SUR LES EAUX DE VERSAILLES.

Un homme qui avait la passion des jardins et des constructions de campagne, qui avait possédé et embelli plusieurs belles terres, finit par acheter une propriété au milieu des plaines arides de la Beauce, « afin, disait-il, d'y créer la plus belle habitation connue. » On s'étonnait de ce « choix, et il répondit : « Je trouve dans ce lieu la seule chose que l'art et la dé-« pense ne peuvent point donner, c'est-à-dire l'*abondance*, la *hauteur* et la *pureté* « *de l'eau*. Je suis maître de tout le reste. — Mais il n'y a point de château. — « Tant mieux ; j'en bâtirai un entièrement à mon goût et de l'aspect le plus conve-« nable dans les jardins. — Mais il n'y a point de pays. — Tant mieux, je m'en-« tourerai d'une forêt[1] avec des points de vue variés ; » et il créa en effet la plus belle habitation qui soit au monde. Il en fut ainsi de Versailles, célèbre autrefois par ses belles eaux, quoique le palais fût situé à la hauteur des tours de Notre-Dame, mais parce que tout le pays environnant étant encore plus élevé, il était possible de réunir avec beaucoup de dépense tous les affluents, tous les dépôts d'eau de pluie, et enfin on eût fini par avoir, si on eût persévéré dans les travaux,

[1] Il ne put planter que six cents arpents : il en eût planté quatre mille, s'il eût vécu.

la totalité de la rivière de l'Eure; et alors il est certain qu'il n'eût pas existé au monde de plus royale et de plus merveilleuse habitation.

Nous ne parlerons pas des travaux qui ont été faits pour acquérir cette rivière, puisqu'ils ont été abandonnés. Des années y furent employées, ainsi que bien des millions. Nous passerons également sous silence la machine de Marly, aujourd'hui détériorée, mais nous vanterons avec raison les admirables et utiles travaux faits pour rassembler en deux réservoirs immenses tout ce qui était possible d'eaux de cinq, six et dix lieues à la ronde. Le sol sur lequel on marche dans le parc de Versailles est une sorte de parquet, porté sur des voûtes innombrables. Des pierrées, des canaux, des aqueducs souterrains reçoivent de tous côtés les eaux, qu'ils versent après dans d'immenses réservoirs, d'où, par des milliers de tuyaux, elles se répandent dans les différents bosquets du parc, au grand Canal et à la pièce des Suisses. C'est ici que l'on pourrait chercher à repousser tout sentiment d'admiration en calculant ce que cela a pu coûter, manière de raisonner qui exclue toute grande entreprise. Le mouvement des eaux à Versailles consiste dans les petites eaux, qui vont constamment, et les grandes eaux, qui, par un art admirable, se multiplient à commencer par les points les plus élevés, et se répandent dans les autres. Ainsi on les voit parcourir d'abord le Parterre d'eau de l'Orangerie, les deux Fontaines d'animaux, et une partie du bassin d'Apollon; puis elles alimentent la Salle de Bal, l'Allée d'eau, la Fontaine du Dragon, les Bains d'Apollon et les différents bosquets. Pour juger de leur effet successif, il faut suivre du bassin d'Apollon au bassin de Latone, aux bosquets de l'Obélisque, l'Allée d'eau, et attendre là que la totalité des masses amoncelées de tous les côtés viennent produire dans le bassin de Neptune le plus merveilleux effet. Le réservoir du château est décoré d'une façade élégante, qui correspond à une partie de théâtre.

Fontaine du Dragon.

Grand parc de Versailles.
Louis XIV conduisant sa calèche, d'après Vandermeulen.

Pour compléter la superbe habitation de Versailles, il fallait comme dépendance une ville, comme entourage un parc immense, en quelque sorte un pays tout entier. Nous parlerons plus loin de la ville ; disons un mot seulement du parc. Il comprenait environ six mille arpents, et avait de cinq à six lieues de tour, presque entièrement en bois percés et disposés pour la chasse. Il avait coûté en différentes acquisitions environ douze millions. Louis XIV aimait à en parcourir les avenues dans une calèche qu'il menait lui-même, et où il réunissait quelquefois ses maîtresses et la reine ; plus tard, ses seules maîtresses, et surtout madame de Montespan, qui vécut avec lui dans le temps de sa plus grande activité. Il était entouré de ses gardes et des seigneurs que leur charge appelait auprès de sa personne. Le reste de la cour se répandait dans les allées, lorsque la symétrie des jardins de Versailles leur faisait rechercher quelque apparence de sites naturels, d'aspects de campagne, où ils pouvaient fuir l'étiquette et la représentation. Que ne pouvons-nous décrire dans cet ouvrage les différentes scènes, les brillantes réunions de ce monde d'hommes illustres et de femmes célèbres par leur esprit et leur beauté, et, depuis une certaine époque, le renfort des gens de lettres[1], que leur supériorité mettait au-dessus de ce que la cour appelait avec dédain, les *bourgeois* et surtout les *provinciaux*! Cette société, subdivisée suivant

---

[1] Non-seulement ces derniers étaient bien accueillis, mais on leur permettait un genre de familiarité que les grands seigneurs n'auraient point souffert entre eux. — Si Voiture était de notre sorte, disait le grand Condé, on ne saurait vivre avec lui.

différentes habitudes, fréquentait de préférence différents points du parc. Les plus brillantes réunions se rencontraient aux abords de la pièce des Suisses, dans les bois de Satori, près du château et de l'admirable Orangerie.

Environs du palais à l'entrée du bois de Satori.

Là, on aurait rencontré ces fières et spirituelles beautés du temps de la Fronde, exerçant encore une sorte de domination. N'est-ce pas madame de Sévigné et sa fille que je vois assises sur le devant de ce bois, et, à droite et à gauche, tous les hommes de leur société? N'est-ce pas Ninon, madame de la Sablière avec Grouville, Pélisson et La Fontaine, s'entretenant du malheureux Fouquet? N'est-ce pas l'essaim des belles de la cour, mesdames de Thiange, de Lude, de Pons, de Coulanges et de Soubise, etc., etc., et tout ce qui tenait alors l'empire fugitif de la mode?

Avenue de Saint-Cyr.

Ici c'est autre chose; les arbres de cette avenue n'auront plus les mêmes conversations à raconter : ils nous entretiendront de la grâce, du quiétisme, de la bulle, des quatre propositions et du formulaire. Ne prononcez pas le nom de Pascal, de Nicole, d'Arnaud, de Sacy, ni même celui de Fénelon, mais écoutez le père Letellier; il fait répéter aux jeunes élèves de Saint-Cyr les vers d'*Esther*, faits pour madame de Maintenon; et il les entretient de tout ce qui concerne leur établissement et des statuts composés par la célèbre fondatrice.

Allée des Philosophes.

Elle fut ainsi nommée parce qu'elle réunit longtemps les personnages les plus distingués du clergé, de la magistrature, des lettres; nous avons cru devoir y placer ceux dont les vertus, les sciences, les malheurs nous paraissent devoir inspirer le plus d'intérêt; les solitaires du Port-Royal discutant avec leur ami Racine, sous l'ombre des beaux arbres, comme jadis les philosophes anciens.

Mlle de Mancini.   Mme de Fontanges.
Mlle de Lavallière.   Mme de Montespan.   Mme de Maintenon.

MAITRESSES DE LOUIS XIV.

Il est un chapitre nécessaire à la description de Versailles qu'on voudrait toutefois supprimer, retrancher même s'il était possible, de l'histoire, c'est celui qui concerne les maîtresses de Louis XIV. Comment cependant décrire tant de magnificence, des fêtes si splendides, expliquer tant de luxe, sans parler de celles qui en étaient l'objet, de celles à qui se rapportaient ces prodigalités? L'empire des maîtresses à la cour de France commence sous Charles VII, se continue avec plus d'éclat sous François Iᵉʳ, Henri II, Henri IV; mais jamais il ne parut avec autant de scandale, autant de hardiesse, que sous Louis XIV. Cette influence s'augmenta même avec l'âge de ce prince, parce que ses choix portèrent successivement sur des personnes plus habiles à profiter de leur situation. Mademoiselle de Lavallière n'avait dominé que son cœur, madame de Montespan que ses sens, madame de Maintenon seule s'empara de son esprit, de sa raison. Mademoiselle de Lavallière n'aimait que son amant dans le Roi; madame de Montespan que le Roi dans son amant. Madame de Maintenon voulut tout posséder, tout soumettre : l'homme et le monarque, l'affection et la confiance; elle y réussit en découvrant à travers les grandes qualités du Roi un faible dont elle pouvait s'emparer, et qu'elle sut habilement exploiter, c'était la crédulité, le scrupule et la crainte d'une autre vie. Elle attendit ce moment où, sans renoncer aux plaisirs, on pense toutefois à les borner. Sans avoir autant de charmes que ses rivales, elle osa y mettre un prix plus élevé. Plus âgée qu'elles, elle leur survécut : la première alla s'enterrer dans un cloître; la seconde mourut dans une sorte d'exil; elle, finit tranquillement sa vie à quatre-vingt-trois ans, exerçant encore sa puissance dans la retraite qu'elle avait choisie.

Louis XIV jeune et Mlle de Lavallière.

Après avoir fait quelque temps la cour à cette modeste et jeune fille, un prince aimable et aimé ne pouvait trouver une longue résistance, mais aussi celle qu'il entraînait de la sorte devait-elle craindre qu'un amour si impétueux ne fût pas de longue durée. Mademoiselle Françoise de La Baume, depuis duchesse de Lavallière, et à laquelle les plus belles fêtes de Versailles furent consacrées, finit par échanger tant d'éclat, tant d'honneur, mais aussi tant de larmes, avec la solitude et au moins le repos du cloître. Louis XIV, jeune et formé à cet amour respectueux, délicat, des derniers temps de Louis XIII, passa bientôt, pour ses maîtresses comme pour ses sujets, à une domination arrogante, dédaigneuse, et que la soumission humble ne faisait qu'encourager. Il fallait, pour le combattre et le vaincre, un caractère aussi altier, aussi impérieux que le sien ; il le trouva dans la belle, la fière madame de Montespan.

Louis XIV et Mme de Montespan.

L'esprit des Mortemar était passé en proverbe, et Athénaïs de Mortemart, marquise de Montespan, brillante de beauté, de fraîcheur, d'éclat, était encore plus distinguée par ses mots heureux, ses saillies, qu'on citait sans cesse à la cour, mais dont on craignait d'être l'objet : « Malheur, dit madame de Caylus, à ceux qui « passaient sous ses fenêtres lorsqu'elle était avec le Roi, les traits mordants déco-

« chés pour amuser un moment le monarque perdirent souvent pour la vie ceux « qu'ils atteignaient! » Qui aurait dit à cette charmante personne, dont le luxe, la puissance, la prodigalité, n'avaient point de bornes, qu'elle devait céder un jour la place à la bonne de ses enfants, à la veuve Scarron, à qui elle avait fait avoir une pension de 2,000 livres. Madame de Maintenon est un exemple de ce que peut une forte volonté, une persévérance à toute épreuve, rapportant tout à un seul but; mais elle est aussi l'exemple du néant de l'intrigue heureuse et de l'ennui qui suit souvent les situations les plus élevées.

Louis XIV âgé et Mme de Maintenon.

Qu'en pense votre solidité? et dans le parc de Versailles comme à la fameuse manœuvre de Compiègne, madame de Maintenon, de sa chaise à porteur, répondait quelques mots et soupirait de ne pouvoir plus amuser un monarque inamusable.

LES DEUX TRIANONS.

> Nulla vede,
> Fuor ch'antri ed acque, e fiori, e l'erbe, e piante.
> Tass., cant. xiv.

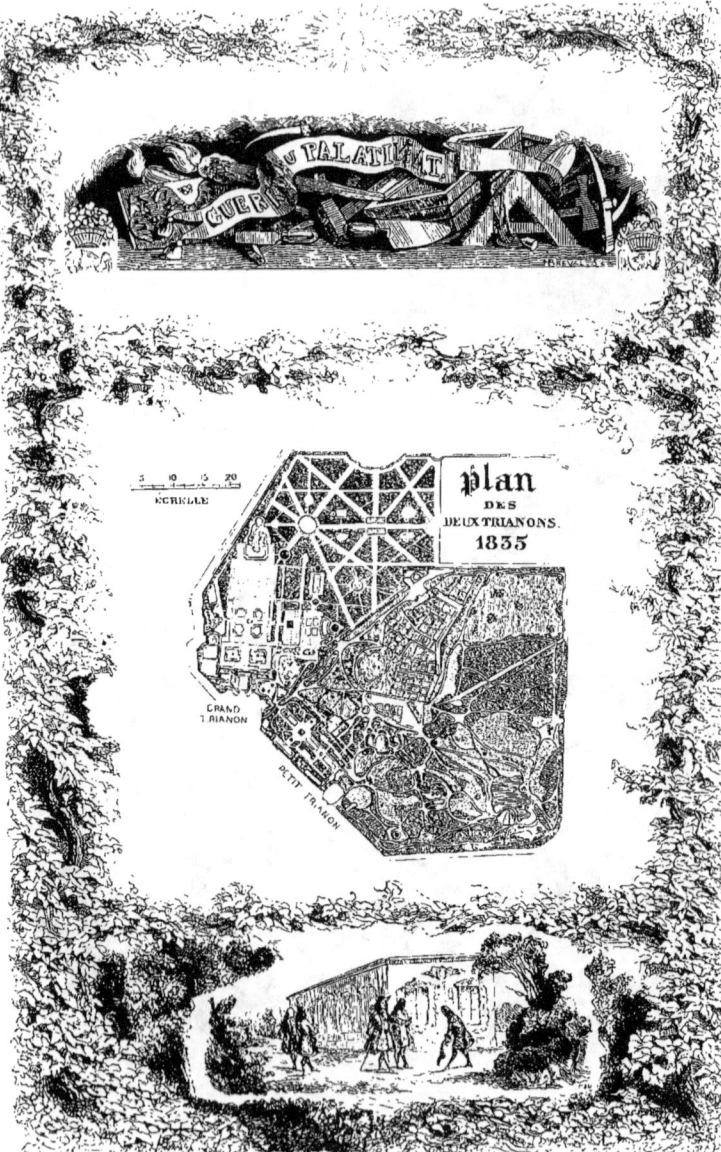

Dispute de Louvois et de Louis XIV.

Entrée des deux Trianons.

Je vous salue, ô Trianon qui m'êtes plus agréable
que tous les jardins fabuleux.

Mémoires manuscrits des ducs de Bourgogne.

e lui ferai bien quitter la truelle, disait Louvois à la suite d'une dispute avec Louis XIV au sujet d'une fenêtre du grand Trianon. L'incendie du Palatinat fut l'accomplissement de ces paroles, et Trianon acquit une funeste célébrité. Il n'en avait aucune avant cette époque; c'était, dit madame de Sévigné, un pavillon au bout du parc de Versailles, où l'on cultivait des fleurs et des arbres à fruits; on l'appelait Palais de Flore, et on y venait souvent faire des collations. Madame de Montespan s'y rendait quelquefois de son château de Clagny. On en trouve la description dans une Vie de Colbert publiée en 1695. Ce pavillon était revêtu à l'intérieur de glaces et de carreaux de porcelaine comme les palais orientaux, et orné à l'extérieur de vases de porcelaine. On y voyait de longues allées d'orangers, de myrtes et de jasmins en pleine terre. Cependant, tout agréable que fût ce lieu, le roi s'en lassa bientôt, et ayant fait l'acquisition de quelques terres des moines de Sainte-Geneviève, en 1665, il chargea Mansard de bâtir un palais à l'imitation des *villa* italiennes. Commencé en 1671, il fut terminé vers la fin de la même année, et parut, ce qu'il est en effet, un édifice plein d'élégance.

Sa première destination lui fut conservée, celle de réunir les plus belles plantes, les plus belles fleurs et les meilleurs fruits, il était une sorte de complément du magnifique potager créé à peu près à la même époque, et confié également aux soins du célèbre La Quintinie, qui créa en France et presque en Europe l'horticulture. Ce potager était situé dans un vaste terrain devant l'église de Saint-Louis et près de l'emplacement connu depuis sous le nom de Parc aux Cerfs, et s'étendant jusqu'aux étangs Gobert. La Quintinie avait développé là tout son génie; Louis XIV, qui voulait réunir auprès de lui les hommes célèbres dans tous les genres, ne pouvait rester indifférent à celui qui avait su vaincre la nature, non point pour la courber comme les autres à un vain luxe, mais pour la rendre féconde, abondante, riche, pour développer tous ses moyens d'être utile et de plaire.

La Quintinie apprend au grand Condé l'art de la greffe.

Nous avons représenté ici une scène qui eut lieu dans un des potagers, soit de Versailles, soit de Chantilly. On sait la passion du grand Condé pour les fleurs, et les charmants vers de mademoiselle de Scudery sur les œillets de Vincennes [1] ; l'art

[1]
En voyant ces œillets qu'un illustre guerrier
Cultivait d'une main qui gagna des batailles :
Souviens-toi qu'Apollon a bâti des murailles,
Et ne t'étonne pas que Mars soit jardinier.

de la greffe était encore peu avancé en France, et on dut être étonné de lui voir produire à l'instant les merveilles qu'il dut à La Quintinie; aussi devint-il bientôt à la mode. Louis XIV en faisait un de ses amusements, et, après avoir causé avec Turenne et Colbert, dit un historien, il venait souvent s'entretenir avec La Quintinie, et façonnait avec lui des arbres. Une des qualités de ce prince fut de tenir toujours à distance les grands seigneurs, les princes de son temps, et de n'accorder une sorte de bonté, de bienveillance, qu'aux hommes de talents dans tous les genres : il eut pour celui-ci des soins touchants; il lui fit bâtir une maison où tout était distribué comme il pouvait le désirer, et, après sa mort, il conserva à sa veuve son affection. « Nous venons, lui dit-il, madame, de faire « une perte que nous ne pourrons jamais réparer. » La Quintinie a laissé sur son art des ouvrages que l'on peut encore citer.

La même avenue conduit aux deux Trianons; nous allons les décrire.

Feci hortos, et pomaria, et consevi ex cuneti generis arboribus.
Ecclésiaste, c. 11.

Il aimait les jardins, était prêtre de Flore,
Il l'était de Pomone encore.
LA FONTAINE.

Vues et plan du grand Trianon.
SOUVENIRS DE L'ITALIE.

Le grand Trianon vu de la pièce d'eau.

Élevé dans le goût et la pratique des jardins irréguliers, je fus longtemps à concevoir qu'on pût en aimer d'autres, qu'on pût prendre plaisir à torturer des arbres pour leur donner l'air de murailles, à enfermer des eaux si belles lorsqu'elles sont abandonnées à leur cours naturel; mais, je dois l'avouer, le séjour de l'Italie m'a fait pardonner cet écart de l'imagination : les allées droites, composées d'arbres qui courbent leurs têtes pour former d'immenses berceaux ornés de statues antiques, des colonnes de marbres précieux, ont un aspect de grandeur qu'on ne trouve point ailleurs; le soleil du midi, qui les éclaire et les anime, produit des effets que la peinture aime à répéter. Telles sont les *villa* Albani, Pamphili, Aldovrandini; tel est le grand Trianon, dont l'aspect ne donne pas l'idée d'une demeure permanente, mais plutôt d'un édifice construit pour des fêtes, par son éclat et sa magnificence; il se compose d'un rez-de-chaussée très étendu, sans étage au-dessus, sans toit apparent, et sans caves sous les appartements; la décoration intérieure est riche et brillante; le vestibule du milieu est à jour et en colonnes de marbre rose; il sépare la cour d'entrée et les parterres des deux principales ailes du palais, de manière à former en quelque sorte deux habitations distinctes. La galerie principale a été bâtie après coup en prolongation de l'aile droite au midi; toutes ces pièces communiquent par leur extrémité au grand corps de bâtiment appelé Trianon-sous-Bois, et où se passa la dispute de Louis XIV avec Louvois. On peut même supposer que ces dernières constructions furent faites pour augmenter le nombre des logements; elles sont cachées par de grands arbres, et n'ont de communication avec les autres qu'au centre par le vestibule dont nous avons parlé.

Les deux points de vue principaux, pour avoir une idée du palais de Trianon, ont été pris, l'un de l'entrée qu'on voit à la page 498, à côté du plan, l'autre de la pièce d'eau en bas du grand escalier.

Vue du grand Trianon, prise du milieu du parterre.

C'est ainsi que se dessine de tous côtés ce brillant édifice, dont les élégantes colonnes en marbre et les ornements s'accordent si bien avec l'abondance des fleurs et les jets d'eau qui l'entourent. Son aspect est charmant, mais l'habitation en était incommode et déplaisante, tellement, qu'aucun souverain, depuis Louis XIV, n'avait pu parvenir à s'y fixer. Napoléon n'y resta que huit jours et n'y serait pas revenu. Il appartenait au roi Louis-Philippe, après avoir consacré le palais de Versailles à toutes les gloires nationales, de trouver encore le moyen de faire des deux Trianon une demeure royale aussi commode, aussi complète que les autres résidences, et cela toutefois sans altérer le caractère des constructions existantes. Il serait trop long d'entrer dans le détail de tous ces changements; il suffit de dire que les pièces se communiquaient sans dégagement, sans aucun de ces petits détails que commandent la dignité du possesseur et les besoins de la vie, tout y avait été fait pièce à pièce, sans ensemble, et comme jeté au hasard autour de deux palais séparés, communiquant par un corridor magnifique en marbre, mais où le vent et la pluie pénétraient.

Voici les dispositions nouvelles qui ont été faites : Les deux appartements ont été réunis en fermant le vestibule par des portes vitrées ; ils ont été augmentés par le prolongement de l'aile du midi sur la partie en retour où l'on avait placé les cuisines ; un appartement complet a remplacé les petites pièces humides du logement de l'ancien gouverneur ; la galerie en aile, qui n'était qu'un corridor, est devenue une grande et belle salle à manger, dont le service se fait par un couloir souterrain, qui unit les cuisines au reste du palais.

C'est ici qu'il faut rendre justice au roi Louis-Philippe, c'est que les dépenses les plus considérables qu'il a faites pour l'entretien et l'agrandissement des palais royaux sont celles qu'on aperçoit le moins et où il n'a pas cherché à se faire valoir. Si on se rappelle la manière de vivre d'autrefois, l'encombrement de boutiques et de logements de toute espèce que renfermaient les résidences royales, le peu d'ordre et de propreté qu'on y remarquait, on verrait que, dans les nouveaux travaux, l'utilité a été plus considérée encore que la splendeur et l'éclat.

Mme de Sévigné.

Vues et plan du petit Trianon.

La reine Marie-Antoinette à Trianon.

Semblable à son auguste et jeune deité,
Trianon joint la grâce avec la majesté.
DELILLE, *Jardins*.

Le nom de Trianon est inséparable de celui de Marie-Antoinette. Tout, dans ce lieu, rappelle sa grâce, sa bonté, ses malheurs. Ces arbres qu'on faisait planter sous ses yeux élèvent aujourd'hui leurs têtes dans les cieux, et cependant on croit la voir encore errer sous leurs ombrages. Voilà bien la salle de musique où elle étudiait ses rôles, le théâtre où elle jouait, le hameau qu'elle avait fait construire ; enfin la grotte où elle était assise quand on vint, le 5 octobre, lui annoncer l'arrivée du peuple à Versailles, et qu'elle put prévoir qu'elle ne reverrait plus cette demeure chérie !

Louis XIV avait bâti le grand Trianon pour échapper à Versailles, Louis XV éleva le petit Trianon pour échapper au grand. L'édifice bâti par Gabriel est d'une architecture élégante, et forme un pavillon carré de vingt-trois mètres à chaque face, et en avant des bâtiments, à gauche, sont les logements accessoires; sur la droite commence le jardin anglais, dessiné par Robert, et l'un des plus agréables sans contredit qui existe, par la manière dont il est tracé et la beauté des arbres rares qui le composent.

Salle de musique ou du déjeuner.

En sortant du Palais du côté de l'ouest on trouve un magnifique rocher couvert de plantes, de fleurs et d'arbres, à travers lequel on arrive à un pavillon octogone, situé au-dessus d'un précipice.

Aspect d'une partie du hameau.

En descendant de la charmante colline où est situé le cabinet de musique, on arrive à une nappe d'eau bordée de l'autre côté par un hameau célèbre, bâti par la reine Marie-Antoinette et qu'elle affectionna particulièrement. Ce hameau comprend, dans de très-petites proportions, tout ce qui constitue un village : la ferme, le presbytère, la maison d'habitation, la laiterie, tout cela orné et meublé à l'intérieur avec beaucoup d'art. Le plaisir de la reine était de venir passer quelques heures dans ce lieu, souvent habillée en bergère ainsi que les dames de la cour. Ce goût de bergère et d'imitation des mœurs de la campagne était fort à la mode à cette époque, mais il existait déjà sous le règne de Louis XIV. Mademoiselle de Montpensier en parle dans ses Mémoires.

Cette fabrique de mauvais goût par sa petitesse et par son invraisemblance était un tribut qu'il fallut payer à la mode du temps. Il y avait dans presque tous les jardins, d'obligation, une tour de Marlborough ; celle-ci mérite cependant un regard à cause d'un saule pleureur, planté par Marie-Antoinette l'année même où elle fut forcée de quitter Versailles, et qui aujourd'hui couvre une grande étendue de terrain.

Entrée du théâtre de Trianon.

Le goût de jouer la comédie était dans toute sa force. La Reine fit construire ce charmant théâtre, sur lequel elle aimait à paraître; mais, il faut l'avouer, elle ne jouait pas bien, et elle souffrait qu'on le lui dît; elle s'en tirait par sa grâce naturelle et sa charmante figure. Les autres rôles, mieux rendus par le comte d'Artois, les duchesses de Polignac et de Guiche, M. de Vaudreuil surtout, comprenaient les pièces alors les plus à la mode. Louis XVI, ou son frère le comte de Provence, depuis Louis XVIII, faisait l'office de souffleur. L'intérieur du théâtre est décoré avec art, et l'entrée ressemble assez à ces jolies fabriques des villages italiens.

Dans les parties du jardin qui longent la grande route, plusieurs canaux forment des îles réunies par des ponts, et dans l'une d'elles est le Temple de l'Amour, rotonde à jour, soutenue par des colonnes corinthiennes, et une des plus agréables fabriques qu'on trouve dans aucun jardin. Le groupe de Vénus et de l'Amour est de Coustou. C'est principalement dans ce lieu frais et solitaire que se plaisaient la Reine et sa cour.

Temple de l'Amour.

C'est dans ces lieux tranquilles qu'elle cherchait à oublier les calomnies dont elle était abreuvée. Au surplus, on est bien revenu aujourd'hui de ces accusations injustes contre elle, contre la duchesse de Polignac, sa charmante fille et les autres dames de sa cour. Cherchons donc à ne pas les rappeler et à ne penser, dans ce ravissant lieu, qu'au charme que fait goûter la création des beaux

sites et des riches productions de la nature que nulle part on ne rencontre aussi multipliés que dans ce parc délicieux. Qu'on éprouve un sentiment doux, mélancolique, et qu'on se reporte avec regret aux campagnes de l'Angleterre, qui renferment tout ce qui plait au cœur et à l'imagination, où l'on trouve à chaque pas l'aspect d'habitations pittoresques, ornées de beaux arbres, ou bien à des prairies riches, fertiles, couvertes de bestiaux, ou enfin à des lacs solitaires, ombragés d'arbres dans tous leurs développements, enfin à un aspect général des choses et des hommes qui font croire que tout un pays est un jardin, comme toute une nature une famille !

Souvenirs de l'Angleterre.

Place Hoche.

NOTICE SUR LA VILLE DE VERSAILLES.

Le hameau de Versailles consistait, à la fin du seizième siècle, en une quarantaine de chaumières, groupées autour du prieuré de Saint-Julien, et comprenant l'espace occupé aujourd'hui par l'Orangerie, la Chancellerie et la Sous-Intendance. Des bois et des étangs couvraient tous les environs. Lorsque le palais fut élevé, lorsque surtout Louis XIV y créa des merveilles, il ne lui fallut pas moins pour dépendances qu'une ville, qu'une ville régulière et tracée de manière à ce qu'il parût bien à tous les regards qu'elle faisait partie de la même volonté, de la même puissance qui avait élevé le palais. Le mode de construction des maisons, leur élévation, leur alignement, furent fixés par une ordonnance qui en même temps exemptait de droits les constructions; cette ordonnance, rendue en 1672, fut renouvelée en 1676.

La ville de Versailles se divise en deux parties séparées par l'avenue de Paris : au midi le quartier Saint-Louis ou Vieux-Versailles, au nord le quartier Notre-Dame ou Nouveau-Versailles. La ville n'a que trente mille habitants, elle en eut autrefois jusqu'à cent mille. Les édifices les plus remarquables sont :

Le Grand-Commun, que Louis XIV fit élever, en 1673, pour loger deux mille gentilshommes employés à la cour ;

L'Hôtel des affaires étrangères, servant à la fois de dépôt des archives de la Marine et des Colonies, et de Bibliothèque publique ;

Le célèbre Jeu de Paume dont nous avons parlé, et qui subsiste encore;

L'Hôtel des Gardes, et près de là la salle de Spectacle où débutèrent les acteurs Molé, Fleury et Dugazon;

L'église Saint-Louis, conçue par Louis XIV et exécutée postérieurement;

Les Réservoirs Gobert et Montbauron, dont l'élévation au-dessus des eaux du château, permet de répandre dans Versailles cette abondance d'eau qui fit jadis sa célébrité.

On remarque dans la ville neuve le Collége royal, autrefois un couvent.

L'Hospice civil est un des plus anciens édifices de Versailles, fondé par Louis XIII, sur l'ancienne Léproserie; il a été augmenté par les libéralités des princes qui lui ont succédé.

C'est non loin de cet édifice qu'était le château de Clagny, construit par Mansard pour madame de Montespan, et qui avait coûté 4,000,000 fr.

L'Église Notre-Dame, bâtie deux fois par Louis XIV, la dernière fois en 1664, sur les dessins de Mansard; Petisson et le comte de Vergenne y furent enterrés.

La statue du général Hoche sur la place de ce nom, autrefois place Dauphine.

L'Hôtel de la Préfecture.

La ville de Versailles est habitée par les descendants des familles qui autrefois avaient été en rapport avec la cour, mais elle contient de plus une grande quantité d'étrangers et d'habitants de Paris qui y sont domiciliés, et qui y trouvent les avantages de la ville et de la campagne.

Nous nous sommes bornés à donner ici un aperçu de ce qui concerne la ville de Versailles; les lecteurs connaissent sans doute les excellents ouvrages qui ont été publiés et sur cette ville et sur le palais. Il suffit d'annoncer les ouvrages de M. Eckart, de M. Vatout, les recherches savantes de M. Trognon, et les différentes publications sur le palais, dues aux soins de MM. de Cailleux, Fontaine, et récemment de plusieurs autres écrivains.

Ducis né à Versailles.

TABLE DES MATIÈRES ET DES SUJETS GRAVÉS LES PLUS IMPORTANTS.

	Pages.
TITRE.	1
FAUX TITRE.	3
Vignette d'entourage. — Portraits des souverains qui ont embelli Versailles.	ib.
FRONTISPICE.	4
Souvenirs de Versailles.	ib.
TITRE.	5
PRÉFACE.	7
Vignette d'entourage.	
Cul-de-lampe. — Les arts à Versailles.	12
Vue de la place de la Concorde.	13
ROUTE DE PARIS A VERSAILLES.	15
Carte topographique.	
Maison de François Ier aux Champs-Élysées.	
Vignette d'entourage.	
Hôtel des Invalides.	18
Intérieur de l'église des Invalides.	20
Intérieur de la grande cour.	22
École militaire.	23
Napoléon lisant Ossian.	25
Allée des Veuves. — Les hauteurs de Chaillot.	26
Pont d'Iéna et palais du roi de Rome.	27
Barrière de Passy.	29
PASSY.	30
Franklin à la butte des Bons-Hommes.	32
Franklin.	33
Pont suspendu dans la propriété de M. Benjamin Delessert.	34
Chalet dans le parc de M. Delessert.	36
Guillaume Tell.	37
Bataille de Sempach.	38
AUTEUIL.	40
Maison du chancelier d'Aguesseau.	ib.
D'Aguesseau.	41
Tombeau du chancelier d'Aguesseau.	ib.
Maison de Boileau.	42
Boileau et ses amis.	44
Maison de Molière.	46
Intérieur de la maison de Molière.	48
Maison de madame Helvétius.	49
Madame Helvétius.	50
Allée de tilleuls dans le jardin de madame Helvétius.	51

	Pages.
Fontenelle. — Diderot. — Condorcet. — Condillac.	52
Boufflers.	54
Aspect des bords de la Seine.	55
Le Point-du-Jour.	56
SÈVRES.	57
Pont de Sèvres.	ib.
Maison de M. Séguin.	58
Ancien pont de Sèvres.	ib.
Produits de la manufacture de Sèvres.	59
Bernard de Palissy.	60
CHEMINS DE FER DE PARIS A VERSAILLES.	61
CHEMIN DE LA RIVE DROITE.	62
Montmartre et Saint-Denis.	63
Pont d'Asnières.	64
Prédication dans les environs de Nanterre.	65
Pèlerinage au Mont-Valérien.	66
Jean du Housset.	ib.
Passage du chemin de fer sous le parc de Saint-Cloud.	67
CHEMIN DE LA RIVE GAUCHE.	69
Issy.	70
Grotte où se tinrent les conférences d'Issy.	71
Bibliothèque du cardinal de Fleury.	72
Aqueduc de Fleury.	73
Rabelais.	75
Réunion des routes près de Sèvres.	76
Plan des abords du palais de Versailles.	78
Avenue de Versailles.	79
Revue de la garde nationale de Versailles.	ib.
Plan du palais et des jardins de Versailles.	80
Notice sur le palais de Versailles.	81
Vignette d'entourage. — Emplacement de Versailles.	ib.
Henri IV chassant dans les bois de Versailles.	84
Louis XIII ordonne la construction du château de Versailles.	86
Louis XIV et Lenôtre.	89
Plans. — Château de Versailles de Louis XIII. — Château de Versailles actuel.	90
Coupe du palais de Versailles, prise au milieu du palais et de la cour de marbre.	92
Château de Versailles sous Louis XIII.	93

	Pages.
Château de Versailles dans les premières années du règne de Louis XIV.	94
Entrée du château de Louis XIII.	95
Palais de Versailles dans tout son développement du côté des cours.	96
Château de Versailles du côté des jardins.	98
Palais de Versailles du côté des jardins avant la construction de la galerie.	99
Palais de Versailles du côté des jardins.	100
Palais de Versailles vu de la terrasse.	101
Palais de Versailles vu du bois de Satory.	102
Plan des écuries.	103
Vue des écuries prise de la place d'Armes.	ib.
Coupe du pavillon démoli près de l'aile du midi.	109
Porte intérieure des écuries.	112
De la peinture historique en France.	113
Vignette d'entourage. — Lebrun. — Vander Meulen.	ib.
Frontispice. — Louis XIV.	114
Cul-de-lampe. — Nicolas Poussin.	122
De la sculpture iconographique en France.	123
Vignette. — Charlemagne. — Louis IX.	ib.
Frontispice. — Renaissance des arts. — Diane de Poitiers.	124
Jean Goujon.	125
Cul-de-lampe. — Intérieur de l'atelier de la princesse Marie aux Tuileries.	129
Explication du frontispice.	130
Description du palais de Versailles.	131
Frontispice. — A toutes les gloires de la France.	ib.
Plan des abords et des cours du palais de Versailles.	132
Grille dorée de la cour des ministres.	ib.
Abords du palais de Versailles.	133
Vignette d'entourage. — Statues de la cour d'entrée.	ib.
Cour de marbre sous Louis XIII.	134
Cour de marbre sous Louis XIV.	135
Cour de marbre sous Louis XVI.	136
Cour de marbre dans son état actuel.	137
Plan topographique du palais de Versailles.	138
Explication des plans du palais de Versailles.	139
Vestibule de l'escalier.	141
Entrée de l'escalier de marbre. — Anne d'Autriche et Louis XIV enfant visitent Versailles.	142
Premier palier de l'escalier de marbre. — Louis XIV, jeune homme, prend possession de Versailles.	143
Deuxième palier de l'escalier de marbre. — Louis XIV allant au-devant du grand Condé.	144
Inauguration du palais de Versailles.	145
Plan de l'escalier de marbre et des salles qui l'entourent.	146
Salle des gardes. — Un mousquetaire lit l'ordre du roi de frapper une médaille en l'honneur de ses gardes.	147
Capitaines des gardes sous les différents règnes.	148
Salle des valets de pied. — Un valet bleu raconte qu'il tenait le cheval du roi dans la tranchée à Douai.	149
Cul-de-lampe.	150
L'Œil-de-Bœuf. — L'architecte Gabriel présente à Louis XV le plan du théâtre de Versailles.	151
Louis XIV et toute sa famille en dieux de l'Olympe.	152
Frise de l'Œil-de-Bœuf.	153
Établissement du Suisse de l'Œil-de-Bœuf.	154
Chambre à coucher de Louis XIV. — Il reçoit le duc du Maine chevalier de Saint-Louis.	155
Ornement de la chambre à coucher.	156
Une journée de Louis XIV.	ib.
Louis XIV et Molière.	159
Louis XIV et le duc d'Anjou.	162
Louis XIV chez madame de Maintenon.	163
Représentation d'Esther par les élèves de Saint-Cyr.	164
Le célèbre Bougeoir.	166
Coucher de Louis XIV.	167
Mort de Louis XIV.	169
Le roi est mort, vive le roi.	170
Salle du conseil. — Louis XVI apprend de M. de Brézé la résistance des députés.	171
Louis XVI lit la liste des membres de l'assemblée nationale.	172
Chambre à coucher de Louis XV.	173
Transport du corps de Louis XV.	174
Portrait de Louis XV.	175
Ornements de la chambre à coucher de Louis XV.	176
Salle des pendules. — Louis XV assis avec madame de Pompadour.	177
Salle du jeu. — Louis XV regarde passer le convoi de madame de Pompadour.	178
Petit salon de madame Dubarry.	179
Boudoir de madame Dubarry.	180
Cabinet des chasses.	181
Frise de la salle des chasses.	182
Cabinet du déjeuner attenant à la salle précédente.	183
Chiens favoris de Louis XV.	184
Cour des cerfs.	185
Frise du cabinet des chasses.	186
Notice sur les chasses royales.	187
Louis XV en costume de valet de limier fait le bois.	ib.
Gaston-Phœbus partant de son château.	190
Louis XIV dans la forêt de Fontainebleau.	191
Louis XV à la mort du cerf.	192
Salle du confessionnal.	193
Le père La Chaise.	ib.
Madame de Maintenon.	195
Cabinet de Louis XV.	196
Bibliothèque de Louis XVI.	197
Les frégates de Lapeyrouse.	ib.
Naufrage des canots de Lapeyrouse au port des Français.	200
Cabinet de la forge de Louis XVI.	201
Promenade de Louis XVI sur les toits.	202
Salle des Croisades.	203
Siège de Salerne.	ib.
Bataille de Civitella.	ib.
Combat de Cérano.	ib.
Adoption de Godefroy de Bouillon par l'empereur Alexis Comnène.	ib.
Bataille de Nicée.	ib.
Prise de Jérusalem.	ib.
Godefroy élu roi de Jérusalem.	ib.

DES MATIÈRES.

	Pages.
Bataille d'Ascalon.	203
Institution de l'ordre de Saint-Jean-de-Jérusalem.	ib.
Prédication de la deuxième croisade à Vezelai en Bourgogne.	203
Passage du Méandre.	ib.
Philippe Auguste prend l'oriflamme à Saint-Denis.	ib.
Siége de Ptolémaïs.	ib.
Salle des états généraux.	207
Procession des états généraux.	ib.
Élection d'un député.	208
Charlemagne associe à l'empire son fils Louis le Débonnaire.	209
Hugues Capet proclamé roi de France par les grands du royaume.	ib
Retour du parlement à Paris.	ib.
États généraux de Tours.	210
États généraux de Blois.	ib.
Assemblée des notables à Rouen.	ib.
Affranchissement des communes.	211
États généraux de 1789.	ib.
Procession des états généraux à Versailles.	213
Salle des états généraux à Versailles.	214
Serment du Jeu de Paume.	215
Mirabeau. — Danton.	216
Grand escalier de Versailles.	217
Grands appartements de Louis XIV.	ib.
Plan de l'escalier.	218
Salle de Vénus. — Entrée de Louis XIV dans les grands appartements.	219
Philippe de France, duc d'Orléans. — Louis, dauphin, fils de Louis XIV.	220
Salle de l'Abondance.	221
Plafond de la salle de l'Abondance.	222
Salle de Diane. — Le chevalier Bernin fait le buste de Louis XIV.	223
Louis XIV peint par Rigaud.	224
Portrait plus grand d'après le même tableau.	225
Salon de Mars. — Jean Bart est présenté à Louis XIV.	226
Mariage de Louis XIV.	227
Le duc de Vendôme. — Anne d'Autriche. — Monsieur. — Louis XIV. — L'évêque de Bayonne. — Marie-Thérèse. — L'évêque de Fréjus. — Mademoiselle de Valois. — Mademoiselle d'Alençon. — Mademoiselle de Montpensier.	228
Salon de Mercure. — Loterie de la duchesse de Bourgogne.	229
Louis XIV à l'Académie des sciences.	230
Réception des Suisses.	231
Alliance des Suisses.	ib.
Les envoyés suisses.—Louis XIV. — Le président Dormesson. — Monsieur. — Le grand Condé. — Le duc d'Enghien.	232
Salle d'Apollon.—Réception d'ambassadeurs.	233
Siége de Douai.	234
Entrée du roi à Douai.	235
Salon de la Guerre. — Le Czar Pierre s'arrête devant la statue de Louis XIV.	236
Cul-de-lampe.	237
Galerie de Versailles.—Arcades et ornements de la galerie.	238
Le roi gouverne par lui-même.	239
Résolution de châtier les Hollandais.	241

	Pages.
Le roi attaque sur terre et sur mer.	242
Le roi donne l'ordre d'attaquer en même temps quatre places de la Hollande.	ib.
Cul-de-lampe.	243
Salon de la Paix.	244
Plafond du salon de la Paix.	245
Porte de la chambre à coucher de la reine.	246
Chambre à coucher de la reine.	247
Siége de Lille.	248
Combat près du canal de Bruges.	249
Prise de Dole.	250
Louis XIV. — Le grand Condé.	ib.
Salon de la reine.—Présentation d'une dame à la cour.	251
Création de l'hôtel des Invalides.	252
Louis XIV visite les Gobelins.	253
Baptême du dauphin.	254
Tribune de Lulli.	254
Salle du Grand Couvert.	255
Le duc de Bourgogne présenté à Louis XIV.	256
Le duc d'Anjou déclaré roi d'Espagne.	257
Louis XIV. — Le duc d'Anjou.	258
Gualtério, un chapelain espagnol, un gentilhomme espagnol, Achille de Harlai, le duc de Villars, d'Aguesseau, le duc de Beauvilliers, le duc de Berwick, le marquis de Louville, Bourdaloue, Coysevox, Mansard, Bossuet, le père Lachaise, Vauban, le cardinal d'Estrées, de Puy-Ségur, Boileau, de Torcy.	239
Le duc de Berri, le duc de Bourgogne, le grand Dauphin, le prince de Conti, Monsieur, le comte de Toulouse, le duc du Maine, Philippe d'Orléans, le duc de Vendôme, Monsieur le Duc.	260
Salle des gardes de la reine.	261
La duchesse de Bourgogne.	262
Famille du grand dauphin.	263
Marie-Antoinette.	264
Petits appartements de la reine.	ib.
Cabinet de toilette de la reine.	265
Petit salon de la reine.	266
Ornements des appartements de la reine.	66 et 67
Bibliothèque de la reine.	267
Cachet de madame de Coigny.	
Salon du sacre.	269
Distribution des aigles.	ib.
Couronnement de l'empereur.	270
Napoléon transporte la couronne sur le front de Joséphine.	271
Perspective des assistants au sacre de Napoléon.	272
Napoléon en habit du sacre.	273
Bataille d'Aboukir.	274
Salle de 1792.	275
Lafayette.	ib.
Bataille de Valmy.	276
Plan de la bataille de Valmy.	279
Bataille de Jemmapes.	280
Plan de la bataille de Jemmapes.	281
Custines, Dumouriez, Luckner.	282
Porte d'entrée de la salle de 1792.	283
Bonaparte, lieutenant-colonel.	284
Louis-Philippe d'Orléans, duc de Chartres.	285
Louis-Philippe d'Orléans, duc de Montpensier.	ib.
Joachim Murat, Charles Bernadotte, Maurice Gérard.	286

TABLE

	Pages
Palier de l'escalier des princes.	287
Escalier des princes.	288
Rez-de-chaussée du corps de logis contenant les portraits des grands amiraux, connétables, maréchaux de France et des guerriers célèbres.	289
Le maréchal de Turenne.	ib.
Partie centrale du corps de logis. — Plan du rez-de-chaussée.	290
Vestibule des salles des amiraux, connétables et maréchaux.	291
Armoiries des Montmorency, La Trémouille, Masséna, Rohan et Chastillon.	91 et 92
Anne d'Autriche. — Grand amiral de France.	292
Salle des grands amiraux.	293
Le comte de Toulouse, Bonnivet, Maillé, Annebaut, Coligny.	294
Salle des connétables.	295
Anne de Montmorency, comte de Saint-Pol, Chastillon, Duguesclin, Louis de Bourbon.	296
Première salle des maréchaux.	297
Thomas de Foix, Lautrec, Guy de Laval, Boucicaut.	298
Deuxième salle des maréchaux.	299
Troisième salle des maréchaux.	300
Quatrième salle des maréchaux.	301
Cinquième salle des maréchaux.	302
Sixième salle des maréchaux.	303
Septième salle des maréchaux.	304
Vauban.	ib.
Galerie de Louis XIII.	305
Entrevue de Louis XIV et de Philippe IV.	306
Fondation de l'Académie française.	307
Mazarin présenté à Louis XIV.	ib.
Réparation faite au roi par le cardinal Chigi.	308
Vestibule du rez-de-chaussée de Versailles.	ib.
Salle des tableaux — Plans.	309
La Rochelle.	ib.
Louis XIII et le cardinal de Richelieu.	ib.
Louis XIII.	310
Salle des résidences royales.	311
Château de Saint-Germain. — Voyage de Marly.	ib.
Liste des invitations à Marly.	312
Salle des rois.	313
Portraits des rois.	314
Huitième salle des maréchaux.	315
Neuvième salle des maréchaux.	316
Dixième salle des maréchaux.	317
Onzième salle des maréchaux.	ib.
Douzième salle des maréchaux.	318
Treizième salle des maréchaux.	319
Le maréchal Masséna.	320
Première salle des guerriers célèbres.	321
Deuxième salle des guerriers célèbres.	322
Moreau, Rapp, le duc de Vendôme.	323
Le prince Eugène de Beauharnais.	324
Aile du sud. — Campagnes de l'empereur Napoléon. — Galerie des batailles. — Salle de 1830.	325
Vignette d'entourage. — Groupes et trophées.	ib.
Plan de l'aile du sud.	326
Première salle de l'aile du sud. — Rez-de-chaussée.	327
Le général Bonaparte en 1796.	328
Deuxième salle.	329
Troisième salle.	331

	Pages
Pardon accordé aux révoltés du Caire.	332
Quatrième salle.	333
Cinquième salle.	334
Sixième salle.	335
Napoléon harangue les soldats près du pont du Teil.	336
Vestibule de l'aile du sud.	337
Bonaparte général. — Bonaparte consul. — Napoléon, empereur. — Napoléon, proscrit.	338
Sixième salle.	339
Napoléon salue les blessés ennemis.	340
Les Français retrouvent leurs drapeaux à Inspruck.	341
Septième salle.	ib.
Reddition de Vienne.	342
Bataille d'Austerlitz.	343
Napoléon donne les derniers ordres.	344
L'empereur Alexandre. — L'empereur François.	345
Napoléon reçoit l'empereur d'Autriche à son bivouac.	345
Huitième salle.	346
Napoléon reçoit les députés du sénat.	347
Napoléon devant le tombeau du grand Frédéric.	ib.
Bataille d'Eylau.	348
Dixième salle des campagnes de Napoléon.	349
Onzième salle.	350
Bataille de Somma-Sierra.	351
L'empereur Napoléon en grand costume.	352
La princesse Borghèse.	ib.
Dixième salle.	353
Salle de Marengo.	354
Passage des Alpes.	355
Plan de la bataille de Marengo.	356
Napoléon sur le mont Saint-Bernard.	357
Décoration de la galerie des batailles.	358
Galerie des batailles.	359
Bataille de Tolbiac.	360
Bataille de Tours. — Soumission de Witikind. — Levée du siége de Paris.	361
Bataille de Bouvines. — Bataille de Taillebourg.	362
Bataille de Mons-en-Puelle. — Bataille de Cassel. — Bataille de Cocherel.	363
Levée du siége d'Orléans. — Bataille de Castillon.	364
Entrée de Charles VIII à Naples. — Bataille de Marignan. — Prise de Calais.	365
Entrée de Henri IV à Paris. — Bataille de Rocroi. — Bataille de Lens.	366
Bataille des Dunes. — Valenciennes prise d'assaut par le roi. — Bataille de la Marsaille.	367
Bataille de Villa-Viciosa. — Bataille de Denain. — Bataille de Fontenoy.	368
Bataille de Lawfeld. — Siége de York-Town. — Bataille de Fleurus.	369
Bataille de Rivoli. — Bataille de Zurich. — Bataille de Hohenlinden. — Bataille d'Austerlitz.	370
Bataille d'Iéna. — Bataille de Friedland. Bataille de Wagram.	371
Tables de bronze.	372
Salle de 1830.	373
Le duc d'Orléans entouré de sa famille à Neuilly.	ib.

DES MATIÈRES.

	Pages.		Pages.
Le tambour du Palais-Royal. — Les barricades. — Vanneau placé sur le trône.	374	Nuit qui précéda la bataille d'Austerlitz.	417
		Suite de Napoléon. — Salle n° 6 du plan.	418
Arrivée du duc d'Orléans sur la place de l'Hôtel-de-Ville.	375	Suite de Napoléon. — Salle n° 7 du plan.	ib.
		Suite de Napoléon. — Salle n° 8 du plan.	420
Casimir Périer, Laborde, La Fayette, Lobau.	376	Plan de la bataille de Wagram.	421
		Napoléon visite les blessés dans l'île de Lobau.	422
Le roi Louis-Philippe prêtant serment à la Charte.	377	Salle n° 9 du plan.	423
		La Moskowa, apogée des succès de Napoléon.	ib.
Insignes de France et fleuron.	378	Les derniers triomphes. — Combat de Bautzen.	425
Aile du nord. — Extérieur de la chapelle de Versailles.	379	Les derniers efforts. — Combats près de Claye.	ib.
Plan de l'aile du nord.	380	Salle de bataille de Hanau.	ib.
Entrée de l'aile du nord et du vestibule de la chapelle.	381	Général Foy, maréchal Gouvion-Saint-Cyr, maréchal Soult.	426
Vestibule de la chapelle de Versailles.	382	Salle de Louis XVIII. — Pavillon de Saint-Ouen.	427
Intérieur de la chapelle.	383		
Plan de la chapelle.	384	Cabinet de Louis XVIII, aux Tuileries.	428
Décoration du maître-autel de la chapelle.	386	Tombeau de Napoléon à Sainte-Hélène.	429
Salon d'Hercule.	387	Salle de Charles X.	430
Passage du Rhin.	388	Charles X.	431
Ancienne chapelle de Versailles.	389	Salle de Louis-Philippe.	432
Massillon, Bossuet, Bourdaloue.	ib.	La reine et les princesses visitent les blessés aux journées de juillet.	433
Le cardinal de Rohan conduit par un exempt des gardes.	390	Le moulin de Valmy.	433
Première salle du rez-de-chaussée, n° 1 du plan.	391	Pavillon du roi. — Salle de marine.	434
Sacre de Pepin le Bref.	392	Duquesne, Jean-Bart, d'Estrées, Duguay-Trouin, duc de Vivonne, de Pointis, comte d'Orvilliers, de Grasse, Suffren, la Touche-Tréville, de Couëdic, de Rigny.	435
Passage des Alpes par Charlemagne.	ib.		
Sacre de Charlemagne.	393		
Charlemagne dicte ses capitulaires.	395		
Saint Louis rendant la justice dans le bois de Vincennes.	394	Porte de l'hôpital des chevaliers de Rhodes.	436
Salle n° 5 du plan. — Vignette d'entourage.	395	Seconde salle des croisades et des ordres de chevalerie pour la défense de la foi.	437
Jeanne d'Arc devant Charles VII.	397	Armoiries des croisés.	437, 438, 439, 440
Charles V. — Charles VII.	398	Défense de Rhodes.	440
Salle n° 3 du plan. — Vignette d'entourage.	399	Salle de Constantine et des événements contemporains.	441
Défense de Beauvais.	400	Aspect du désert.	ib.
Salle n° 7 du plan. — Vignette d'entourage.	401	Le duc d'Orléans à Anvers.	443
Entrevue du pape Clément VII et de François Ier.	402	Louis XI, Henri II, Henri III, Catherine de Médicis, Christophe de Thou, Michel de l'Hôpital, Diane de Poitiers, Gabrielle d'Estrée.	444
Salle n° 8 du plan. — Vignette d'entourage.	403		
Cul-de-lampe.	404		
Salle n° 9. — Vignette d'entourage.	405	Plan de l'attique du midi.	ib.
Entrée à Arras.	407	Plan de l'attique du nord.	ib.
La reine est dans son carrosse, le roi et Monsieur suivent à cheval.	ib.	Première salle de l'attique du nord.	445
		Collection de portraits et médailles.	ib.
Salle n° 10. — Continuation du règne de Louis XIV.	408	Anne de Montmorency, Mansard, Bayard, Fouquet.	ib.
Salle n° 11. — Continuation du règne de Louis XIV.	ib.	Marie Leckzinska, Sully, Marie de Médicis, Mademoiselle de Montpensier, le pape Pie VII, madame de La Sablière.	446
Salle n° 11 du plan.	409		
Salle n° 12. — Le régent et Louis XV.	ib.	Napoléon accorde à la princesse d'Hatzfeld la grâce de son mari.	ib.
Salle n° 13. — Suite de Louis XV.	410	Théâtre de Versailles; inauguration de la salle, le 1er juin 1790.	447
Attaque de la maison du roi. — Bataille de Fontenoy.	ib.		
Le maréchal de Saxe.	412	Intérieur du théâtre de Versailles.	448
Salle n° 14. — Suite de Louis XV. — Louis XVI.	413	Inauguration du théâtre de Versailles.	449
		Jeanne d'Arc, par la princesse Marie d'Orléans.	430
Louis XVI secourt les pauvres dans l'hiver de 1788.	414	Les jardins de Versailles.	431
Salle n° 4 du plan. — Premier étage.	415	Vignette d'entourage. — Guirlande de la duchesse de Montausier.	ib.
Napoléon. — Peste de Jaffa.	ib.		
Bataille du Mont-Thabor.	ib.	Aspect des jardins de Versailles.	452
Monge, Desgenettes, Denon.	416	Description des jardins de Versailles.	453
Salle n° 5 du plan. — Premier étage.	417	Le Nôtre.	ib.
Napoléon. — Austerlitz.	ib.	Plan.	434

TABLE DES MATIÈRES.

	Pages
Terrasse du château.	455
Parterre d'eau.	456
Fontaine de Diane.	457
Bassin de Latone.	458
Latone implorant la vengeance de Jupiter.	459
Vue du tapis vert et du palais de Versailles.	460
Bosquet d'Apollon.	462
Intérieur des bains d'Apollon.	463
Intérieur des bains d'Apollon. — Nouvelle perspective.	464
Bosquet de la colonnade.	465
Coustou, Coysevox, Puget, Girardon.	466
Bosquet de la salle de bal.	467
Le maréchal Tallart sur la terrasse de Versailles.	ib.
Jules Hardouin Mansard.	468
Orangerie de Versailles.	469
Façade de l'Orangerie.	469
Vue latérale de l'Orangerie.	ib.
Vue prise de la terrasse au-dessus de l'Orangerie.	470
La vie d'un arbre.	471
La Fontaine. — Aspect de l'ancien labyrinthe et du bosquet de la reine.	472
La Fontaine et madame de La Sablière.	473
Bosquet de la reine.	ib.
Le cardinal de Rohan et mademoiselle Oliva.	474
Bosquet du roi.	475
Bosquet de l'île d'Amour ou île Royale. — La duchesse de Montausier.	476
Lecture de la princesse de Clèves.	477
Fontaine de Diane. — Parterre du nord.	478
Allée d'eau.	479
Madame Dubarry.	480
Bassin de Neptune.	481
Groupe de la France victorieuse.	482
Vue du réservoir des eaux de Versailles.	483

	Pages
Fontaine du Dragon.	484
Grand parc de Versailles. — Louis XIV conduisant sa calèche.	485
Environs du palais à l'entrée du bois de Satory.	486
Avenue de Saint-Cyr.	487
Allée des Philosophes.	488
Maîtresses de Louis XIV. — Mademoiselle de La Vallière, de Mancini, mesdames de Montespan, de Fontanges, de Maintenon.	489
Louis XIV jeune et mademoiselle de La Vallière.	490
Louis XIV et madame de Montespan.	491
Louis XIV âgé et madame de Maintenon.	492
Les deux Trianons.	493
Plan des deux Trianons.	494
Vignette d'entourage. — Dispute de Louvois et de Louis XIV.	ib.
Entrée des deux Trianons.	495
La Quintinie apprend au grand Condé l'art de la greffe.	496
La Quintinie.	497
Vues et plan du grand Trianon.	498
Vignette d'entourage. — Souvenirs d'Italie.	ib.
Le grand Trianon vu de la pièce d'eau.	499
Vue du grand Trianon, prise du milieu du parterre.	500
Madame de Sévigné.	501
Vues et plan du petit Trianon.	502
La reine Marie-Antoinette à Trianon.	503
Salle de musique ou du déjeuner.	504
Aspect d'une partie du hameau.	ib.
Tour de Marlborough.	505
Entrée du théâtre à Trianon.	506
Temple de l'Amour.	507
Souvenirs de l'Angleterre.	508
Place Hoche.	509
Notice sur la ville de Versailles.	ib.
Ducis né à Versailles.	510

FIN.

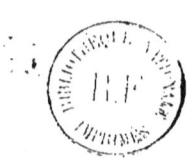

Imprimerie SCHNEIDER et LANGRAND, rue d'Erfurth, 1

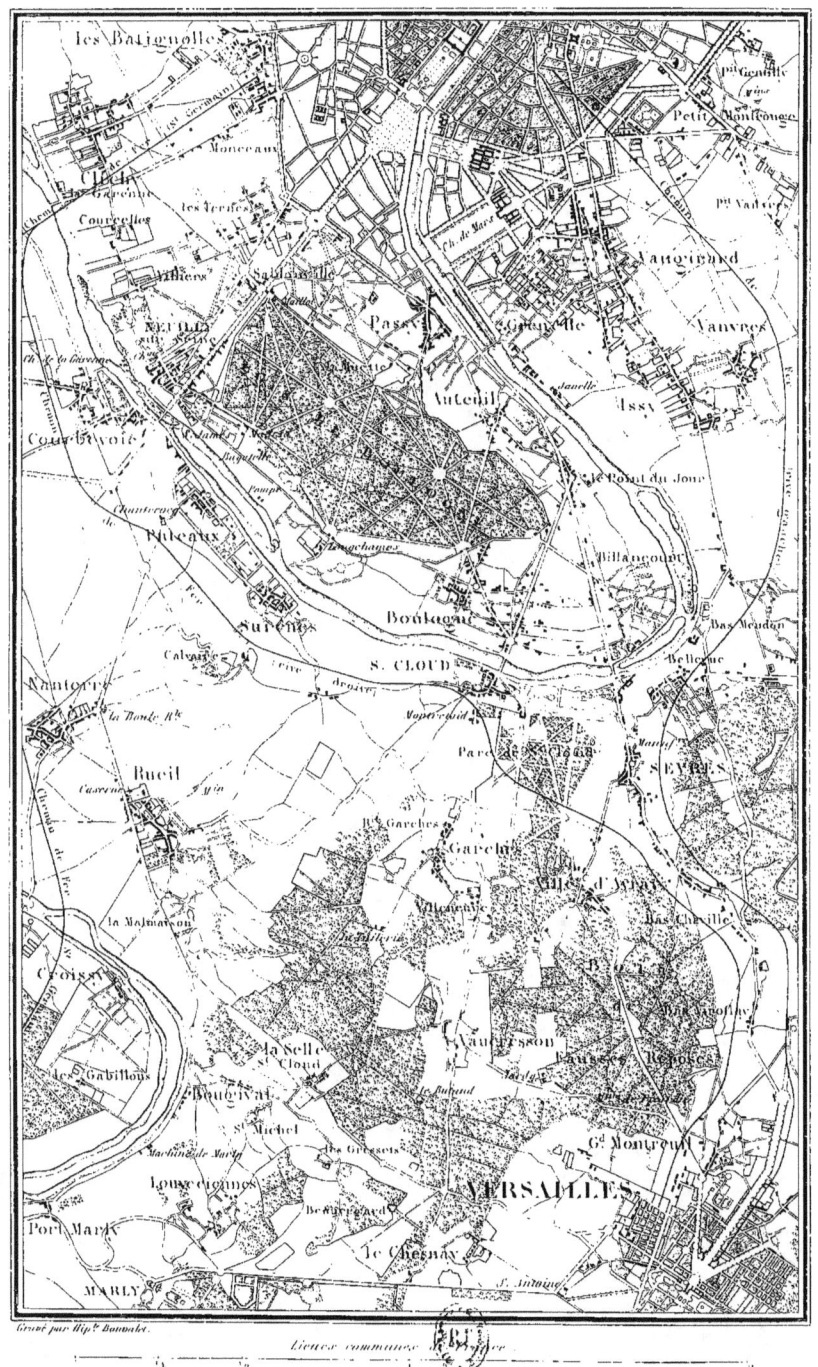

Conditions de la Souscription.

Cet ouvrage, même texte, même format que les éditions illustrées de PAUL ET VIRGINIE, GIL BLAS, etc., contient une description complète du palais et des jardins de Versailles, l'aspect de chacune des salles qui le composent, un choix des tableaux et statues qui en font l'ornement, les scènes anecdotiques qui s'y sont passées, et un tableau des mœurs et des usages de la cour de France dans les différents temps. Cette description est précédée d'un itinéraire des différentes routes qui conduisent de Paris à Versailles, et d'une notice sur la peinture historique en France et la sculpture iconographique, pour servir à la connaissance de l'école française.

On Souscrit à Paris,

CHEZ

GAVARD, éditeur des grands ouvrages sur Versailles,
rue du Marché-Saint-Honoré, 4 ;

ET CHEZ

TREUTTEL ET WURTZ, rue de Lille, 17 ;
CURMER, rue de Richelieu, 49 ;
FURNE, rue Saint-André-des-Arts, 53 ;
J.-J. DUBOCHET, rue de Seine-St-Germain, 33 ;
DUTERTRE, passage Bourg-l'Abbé ;
PILOUT, rue de la Monnaie ;

PAUL, galerie de l'Odéon ;
ATARIA et FONTAINE, à Manheim ;
DUFOUR et BÉLISARD, Paris, St-Pétersbourg ;
APPLETON et PUTHAMN, à New-York ;
BROCKHAUS et ARVENARIUS, Paris, Leipsig ;
RITTNER et GOUPIL, à Paris ;

Et chez les principaux libraires des départements et de l'étranger.

Imp. SCHNEIDER et LANGRAND, rue d'Erfurth, 1.

Ornements des salles d'Hercule.

A. DE LABORDE.

VERSAILLES
ancien
ET MODERNE.

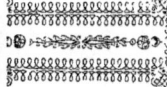

ORNÉ
de plus
DE 800 GRAVURES
sur acier
ET SUR BOIS.

1841

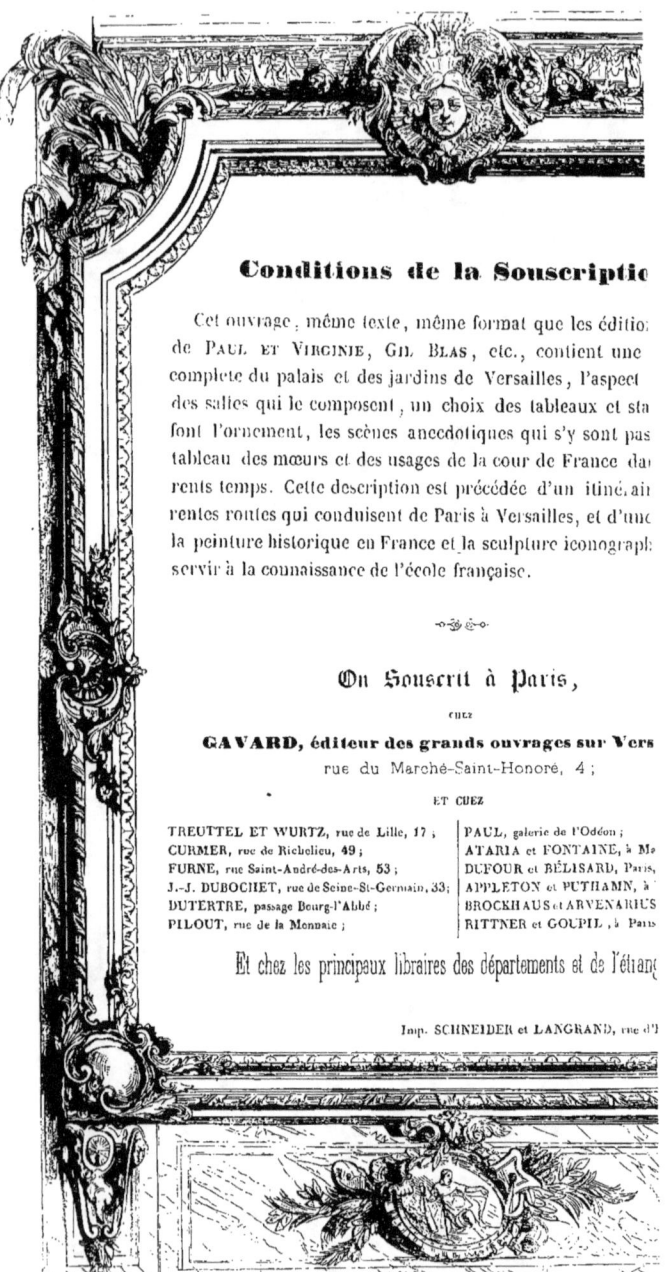

Conditions de la Souscriptio[n]

Cet ouvrage, même texte, même format que les éditio[ns] de Paul et Virginie, Gil Blas, etc., contient une [description] complete du palais et des jardins de Versailles, l'aspect [de chacune] des salles qui le composent, un choix des tableaux et sta[tues qui] font l'ornement, les scènes anecdotiques qui s'y sont pas[sées, un] tableau des mœurs et des usages de la cour de France da[ns les diffé]rents temps. Cette description est précédée d'un itiné[raire des diffé]rentes routes qui conduisent de Paris à Versailles, et d'une [notice sur] la peinture historique en France et la sculpture iconograph[ique, pouvant] servir à la connaissance de l'école française.

On Souscrit à Paris,

CHEZ

GAVARD, éditeur des grands ouvrages sur Vers[ailles,]
rue du Marché-Saint-Honoré, 4 ;

ET CHEZ

TREUTTEL ET WURTZ, rue de Lille, 17 ;	PAUL, galerie de l'Odéon ;
CURMER, rue de Richelieu, 49 ;	ATARIA et FONTAINE, b. M[ontmartre]
FURNE, rue Saint-André-des-Arts, 53 ;	DUFOUR et BÉLISARD, Paris,
J.-J. DUBOCHET, rue de Seine-St-Germain, 33 ;	APPLETON et PUTHAMN, à [New York]
DUTERTRE, passage Bourg-l'Abbé ;	BROCKHAUS et ARVENARIUS [Leipzig]
PILOUT, rue de la Monnaie ;	RITTNER et GOUPIL, à Paris

Et chez les principaux libraires des départements et de l'étrang[er.]

Imp. SCHNEIDER et LANGRAND, rue d'[...]

Ornements des salles d'Hercule.

www.ingramcontent.com/pod-product-compliance
Lightning Source LLC
Chambersburg PA
CBHW071617230426
43669CB00012B/1972